세일러복의 탄생

SAILOR-FUKU NO TANJO by Yoshinori Osakabe
Copyright © 2021 Yoshinori Osakabe
All rights reserved.
First published in Japan by Hosei University Press, Tokyo

This Korean edition is published by arrangement with Hosei University Press, Tokyo in care of Tuttle-Mori Agency, Inc., Tokyo, through Shinwon Agency Co., Seoul

Korean translation copyrights © 2025 by Editus Publishing Co.

이 책의 한국어판 저작권은 신원에이전시를 통해 저작권자와 독점 계약한 에디투스에 있습니다.
저작권법에 의해 한국 내에서 보호를 받는 저작물이므로 무단 전재와 무단 복제를 금합니다.

세일러복의 탄생
セーラー服の誕生
제1판 1쇄 2025년 2월 28일

지은이 오사카베 요시노리
옮긴이 김동건·이정민·미우라 토모미
펴낸이 연주희
펴낸곳 에디투스
등록번호 제2015-000055호 (2015.06.23)
주소 경기도 성남시 분당구 황새울로351번길 10, 401호
전화 070-8777-4065
팩스 0303-3445-4065
이메일 editus2015@gmail.com
홈페이지 linktr.ee/editus_book

제작처 ㈜상지사피앤비

가격 30,000원

ISBN 979-11-91535-18-1 (93910)

세일러복의 탄생

여학생 교복으로 읽는 일본의 근대

오사카베 요시노리 지음 | 김동건, 이정민, 미우라 토모미 옮김

에디투스

자랑스러운 전통을
오늘날에 전하는
세일러복

긴조 학원 중학교, 고등학교의 동복 (필자 소장)

1921년 9월에 제정된 일본 최초의 세일러복. 제정 당시에는 깃과 가슴 덮개에 하얀 선 두 줄, 소매 위아래에 하얀 선 네 줄을 넣었지만 아시아-태평양 전쟁 중에 수가 줄어들어 전후에는 깃과 소매에 한 줄을 넣게 되었다.

[왼쪽] 긴조 학원 중학교, 고등학교의 중간복
[오른쪽] 긴조 학원 중학교, 고등학교의 하복 (필자 소장)
중학교는 동복에 하얀 넥타이, 하복은 군청색 넥타이, 고등학교는 동복과 하복 모두 검은 넥타이를 맸다.

[왼쪽] 도요 에이와 여학원 중학부, 고등부의 동복 (도요 에이와 여학원 중학부, 고등부 소장)

도요 에이와 여학원 중학부, 고등부의 세일러복은 1927년에 교복으로 제정되었으며 1929년에 현재의 디자인으로 변경되었다. 깃과 소매에는 금색 선(현재는 소학부 흰 줄, 중학부와 고등부 두 줄)이 들어갔으며, 가넷색 넥타이를 매고 왼쪽 팔에는 '단풍과 TE' 휘장을 붙였다.

[오른쪽] 후쿠오카 여학원 중학교, 고등학교의 동복 (필자 소장)

후쿠오카 여학원 중학교, 고등학교의 세일러복은 1921년 12월에 제정되었다. 옷깃과 소매에 연지색 선 세 줄, 연지색 넥타이를 맸으며 가슴 덮개에 하얀 닻 모양 자수가 있는 것이 특징이다.

[왼쪽] 호쿠리쿠 여학교의 동복

[오른쪽] 호쿠리쿠 학원 중학교, 고등학교의 동복 (호쿠리쿠 학원 중학교, 고등학교 소장)

호쿠리쿠 학원은 1922년에 이시카와현에서 최초로 세일러복을 교복으로 정했다(좌측). 1935년에는 가나가와현 요코하마의 교리쓰 여학교의 세일러복을 참고하여 디자인을 개정했다(우측). 붉은 깃과 소매의 검은 선 세 줄이 특징적이다.

[왼쪽] 가쿠슈인 중등과의 동복 [오른쪽] 가쿠슈인 중등과의 하복 (필자 소장)

가쿠슈인은 중등과와 고등과가 동일한 세일러복으로, 군청색(중등과)과 검은색(고등과) 넥타이를 매어 차이를 두고 있다. 1925년에는 표준복이었지만 1937년에 교복이 되었다.

[위] 도쿄 여학관 중학교, 고등학교의 중간복과 하복 (필자 소장)

대개 동복은 군청색이나 검은색, 하복은 하얀색이 일반적이었지만 도쿄 여학관은 해가 거듭되면서 하얀 교복을 입게 되었다. 학교의 소재지와 아름다운 흰색 세일러복으로 인해 '시부야의 백조'로 불리게 되었다. 1928년에 표준복, 1931년에 교복으로 지정되었다.

[아래] 도쿄 여학관 중학교, 고등학교의 동복 (필자 소장)

오차노미즈 여자 대학 부속 중학교의 동복과 하복 (필자 소장)

1930년에 도쿄 여자 고등 사범 학교 부속 고등 여학교의 표준복으로 만들어져 1932년에 교복이 되었다. 이후 오차노미즈 여자 대학 부속 고등학교는 블레이저로 변경되었지만 부속 중학교는 세일러복으로 남았다. 기모노와 하카마의 시대부터 이어진 허리 벨트가 특징이다.

[왼쪽 위] 가와무라 중학교, 고등학교의 동복 (필자 소장)(상단 좌)
1923년 제정된 세일러복은 깃과 소매에 들어간 하얀색 '천川' 자가 특징이다.

[오른쪽 위] 짓센 여자 학원 중학교, 고등학교의 동복(필자 소장)
1939년 제정된 세일러복은 중학교에서 붉은색, 고등학교에서 검은색 넥타이를 맸다.

[아래] 도시마가오카 여자 학원 중학교, 고등학교의 동복 (필자 소장)
우시고메 고등학교 시절부터 세일러복이었으며 넥타이는 '고부마키昆布巻き[다시마 말이]'라는 독특한 방식으로 묶었다.

[왼쪽] 학교 법인 야마자키 학원 후지미 중학교의 중간복 (필자 소장)
후지미 고등학교에서는 1929년 졸업생이 세일러복을 입었다.
당시는 깃과 소매에 하얀 선 세 줄을 넣고 넥타이는 시라유리 학원과
마찬가지로 하얀 선 세 줄이 들어간 넥타이 두 장을 겹쳐 매었다.
1934년에 넥타이는 나비매듭으로 바뀌었다. 전후의 교육 개혁으로
후지미 고등학교와 중학교로 재편되고 1952년에 중학교 교복으로
세일러복이 다시 제정되었다.

[오른쪽] 시라유리 학원 중학, 고등학교의 동복 (필자 소장)
전쟁 전의 시라유리 학원의 자매교 교복은 각 학교가 독자적인 디자인을
택했지만, 전후에 공통적인 디자인의 세일러복이 되었다.

[왼쪽] 메이조 학원 고등학교의 동복 (필자 소장)

[오른쪽] 오사카 부립 유히가오카 고등학교의 동복 (필자 소장)
오사카부의 세일러복은 형형색색의 깃 커버와 넥타이가 특징이다. 이 깃 커버를 벗기면 심플한 세일러복이 된다. 메이조 고등 여학교는 1922년, 오사카 부립 유히가오카 고등 여학교는 1923년에 각각 세일러복을 교복으로 제정했다.

뒷깃의 자수

세일러복을 입는 학교가 늘어나자 다른 학교와의 차이를 두기 위해 뒷깃 좌우에 학교를 표시하는 자수가 등장했다. (모두 필자 소장)

도쿄 도립 고마쓰가와 고등학교
(도쿄 부립 제7 고등 여학교)

시라유리 학원 중학, 고등학교

가와무라 중학교, 고등학교

와요코노다이 여자 중학교, 고등학교

사이타마 현립 마쓰야마 여자 고등학교
(사이타마헌 마쓰야마 고등 어학교)

세이케이 중학, 고등학교

쇼인 중학교(현재 쇼인 대학 부속 쇼인 중학교)

니혼 대학 부잔 여자 중학교

세일러복의 가슴에서 빛나는 휘장

일본식 복장에서 서양식 교복으로 바뀌면서 가슴에 다는 휘장이 탄생했다. (모두 필자 소장)

미야기현 제2 고등 여학교

도쿄 부립 제3 고등 여학교

도쿄 여학관

짓센 여자 학원

오쓰마 고등학교

가나가와 현립 오다와라 고등 여학교

사이타마 현립 가스카베 고등 여학교

시미즈 여자 상업 학교

긴조 학원

이시카와 현립 와지마 고등 여학교

교토 부립 모모야마 고등 여학교

오사카 부립 구로야마 고등 실천 여학교

일러두기

- 이 책은 오사카베 요시노리의 2022년 작 『セーラー服の誕生―女子高生服の近代史』 (法政大学出版局)를 번역한 것이다.
- 직관적인 이해를 돕기 위해 일본 연호를 서력으로 표기했다. 내용상 연호를 표기해야만 하는 경우는 부기해 두었다.
- 본문의 대괄호([ ]) 표기 내용은 옮긴이의 부연 설명이다.
- 고녀 각각의 원문 명칭은 권말의 <전국 고등 여학교 서양식 교복 일람>에 부기하였다.
- 특별한 표시가 없는 이상 모든 각주는 저자의 것이다.

들어가며

세일러복 탄생 100주년
─교복에 대한 여학생의 관점과 인기의 이유

여자 중고생의 교복으로 세일러복이 채택된 지, 2021년 9월로 100주년을 맞이했다. 그러나 세일러복이 어떻게 탄생했으며 어떻게 일본 전국에 보급되었는지에 대해 알고 있는 사람은 아마 없으리라 생각된다.

실제로 세일러복의 보급에 대해 알고자 해도 알려 주는 문헌이 없다. 가정학의 교복사 분야에는 학교 교복사를 연구하는 연구자도 있긴 하지만, 어느 서적이나 논문을 보아도 단편적으로 서술되어 있을 뿐이기에 설득력이 결여되어 있다. 고등 여학교[이하 이 책에서는 '고녀'로 약칭한다][1]에서 서양식 교복이

---

1 고등 여학교高等女學校의 정식 명칭은 '구제 고등 여학교舊制高等女學校'이며, 1899년의 고등 여학교령高等女學校令에 따라 개설된 중등 교육 기관이다. 남성이 다니던 구제 중학교舊制中學校와 동등한 위상이었으며, 1948년의 학제 개혁 이후 중학교와 고등학교로 분리되었다. 한국(식민지 조선)에서는 1938년에 개정된 조선 교육령에 따라 거의 대부분 일본인만 다니던 공립 여자 고등 보통학교를 고등 여학교로 개칭했다. 해방 후 1951년, 고등 여학교는 중학교와 고등학교로 분리되었다. ─ 옮긴이.

늘어난 이유를 1923년에 일어난 간토 대지진이나 같은 해 고녀가 군립郡立에서 현립縣立으로 승격된 일, 또는 1928년 쇼와 천황의 즉위식에 따른 영향 등에서 찾고 있지만 이들 모두 전혀 증명되지 않았다.

정말로 이것들이 여학생이 양장을 입게 된 원인일까? 역사학에서는 인과 관계를 명확히 하기 위해 사료에 기초한 실증이 필요하다. 그 과정을 소홀히 하고 단편적으로 여러 학교의 교복을 예로 들며 설명해 봤자 열거된 학교 교복을 채택한 의도가 분명하게 드러나지 않으며 또한 교복만으로는 결론이 나지 않는다. 그런 글들을 읽을 경우 잘못된 역사 인식과 지식이 섞여 들어갈 위험성마저 존재한다.

이 책에서는 아시아-태평양 전쟁 이전에 존재했던 전국 900개 이상의 고녀를 검토 대상으로 삼아 어떻게 각지에 세일러복이 보급되어 갔는가를 분석했다. 분석을 위해 필자가 작성했던 전국 고녀의 서양식 교복 변천표를 책의 뒤에 수록했다. 필자는 이를 통해 실상을 파악할 수 있었으며, 크게 세 가지 이유로 세일러복이 인기를 얻어 널리 보급되었음을 알 수 있었다. 또한 북으로는 홋카이도부터 남으로는 오키나와까지 각각의 특징과 보급 상황도 분명히 할 수 있었다. 모 여학교의 세일러복이 전국의 학교에 참고가 되었다는 설은 도시 전설일 뿐이다. 이 책은 일본사라는 전문 분야에서 나온 최초의 학교 교복사이다.

또 한 가지, 왜 세일러복의 역사를 연구하는가를 서두에서 언급해 두고자 한다. '세일러복 탄생 100주년'이라서일까. 분명 그를 기념하기 위한 목적으로 이 책을 쓰기도 했다. 하지만 그것보다는 여학생들이 어떤 생각으로 세일러복을 입게 되었는가 하는 복장에 대한 관점을 밝힘과 동시에 여학생들이 입는 세일러복이 일본 여성들의 양장화에 커다란 의미를 부여했음을 지적하는 것이 더 중요하다.

   필자는 일본 여성이 서양식 옷을 입게 된 요인이 학교 교복이라고 생각한다. 종래의 가정학 분야의 일본 근대 복장사에서는 이 점을 그다지 중요시하지 않았다. 인생에서 4~5년뿐이긴 하지만 서양식 교복을 입어 봤느냐 아니냐는 분명 그 후의 옷에 대한 관점을 크게 바꾸어 놓는다. 그러한 점에 고녀의 서양식 교복을 검토하는 의미가 있다. 특히 세일러복은 전쟁 전의 학교와 여학생들로부터 압도적인 지지를 받아 전국에 보급되었다. 왜 그렇게 되었을까. 이제부터 상세하게 논의해 보도록 하자.

차례

들어가며: 세일러복 탄생 100주년 – 교복에 대한 여학생의 관점과
　　　　　인기의 이유　　　　　　　　　　　　　　　　　17

서장: 매력적인 세일러복　　　　　　　　　　　　　　23

후쿠오카 여학원, 헤이안 여학원, 긴조 학원 – 세일러복의 기원　　23
여자 가쿠슈인과 도쿄 여학관 – 아가씨 학교의 상징　　　　　　33
도쿄 여자 사범 학교 부속 고등 여학교 – 엘리트 여성의 자랑　　38

제1장　체조복과 개량복　　　　　　　　　　　　　44

세일러복의 기원　　　　　　　　　　　　　　　　　　　　44
복장 개선 운동의 전개　　　　　　　　　　　　　　　　　54
서양식 복장을 채용하는 고등 여학교　　　　　　　　　　　70
간토 대지진의 영향이라는 만들어진 신화　　　　　　　　　76

제2장　복장 교육으로서의 효과　　　　　　　　　82

선배와 후배의 심리적 유대　　　　　　　　　　　　　　　82
세일러복을 입는 조건　　　　　　　　　　　　　　　　　102

제3장 세일러복의 세 도시와 세 항구 **112**

도쿄부 112
교토부 131
오사카부 135
가나가와현 147
효고현 152
나가사키현 158

제4장 세일러복으로 통일하고자 했던 현 **161**

후쿠오카현 162
아이치현 168
야마구치현 178
히로시마현 191
군마현 199
미야기현 204
도치기현 209
도야마현 216
시즈오카현 220
오카야마현 227

제5장 서양식 교복으로의 통일을 원치 않은 현과 제정이 늦어진 현 **237**

통일을 원치 않았던 야마가타현과 니가타현 237
서양식 교복의 제정이 늦어졌던 나가노현 245

제6장 전국의 세일러복의 상황과 개성　　262

최북단과 최남단의 교복 사정　　263
도호쿠 지방의 교복　　268
간토 지방의 교복　　278
주부 지방의 교복　　286
긴키 지방의 교복　　295
주고쿠 지방의 교복　　302
시코쿠 지방의 교복　　305
규슈 지방의 교복　　314

제7장 개성이 강한 미션 계열　　327

자매교가 아닌, 교복의 연관　　327
세일러복을 입고 싶어 하는 학생들　　332
자유를 중시하는 교풍과 화려함의 억제를 요구하는 목소리　　335
자매교의 관계성　　346

제8장 중일 전쟁과 아시아-태평양 전쟁하의 세일러복　　365

마지막 장: 세일러복이 탄생한 의미　　385

끝으로　　397

전국 고등 여학교 서양식 교복 일람　　403
옮긴이의 말　　494

서장:
매력적인 세일러복

후쿠오카 여학원, 헤이안 여학원, 긴조 학원
― 세일러복의 기원

후쿠오카 여학원 발상설

고녀생의 표상인 세일러복을 최초로 도입했던 학교는 어디일까? 얼마 전까지는 후쿠오카현의 후쿠오카 여학원이 일반적인 통설처럼 이야기되어 왔다. 실제로 이 학교의 학교 안내를 보면 "일본 최초의 세일러복"이라고 소개하고 있다. 후쿠오카 여학원은 1885년에 미국 선교사 제니 기어[1]가 에이와 여학교라는 이름으로 창설했고 1919년에 후쿠오카 여학교로 이름을 바꾸었다.

후쿠오카 여학원의 세일러복은 원래 엘리자베스 리Elizabeth

---

[1] Jean "Jennie" Margaret Gheer(1846~1910). 미국의 감리교 선교사. 1879년에 일본에 파견되어 갓스이 학원活水学院 등의 창설을 돕는 등 교육에 힘을 쏟았다. ― 옮긴이.

[그림 1] 후쿠오카 여학원의 세일러복(동복)

Lee 교장이 입던 옷을 모델로 삼은 것이었다. 그때까지 학생들은 하카마 차림으로 농구 등의 운동을 했는데, 운동하기 불편하기도 했거니와 옷을 구입하는 비용이 늘어난다는 문제점이 있었다. 때문에 리 교장이 복장 조사 위원장이 되어 구미 각국의 여학생 복장을 연구하기 시작했다. 그 결과 리 교장이 입던 세일러복을 채택하게 되었고, 남자 교복을 취급하던 스노코마치簀子町의 오타太田 양복점에 시제품 제작을 맡겼다. 그리고 여덟 번을 고쳐 만든 후 1921년 12월에 최종 결정을 내리게 되었다.

이 교복은 베레모를 쓰고 군청색 서지[2]로 세일러복을 만든, 상하로 나뉜 세퍼레이트separate 스타일이었다. 교복은 긴소매였으며 옷깃과 소매에 세 줄의 연지색 선이 들어가 있고 연지색 넥타이를 맸다. 가슴 부분 중앙에는 닻 모양의 하얀 자수가 놓여 있었는데, 이는 찬송가 208번 제2절의 "소망의 닻을

---

2 Serge. 45도 정도의 사선 무늬가 있는 고급 모직이다. 계절을 가리지 않으며 군복이나 코트, 정장 등을 만들 수 있는 등 범용성이 크다. —옮긴이.

주리라"라는 신앙의 표시를 나타내고 있다.³

다음 해인 1922년에는 밝은 하늘색 깅엄 직물⁴로 만든, 반팔에 검은 넥타이를 매는 하복도 만들어졌으며 일시적으로 하얀색 상의에 스커트를 받쳐 입기도 했다. 여름용 모자의 경우, 처음에는 차양이 넓은 밀짚 모자를 썼지만 후에 희고 두꺼운 무명 모자로 정해졌다. 또 시기가 분명하지는 않지만 행사가 있는 날에는 하얀색 넥타이를 맸다. 이는 후쿠오카현 최초의 세일러복이었기에 사람들의 이목을 끌었던 모양이다. 때문에 학생들은 항상 주목을 받고 있다는 자부심과 자긍심을 가지게 되었다. 그리고 후쿠오카 여학원의 학생답게 학원이 지향하는 "성스럽게, 바르게, 현명하게, 아름답게, 강하게 살아간다"를 의식하면서 세일러복을 입게 되었다.⁵

헤이안 여학원이 최초라고 주장하는 보도

최근 헤이안 여학원이 후쿠오카 여학원보다 먼저 세일러복을 채용했다면서 세일러복의 기원으로 부상했다. 2007년에 학생복 판매 회사가 일본 최초의 세일러복은 헤이안 여학원이라고 발표했고 거대 신문사들이 이를 보도했던 것이다. 학생복 판매

---

3   여기서 말하는 찬송가란 〈My hope is built on nothing less〉를 가리킨다. 한국어로는 〈이 몸에 소망 무언가〉이며, 번역은 한국어판 찬송가를 따랐다. 영어 원문은 "(In every high and stormy gale) my anchor holds within the veil"이며, 일본어판은 "(風いとはげしく なみ立つ闇夜も) みもとに錨を おろして安らわん"이다. — 옮긴이. 『福岡女学院九五年史』, 학교법인福岡女学院, 1981, 39쪽.
4   Gingham Cloth. 면직물의 일종으로, 대부분 체크 무늬이기 때문에 깅엄 체크Gingham Check라 부르기도 한다. — 옮긴이.
5   井上美香子, 「学校制服でみるスクールアイデンティティーの形成に関する一考察 福岡女学院を事例として 」, 『福岡女学院大学紀要·人文学部編』 29, 2019.3. 참조.

회사의 연구실은 "다이쇼 시대에 여학생 교복을 도입했던 약 15개 학교를 조사해서 판명했다"라고 한다.⁶

헤이안 여학원은 1875년에 미국 성공회 선교사 엘렌 에디Ellen G. Eddy가 창설한 학교인데 1880년에 쇼안 여학원으로, 다시 1884년에 헤이안 여학원으로 개칭했다. 헤이안 여학원은 1920년 11월에 세일러 깃이 달린 원피스에 모자를 쓰는 스타일의 교복을 제정했다. 이 교복에서는 흰색 깃과 가느다란 리본이 눈길을 끈다. 지금처럼 상하로 나뉜 세퍼레이트 스타일이 아니기 때문에 당시의 학생복 판매 회사의 연구실장은 "무엇을 세일러복이라고 부르느냐에 따라 다르겠지만 오늘날까지 이어지는 스타일로는 후쿠오카 여학원이 원조가 아닐까"⁷라며 애매하게 말하고 있다. 세일러 깃에만 주목한다면 헤이안

[그림2] 헤이안 고등 여학교의 세일러 깃 원피스
『사진으로 보는 125년사』, 헤이안 여학원, 2000년

---

6   『京都新聞』 2007년 10월 5일 톤보トンボ 학생복의 유니폼 연구실장이었던 사노 가쓰히코佐野勝彦 씨는 "다양한 학교의 역사를 비교하여 검토한 결과, 헤이안 여학원의 120년사에 세일러 깃이 달린 교복을 채용했다는 기사가 있는데 이것이 세일러복의 가장 오래된 사례임이 판명되었습니다. 또, 다이쇼 말기의 신문에도 이를 전하는 기사가 나왔기 때문에 헤이안 여학원이 빨랐다고 제 나름대로 결론"을 내렸다고 서술하고 있다. 内田静枝編, 『セーラー服と女学生』, 河出書房新社, 2018, 77쪽.

7   『産経新聞』, 2007년 10월 14일 조간.

여학원, 지금과 같은 위아래로 나뉜 형태를 보자면 후쿠오카 여학원이 세일러복의 기원이라는 것이다. 이러한 무책임한 발언으로 인해 후쿠오카와 도쿄의 미디어를 중심으로 어디가 세일러복의 발상지인가를 따지는 논쟁적인 보도가 반복되게 되었다.

세일러복의 '야마타이국 논쟁'

세일러복의 기원에 대한 논쟁은 규슈 설과 긴키 설로 의견이 나뉘는 '야마타이국邪馬台国 논쟁'[8] 과 같은 전개로 흘러갔다. 필자는 여기에 '세일러복의 야마타이국 논쟁'이라는 이름을 붙였다. 그러나 사료의 제약으로 인해 장소를 특정하기가 어려워 고고학의 최신 성과 등도 반영하며 생산적인 학설이 제기되는 '야마타이국 논쟁'과 세일러복의 기원을 둘러싼 논쟁은 의미가 전혀 다르다. 왜냐하면 세일러복의 정의를 명확히 한다면 전국의 고녀 교복을 조사한 후 이를 근거로 어디가 제일 빨랐던가를 특정할 수 있기 때문이다. 상당히 고된 작업임에도 이 두 가지 사안을 게을리해서 애매한 의견을 세상에 내놓는 것은 무책임하다고 할 수밖에 없다. 실제로 그렇게 무책임한 의견을 신문과 TV 등의 미디어가 누차 보도했기에, 누가 먼저인가라는 아이들 싸움 같은 비생산적인 논의가 계속되었다.

이 비생산적인 논의는 약 10년에 걸쳐 지속되었다. 신문과 TV에서 헤이안 여학원이 최초의 세일러복이라고 보도했고

---

8 야요이-고훈 시기(2~3세기)에 일본에 존재했던 나라. 삼국지 위서의 기록에 따르면 왜倭의 여러 나라들이 공동으로 히미코卑弥呼를 야마타이 국의 여왕으로 추대했다고 한다. 야마타이국의 위치에 대해서는 학자마다 이견이 존재하는데, 본문에서 언급하는 것처럼 규슈 지방에 존재했다는 설과 긴키 지역에 존재했다고 주장하는 설이 대립하고 있다. ― 옮긴이.

헤이안 여학원의 홈페이지도 이를 선전했는데, 후쿠오카에서 "일본 세일러복 발상지"라고 명기한 간판을 전신주에 붙여 그에 대항했던 것이다. 그 사이 학교 교복사를 연구하는 연구자가 신문에 코멘트를 보내기도 했지만 딱히 어디가 먼저라고 하는 것도 아니었고 사태를 수습하려는 자세도 보이지 않았다.[9]

헤이안 여학원의 교복이 세일러복이 아닌 근거

필자가 조사한 바에 따르면 세일러복의 기원은 헤이안 여학원도 후쿠오카 여학원도 아니었다. 만약 헤이안 여학원의 세일러복이 최초라고 주장하려면 1921년 9월에 세일러 옷깃의 교복을 제정했다는 것뿐만 아니라 학술적인 근거를 내세울 필요가 있다.

헤이안 여학원의 교복이 세일러복이 아니라고 판단하는 이유는 그 교복이 세일러복의 기본적인 구조와 다르기 때문이다. 제1장 초반부에서 언급하겠지만 해군 수병의 세일러복은 상하의로 나뉘어 있는 형태이며 벗기 쉬워야 한다. 이 기본적인 구조가 가장 큰 이유다.

상하의로 나뉜 구조가 세일러복이라는 것은 당시의 고녀생들도 인식하고 있었다. 다이쇼부터 쇼와 초기에 학교와 학생들이 헤이안 여학원의 교복을 세일러복이라고 보았다면 전국에 원피스 형태의 세일러복이 조금이라도 퍼졌을 것이다. 하지만 전국에 보급된 세일러복은 상하의로 나뉘어 있었다. 이 증거는

---

9 2014년 4월 10일의 『요미우리 신문』 석간에는 「전국 최초 여학생에 세일러복」이라는 표제로 재차 헤이안 여학원의 교복을 거론하고 있다. 이 기사에 학교 교복 연구자인 난바 도모코難波知子 씨가 논평을 하고 있는데, 사노 씨의 발견설을 부정하지 않는 데다가 후쿠오카 여학원이 상하의가 분리된 형태의 세일러복을 제정한 최초의 학교가 아니라는 점도 깨닫지 못하고 있다. 2016년 12월 10일 『아사히 신문』 후쿠오카판 조간은 "둘 다 일본 최초"라며 명료하지 않게 서술함으로써 대결은 계속되었다.

이와테현의 가마이시 실과 고등 여학교[10][이하 '실과 고녀']에서도 나타난다. 가마이시 실과 고녀(1939년에 가마이시 고녀로 개칭)에서는 1923년에 교사 사토 요시佐藤ヨシ의 지도하에 학생들이 원피스 형태의 세일러 깃을 꿰매 시작했다. 군청색 모직에 선은 없었으며 검은 리본 넥타이를 맸는데, 학생들 사이에서는 투피스 세일러복을 만들어 온 경우도 있었다고 한다.[11]

가마이시 실과 고녀의 1935년 수학여행 단체 사진을 보면 모든 학생이 상하로 나뉜 세일러복을 입고 있다.[12] 학생들은 세일러 깃이라면 원피스가 아니라 상하의로 나뉘어 있어야 한다고 인식했던 것이다. 따라서 학교 측도 세일러 깃 원피스를 시착하게 했지만 교복은 상하의로 나뉜 세일러복으로 정했다.

또 다른 예가 오카야마현의 사립 산요 고녀인데, 1934년 6월에 교사 다테이시 다카요立石孝代의 고안에 따라 스탠드 칼라stand collar에서 세일러 깃 원피스로 개정했다. 깃과 소매에 하얀 선 한 줄을 넣고 올리브그린색 넥타이를 맸으며 허리에는 벨트를 착용했다. 얼핏 보면 세일러복 같지만, 이는 헤이안 여학원과 마찬가지로 상하로 나뉘지 않은 원피스이다. 따라서 산요 학원의 기념지에서는 '세일러복'이라고 표기하지 않고 굳이 "세일러 원피스"라고 쓰고 있다. 이 사실을 헤이안 여학원의 교복이 세일러복이라고 인식되지 않았던 증거로 삼고자 한다. 물론 헤이안 여학원의 학생과 그 모습을 본 교토 시내의 사람들은 그것을 세일러복이라고 생각했을지도 모른다. 하지만 일본 전체로 시야를 넓히자면 헤이안 여학원의 교복은 세일러복이 아니라

10 実科高等學校. 1910년에 제도화되어 1943년(쇼와 18년)까지 있었던 여성 대상의 중등 교육 기관. 가사나 뜨개질 같은 실용적 교과를 가르쳤다. — 옮긴이.
11 『釜南70年史』, 岩手県立釜石南高等学校創立70周年記念事業協賛会, 1988, 306쪽.
12 앞의 책, 16쪽.

세일러 깃 원피스이다.

헤이안 여학원이 최초의 세일러복이라고 발표했을 때 "현대까지 이어지는 스타일이라 하면 후쿠오카 여학원이 원조가 아닌가"라는 말이 나왔다. 하지만 아래에 기술하는 바와 같이 상하로 나뉜 세일러복은 "후쿠오카 여학원이 원조"가 아니라 긴조 학원이다. 덧붙이자면 헤이안 여학원이 일본 최초의 서양식 교복이라는 것도 착오이며, 1919년에 제정된 도쿄의 야마와키 고녀가 그보다 빨랐다.

긴조 여학교

2차 대전 전에 고녀 및 여학교였던 고등학교가 간행한 기념지를 전국적으로 살펴본 바, 후쿠오카 여학원보다 이른 시기에 상하의로 나뉜 세일러복을 채용했던 학교가 존재했다. 그것이 아이치현 나고야시의 긴조 학원이었다.[13]

긴조 학원은 1889년에 미국 장로교회 선교사 애니 랜돌프Annie Edgar Randolph가 매컬파인Robert E. McAlpine 박사의 협력을 얻어 창설한 여학 전문 희망관에서 시작한다. 학교는 이듬해인 1890년에 긴조 여학교로 개칭했고, 1927년 전문학교령에 의해 긴조 여자 전문학교가 설치되었으며 1929년에 긴조 여학교는 긴조 여자 전문학교 부속 고등부로 개칭되었다.

학교는 1920년 4월 입학생에게 "만들 수 있는 이는 양복으로, 형태는 자유, 각자의 개성에 따라 만들도록" 권장했다.[14] 이듬해

13 　졸고「미션계 고등 여학교의 교복 양장화ミッション系高等女学校の制服洋装化」,『総合文化研究』, 23-3, 2018.3. 이 성과는『요미우리 신문』2018년 4월 14일 석간,『주니치 신문』2018년 5월 12일 석간,『주간 플레이보이』2018년 4월 23일 호에서 언급되었다.
14 　『金城学院100年史』, 学校法人金城学院, 1996, 216쪽.

[그림 3] 긴조 여학교의 세일러복(동복), 1921년 촬영 (학교법인 긴조 학원 소장)

1921년 4월의 단체 사진에는 기모노에 하카마 차림의 학생과 세일러복을 입은 학생이 섞여 있다. 이 세일러복은 같은 학교 교사 로건[15]의 두 딸이 입었던 옷을 모델로 삼은 것으로 반년 후에 교복이 되었다. 즉, 학교 측이 양복 착용을 장려했던 1920년부터 학생들이 세일러복을 입고 있었음을 알 수 있다.

당시 학생들에 따르면 1920년 9월부터 3학년 이하 학생들에게 서양식 교복의 착용이 의무화되었으며, 질병을 이유로 일본식 옷을 입을 경우에는 '일본식 복장 신청서'를 교장에게 제출해야 했다고 한다. 이 서양식 교복은 반년 전에 학생들이 입었던 세일러복과 같으며, 군청색 깃과 가슴 부분에 흰색 선 두 줄, 소매 위아래로 흰색 선 네 줄이 있었다. 옷도 상하로 나뉜 형태였다.

15 학교의 홈페이지에서 본명을 밝히고 있지 않으나 딸의 이름과 미국 장로교 선교사 파견 명단 등 여러 기록을 살펴볼 때 Charles Alexander Logan이라 생각된다. 그는 장로교 전도사로 1899년 안수를 받은 후 1902년부터 1941년까지 일본에서 선교했다. 1955년 7월 1일 사망. — 옮긴이.

서장: 매력적인 세일러복

여기서 후쿠오카 여학원이 세일러복을 확정하기 3개월 전에 긴조 여학교가 세일러복을 교복으로 채용했다는 점에 주목할 만하다. 따라서 종래의 후쿠오카 여학원이 '일본 최초의 세일러복'이라는 기원설을 다시 살펴볼 필요가 있을 것이다. 위아래로 나뉜 형태를 '일본 최초의 세일러복'이라 한다면 긴조 여학교가 이에 해당한다. 또 학생들이 자주적으로 착용했던 시기를 포함하면 긴조 여학교는 세일러 깃뿐이었던 헤이안 여학원에도 뒤지지 않는다.

다른 가능성은 없을까

앞서 언급했던 학생복 회사의 연구실은 약 15개 학교만을 조사했을 뿐이기에 섣부른 결론을 내린 것으로 보인다. 필자가 전국 935개 학교의 고녀를 조사해 본 결과 일본 최초의 세일러복일 가능성이 있는 학교를 찾을 수 있었다. 그것은 히로시마현 최초의 고녀였던 히로시마 현립 히로시마 고녀, 그리고 긴조 여학교와 마찬가지로 나고야 시내에 있던 사립 나고야 고녀이다. 하지만 히로시마 고녀가 1920년에 제정한 교복은 세일러복이 아닐 가능성이 높으며(본문 198~197쪽 참조), 나고야 고녀는 1921년에 원피스에서 세일러복으로 변경했다고 하지만 뒷받침할 만한 사료가 없고 제정 연월도 명확하지 않다.

1921년까지 존재했던 고녀에서 세일러복을 채용했을 가능성이 있다고 한나년 위에서 말했던 2개 학교뿐이다. 두 학교에 직접 가서 1차 사료의 유무 등을 조사했는데, 긴조 여학교의 세일러복은 누가 보아도 구조적으로 세일러복이라는 점에는 의문의 여지가 없었고 제정 연월도 명확했다. 필자는 최대한의 조사를 거쳐 긴조 여학교가 최초의 세일러복이었다고 특정했다.

여자 가쿠슈인과 도쿄 여학관
—아가씨 학교의 상징

여자 가쿠슈인의 표준복

1877년에 문을 연 가쿠슈인에 여자 소학과小學科가 설치되었다. 1885년 9월에는 여자부가 폐지되고 화족[16] 여학교가 창설되었다. 이는 1906년에 다시 가쿠슈인 여자부가 되었고, 1918년에 여자부를 아오야마靑山의 신교사로 이전하면서 여자 가쿠슈인으로 개칭했다. 이듬해 1919년에는 초등학과와 중등학과, 고등학과가 초등과, 중등과, 고등과로 이름을 바꾸었는데 5년제 중등과가 고녀에 해당한다.

여자 가쿠슈인 중등과는 황족과 귀족 자녀(사족과 평민 자녀도 있었다)가 다니는 아가씨 학교였다. 1925년 6월에 학교가 보증인 앞으로 보낸 통지서에 따르면 종래대로 일본식 옷과 서양식 옷 둘 다 착용해도 되지만 일본식 옷의 경우 겐로쿠 소매元禄袖[17]로 하고 고등과에서도 소매를 짧게 할 것을 지시하고 있다. 그리고 서양식 옷의 경우는 세일러복과 짐 드레스[18]를 표준복으로 정했다.

동복 세일러복은 군청색 모직으로, 여름은 그 외의 옷감으로 만들어도 무방했다. 짐 드레스는 "스커트는 군청색 서지", "블라우스(흰색)는 후지견富士絹[19]"으로 정해져 있었다는 점에서

---

16 작위를 가진 사람과 그 가족을 의미한다. 서양의 귀족과 유사한 의미인데, 메이지 유신 이후 전통적인 사농공상의 계급 체계를 서양식으로 개편한 것이기 때문이다. 전후 1947년에 새로운 헌법이 제정되면서 폐지되었다. — 옮긴이.
17 길이가 비교적 짧고 아래 부분이 완만한 곡선으로 되어 있는 소매의 옷을 가리킨다. 주로 소녀들이 많이 입었다. '겐로쿠'는 1688~1704년 재임한 히가시야마 천황의 연호를 빌려 온 것이다. — 옮긴이.
18 원문은 "ジムドレスGym Dress". 현재의 용법과는 다소 다르게 당시에는 통상 체조복을 의미했다. — 옮긴이.
19 1902년 후지不二 방적 회사가 만들었으며 큰 인기를 얻었고 2차 대전 전까지는

점퍼 스커트였음을 알 수 있다. 그러나 이것만으로는 자세한 내용이 학부형과 학생에게 잘 전해지지 않았기 때문에 1933년 3월에 『학생 복장에 관한 주지 사항学生服装に関する心得』이라는 소책자를 나눠 주었다.

이 책자에서 일본식 복장은 다음과 같이 규정되어 있다. ① 메이센銘仙[20] 비단 이하로 할 것 ② 화려한 색이나 모양은 불가 ③ 소매 길이의 경우 중기는 겐로쿠 소매 38센티미터 이하, 후기는 겐로쿠 소매 45센티미터 이하, 고등과는 60센티미터 이하로 할 것 ④ 옷깃은 흰 천이며 자수 놓기는 불가 ⑤ 하카마는 모직으로 할 것 ⑥ 하카마를 가슴 높이까지 올리는 것은 불가 ⑦ 스카프 불가 ⑧ 화려한 숄肩掛け 불가

짐 드레스의 규정은 다음과 같다. ① 점퍼는 4센티미터 이상의 주름을 잡을 것 ② 점퍼의 주름은 확실히 잡을 것 ③ 점퍼는 상당한 길이를 가질 것 ④ 블라우스 소매는 팔꿈치에 닿지 않는 정도의 길이로 할 것 ⑤ 블라우스는 흰색 후지견 이하로 할 것 ⑥ 블라우스에 넥타이를 매지 않을 것 ⑦ 밴드는 검은 가죽이나 천으로 하며, 폭은 약 3센티미터로 할 것 ⑧ 밴드는 적당한 위치에 맬 것 ⑨ 소매 단추는 조개로 만든 것에 한함

세일러복은 다음과 같이 규정한다. ① 스커트 주름은 전면 중앙을 10센티미터, 다른 곳은 4센티미터로 한다 ② 스커트 주름은 확실하게 잡는다 ③ 스커트는 알맞은 길이로 한다(중기 2년 이상은 무릎을 가리는 정도) ④ 완장은 차지 않는다 ⑤ 넥타이는 검은색 또는 어두운 군청색을 사용한다 ⑥ 소매는 팔꿈치가 드러나지

높은 수출 실적을 올리기도 했다. 통상 셔츠와 여성복에 사용되었으나 현재는 잘 사용되지 않는다. ─ 옮긴이.
[20] 꼬지 않은 실로 거칠게 짠 비단. 옷감이나 이불감 등으로 사용하며 내구성이 좋아 많은 사랑을 받았다. ─ 옮긴이.

않는 길이로 한다 ⑦ 가슴은 거의 벌어지지 않게 한다

또한 구두는 ① 검은색 또는 흰색으로 하며 실내화는 검은색으로 한다 ② 실내화는 고무 밑창을 금지한다 ③ 뒤꿈치가 높은 것은 사용하지 않는다 ④ 학생 신분에 걸맞을 것 ⑤ 짚신을 신을 경우에는 검소한 것으로 할 것. 양말은 ① 흰색 또는 검은색 ② 비단이나 인견은 금지 ③ 매우 얇은 재질이거나 장식이 있으면 안 됨 ④ 양말은 검은색 이외는 인정하지 않음. 그 외에도 하프 코트 및 스웨터, 외투, 모자, 부속 물품에 관한 주의 사항을 상세하게 규정하고 있다. 모두 "검소하고 청결한 취지"를 따라 화려하거나 특이한 것을 금지했다.

영애들이 선택한 교복

여자 가쿠슈인 중등과에서 세 종류의 표준복을 정한 이유는 학생의 가정 환경을 배려했기 때문으로 보인다. 이 다음에 볼 도쿄 여학관과 마찬가지로 여자 가쿠슈인 중등과를 다니는 학생들은 화족이나 관료, 군인 등의 아버지가 있었기에 경제적으로 풍족했다. 경제적으로 여유가 있다면 매일 격이 다른 기모노를 입는다. 즉, 교복을 한번 정하면 자유롭게 옷을 고를 수 없게 된다. 따라서 "검소하고 청결한 취지"를 강조하면서 기모노에 하카마라는 일본식 복장은 남기고 서양식 복장에 한해 세일러복이나 점퍼 스커트 둘 중 하나를 선택하게 한 것이다. 이 점에 대해서 후술하겠지만, 도쿄에서는 1933년에 들어서면서 세일러복이 대두하고 기모노에 하카마 차림은 거의 보이지 않게 된다. 이때에도 여자 가쿠슈인 중등과가 기모노에 하카마 차림을 규정에 남기고 있음은 흥미롭다. 그렇다면 여자 가쿠슈인 중등과에 다니는 학생들은 어느 표준복을 선택했을까. 1935년 11월에 간행된 『여자 가쿠슈인 50년사』에는 "최근에는 대체로 세일러 형태로 통일되는 듯하며, 최근 이 옷을 교복으로 삼자는 이야기가 나오는 것도 자연스러운 추세다"라고 쓰고 있다. 표준복을 정한 후 10년 사이에 학생들이 자주적인 판단에 따라 세일러복을 교복처럼 입었던 것이다. 이러한 상황을 받아들인 학교 측은 1937년에 세일러복을 교복으로 정했다(권두 그림 7 참조).

도쿄 여학관의 표준복

도쿄 여학관은 1888년에 세계인과 대등하게 어울릴 수 있는 여성의 육성을 목적으로 여성 교육 장려회에 의해 설립되었다. 도쿄 여학관은 복장이 화려한 것으로 유명했다. 학교가 있었던 도라노몬虎ノ門에 다니는 화려한 학생들의 모습은 '장미'나 '모란'처럼 여겨졌다. 졸업식에 다이아몬드나 에메랄드 장식을 단 학생들도 있었다는 점은 놀랍다. 학생의 아버지 중에는 정재계에서 활약하는 이가 많았으며, 모두 가정이 유복했다.

이 학교도 다이쇼 말기에 이르면 서양식 옷을 입고 통학하는 학생들이 눈에 띄게 많아졌다. 따라서 도쿄 여학관에서는 여학생에 걸맞은 서양식 복장의 기준을 마련하게 되었다. 이에 따라 1927년에 세 종류의 표준복이 지정되었다. ① 흰색 세일러복, 군청색 스커트, 군청색 나비넥타이 ② 곡선형 깃 또는 스퀘어 컷square cut으로 앞쪽에 세 줄의 주름이 있는 흰색 블라우스, 군청색 점퍼 스커트 ③은 ②와 마찬가지로 블라우스와 군청색 스커트였다. 학생들은 이중에서 좋아하는 것을 골랐다. 구두의 경우, 1931년 졸업생에 따르면 처음에는 검은색과 갈색, 흰색 등을 자유롭게 선택할 수 있었지만 뒤꿈치가 낮은 검은색 가죽 구두를 신게 되었다고 한다. 양말은 검은 가스[21] 또는 비단으로 만들었다. 모자의 경우 여름에는 밀짚에 군청색 리본, 겨울은 군청색 펠트에 군청색 리본이었다. 통학용 가방은 모슬린 원단의 화려한 천으로 만든 보자기나 손가방을 사용했다. 겨울에는 군청색 코트를 입었다. 또 머리 모양은 단발 혹은 뒤로 땋은 머리, 양 갈래 머리였다.

시부야의 백조

그렇다면 학생들은 세 종류의 표준복에서 무엇을 골랐을까. 1928년부터 1934년까지의 통계를 보면 세일러복은 1928년에는 한 명도 없었지만 1931년에 10명, 1932년에 24명, 1933년에 34명, 1934년에 83명으로 가파르게 증가했다. 그에 비해 점퍼 스커트와 오버 블라우스는 계속 줄어 1934년에는 한 명도 없게 되었다. 또 일본식 복장도 1928년에는 65명, 1929년에는 72명으로 상당한 수였지만 1932년에 46명, 1933년에는 33명으로 줄어들었으며 1934년에는 0명이 되었다. 이는 1930년에 세일러복을 교복으로 정했기 때문에 나온 당연한 결과겠지만, 세일러복의 교복 규정이 절대적이지는 않았음은 그 후에도 일본식 복장을 입었던 학생들이 있었다는 점에서 확인할 수 있다. 학생들은 일본식 복장과 세일러복 중에서 하나를 고를 수 있었고 최종적으로 후자를 선택했던 것이다. 이로써 학생들에게 세일러복이 압도적으로 인기가 높았음을 알 수 있다.

이 세일러복은 도쿄 여학관의 교사 와키타 후사코脇田房子가 "이번에 학교에서 교복을 정하게 되었는데 디자인을 해서 작품을 내 보지 않겠습니까"라고 여러 회사에 의뢰한 후 그중에서 선택한 것이었다.[22] 미쓰코시나 마쓰야 등 각 백화점도 시제품을 만들었고,

---

21 실을 만든 후 가스 불꽃 속으로 빠른 속도로 통과시킴으로써 잔털을 제거하고 매끈하게 만든 실의 일종. — 옮긴이.

여학관은 마르스 양복점マルス洋服店의 흰색 세일러복을 선정했다.

전국 고녀의 세일러복은 겨울에는 검은색 또는 군청색, 여름에는 흰색 천이 일반적이다. 한 해를 통틀어 흰색 천만을 사용한 도쿄 여학관의 세일러복은 희귀했다(권두 그림 8, 9 참조). 교사였던 도로테아 E. 트로트[23]가 영국에서는 고귀한 여성이 하얀 옷을 입는다고 제안했기 때문에 동복 또한 하얀 옷감의 세일러복을 입게 되었던 것이었다. 흰색 세일러복은 오래 입으면 색이 누렇게 변한다. 그러나 그것은 도쿄 여학관에 오래 재적한 상급생의 증표이며, 그 점마저도 학생들은 자랑스럽게 생각했던 것으로 보인다.

도쿄 여자 사범 학교 부속 고등 여학교
— 엘리트 여성의 자랑

도쿄 여자 사범 학교 부속 고등 여학교의 표준복

1874년에 여성 교사를 양성하려는 목적에서 일본 최초의 여자 사범 학교인 도쿄 여자 사범 학교가 설립되었고, 1882년 7월에는 부속 고등 여학교(현재의 오차노미즈 여자 대학 부속 중고등학교)가 설치되었다. 그 후 두 번의 교명 변경을 거쳐 1908년에 도쿄 여자 사범 학교 부속 고녀로 개칭되었다.

여성 교사는 여자 사범 학교에서 고등 교육을 받은 이만 될 수

---

22 『東京女学100年史』, 学校法人東京女学館, 1991, 389쪽.
23 Dorothea E. Trott (1885~1968). 영국 출생으로 세인트 엘핀스 스쿨 St Elphin's School을 졸업한 후 1910년에 일본에 와서 교편을 잡았다. 이후 전쟁 시기나 휴가를 제외하고 약 40년간 도쿄 여학관에서 근무한 후 1957년에 은퇴, 영국으로 돌아갔다. — 옮긴이.

있는, 직업 여성 중에서도 엘리트였다. 그리고 전국의 여자 사범 학교의 정점에 선 학교가 도쿄 여자 사범 학교였다. 도쿄 여자 사범 학교 부속 고녀에서는 1916년에 구두를 신을 수 있도록 허가했으며 1919년에는 본과 1학년부터 3학년생에게 통소매 기모노 혹은 서양식 복장을 입도록 지시했다. 이 학교의 『창립 50년』에 따르면, 이 시기부터 서양식 복장의 착용자가 증가했으며 1923년의 간토 대지진 후에는 더욱 증가했다고 한다. 그러나 교복이 없었기 때문에 "심히 기이한 서양복"을 입고 오는 학생도 있었다.

학교의 표준복은 1930년 3월이 되어서야 규정되었다. 이 표준복은 도쿄 여자 사범 학교 교수 겸 문부성 독학관督学官[장학사]이었던 나리타 준成田順이 고안했다고 한다. 표준복은 세일러복과 두 종류의 점퍼 스커트, 두 종류의 원피스로 합계 다섯 종류였다. 부인 잡지였던 『주부의 친구主婦之友』는 "오차노미즈 고녀의 표준 신형 양복"이라는 제목의 사진으로 표준복을 소개하고 있다. 여기에는 『창립 50년』의 서술에는 등장하지 않는 원피스 1호와 체조복(세일러복)이 있다.

세일러복은 흰색 면 포플린의 긴소매였으며, 옅은 군청색의 깃과 소매 그리고 가슴부에는 세 줄의 흰색 선을 넣었고 군청색 모직으로 된 스커트를 입었다. 점퍼 스커트 1호는 흰색 모직 또는 후지견 블라우스에 가는 주름을 앞뒤에 넣은 군청색 모직이었다. 점퍼 스커트 2호는 블라우스의 깃이 곡선형이며 점퍼 스커트의 가슴 부분을 각지게 다듬었다. 원피스 1호는 상의가 흰색 후지견으로 가슴과 허리에 가는 주름을 넣었으며, 스커트는 군청색 모직이나 포플린으로 지었고 흰색 칼라와 끈 넥타이를 맸다. 원피스 2호는 후지견, 토브랄코Tobralco, 포플린, 보일Voile, 깅엄 등의 무늬 없는 천으로 만들었으며 짧은 소매의 곡선형 깃이었다.

표준복의 제정이 늦은 이유

도쿄 여자 사범 학교 부속 고녀의 「학생의 마음가짐」에는 의복의 "검소, 청결, 편리"를 중시하며 "화려함에 빠지는 것"을 금지했다. 그러한 전제하에 일본식 복장이나 서양식 복장 중에서 좋아하는 것을 입도록 했다. 하지만 서양식 복장 착용자가 늘어가면서 "심히 기이한 서양복"이 눈에 띄었기 때문에 표준복을 지정하게 되었다.

도쿄 여자 사범 학교 부속 고녀 주사 사이토 분조齋藤文藏는 "간편하며 경제적이고 학생이 활발하게 움직일 수 있다는 점에서 서양식 옷이 더욱 적당하기에, 학교로서는 서양식 옷의 보급을 희망하고 있습니다. 보호자 측에서도 서양식 옷의 편리함을 주장하는 분들이 많은 것으로 보입니다"라고 말한다.[24] 학교 측에서도 서양식 옷의 편의성과 필요성을 느끼고 있었던 것이다. 그럼에도 불구하고 표준복을 정하는 것이 늦었던 이유는 도쿄 여자 사범 학교 교수 구라하시 소조倉橋惣三의 발언에서 알 수 있다. "검소하고 간단하게, 따라서 모두가 같은 복장을 입게 된다고 할지라도 그것을 각자의 취향에 따라 정하게 하고자 한다. 거꾸로 말해 자신의 복장을 자신에게 맞게 스스로 정할 자유를 빼앗고 싶지 않다", "복장에서 개성을 인정하고 또한 계발하고 싶다", "교복의 제정은 어렵지 않다. 또 그렇게 하는 데 여러 모로 편리함이 있다는 것은 분명하다. 하지만 그것은 복장 교육이 아니다."[25]

그는 학생들의 자주성을 중시했기에 교복 제정에 반대했다.

24　齋藤文藏, 「生徒の通学服に就いて」, 『婦人公論』, 1930.3.
25　倉橋惣三, 「児童服のもつ問題」, 앞의 책.

같은 생각을 했던 교사가 그 외에도 있었을 것이고, 그로 인해 표준복이 다른 학교보다 늦게 정해졌다. 전국의 고녀에서 교편을 쥐었던 여성 교사 중에는 여자 사범 학교의 최고 학부였던 도쿄 여자 사범 학교 출신자가 적지 않았다. 그렇기 때문에 졸업생들 자신이 근무하는 학교의 복장을 일본식 복장에서 세일러복으로 바꾸었던 것으로 생각된다. 하지만 도쿄 여자 사범 학교 부속 고녀의 서양식 교복화는 대단히 늦었으며 전국 고녀 교복의 규범적 존재가 될 수는 없었다.

두 종류의 교복

1930년에 표준복을 설정하기 전에 학교 측에서는 통학복을 조사했다. 조사 결과를 보면 본과와 전공과, 실과를 합쳐 세일러복이 311명, 원피스가 72명, 투피스가 68명, 점퍼 스커트가 39명이었으며, 일본식 복장은 본과에서 18명, 전공과에서는 79명, 실과에서는 9명이었다.[26] 세일러복을 입고 통학하는 학생이 많았음을 알 수 있다.

표준복을 정한 지 2년 후인 1932년(쇼와 7년)에는 세일러복과 점퍼 스커트를 교복으로 제정한다(권두 그림 10 참조). 교복에 반대했던 구라하시의 염원은 이루어지지 않았다. 학교는 교복을 제정했던 이유를 다음과 같이 설명하고 있다.

"본교에서 교복을 선정함에 있어 최초 다섯 종류를 선택하여 잠시 동안 학생 각자의 취향에 맡겨 자유롭게 착용하게 했던 바, 학생 전반이 자연스럽게 세일러복과 점퍼 스커트 형태를 선택하게

26　難波知子, 『学校制服の文化史 日本近代における女子生徒服装の変遷』, 創元社, 2012, 290~291쪽.

되어 이 두 종류를 표준복으로서 제정하게 되었다. 그러나 이 두 종류 중에서 현재 점퍼 스커트 형태는 극히 소수가 되었으며 대부분 세일러복 형태를 착용함은 물론 세일러복을 교복으로 삼는 학교가 다수임을 고려하여, 다수자가 옹호하는 형태를 채택하는 것이 가장 실행되기 좋다고 보아 이를 골랐다."[27]

표준복 중에서 세일러복을 고른 학생이 압도적으로 많았던 것이다. 전국의 고녀도 속속 세일러복을 교복으로 삼고 있었다. 그러한 인기에 압도되어 도쿄 여자 사범 학교 부속 고녀도 교복에 결단을 내렸다. 여자 가쿠슈인이나 도쿄 여학관과 마찬가지로 학생들은 세일러복을 선호했다.

고등 여학교 학생

이 책에서 다루는 세일러복은 고녀 학생들이 입던 것을 대상으로 하고 있다. 고녀의 대상 학년은 현재의 여자 중학생과 고등학생에 해당하며, 고녀라는 용어는 1881년에 여자 사범 학교 부속 고녀의 설립에 따라 사용되었다. 1891년 12월의 중학교령 개정에서도 볼 수 있는 바와 같이 고녀의 수업 연한과 입학 자격, 학과 과목은 명확하지 않았다. 이후 1895년 1월의 「고등 여학교 규정」에 따라 수업 연한은 6년으로 1년을 신축적으로 인정하고 입학 자격은 수업 연한 4년의 심상尋常[보통] 소학교 졸업자로 정해졌다.

1899년 2월에 고등 여학교령이 시행됨으로써 수업 연한은 4년에 1년을 신축적으로 인정하고 입학 자격은 12세 이상으로 고등

---

[27] 「女学生夏季制服」, 1939. (오차노미즈 여자대학 소장, http://hdl.handle.net/10083/33436)

소학교 제2학년 수료자가 되었다. 2년 이내의 보수과補修科 이외에 기예 전수과와 전공과를 둘 수 있었다. 이는 현모양처주의에 따른 '학술 기예'의 지식과 기술을 배우는 것이 주된 목적이었기 때문이다. 수업 연한은 1908년 8월의 개정령에 따라 입학 자격은 12세 이상의 심상 소학교 제2학년 수료자로 정해졌으며 수업 연한은 4년제 혹은 5년제가 되었다.

또한 1910년 10월의 개정령에 따라 가정에 관한 학과목인 실과를 둘 수 있었으며, 실과만을 둔 고녀는 실과 고등 여학교라고 불러야 했다. 실과 고녀의 수업 연한은 심상 소학교 졸업생의 경우 4년제, 고녀 제1학년 수료자는 3년제, 고등 소학교 졸업생은 2년제의 세 종류였으며 1년을 연장할 수 있었다. 현재의 중학교 3년제, 고등학교 3년제와는 달리 학교에 따라 수료 연한이 다르다는 점은 복잡하다. 13세부터 16~17세까지라고 생각하면 좋을 것이다. 메이지 시대부터 고녀였던 곳이 있던 한편으로 당초에는 실과 고녀였다가 후에 고녀로 승격한 학교도 있다. 이 책에서는 아시아-태평양 전쟁 종전까지 고녀로 승격하지 않았던 학교는 대상으로 삼지 않았다. 하지만 고녀로 승격하기 전의 실과 고녀와 각종 실업 학교에 대해서도 분석하고 있기에 그들의 실태를 통해 고녀 이외의 각종 여자 학교 교복의 변화에 대해 알 수 있을 것이다.

제1장
체조복과 개량복

세일러복의 기원

세일러복의 발상지는 영국

영국은 해군 수병의 군복에 세일러복을 최초로 도입한 나라였다. 왜 깃이 커다란 세일러를 군복으로 도입했는가에 대해서는 여러 이야기가 있어 명확하지 않다. 이를테면 갑판 위에서는 바람의 영향으로 목소리가 잘 들리지 않기 때문에 깃을 세워 듣기 편하게 했다는 설이나 선상에서는 머리를 감을 수 없기 때문에 긴 머리가 더러워지지 않게 하기 위해서라는 설이 있다. 또 세일러복의 앞가슴이 V자 형태인 이유는 배에서 바다에 떨어졌을 때 옷을 벗고 헤엄치기 쉽게 만드는 효과가 있기 때문이라고도 한다. 이들 모두가 어떠한 근거에 기초했는지 해명하기는 간단치 않다. 확실한 것은 영국 수병의 세일러복이 미국과 프랑스보다 오래되었다는 점이다. 또한 영국에서 세일러복은 군복뿐만 아니라 아동복으로도 그 용도를 넓혔다. 그 계기는 영국의 빅토리아 여왕이 수병이 입는 세일러복을 선호하여 황태자 앨버트 에드워드에게 입혔던 일이다. 또한 여왕은 다른 왕자들에게도 세일러복을 입히거나 손자인 프로이센의 빌헬름 왕자에게도 세일러복을 선사했다.

제국 해군의 수병복

일본에 세일러복이 들어왔던 것은 막부 말기였으며, 처음에는 막부 해군의

[그림 4] 세일러복을 입은 빌헬름 2세의 아이들.
(독일 연방 공문서 보관소 소장)

수병복으로 사용되었다. 아쉽게도 그 명확한 시기를 특정할 수 있는 사료는 눈에 띄지 않는다. 1868년에 촬영된 막부 해군의 군함 후지야마富士山의 승조원이 입었던 세일러복이 현재 확인할 수 있는 것 중에 가장 오래된 것이다. 1867년 12월 9일에 메이지 신정부가 발족했고, 다음 해 4월 11일의 에도 개성 후에 군함 후지야마는 신정부에 접수되었다. 이러한 점을 고려하면 사진은 그 사이에 찍혔던 것으로 보인다. 후지야마의 세일러복은 소매에 단추가 없는 재킷식이었으며 윗옷의 자락을 바지 위로 내고 스카프를 매지 않았다. 미국과 영국의 해군 수병이 세일러복을 입고 있었기 때문에 막부 해군도 이를 모방하여 수병의 군복에 세일러복을 채용했던 것으로 보인다.

메이지 신정부의 해군복제는 1870년 11월에 처음으로 제정되었다. 해군복제에 수병모는 있었지만 세일러복은 실려 있지 않다. 다만 같은 시기에 촬영된 군함 류조龍驤의 승조원은 프록Frock식의 세일러복을 입고 있다. 해군복제에 세일러복이 등장하는 것은 1872년이다. 여기에는 "프록, 즉 방금方今 사용되는 수화부水火夫복"이라 기재되어 있는데[1], "방금"이라는 것은 현재 사용되고 있다는 의미다. 따라서 1872년에 최초로 세일러복을 입게 되었던 것이 아니라 지금까지 입어 온 세일러복을 정식으로 복제로서 규정했다고 보아야 할 것이다. 프록식은 소매에 커프스가 달린 단추가 있고 넉넉한 품에 옷단의 양쪽 겨드랑이를 나누어 바지 안에 넣어 입는다.

이후 세일러복은 제국 해군의 수병복으로 사용된다. 동복인 1종복은 군청색 천으로 흰색 선 하나가 들어간 상의에 군청색 바지, 하복인 2종복은 흰색 천에 군청색 선 하나가 들어간 상의에 흰색 바지였다. 여름과 겨울 모두 군청색 스카프를 맸다.

세일러복에는 점퍼식과 프록식이 있는데, 둘 다 상하의로 나뉘어 있다. 세일러 깃이 V자 모양을 띤 것이 벗기 쉬움을 중시한 결과라면 상하의로 나뉜 것이 당연하다고 할 수 있을 것이다. 남성이 입는 군복의 세일러복은 바지였는데, 만약 상하의가 이어져 있다면 어떻게 입었을까. 여학생은 스커트라서 그럴 걱정이 없다는 것은 이치에 맞지 않는다. 여기서 중요한 것은 세일러복의 구조다. 그 구조에 해당하지 않는 것은 아무리 비슷하다고 한들 세일러복이 아니다. 헤이안 여학원의 원피스가 세일러복이 아니라는 이유가 바로 여기에 있다. 세일러 깃이 달린 원피스라고 해서 세일러복인 것은 아니다.

---

1 『法令全書』, 1872年, 海軍省乙第233号.

쇼와 천황도 입었던 아동용 세일러복

영국 왕실에서 아동복으로 세일러복이 쓰이기도 했지만, 일본의 황실에서도 유소년기의 미치노미야 히로히토迪宮裕仁 친왕(쇼와 천황)과 아쓰노미야 야스히토淳宮雍仁 친왕(지치부노미야秩父宮)이 흰 깃의 세일러복을 입었다. 전쟁 전의 황족은 가쿠슈인 초등과를 다녔기에 세일러복은 초등과 교복을 입기 전까지인 유소년기에 한정되었던 것으로 보인다. 이 점은 귀족 또한 마찬가지였음을 남겨진 사진을 통해 알 수 있다. 1897년 백작 마쓰다이라 야스마사松平康昌는 4세 때 부친 야스타카康荘와 찍은 사진에서 세일러복에 바지를 입고 있다. 가슴 부분에는 닻 모양의 자수가 있으며 깃에는 흰색 선 하나, 소매와 가슴에 달린 주머니 그리고 바짓단에는 흰색 선 두 줄이 들어 있고 오른쪽 가슴께에 수병모를 안고 있다.

1905년에 야스타카 일가를 촬영한 사진에서 12세의 야스마사는 교복을 입고 있지만 동생 야스노부康信와 야스쿠니康邦는 세일러복을 입고 있다. 깃은 각져 있고 깃과 머리, 가슴, 넥타이, 가슴 주머니, 소매, 바지 선에 흰색 선 두 줄이 들어가 있어 종전과는 다른 형태이다. 수병모의 펜던트에 영문자가 새겨져 있는 점을 고려할 때 영국제 세일러복일 수도 있다.

히토쓰바시 도쿠가와一橋德川 백작가의 도쿠가와 무네요시德川宗敬가 1세 8개월에 촬영한 사진에서도 세일러복을 입은 모습을 확인할 수 있다. 남작 이와사 아라타岩佐新의 4녀 마키萬喜도 유소년기에 깃에 세 줄의 흰색 선이 들어간 세일러복을 입고 있다. 이를 통해 메이지 중기부터 세일러복이 아동복으로 사용되었음을 알 수 있다. 그러나 이는 황족과 귀족처럼 유복한 가정에만 해당되며 전국의 아이들에게 보급된 것은 아니었다.

세일러복을 교복으로 정했던 구제 중학교

　세일러복이 여학생뿐만 아니라 남학생들의 교복이기도 했다는 사실은 잘 알려져 있지 않다. 그도 그럴 것이, 전국에서 세일러복을 학교 교복으로 삼았던 구제 중학이 거의 없었기 때문이다. 그중에서도 희귀한 사례가 1897년 5월에 개교한 히로시마현의 도요타豊田 심상 중학교(1900년에 히로시마현 제4중학교, 1901년에는 히로시마 현립 다다노우미忠海 중학교로 개칭)이다.

　도요타 심상 중학교는 처음부터 학생 교복으로 '해군 수병형'의 세일러복을 제정했다. 도요타 심상 중학교의 세일러복은 해군 관계자에게 반응이 좋았다고 한다. 그럼에도 불구하고 1908년 10월에 '상강 육군형霜降陸軍形'의 목 여밈 형태로 변경되었던 것은 전국적으로 구제 중학교의 교복이 목을 둘러싸는 칼라였던 것에 발맞추었던 것이라고 생각된다.

　왜 중학교에서는 세일러복이 보급되지 않았을까. 여기서 남학생 교복의 역사와 특징에 대해 잠깐 다루어 보기로 하겠다. 남학생 교복에 큰 영향을 끼쳤던 것은 가쿠슈인과 도쿄 대학의 교복이었다. 1879년 3월에 제정된 가쿠슈인의 교복은 단추가 없으며 옷깃에서 옷단 둘레에 주름 선이 달린, 이후의 시종들이 입었던 공봉복供奉服과 해군 장교 1종복(동복)과 같은 형태였다. 모자도 앞쪽의 휘장을 제외하면 군청색에

[그림 5] 도요타 심상 중학교의 교복
(히로시마 현립 다다노우미 고등학교 동창회 소장)

주름선이라는 해군 장교 1종모와 차이가 없었다.

　1886년 4월에는 최고 학부인 도쿄 대학이 목을 감싸는 검은색 칼라에 금색 단추의 교복을 지정했다. 머리에는 교표를 앞쪽에 붙인 제모를 쓴다. 이 가쿠란은 도쿄 대학의 예비문이었던 제1 고등학교를 필두로 하는 고등학교, 그리고 그 아래 위치한 중학교로 퍼져 갔다. 중학교 중에서는 가쿠슈인 형태의 교복을 정하는 곳도 있었지만 압도적으로 도쿄 대학 형태의 교복이 많았다.

　이러한 상황 증거로 볼 때 도쿄 대학 형태와 가쿠슈인 형태의 교복은 국가 관료와 해군 장교라는 엘리트 예비군으로서의 이미지를 부여했다고 생각된다. 해군의 간부 후보생을 육성하는 해군 병학교의 교복은 일곱 개 단추가 달린 짧은 상의[2]였다. 따라서 중학생 이상의 학생 교복으로 장교나 하사관보다도 계급이 낮은 해군 수병이 입는 세일러복은 보급되지 않았다고 할 수 있다. 남성에게 세일러복은 수병복 또는 아동복의 의미로, 엘리트의 표상에서는 제외되었던 것이다.

미나미타카나와 심상 소학교의 세일러복

　여자 소학교 교복으로 세일러복을 채용했던 곳은 도쿄 사립 미나미타카나와南高輪 심상 소학교였다. 남학생 교복의 경우 1910년 개교 당시부터 동복은 군청색 또는 검은색, 하복은 목을 감싸는 형태였고 긴자의 아라카와 양복점이 도급을 맡았다. 상류 계급의 아이들이 다니는 가쿠슈인과 세이조成城, 교세이曉星의 교복을 참조했기 때문에 금색 단추 다섯 개에 목을 감싸는 형태는 교세이, 반바지는 가쿠슈인과 비슷했다.

2　원문은 "短ラン". 통상적인 가쿠란보다 상의가 짧다. — 옮긴이.

미나미타카나와 심상 소학교는 모리무라森村 재벌의 창설자였던 모리무라 이치자에몬森村市左衛門이 창립했다. 이 학교는 우수한 인재를 육성하려는 목적에서 영어 수업과 크리스마스 이벤트를 실시했고, 졸업식에 양식을 대접하는 등 서양 아이들이 경험하는 것과 동일한 교육을 실시했다. 여학생의 교복을 세일러복으로 정했던 것도 서양 아이들이 입어서였기 때문일 것이다. 1918년과 1919년의 졸업 사진에는 세일러복을 입은 학생들의 모습이 보이지만 의무적으로 착용하는 것은 아니었다. 이 세일러복의 형태는 미국 모 대학의 교복을 모방했으며 학생복 전문점인 요시자와와 상담하여 정했다고 한다. 세일러복 형태로 통일된 것은 1926년에 요시자와 게이타로吉澤慶太郎가 분쿄구 혼고에 가게를 열었을 때부터이다.

1927년 졸업 사진에서 전원이 세일러복을 입고 있는 것은 그 형태가 확정되었기 때문으로 생각된다. 1922년부터 세일러복 모습의 학생이 출현했던 긴조 여학교가 "세일러복을 채용한 것은 도쿄 미나미타카나와 소학교 한 곳뿐이었다"[3]라고 했던 것은, 형태에 차이가 있었지만 미나타카나와 심상 소학교에서 세일러복을 입은 여학생이 있었음을 가리키고 있다. 다만 세일러복을 교복으로 규정한 것은 긴조 여학교가 빨랐다.

이노쿠치 아쿠리와 세일러복

독사 여러분은 세일러복이라면 으레 여자 중학생의 통학복을 떠올릴 것이며, 적어도 학교의 교복임을 의심하지는 않을 것이다. 그런데 학교에 도입된 세일러복은 원래 통학용 교복이 아니라 '운동복'인 체조복이었다. 그것을 일본의 교육

3　『目で見る金城学院の100年史』, 学校法人金城学院, 1989, 61쪽.

[그림 6] 이노쿠치 아쿠리의 세일러복
(아키타 현립 박물관 - 아키타의 선각자 기념실 소장)

현장에 들여온 이가 1899년에 문부성 유학생으로 미국에 유학을 갔던 이노쿠치 아쿠리井口阿くり였다.

미국에 건너간 다음 해, 이노쿠치는 보스턴 체조 사범 학교에 입학했고 1902년에 졸업한 후 하버드 대학의 하기 체조 강습회에 참가했다. 그러고 1903년에 귀국한 후 도쿄 여자 고등 사범 학교 국어 체육 전수과의 교수로 취임했다. 그녀는 그때 미국에서 사용하고 있던 체조복과 스웨덴 체조를 도입했다.

이노쿠치는 보스턴 체조 사범 학교의 동료들과 함께 세일러복을 갖춰 입고 있는데, 검은색 또는 군청색의 무늬 없는 천으로 깃과 소매에 선이 없으며 같은 색의 넥타이를 매고 있다. 도쿄 여자 고등 사범 학교 국어 체육 전수과의 체조복으로 그녀가 도입한 세일러복 형태의 체조복은 스커트가 아니라 '하카마'를 입었다. 이 '하카마'는 1895년 혹은 1896년경부터 하버드 대학의 여교사가 입었던 것이라고 한다. 그때까지는 밑단이 길어서 땅에 끌리면 더러워졌기 때문에 밑단을 들고 걸었다. 따라서 끝단을 잘라 움직이기 편하게 한 것이다. 하지만 미국 '서생'들의 '하카마'와 같은 것을 입었다고 해서 '우아하지 않다'라거나 '비루해 보인다', '왈가닥' 같은 비판이 일어났다.[4]

그러나 이 여교사는 비판에 기죽지 않았고 학생들도 계속 입었다. 그랬더니 욕을 하던 이들도 '활발해서 좋다'라며 평가를

---

4 井口阿くり,「女子体育に就いて」(『をんな』3~5쪽, 1903.5.).

달리했고, "지금은 학생뿐만 아니라 부인분들에 이르기까지
이러한 짧은 하카마를 만들어서 오전에 일할 때, 물건을 사러 나갈
때, 특히 오늘처럼 비가 내릴 때 이러한 것을 입게 되었다"라고
한다.[5]

『고등 여학교 과정의 여학생 운동복 도안』

1906년 5월 25일에 문부성 보통 학무국은 각 현의 지사 앞으로
『고등 여학교 과정의 여학생 운동복 도안』을 통지했다. 이 도안은
체조 유지 취조 위원인 이노쿠치 아쿠리, 가니 이사오可兒德,
가와세 겐쿠로川瀬源九郎, 다카시마 헤이사부로高島平三郎, 쓰보이
겐도坪井玄道가 쓴 『체육의 이론과 실제体育之理論及實際』에서 확인할
수 있다.

이 도안에서 '학교 평상복'과 '운동복'은 모두 세일러복이다. 천은 당시의 기모노 또는 하카마에 사용되었던 "무명 또는 모직"이었다. 짙은 군청색으로 깃과 소매에 흰 선 두 줄이 들어갔고 넥타이를 매었으며 '하카마' 스커트에는 끝단에 흰색 선 두 줄을 넣었다. 이것이 '학교 평상복'이었으며 '하카마'를 벗으면

[그림7] '고등 여학교 과정의 여학생 운동복 도안'
『체육의 이론과 실제』

---

5 井口阿くり,「女子体育に就いて」(『をんな』3~5쪽, 1903.5.).

'운동복'이 되었다. '하카마 밑'에는 무릎 부분을 묶는 하카마처럼 생긴 하의[6]를 입고 있었기 때문에 밑단을 묶을 수도 있었다. 즉, 이노쿠치는 세일러복의 기능을 '운동복'에서 '학교 평상복'으로 넓힌 것이었다. 스커트 아래는 '운동복'으로 입는 블루머를 입었기 때문에 통학할 때 스커트가 펄럭여도 문제가 없었다.

세일러복에 블루머를 입는 '운동복'은 "신체 각 부분을 압박하지 않고 자유롭게 운동할 수 있다는 점에서 별지 도면의 옷과 마찬가지로 가장 적당함을 인정해야 한다"고 한다. 같은 양복이라도 로쿠메이칸鹿鳴館 시대[7]에 여성들이 입었던 코르셋으로 허리를 압박하고 끝단이 길어 움직이기 어려웠던 드레스와는 완전히 달랐다. 한편으로 "만일 지역의 상황으로 인해 앞서 기술한 옷을 입기 어려울 경우 통소매 하카마를 입을 것을 장려해야 한다"라고 쓰고 있다. 도시와 지방의 격차를 고려하여 세일러복과 블루머를 준비할 수 없을 경우에 그 대신 통소매와 하카마를 입을 것을 추천했던 것이다. 이러한 점으로 볼 때 세일러복과 블루머의 등장으로 인해 통소매와 하카마는 그 대용품으로서의 위상을 확보했다고 할 수 있다.

세일러복을 전국적으로 보급하려 했던 것은 이노쿠치가 귀국 후에 본 여학생의 통학 풍경에서 영향을 받았다고 생각된다.

---

6 원문은 "たっつけ袴". 무릎 밑을 각반으로 고정해서 바지처럼 움직이기 좋게 만든 것. ― 옮긴이.

7 통상 1883년부터 1890년 사이로, 유럽식 연회가 자주 열려 많은 일본 고관들이 유럽식 예절을 익혀야만 했던 시대를 가리킨다. 이 표현에 등장하는 '로쿠메이칸'이란 메이지 시대였던 1883년에 도쿄에 건축되었던 사교장으로, 주로 외교관 등이 숙박하거나 연회에 참석하던 유럽 양식의 고급 시설이었다. 로쿠메이칸은 일본의 이미지를 개선하기 위한 방책 중 하나로 고안되었으며, 일본이 전근대성을 탈피하고 근대적·문명적 단계에 접어들었음을 만방에 보여주기 위해 건립되었다. 이후 고급 호텔의 등장으로 인해 여러 부침을 겪다가 1945년 미군의 공습에 의해 소실되었다. ― 옮긴이.

1903년 3월 15일에 이노쿠치는 제국 의회에서 다음과 같이 연설했다. 일본에 귀국한 후 개량복을 입은 학생은 한 명밖에 보지 못했으며, 통소매에 하카마도 심상과에는 보이지만 고등과로 올라가면 볼 수 없었다고 한다. 그리고 현재 미국의 학교에서는 코르셋을 입지 않게 되었다고 소개하고 있다. 이 연설에서 세일러복에 대해서는 이야기하고 있지 않지만, 아래에서 소개할 타개책으로서 그녀가 세일러복에 주목했다고 해도 이상하지 않다. 이노쿠치는 도쿄 여자 고등 사범 학교에서 착용하고 있던 세일러복을 전국의 '학교 평상복'과 '운동복'으로 삼겠다고 했던 것이다.

복장 개선 운동의 전개

서양식과 일본식의 복장 논의

일본 여자 대학 교장 나루세 진조成瀬仁蔵에 따르면 1916년 2월에 오사카의 각 고녀 사이에서 학생의 교복을 통일하기 위한 논의가 진행되었으며, 그 이야기가 도쿄로 전해져서 도쿄에서도 동일한 논의가 이루어졌다고 한다. 구체적인 논의의 내용은 알 수 없으나, 나루세는 일본식 옷의 경제적, 위생적인 결점을 개선해야 한다고 생각했지만 개선 방법의 연구가 충분치 않았기 때문에 "여학교의 교복 통일"은 시기상조라고 판단했다.[8]

여자 미술 학교 강사 이자와 미네코伊澤峰子는 1917년 2월에 나루세와 대조적인 의견을 제안했다. 이자와는 제1차 세계 대전 후에 모직 가격이 오르고 있음에도 불구하고 가쿠슈인의

---

8 『読売新聞』 1916년 2월 16일 조간.

유치원생과 소학생의 통학복으로 서양식 의복이 늘어나고 있는 것에 주목했다. 그 이유는 일본식 옷에 비해 서양식 옷이 세탁의 품을 아낄 수 있기 때문으로 보고 있다. 그는 서양식 옷이 운동이 자유로운 점이나 위생상의 관점에서 보아도 일본식 옷보다 낫다고 했다. 그러면서 "위생과 경제 두 방면에서 서양식 옷을 고등 여학교의 통학복으로서 추천하고 싶다"라고 하였다. 일본식 옷이라면 비단으로 만든 캐시미어와 하오리[羽織, 옷 위에 걸치는 윗도리] 등 합계 17엔이지만 서양식 옷이라면 접이식 옷깃이나 세일러복이라도 15엔이면 지을 수 있다. 소학교는 몰라도 중학생은 교복이 있기 때문에 "고등 여학교 정도부터 서양식 옷을 입는다면 모든 면에서 편리하지 않을까"라고 말하고 있다.[9]

신안복 전람회와 생활 개선 전람회

일본식 복장과 서양식 복장의 문제점을 발견하고 그것을 어떻게 개량할 수 있을까. 이 논의는 1880년대부터 계속해서 이루어져 왔다. 그리고 다이쇼 시대를 맞이하여 복장을 포함한 생활 개선 방안을 모범적으로 보여 주는 전람회가 열리게 되었다.

1916년 5월, 요미우리 신문사가 '여학생의 상의' 등을 전시하는 '신안복新案服 전람회'를 개최했다. 이 전람회는 이바라키현 쓰치우라 고녀, 와요和洋 재봉 여학교, 도요東洋 음악 학교, 도쿄 여자 고등 사범 학교, 도요東洋 가정 여학교 등 복장의 개량에 노력을 기울이던 여성들 약 700~800명이 견학했다. 22일에는 전시품을 심사했으며, 와요 여자 예술 학교의 여학생복이 3등으로 선정되었다. 그것은 겐로쿠 소매로 5촌의 소매 넓이를 조절할 수 있는 단추가 달렸으며 거기에 하카마를 입는 식의 개량복이었다.

---

9 『読売新聞』1917년 2월 2일 조간.

도쿄 교육 박물관에서는 1918년 11월 2일부터 다음 해 1월 15일까지 '가사 과학 전람회'가 개최되었고, 같은 해 11월 30일부터 다음 해 2월 1일까지 개최된 '생활 개선 전람회'에서는 개량복 등 17점의 실물이 전시되었다. 여기서는 문부성 보통 학무국장 아카시 다카이치로赤司鷹一郎와 복장 개선안을 직접 교섭한 사쿠라이 구니코桜井国子의 개량복도 확인할 수 있다. 또한 이 전람회에는 네 가지 안의 부인복이 있었는데, 대부분은 여학생의 복장과 여자 아동복을 대상으로 삼고 있다. 오자키 요시타로尾崎芳太郎와 같은 서양식 디자인은 소수파였으며 일본식 소매나 하카마를 손본 개량복이 다수를 차지했다. 고녀나 여자 사범 학교에서 고안한 개량복이 전시되었던 것은 '가사 과학 전람회'와 마찬가지였지만, 그 제작을 미쓰코시와 다카시마야, 마쓰자카야, 시로키야라는 백화점이 담당한 것이 새로이 눈길을 끈다.

그중 이 책과 관련하여 주목해야 할 것은 '야마와키 고등 여학교안(학생 교복)'일 것이다. 야마와키 고녀의 교복은 『부녀 신문』 1919년 10월 5일자에 야마와키 자신이 「학교 교복에 대해」라는 기사로 소개하고 있으며, 같은 해 『부인 화보』 11월호의 권두 그림으로 사용되는 등 당시의 신문이나 부인 대상 잡지에서 주목받았다. 이는 전람회를 실제로 견학한 고녀 관계자는 물론 먼 곳에서 잡지를 손에 넣은 교육자에게도 영향을 끼쳤다.

야마와키 후사코와 야마와키 고등 여학교의 서양식 교복

야마와키 고녀의 창설자인 야마와키 후사코山脇房子는 1901년에 의학 박사 히로타 쓰카사弘田長가 결성한 여복 개량회의 위원이 되어 위원회의 하토야마 하루코鳩山春子나 미와타 마사코三輪田真佐子 등과 의견을 교환해 왔다. 그는 순수한 복장 개선 운동가였다.

[그림 8] 야마와키 고등 여학교의 서양식 교복. 『부인 화보』 165호, 1919년 11월

그리고 다른 운동가보다 한발 앞서 자신의 학교에 서양식 교복을 도입했다.

그런데 1918년 4월에 「스스로 적당한 것을 판단하는 것이 중요」라는 제목의 글에서는 학교에 교복을 마련하는 데 반대하고 있었다. 야마와키는 가정의 빈부 차이가 있기 때문에 복장에 격차가 생길 수밖에 없다고 판단했다. "여학생 시절의 복장"을 검소하게 하도록 강제하면 졸업 후에는 반대로 화려해질 우려가 있다. "면옷이 내 처지에 맞기 때문에 친구가 얼마나 아름다운 기모노를 입든 흉내 낼 필요가 없다"라는 자각을 가지는 것이 중요하다고 말하고 있다.[10]

그렇지만 복장 개선에 노력했던 야마와키가 일본식 복장에 만족했던 것은 아니었다. 긴 소매는 운동을 하기 불편하며

10　山脇房子, 「自分で適当なものを判断するのが肝心」(『女学世界』 18-4호, 1918.4.).

움직임에 따라 다리 위쪽까지 보여서 좋지 않다고 한다. 따라서 현재 상황에서는 하카마 아래에 모모히키股引き[11]를 입힐 수밖에 없다. 겐로쿠 소매는 14세 혹은 15세 정도까지는 괜찮지만 그 이상의 나이에는 보기가 좋지 않다고 지적한다. 그리고 짚신은 먼지나 쓰레기 때문에 위생적으로 좋지 않기 때문에 신발을 신는 것이 좋다고 한다.

그러한 의견을 발표했지만 1919년 9월에는 "생활비 중에 복장에 필요한 비용이 다대함을 고려할 때 이참에 솔선하여 부인에게 양장을 장려"하기로 하고 서양식 교복의 제정에 착수했다.[12] 흰색 깃이 달린 군청색 모직 원피스와 넓은 차양이 달린 군청색 모자였지만 입을지 말지는 학생들의 판단에 맡겼다. 착용을 강제하지 않은 것은 야마와키의 지론이었던 빈부 격차를 배려했기 때문일 것이다.

서양식 교복을 제정함으로써 야마와키의 서양식 복장과 교복에 대한 불안은 없어졌던 듯하다. 그것은 1923년의 담화에서 분명하게 나타난다. 야마와키는 서양식 교복을 제정하고 3년 후 서양식 옷이 일본식 옷보다 경제적으로 좋다고 확신했다. 서양식 교복의 동복은 21엔 35센(바느질 대금이 12엔 90센)으로 지을 수 있지만, 일본식은 메이센 비단이 들어간 하오리(28엔), 기모노 면이 들어간 신명선(16엔), 비단을 뒤에 덧댄 내의(11엔), 깃이 달린 주반襦袢(15엔), 하카마용의 반폭 오비(3엔 60센), 캐시미어 하카마(16엔) 등 합계 89엔 60센이 든다. 이를 빼면 68엔 이득이라는 것이다. 하복은 가스 실의 흰색 능직물에 군청색의

---

11   일본의 전통적인 복장으로 바지처럼 입는다. 속옷으로 사용되는 경우도 있었지만 많지는 않았으며, 다양한 용도에서 사용되었던 것이 특징이다. ─ 옮긴이.
12   『読売新聞』1919년 2월 2일 조간.

마루보시丸星 자수를 입힌 원단을 미쓰코시가 만들게 하여 가게에 바느질을 주문하면 10엔, 학생들이 봉제하면 7엔으로 지을 수 있었다고 한다.

생활 개선 동맹회의 창설

문부성 보통 학무국장 아카시 다카이치로는 1919년 11월에 복장 개선을 어려운 문제라고 인식하고 ① 위생적일 것 ② 동작이 자유로울 것 ③ 여성이 보아도 미적일 것 ④ 경제적일 것과 같은 조건을 극복해야 한다고 논했다. 또한 일본식 옷의 소매가 불편하다는 것, 허리가 굽어지는 것을 막을 것을 거론하고 있지만 구체적인 해결책 등의 제안은 전혀 없었다. 서양식 교복을 마련하면 경제적일지 모르지만 자금이 없는 가정의 경우 빚까지 져서 학교 교복을 만들게 되면 오히려 경제적이지 못하게 되고 만다고 말한다.

복식에 대한 전문적인 지식이 없는 일개 관료 아카시에게 좋은 방안이 떠오를 리 없었다. 최종적으로는 "개량을 강제할 필요 없이 지속적인 연구를 계속해 나가는 것이 좋다는 것, 그것이 나의 희망이다"라는 등[13], 어딘가 남의 힘을 빌리려는 듯이 말하고 있다. 문부성도 복장 개선 운동이 고조되고 있음을 간과하고 있지만은 않았다. 그 필요성은 인지하면서도 관료들의 손으로는 어쩔 수 없었던 것이다. 그래서 지식인들을 총동원해 이 어려운 문제를 해결하려 했다.

이 발언이 있기 반년 전이었던 1919년 5월에 문부성은 전국 각지의 소학생과 고녀 학생들이 어떤 교복을 입었는지를 조사했다. 이 조사 결과가 어떻게 처리되었는지는 알 수 없지만,

---

13   『読売新聞』1919년 11월 6일 조간.

역시 지식인의 힘에 의존하지 않으면 해결할 수 없다고 여겨졌다. 그렇게 생각하는 것은 1920년 1월 25일에 문부성이 중심이 되어 도쿄 교육 박물관에 민관 합작 단체인 생활 개선 동맹회를 설립했기 때문이다.

회장으로는 이토 히로부미의 아들인 이토 히로쿠니伊藤博邦가 취임했고, 간사는 도쿄 부립 제1 고녀 교장 이치카와 겐조市川源三, 일본 여자 상업 학교장 가에쓰 다카코嘉悦孝子, 도쿄 여자 의학 전문 학교장 요시오카 야요이吉岡彌生, 미와타三輪田 고녀 교장 미와타 겐도三輪田元道 등의 교육자, 문부성 사무관 노리스기 요시히사乘杉嘉壽 등의 관료가 담당했다. 평의원으로는 이리자와 쓰네코入沢常子, 야마와키 후사코, 시모다 우타코下田歌子, 모토노 히사코本野久子 등 복장 개선 운동을 담당하던 이와 그에 대한 이해를 보였던 세이조成女 고녀 교장 미야타 오사무宮田修 등의 교육자의 이름을 확인할 수 있다. 그 외에도 평의원에는 시부사와 에이이치渋沢栄一 등의 재계 인사, 도쿠토미 이이치로德富猪一郎(이명 소호蘇峰), 아카시 다카이치로, 내무 차관 고바시 이치타小橋一太, 체신성 환전 저금국장 아마오카 나오요시天岡直嘉와 같은 관료들이 이름을 올리고 있다.

복장 개선 조사 위원의 보고

미와타 겐도와 이리자와 쓰네코는 '가사 과학 전람회'에 출품히었고, 시모다 우타코와 모토노 히사코는 공동으로 생활 개선 전람회에 출품한 바 있다. 이치카와 겐조와 요시오카 야요이, 미야타 오사무 또한 각 학교에서 서양식 교복을 실천해 갔다. 이와 같은 면면이 생활 개선 동맹회의 행동 대장이었고 아카시 다카이치로 등의 관료는 행동 대장의 상황 파악에 힘썼던 것으로 보인다.

생활 개선 위원의 조사 결과는 1920년 8월경에 『복장 개선의 방침』으로 정리되었다. 이 사료는 도쿄 제국 대학 교수이자 의학 박사였던 요코테 지요노스케橫手千代之助를 위원장, 미야타 오사무를 부위원장으로 삼아 생활 개선 동맹회의 행동 대장과 관료, 새로이 참가한 지식인들로 구성된 위원들이 작성했다. 당연히 조사 보고는 행동 대장의 의견으로 채워져 있었다고 봐도 좋을 것이다.

생활 개선 동맹회 복장 개선 조사 위원의 보고서 『복장 개선의 방침』에 따르면, 일본에 서양식 옷을 도입하는 데 다수의 반대 의견이 있다고 한다. 반대 의견은 ① 체격이 작고 다리가 짧은 일본인이 서양식 교복을 입은 모습은 미적이지 않다는 것 ② 작업복이나 일상복은 물론이고 사교용 옷은 큰 비용을 필요로 하기 때문에 경제적이지 않다는 것 ③ 서양식 옷에는 구조적으로 결점이 있어 외국에서도 문제시되고 있다는 것이었다. 다만 서양식 옷을 전면 부정하는 것이 아니라 그 장점을 채택하여 일본식 옷의 단점을 보완하는 '개량식'이 장래의 부인복으로 바람직하다고 말하고 있다.

이들은 일본식 옷에 단점이 있다는 것을 인정하고 여성용 일상복을 개선할 필요성을 호소했다. 기모노가 말려 올라가 다리가 드러나는 것을 막기 위해 운동이나 보행 시에 하카마를 입을 것을 권장한다. 옷의 폭을 좁히고 깃 아래를 호크나 단추 등으로 고정하며 서양식 속옷을 입을 것을 제안한다. 그리고 하카마를 입을 경우 가슴을 조이는 폭이 넓은 띠를 사용하지 않기로 한다.

복장 개선에 대한 의견은 1880년대부터 교육자와 의학자 사이에서 논의되었던 것과 크게 차이가 없었고 고녀 학생들은 여전히 하카마를 입어 왔다. 복장 개선 조사 위원회는 고녀의 학생 교복에 대해 보고하지는 않았지만 그들보다 나이가 어린 아동복에 대해서는 다음과 같이 말하고 있다. 유치원과 초등학생의 활발한 운동을 위해 자유로운 복장이 바람직하다. 많은 유치원과 초등학교에서 남녀 모두 "통소매 하카마와 같은 가벼운 옷이나 특별한 서양식 교복"을 입고 있었던 것은 그 복장이 체조나 놀이 등 활발한 운동에 적합하기 때문이었다. "지금 한 걸음 앞으로 나아가 조속히 아동의 복장을 완전히 서양식으로 바꾸는 것이 대단히 시기 적절하다고 생각합니다. 서양식 아동복은 독립적인 동작에 편리할 뿐만 아니라 경제적인 면에서도 일반적인 일본식 옷보다도 내구력이 뛰어나 대단히 이익이 큽니다"라고 설명하고 있다.[14]

외국 여학생의 세일러복을 소개하는 문부성 사무관 노리스기 요시히사

생활 개선 동맹의 간사를 맡은 문부성 사무관 노리스기 요시히사는 1919년 7월에 「여학교 교복을 제정하라」라는 글에서 자신의 견해를 내비치고 있다. 제목에서도 알 수 있듯이 노리스기는 고녀 교복을 제정할 것을 요구하고 있었다.

학교에서는 비단옷을 금지하고 무명옷을 입도록 지도하고 있지만 효과를 기대할 수 없다. 지방은 차치하더라도 도쿄에서는 여학생들의 화려한 복장을 볼 수 있기 때문이다. 또한 일본식 복장을 입히고 겐로쿠 소매나 통소매 등을 교복으로 삼은 학교도 있지만 이는 임시변통일 뿐이라고 잘라 말한다. 서양풍의 학교 건물이 신축되어 의자와 책상을 사용하고 있음에도 불구하고 복장만이 에도 시대 서당에서 배우는 기모노식인 것은 이상하다고

---

14 『服装改善の方針』, 生活改善同盟会, 1920, 11쪽(국립 국회 도서관 소장).

지적한다.

또한 교복은 위생적이면서 활동적이어야 하기 때문에 일본식 옷은 적합하지 않다고 한다. 그러면서 노리스기는 "교복을 만드는 방법은 여러 가지가 있는데, 상의는 수병복과 같은 형태가 많아 어깨부터 깃에 걸친 천에 선을 두껍게 한 줄 넣는다든지 가늘게 하여 두 줄 넣는 것도 있으며, 또한 수병복과 마찬가지로 어깨부터 가슴에 리본을 매는 것도 있습니다. 그중에 가장 많이 보이는 것은 흰색 천의 교복으로, 이는 겨울에도 입고 있습니다. 스커트는 흰색 혹은 검은색인데 위아래 모두 검은색인 경우도 있습니다"라고 외국의 여학생 교복을 소개하고 있다.[15]

요컨대 외국 여학교의 교복은 대부분이 세일러복이며, 학교에 따라 깃에 두꺼운 선 하나 혹은 가는 선 둘이라는 차이가 있다. 어깨로부터 가슴에 리본을 거는 경우도 있다. 후술하는 바와 같이 일본에서는 흰색 천은 하복으로 한정되며, 동복에도 사용되었던 것은 서장에서 소개했던 '시부야의 백조'라 불리는 도쿄 여학관의 세일러복 정도였다. 일본의 동복은 상하의 모두 검은색 혹은 군청색이었지만 서양에서는 흰색 스커트를 입었던 듯하다.

서양의 여학생들이 하복의 흰색 상하의를 겨울에도 입었던 것은 이유가 있다. 학교 건물에 난방이 완비되어 있어서 겨울에도 실내가 따뜻했기에 얇은 옷을 입을 수 있었던 것이다. 바깥에서는 외투를 입으면 추위를 막을 수 있었다. 이와 같이 서양 여학생의 교복을 소개하면서 일본도 마찬가지로 바꿀 것을 요구했다. 여기서 디자인에 대해 서술하고 있지는 않지만, 외국에서 세일러복이 주류였다는 점에 주목해 생각해 보면 이와 같은 요구가 이상하지만은 않다.

---

15   乗杉嘉寿,「女学校の校服を制定せよ」(『婦人世界』18-4호, 1919.7.).

외국에 널리 퍼진 여학생 세일러복

영국 왕실을 시초로 외국에서 세일러복이 아동복으로 쓰였던 것은 이 장의 서두에서 언급했다. 그 후, 세일러복은 구미 여러 나라를 중심으로 여학생의 통학복으로 널리 퍼져 나갔다. 영국의 아동복으로서의 세일러복을 연구했던 사카이 다에코坂井妙子 씨에 따르면, 영국에서는 1860년대 후반부터 세일러복이 유행했고 1890년대부터 해군의 세일러복과 똑같은 것을 팔았다고 한다. 또 "세일러복은 상하의로 나눠져 있기에 움직이기 편하고, 칼라나 커프스를 바꾸면 다양성을 즐길 수 있다"라면서 세일러복이 상하의로 나뉜 구조에 대해서도 지적하고 있다.[16] 미국의

[그림9] 퀸즐랜드 여학생의 세일러복
(퀸즐랜드 주립 도서관 소장)

아동복이나 여학생의 세일러복에 대해 연구한 사사키 게이佐々木啓 씨에 따르면, 미국에서는 1860년대부터 세일러복 형태의 드레스가 등장했는데 여학생 세일러복의 광고 기사가 1916년부터 늘어났다고 한다. 그리고 긴조 여학원의 로건의 딸이나 후쿠오카 여학교의 엘리자베스 리가 입었던 세일러복은 미국에서 1905년 이후부터

16　坂井妙子,「1880年代から1920年代のイギリスにおける子供用セーラー服の流行」(『国際服飾学会誌』29, 2006, 5.).

널리 퍼진 소녀와 여학생의 통학복의 영향으로 보고 있다.[17]

이들은 외국의 세일러복 사정을 알려 주는 몇 안 되는 귀중한 연구로, 영국과 미국의 이러한 상황이 타국에도 영향을 주었음을 알 수 있다. 오스트레일리아 퀸즐랜드의 여학생은 1910년에 희고 긴 소매의 세일러복을 입고 있으며, 파란색 천의 깃과 소매에 흰색 선 세 줄을 넣었고 검은색 또는 군청색으로 보이는 넥타이를 매고 있다. 헝가리의 여학생들은 1930년의 단체 사진에서 검은색 또는 군청색의 세일러복을 입고 있는데, 깃과 소매에 흰색 선 세 줄을 넣고 나비넥타이를 하고 있다.

퀸즐랜드와 헝가리에는 20년이라는 시간 차이가 있는데, 이 사진들은 그사이 세일러복을 입는 여학생들의 수가 늘었음을 증명한다고 할 수 있다. 일본의 세일러복도 그러한 국제 정세에 부합하는 움직임이었다고 볼 수 있지만 처음부터 거기에서 대답을

[그림10] 헝가리 여학생의 세일러복
https://fortepan.hu/hu/photos/?id=150580

17 佐々井, 「アメリカにおけるセーラー服の変遷 The Ladies' Home Journalの記事から 」(『国際服飾学会誌』57·58, 二 二一年一月).

제1장 체조복과 개량복　　65

찾기에는 너무 이르다. 왜냐하면 복장 개선 운동을 통해 고녀에 서양식 교복이 도입되기는 했지만 처음부터 세일러복으로 제정한 것은 아니었기 때문이다.

전국 고등 여학교장 회의

1902년에 개최된 전국 고등 여학교장 회의에서는 여성 교육의 개선을 도모하기 위해 각 고등 여학교장이 해당 지방의 상황 등을 고려하면서 의견을 교환했다. 의제는 교과와 교육 방법은 물론 학교의 시설과 여학생의 소지품 등 여러 분야를 넘나들었다. 여학생의 복장도 예외가 아니었으며 통학에 어울리는 복장과 체육에 적합한 복장도 논점이 되었다.

전국 고등 여학교장 회의의 회의록인 『전국 고등 여학교장 실과 고등 여학교장 회의 요강』을 보면 여학생의 복장에 대한 구체적인 의견은 1914년 10월 22일 회의에서 처음으로 나타난다. 거기에는 지방에서는 통소매를 지키고 있는데 도쿄에서는 "무릎에 닿을 것 같은 치마를 입고 걷기" 때문에 복장 및 학용품의 제한 규정에 "통소매"를 명기해야 한다는 의견이 보인다.[18] 마찬가지 의견이 다른 곳에서도 나왔지만 결정되지는 않았다.

1917년 11월 11일의 회의에서 '여학생 복장 개정의 방법을 어떻게 해야 하는가'는 의제로 오르지는 않았지만 '여성 복장을 개량하여 운동에 편하게 할 것'이라는 의제에서 여학생 복장에 대해 의견이 나왔다. 나라현 정립 고조 고녀의 교장 나카무라 쓰네하루中村常治는 운동과 체육을 하는 데 "일본식 복장은 매우 불편하다"라고 주장했지만[19] 서양식 옷에 관한 구체적인 의견은

---

18 『高等女学校資料集成』5, 大空社, 1989, 369쪽.
19 『高等女学校資料集成』6, 大空社, 1989, 104쪽.

보이지 않았다. 이 회의에서도 구체적인 방향성은 나타나지 않았던 것이다.

체육의 관점에서는 일본식 옷보다 서양식 옷이 편리하지만 어떤 서양식 옷이 좋은지에 대해 명확한 의견을 가진 이는 없었다. 이러한 점에서 메이지 시대부터 통소매에 하카마라는 개량복을 입어 왔어도 그것으로 충분하다고 느끼지는 않았음을 알 수 있다. 이후 1922년까지의 고등 여학교장 회의에서 제기된 여학생 복장에 관한 의견은 알 수 없지만, 1922년에 서양식 교복을 정한 시즈오카현 조합 설립 하이바라 실과 고녀의 교우회 잡지 『교우校友』 창간호에 따르면 전국 고등 여학교장 회의에서 서양식 교복에 대해 논의했음을 알 수 있다.

> 다이쇼 초기부터 중기에 걸쳐 여학교의 복장 문제가 전국적으로 크게 논란이 되어 그 형식이 다대한 흥미를 불러일으키고 이르는 곳마다 연구되었다. 전국의 여학교장 회의에서도 매년 각지에서 새로 고안된 실물 견본이 제공되어 갑론을박이 벌어지고 그 가부가 쉽게 정해지지 않아, 오늘날 생각해 보면 이상한 소동이 일어났던 것이다. 본 현에서도 시즈오카의 현립 고녀가 일본식과 서양식을 절충해 사용한 것을 시작으로 다양한 시도가 이루어져 왔지만, 단번에 지금의 서양식으로 바꿀 만큼의 용기도 없었기에 정체불명의 형식이 사용되어 왔다. 그 당시 본교에서는 추세가 바뀌는 것을 헤아려 단연 오늘날과 같은 형식을 채용했기에 지방의 유력자 제군 사이에서도 찬성과 반대의 목소리가 자주 나와 논란이 되었다.[20]

---

20 『榛原高校100年史』, 静岡県立榛原高等学校, 2000, 425쪽.

이 기록에 따르면 전국 고등 여학교장 회의에서는 매년 각 학교가 고안한 학교 교복의 실물 견본이 제시되었지만 격론이 이어져 결국 정해지지 않았다고 한다. 그런 와중에 시즈오카 고녀가 일본식과 서양식을 절충한 교복을, 그리고 하이바라 실과 고녀가 "정체불명"의 교복을 제정했기 때문에 지방 유력자로부터 찬반양론이 일어났다고 한다. 두 여론이 구체적으로 어땠는지는 상상에 맡길 수밖에 없는데, 선구적인 판단이라는 찬성과 시기상조라는 반론이 있었을 것이다. 서양식 교복에 찬성하는 이들로부터는 "오늘날과 같은 형식을 채용"이라는 데서 볼 수 있듯 애매한 형식이 되고 말았음을 아쉬워하는 목소리가 나오지 않았을까.

놀이에서 경기로 바뀌는 체조복

남자 아동의 강건한 소질을 키우기 위해서는 아이들을 낳는 어머니의 몸이 건강해야 한다. 때문에 여성 교육에서 체육의 필요성이 대두한 것은 1894년의 청일 전쟁기까지 거슬러 올라간다. 그러나 운동에 적합한 복장은 이후 여학생에게 하카마를 입히는 데까지 보급되었지만 이노쿠치 아쿠리가 추천한 세일러복 형태의 체조복은 널리 퍼지지 않았다.

그러다가 다이쇼 시대를 맞이하면서 세일러복 형태를 받아들이는 고녀가 등장한다. 1918년에 시미즈다니 고녀, 1919년에 히로시마 고녀, 1922년에 지유自由 학원, 1925년에 후렌도 여학교에서 세일러복 형태의 체조복을 사용하게 된다. 이 배경에는 메이지 시대까지 여자 교육에서의 체육에 놀이적인 측면이 강했던 것에 비해 다이쇼 시기에는 경기로서의 의미가 등장했기 때문이다.

효고 현립 제1 고베 고녀는 1919년 8월에 오사카 시사

신보大阪時事新報가 주최한 테니스 대회에 출장하기 위해 연습을 시작했다. 1922년 6월 24일에는 미야기 현립 미야기 고녀의 운동부가 주최하는 여자 테니스 대회가 열렸다. 1923년 4월에 도쿄시의 육상 경기 대회에 참가한 지유 학원의 학생들은 세일러복 차림으로 허들과 멀리뛰기에 임했다. 오사카시는 1923년 5월 21일부터 25일까지 제5회 극동 선수권 경기 대회를 개최했는데, 오사카 부립 시미즈다니 고녀가 여기에서 합동 체조를 거행할 예정이었기 때문에 세일러복에서 하얀 체조복으로 변경했던 듯하다.[21]

전체적으로 보면 세일러복보다 점퍼 스커트를 체조복으로 삼은 학교가 눈에 띈다. 1922년에 가가와 현립 쇼도시마 고녀, 1923년에 아오모리 현립 하치노헤 고녀, 도치기 현립 아시카가 고녀, 1926년에 고치 현립 나카무라 고녀가 각각 점퍼 스커트를 체조복으로 채용하고 있다. 이는 1922년에 니카이도 도쿠요二階堂トクヨ가 문을 연 니카이도 체조 학원의 영향을 받은 것이라 생각된다. 이노쿠치의 후배인 니카이도는 영국 킹스필드의 체조 전문 학교에서 튜닉 체조[22]를 배웠다. 이 학교에서 '이상적인 체조복'으로 삼았던 것이 '튜닉 형태'라고 불리는 점퍼 스커트였다. 니카이도 체조 학원은 히토미 기누에人見絹江라는 일본 최초의 올림픽 여성 메달리스트를 낳았다(1928년 암스테르담 대회의

---

21 井上晃, 『セーラー服の社会史 大阪府立清水谷高等女学校を中心に』, 青弓社, 2020, 54쪽.
22 원래 니카이도는 유사 스웨덴식 체조를 배웠으나 킹스필드 체조 전문 학교Kingsfield Physical Training College, KPTC에서 유학 중에 교장 마르티나 외스터베리Martina Bergman Österberg의 영향을 강하게 받아 체조 교육 방식을 바꾼다. 이는 기계 체조와 춤, 스웨덴 체조를 적절히 섞은 것이었으며 당시 일본의 주류 체조 교육 방식과는 달랐다. 이에 따라 니카이도 체조 학원은 블루머를 입던 일본 체조 교육과는 달리 KPTC의 영향을 받아 튜닉을 입었기에 이러한 이름이 붙게 되었다. ― 옮긴이.

100미터 주자로 은메달 획득). 히토미는 여학생의 우상이었기에
전국 고녀에서는 체육 교육을 통해 제2의 히토미가 태어날
것을 기대했을 것이다. 따라서 히토미가 입었던 점퍼 스커트가
'이상적인 체조복'으로 받아들여진 것도 이상하지 않다. 히토미와
같은 우상이 태어난 것도 이처럼 여성의 체육이 놀이에서 경기로
변화했기 때문이다. 체육 경기의 성격을 띤 여성의 학교 교육은
생활 개선 운동이 전개되던 시기와 겹쳐 있었다.

서양식 복장을 채용하는 고등 여학교

미야타 오사무와 세이조 고등 여학교의 표준복

세이조 고등 여학교 교장 미야타 오사무가 생활 개선 동맹회의
평의원과 생활 개선 위원의 부위원장을 맡았음은 앞서 설명했다.
복장에 대한 미야타의 생각은 1919년 4월의 「여학생의 복장
개량」이라는 다음의 글에서 알 수 있다. "복장 건은 이전에도
종종 문제가 되어 소위 개량복이나 하카마를 나누어 통이 좁은
바지와 같은 것을 입는 것을 고려해 왔는데, 어느 것이든 개량이
어중간하다", "나는 우선 모든 어중간한 이야기를 배제하고 서양식
옷을 입을 것을 제창하고자 한다."[23]

그는 이처럼 일본식 복장과 하카마를 손본 개량복은 어중간하며
서양식 복장이어야 한다고 단언한다. 『복장 개선의 방침』을
발표한 입장에서 생각해 보면 당연한 의견이다. 서양식 의복
반대론자를 향해 "나라 시대까지는 오늘날과 같이 구식 복장이
아니라 통이 좁은 바지와 통소매 식으로 오늘날의 양복에

---

23   宮田修, 「女生徒の服裝改良」(『教育時論』1224호, 1919. 4.).

[그림11] 세이조 고등 여학교의 표준복
『세이조90년』, 학교 법인 세이조 여학원, 1989

가까웠다. 특히 풍속 면에서 보아도 오늘날의 일본식 옷은 불완전하고 도쿠가와 시대의 퇴폐적인 느낌에서 만들어진 것으로 선량한 풍속이 아니다"라고 말하는 점은 흥미롭다.[24]

나라 시대에는 양복과 비슷하게 통이 좁은 바지에 통소매였으며, 폭이 넓은 소매나 하카마는 에도 시대의 "퇴폐적인 느낌"에서 만들어졌기 때문에 바람직하지 않다고 한다. 이 논리는 1871년 8월에 메이지 천황이 내린 「제복 변혁의 내부 조칙」과 겹친다. 조칙에서는 헤이안 시대부터 궁중의 복장 규정으로 사용되었던 소매가 넓은 의관 등을 폐지하고 고대의 '통소매'와 '좁은 하카마'로 돌아갈 것을 기술하고 있다. 이는 서양식의 예복과 교복의 제정에 반대하는 자들을 막기 위해 나온 의견이지만 저항을 방지하기 위해 서양식 옷을 채용한다고 하지는 않았다.[25] 이 내부 조칙이 나오고 나서 남성이 서양식 옷을 입는 것은 당연해졌다. 때문에 그로부터 약 반세기가 지났음에도 여전히 여성이 일본식 옷을 입고 있는 것은 이상한 일이었다. 그러나 미야타에게 적절한 서양식 옷에 대한 안은 바로 떠오르지 않았다. 세이조 고녀가 서양식 표준복을 제정했던 것은

24　앞의 책.
25　拙著, 『洋服·散髪·脱刀』, 講談社選書メチエ, 2010, 43~45쪽, 同, 『明治国家の服制と華族』, 吉川弘文館, 2012, 61쪽.

미야타의 건의로부터 3년이 지난 1922년 4월이었다.

서양식 옷을 절대시했던 미야타였지만 교복이 아니라 표준복으로 삼았던 것은 서양식 옷을 바로 지을 수 없었던 이들을 배려하기 위해서였던 것으로 보인다. 표준복은 흰색 접이식 깃의 양장으로, 상의에는 벨트를 매었으며 스커트 끝단에 검은 선 한 줄을 넣고 모자를 쓰는 것이었다. 물론 검은 양말에 검은색 가죽 신발을 신었다. 이 옷을 입은 학생들의 평가에 대해서는 제3장에서 논하기로 한다.

고바야시 세이사쿠와 아이치 슈쿠토쿠 고등 여학교의 교복

아이치현 슈쿠토쿠 고녀 교장 고바야시 세이사쿠小林清作는 나고야의 시의회 의원을 역임했던 지역의 유력자였다. 그는 1919년 1월 16일 일기에 "오사카 아사히 신문사가 부인의 복장에 대해 의견을 구했다. 생각해 보니 일본 여성의 복장은 남자처럼 결국은 서양식 옷이 될 것이다. 활동에 편리하다는 면에서 보아도 경제적인 면에서 보아도"라고 쓰고 있다.[26] 앞 절 처음에서 나루세 진조가 썼던 것처럼 오사카에서는 고녀 교장들이 학생의 복장을 규정할지 말지가 화제가 되고 있었다. 유력지였던 오사카 아사히 신문사도 부인의 양장화가 어떻게 진행될지에 주목하고 있었다.

고바야시는 교내에 설치된 부인 문제 연구회에서도 "여학생에게 합리적인 양복을 착용케 하는 일의 장점을 말하고, 열심히 교복 착용론"을 펼쳤다. 고바야시는 학교 바깥에서도 여학생의 서양식 교복화를 주장했다. "당시 인습적인 나고야에서 오히려 과격하다고 생각될 정도였던 선생의 양복 착용론은 배짱이라고는 없던 교육자는 물론이요, 명사들을 크게 놀라게 했다."[27]

---

26 『小林清作先生』, 愛知淑徳学園, 1980, 172쪽.

1920년 5월에 서양식 하복을 제정했지만 천이나 염색의 상태는 물론이고 완성도마저 좋지 않았기 때문에 양복에 대한 비판이 일어났다. 고바야시는 "기차가 한 번 탈선했다고 해서 기차 자체가 쓸모없어지는 것은 아닐 것이다"라면서 단념하지 않았다. 따라서 그해 입학한 1학년생에게는 양복을 입을 것이니 하카마를 새로 짓는 일을 보류하도록 지시하고 "새로운 시대의 여학생은 활동적이어야만 한다. 조만간 어느 학교에서나 양복을 입게 될 것이다"라고 말했다.[28]

여학생이라면 기모노에 적갈색 하카마라는 고정 관념이 있었기에 그것과는 다른 새로운 풍속에 대한 거부 반응이었다고 할 수 있다. 그것은 다음에 살펴볼 나고야 여학교에서도 마찬가지 현상이 일어났다는 점에서도 알 수 있다.

고시하라 야마토, 하루코 부부와 나고야 여학교의 개량복

나고야에서 복장 개선 운동에 이해를 보였던 이가 고바야시 세이사쿠만은 아니었다. 나고야 여학교의 창립자 고시하라 야마토越原和와 하루코春子도 복장 개선의 필요성을 통감하고 1919년에 부부가 고안한 개량복을 제정했다. 이는 교복이 아니라 통학복이었으며 착용은 자유였다. 동복은 군청색, 하복은 흰색 무명 천에 커다란 곡선 깃이 붙은 원피스였으며 하복은 한 벌에 1엔 70센이라는 낮은 가격으로 지을 수 있었다. 무명 천의 하복은 세탁이 간단하고 옷의 아름다움을 서로 겨루는 악습을 막았으며 성장 면에서도 우수했다.

고시하라 하루코는 개량복을 솔선해서 입었고 그를 따라

---

27 앞의 책, 286쪽.
28 앞의 책, 342쪽.

[그림12] 나고야 여학원의 개량복
(학교 법인 고시하라 학원 고시하라 기념관 소장)

개량복을 입고 통학하는 학생들도 있었지만 주위에서 비판적인 목소리도 적지 않았다. 그중에는 "특이한 구경꾼도 세간에 많았기 때문에 통학을 할 때는 일본식 옷을 입고 학교에 와서 양복으로 갈아입는 학생도 있었다"라고 한다.[29]

그런 한편 비판이나 차가운 시선에도 굴하지 않고 개량복으로 학교에 오는 학생도 있었다. 이 사건으로부터 12년이 지난 1931년에 『신아이치新愛知』지는 「비난을 받으면서도 양복을 착용, 나고야 여학생의 양장 – 10년의 회고」라는 제목으로 나고야 고녀의 개량복에 대해 "지금 생각해 보면 이 선구자는 시대에 밝았다고 해야 할 것이며, 당시 비웃었던 이들은 오늘날에 이르러 비웃음을 사게 되었다"라고 보도하고 있다.[30] 아이치 슈쿠토쿠와 나고야 고녀처럼 양복에 대한 비판적인 목소리에도 굴하지 않고 의연한 태도를 유지함으로써 나고야에서 서양식 교복과 표준복이 퍼져 나갔다. 그 역할을 두 학교와 같이 떠맡았던 것이 이 책의 서두에도 다루었던 긴조 여학교이다.

---

29 『新愛知』, 1931.6.22., 일요 부록 (학교법인 고시하라 학원 소장).
30 앞의 책.

세일러복을 최초로 입은 학생들의 감상

『신아이치』는 "다이쇼 10년에는 생활 개선회의 지부가 설립되어 복장 개량에 열을 올렸다"라고 쓰고 있다.[31] 그 기운에 고바야시와 고시하라가 응답했는데, 같은 해 세일러복을 교복으로 삼은 긴조 여학교 역시 복장 개선 운동의 영향을 받았다고 보아도 좋을 것이다. 그 전해인 1920년 4월부터 양복 착용을 허가했을 때 로건의 딸이 입었던 것과 같은 세일러복을 입은 학생들이 늘어났으며 이를 1921년 9월에 교복으로 정했던 것은 앞서 서술한 바와 같다.

일본에서 세일러복을 입은 여학생이 처음으로 등장한 것이다. 세일러복이 나고야 시가지에서 사람들의 눈길을 끌었던 것은 말할 것도 없다. 긴조 여학교에서 최초로 세일러복을 입었던 학생들은 "당시로서는 상당히 모던했으며 주위 사람들을 주목하게 했습니다. 얼마 지나지 않아 여러 학교에서 교복이 만들어졌는데, 처음에는 보기도 입기도 익숙하지 않아서 부끄러웠습니다"라고 증언하고 있다.[32] "세일러복을 입음으로써 고녀 학생이 되었습니다"라든지 "가슴을 펼 수 있게 되었습니다" 같은 이야기가 나온 것은 수년이 지난 후였다. 당시의 일본에서 누구도 입지 않았던 옷을 입는다는 것은 커다란 용기가 필요한 행위였다. 그러나 그들의 세일러복은 약 반년 늦게 제정된 아이치 현립 아이치 고녀의 교복과 함께 동경의 대상이 되어 아이치현 내에 보급되었다(제4장 참조).

홋카이도의 우라카와 실천 여학교(1933년에 우라카와 실과

---

31 앞의 책.
32 『金城学院創立100周年記念文集　みどり野』, 金城学院創立100周年みどり野会事業委員会, 1989, 104쪽.

고녀, 1941년에 우라카와 고녀로 개칭)에서는 1932년 6월에 개교와 동시에 세일러복을 교복으로 삼았다. 그해 마지막 학년이었던 학생은 "졸업할 때 처음으로 세일러복을 입었는데, 학교에 갈 때는 너무 부끄러워서 거리를 뛰어갔던 것을 기억하고 있습니다"라고 회상한다.[33] 이미 홋카이도에서는 세일러복을 교복으로 삼은 고녀가 대부분이었지만(제6장 참조) 삿포로시에서 약 180킬로미터, 오비히로帯広시에서 약 150킬로미터 떨어진 우라카와정에서는 여학생의 세일러복 복장이 희귀했다. 태어나 처음으로 양복을 입었을 때는 전국적으로 인기가 있던 세일러복마저 부끄러운 기분을 느끼게 했던 것이다.

다이쇼 시대(1912~1926)부터 1935년까지 전국 각지에서 비슷한 기분을 느꼈던 여학생은 분명히 있었다. 그러나 시간이 지남과 더불어 그러한 모습이 정착됨으로써 여학생의 서양식 교복은 당연한 존재가 되어 갔다. 그중에서도 세일러복은 기모노와 하카마를 대신하여 고녀생을 나타내는 상징이 되었다.

간토 대지진의 영향이라는 만들어진 신화

간토 대지진의 영향?

1923년 9월 1일, 간토 대지진이 발생했다. 이때 일어난 화재로 기모노를 입고 있던 여성 다수가 불에 타 사망했기 때문에 지진 후에 양복의 필요성을 호소하는 목소리가 높아졌다. 그로써 '아파파アッパッパ'라고 불린 간단복이나 모던 걸의 양장 차림을 볼 수 있게 된다. 이러한 현상 때문에 간토 대지진으로 여성이 양복을

---

33 『北海道浦河高等女学校50周年記念誌』, 北海道浦河高等学校, 1983, 21쪽.

입는 계기가 마련되었다는 인식이 생겼다.

　이 관점을 복장사의 분야에서 제일 처음 제기했던 이는 여성사와 복장사 평론가 무라카미 노부히코村上信彦(1909~1983)였다. 무라카미는 "다이쇼 12년[1923년] 이후 복장 개량을 외치는 목소리가 일어나 모든 것에 지진의 교훈을 아로새겼다", "특히 양장화되어야 하는 여학교 교복은 10년간 지연된 끝에 일본-서양 논쟁이 사회적으로 일어난 다이쇼 13년[1924년] 이후 비로소 실현되었다"라고 말하고 있다.[34] 여성이 널리 서양식 옷을 입게 되는 계기를 간토 대지진에서 찾으며, 고녀의 양장화가 실현되었던 것도 지진 후였다는 얘기다. 그러나 이 책에서 실증했던 것과 마찬가지로 무라카미의 논리는 어긋나 있다. 지진 전부터 복장 개선 운동이 일어났고 '일본-서양 논쟁'은 수차례 반복되었으며, 그러한 논쟁을 거쳐 서양식 교복의 제정이나 서양식 복장 착용을 허가하는 학교가 나타났기 때문이다. 그런 학교 수는 전국적으로 보아도 결코 적지 않다.

　유물 사관에 기반한 무라카미의 최대 결점은 복장사의 흐름을 날카로운 감각으로 지적했지만 그것을 뒷받침할 만한 증거가 없다는 점이다. 때문에 결과적으로 어긋난 학설을 주장하게 되었다. 이 오류를 답습했던 것이 이에나가 사부로家永三郎의 『일본인의 양복관 변천日本人の洋服観の変遷』(1976)과 나카야마 지요中山千代의 『일본 부인 양장사日本婦人洋装史』(1987)이다. 특히 나카야마의 연구는 여러 가정학의 복장사 연구에서 인용되었지만 지진의 영향 때문에 여성의 양장화가 이루어진 것은 아니라는 주장은 이때까지 간과되었다.

　이는 미디어도 마찬가지이다. 학교 교복을 테마로 삼았던

34　村上信彦 『服装の歴史』 3, 理論社, 1956, 106, 111쪽.

NHK의 고교 강좌 <가정 종합 "왜 사람은 옷을 입을까?">(2015년 6월 1일 방송)에서는 "그런데, 어떤 일을 계기로 상황이 바뀝니다. 다이쇼 12년의 간토 대지진, 기모노를 입었던 다수의 여성의 피신이 늦어졌기에 움직이기 쉬운 서양식 복장이 도입되어야 한다는 여론이 강해졌습니다. 그리고 채용된 것이 원래 체조복으로 사용되었던 세일러복이었습니다"라는 내레이션이 흘렀다. 이를 본 고교생은 물론 그 외의 시청자도 학교 교복의 양식화와 여학생이 세일러복을 교복으로 입게 된 이유가 간토 대지진으로 인해 높아진 여론 때문이라 인식하게 되었다고 해도 무리가 아닐 것이다. 그러나 이 방송 내용은 역사적 사실을 오인하고 있다. 1921년 9월에 긴조 여학원, 11월에 페리스 와에이 여학교, 12월에 후쿠오카 여학교가 세일러복을 제정했기 때문이다. 또 앞 절에서 확인했던 모든 학교들이 지진 전부터 서양식 복장 착용을 허가했다는 사실을 간과해서는 안 된다

지진으로 인해 양장화가 늦어진 공립 여학교와 요코하마 후타바 고등 여학교

요코하마 공립 여학교의 기념지에는 "지진 전부터 제정 계획이 있었지만 지진으로 인해 중단되었던 동복이 1927년에 제정되었다"라는 내용이 있다.[35] 1927년에 제정된 세일러 동복의 붉은 깃은 루미스Clara Denison Loomis 교장과 1926년 졸업생, 그리고 고토 소베이後藤惣兵衛 상점이 상의해서 도입했다. 공립 여학교에서는 간토 대지진 전부터 체조복으로 흰색 천과 군청색 깃의 세일러복, 군청색 주름 스커트를 입고 있었고, 1927년에 이르러 이를 동복과 동시에 하복으로 제정했다. 세일러복을

---

35 『横浜共立学園120年の歩み』, 学校法人横浜共立学園, 1991, 188쪽.

제정하는 계획은 간토 대지진 전부터 있었지만 지진의 영향으로
실현이 늦어졌던 것이었다. 이러한 사정은 같은 미션 계열이었던
요코하마 후타바 고녀에서도 볼 수 있다. 요코하마 후타바 고녀의
교사는 지진으로 무너졌기 때문에 한동안은 가설 교사에서
수업을 할 수밖에 없었다. 1925년에 새로운 교사가 완성됐고, 그
다음 해에는 첫 수학여행과 운동회가 거행되었다. 1926년 10월
11일에는 세일러복과 새로운 학교 상징이 제정되었다. 요코하마는
지진으로 인해 초토화되었기 때문에 두 학교 모두 원래대로
돌아오기까지 2년 이상의 시간이 걸렸다. 이들은 오히려 지진으로
인해 서양식 교복의 도입이 늦어진 학교였던 것이다.

간토 대지진 전후의 고등 여학교 양장화에 대한 수량적 고찰

간토 대지진이 일어났던 1923년에 전국 고등 여학교는 관립이
3개교, 공립이 365개교, 사립이 94개교로 합계 462개교가
존재했다.[36] 그중에서 필자가 조사한 바에 따르면 1923년까지
서양식 교복 착용의 허가, 서양식 교복, 서양식 표준복 등을
제정한 고녀는 147개교였다. 1924년에 67개교, 1925년에 40개교,
1926년에 33개교가 양장화를 진행했다. 이는 1923년에 고녀의
31.8퍼센트가 양장화를 실시했음을 의미한다. 간토 대지진이
일어나지 않았더라도 고녀에서는 서양식 복장의 필요성을 느꼈고,
그 물결은 점차 널리 퍼져 나갔던 것이다.

아래 학교 수는 『전국 고등 여학교 실과 고등 여학교에 관한 제
조사』에 기재된 고녀이며, 1923년부터 1926 단계에서는 고녀가
아니었던 여학교와 실과 고녀 등을 포함하면 1923년까지 서양식

---

36 『全国高等女学校実科高等女学校ニ関スル諸調査 大正一二年十月一日現在』,
　　文部省普通学務局, 1924년(국립 국회 도서관 소장).

교복 착용의 허가, 서양식 교복, 서양식 표준복 등을 규정한 학교는 165개교, 1924년에 83개교, 1925년에 60개교, 1926년에 56개교였다(권말 표 참조). 이 안에는 긴조 여학교와 페리스 와에이 여학교, 호쿠리쿠 학원 여학교, 후루 여학교, 후쿠오카 여학교 등 미션 계열의 학교도 포함되어 있다.

요컨대 고녀가 양장화의 필요성을 받아들인 것은 간토 대지진이 아니라 복장 개선 운동 때문이었던 것으로 보인다. 이 운동을 문부성을 중심으로 조직화된 생활 개선 동맹회가 이끌었다는 점이 컸을 것이다. 또 148개교 중 세일러복을 교복이나 표준복으로 정한 것은 28개교뿐이다. 초기 단계에서 세일러복은 주류가 아니었다.

복장 개선 운동이 고녀의 양장화를 이끌었다고 한다면 세일러복이 주류가 될 수 없었던 이유가 보인다. 복장 개선 운동에 관계했던 공립 학교장 다수가 스탠드 칼라나 스퀘어 깃이 달린 상의, 블레이저 등을 지지했으며 사립 학교 창립자들은 원피스를 고안했기 때문이다. 이것들이 매일 보는 신문에 소개된다면 마찬가지 디자인을 도입하는 학교가 나와도 이상하지 않다.

서양식 교복의 보급에 대한 쓴소리

간토 대지진이 발생하기 3주 전이었던 1923년 8월 11일의 『요미우리 신문』에는 「학생복」이라는 제목의 무기명 칼럼이 서양식 교복의 보급에 쓴소리를 던지고 있다. 이 글 서두에서는 "최근 전국 가지에서 여학생이 양장을 입게 되었고, 따라서 여학교가 지속적으로 교복을 제정하고 있습니다"라고 말한다. 앞선 항목에서 양장화를 실시했던 고녀의 실제 숫자를 제시했는데, 이 칼럼의 필자는 그러한 상황을 실제로 느끼고 있었던 것으로 보인다.

이 필자는 일본식 복장이라면 명주나 잔무늬 천을 융통성 있게 고를 수 있지만 서양식 교복은 그렇지 않기 때문에 서양식 교복의 천만을 정하고 색이나 품을 학생의 취미에 맡기는 것이 온당한가를 묻는다. 그러고 "남학생 교복조차도 너무나 몰취미하다고 느끼는 와중에 여학생의 이른바 교복이 나왔기 때문에 적잖이 신경이 쓰였는데, 이에 부족한 의견을 말해 보았다"라고 쓰고 있다.[37] 그는 중학생이 입는 가쿠란식의 교복을 "몰취미"하다고 느꼈으며, 고녀의 교복이 마찬가지가 될 것을 피하고자 했던 듯하다. 일본식 복장에서 서양식 복장으로 변하는 것을 인정하면서도 교복이라는 형태에 매몰되지 않고 각자가 좋아하는 것을 입을 수 있도록 해야 한다는 의견이었다. 이렇게 쓴소리를 던지고 싶어 하는 사람이 나타날 만큼 간토 대지진 전부터 고녀 학생들의 양복과 서양식 교복 차림이 눈에 띄었던 것이다.

---

37 『読売新聞』, 1923년 8월 11일 조간.

제2장
복장 교육으로서의 효과

선배와 후배의 심리적 유대

니가타 현립 고등 여학교와 다카기 스즈코

복장 개선 운동이 고녀생의 양장화에 큰 역할을 했음은 앞의 장에서도 지적했지만, 복장 개선 위원 중에는 다른 식으로 세일러복을 도입한 인물도 있었다. 그것이 복장 개선 위원인 다카기 스즈코高木鐸子였다. 다카기는 요코하마의 아동 부인복 실습회 회장이었는데, 1922년에는 니가타 현립 니가타 고녀에 교복의 봉제 지도자로 초빙되었다.

니가타 고녀에서는 메이지 30년대(1897~1906)부터 통소매 기모노에 짙은 적갈색 하카마를 통학복으로 삼았는데, 1919년에는 하카마의 끈 위에 학교 휘장을 버클로 만든 벨트를 매게 되었다. 이 벨트는 도쿄 여자 고등 사범 학교 부속 고녀를 모방했다고 한다. 그 후 양장화의 필요성을 느끼고 재학생이 손수 교복을 바느질해서 만들어 입는 것이 전통이 되었다. 니가타 고녀가 다카기의 아동복이나 부인복의 재봉 방법을 보급하는 활동에 주목했던 일의 의미는 작지 않다.

이 학교에서는 세일러복을 1주일에 걸쳐 매일 세 시간 동안 만들었다. 동복에는 추위와 내구성을 고려해서 군청색 천을 사용했고, 흰색 깃에 넥타이로 얇은 끈을 매었으며 다이코쿠 보시大黑帽子[1]를 썼다. 하복에는 차양이 달린 모자를 썼다. 수제 교복은 1923년 4월부터 착용했다. 1학년 신입생의 교복은 3학년이 한 사람씩 신입생의 보조를 맡아 방과 후 세 시간씩 1주일 동안 만들었다. 세일러 깃의 선은 1학년이 빨간색, 2학년은 노란색, 3학년은 녹색, 4학년은 군청색, 5학년은 보라색(1935년에 5년제가 되었다)으로 학년을 식별할 수 있는 자수를 넣었다.

이 세일러복은 1923년 4월에 니가타 고녀의 교복으로 제정되었다. 그 직전인 3월 28일의 『요미우리 신문』에는 「여학생복, 상하의 5엔만 있으면 만들 수 있다」라는 제목으로 니가타 고녀 세일러복의 사진을 넣어 소개하고 있다.[2] 세일러복이 니가타에 등장함으로써 현 내에 영향을 주었음은 물론(제5장 참조), 이 사건이 도쿄의 신문지상에 올랐던 일의 의미는 결코 작지 않다. 도쿄의 교육자들이 이를 목도함으로써 세일러복이 손수 만들 수 있는 여학생의 교복으로 적합하다는 인식을 넓힐 하나의 기회가 되었기 때문이다.

만들기 쉽다는 것도 인기가 있던 이유

블레이저 같은 양복은 복잡한 패턴으로 인해 입체적인 구성이

---

1 상단이 평평한 검은 모자. 메이지 중기에 남성이 주로 착용했으며, 이후에는 여학생의 교복 모자가 이 스타일을 따라 만들어졌다. — 옮긴이.
2 『読売新聞』1923년 3월 28일 조간.

필요하다. 그러나 세일러복은 직선적 재단의 평면적 구성이기 때문에 바느질로도 비교적 간단하게 만들 수 있었다. 세일러복이 인기가 있었던 이유로 자신이 직접 봉제를 할 수 있다는, 즉 만들기 쉽다는 점도 고려되고 있다(표 1 참조).

사이타마현 고다마 고녀에서는 1927년에 세일러복을 제정했고, 1930년에는 동복을 스탠드 칼라가 붙은 상의와 점퍼 스커트로 개정했다. 세일러복 상의는 긴 소매의 옥양목으로 만들었으며 깃과 소매, 가슴부에 두 줄의 검은 선을 넣었다. 스커트는 푸른색의 깅엄으로 만든 주름식이었으며, 어깨에서 늘어뜨리는 윗부분은 옥양목으로 만들었다.

3학년이 되어 이 하복을 입게 되었던 학생은 4학년이 만든 것을 물려받았다고 한다. "옷을 만들었던 선배의 이름표가 붙어 있는 채로 받았어요"라고 증언하는 학생은, "제가 받았던 옷이 성적이 제일 좋은 분의 것이라는 이야기를 들었기 때문에 기뻐서 흥분했고, 행운을 점쳐 보거나 일종의 책임감까지 느꼈다"라고 한다.[3] 여기서 선배와 후배의 마음이 이어지는 것을 볼 수 있는데, 2학년과 1학년의 옷도 4학년이 만들었던 것으로 보인다.

3년 후인 1930년에 고다마 고녀에 입학했던 학생에 따르면 6월부터 하복을 입기 때문에 입학하자마자 재봉 수업에서 자기 옷을 만들었다고 한다. 10월부터는 동복으로 바뀌는데, 상의는 순모직으로 앞여밈식 열린 스탠드 칼라였으며 연지색 넥타이를 매는 것이었다. 허리 부분은 주름을 잡아 재봉했으며, 폭이 5~6센티미터의 벨트와 같은 것을 달았다. 스커트는 어깨부터 내려오는 점퍼 스커트였다.

동복은 하복에 비해 피복 구성이 복잡하기에 동복의 경우는

---

3   『70周年記念誌』, 埼玉県立児玉高等学校, 1993, 140쪽.

학교가 알선하여 사이타마현 고다마군 고다마정과 군마현 다노군 후지오카정에 있었던 양복점이 도급을 맡았다. 세일러복은 고도의 기술이 없어도 재봉을 할 수 있기 때문에 손쉽게 만들 수 있다는 점도 인기의 이유였다. 실제로 고다마 고녀의 학생들은 자신이 봉제할 수 없는 동복에 매력을 느끼지 못했다. 1930년에 입학했던 학생은 "당시 여학교는 거의 대부분의 학교가 하동복 모두 세일러복이었기 때문에, 우리들은 겨울 교복이 아무래도 남루하고 촌스럽다고 생각해서 다들 세일러복을 동경했다"라고 한다.[4]

더욱이 수학여행지인 교토에서도 좋지 않은 기억이 있었다. 동복을 입고 갔을 때 "외지[조선이나 대만 등 일본 본토 이외의 식민지]에서 온 분인가요"라는 물음을 받고 학생들은 분개했다.[5] 일본인으로 보이지 않았던 것이 교복 때문임을 통감하고 세일러복을 바라게 되었던 것이다. 나중에 서술할 각 장에서는 세일러복 차림이 아니었던 학생들이 수학여행지에서 불쾌한 기분을 느꼈던 이야기가 계속 등장하는데, 고다마 고녀 또한 여기서 예외가 아니었다.

1933년에는 두세 명의 4학년생이 동복을 세일러복으로 바꾸자고 교장에게 건의하였다. 그것이 주효했던 것인지 그해 입학한 1학년생의 동복부터 세일러복으로 개정되었다. 1934년 3월에 졸업식을 맞이한 4학년은 "우리들은 끝내 세일러복 동복을 입지 못했지만 정말로 기뻤습니다. 후배를 위해 무언가 좋은 일을 했다는, 멋쩍은 기쁨이었을지도 모릅니다"라고 말한다.[6]

---

[4] 『児玉高校50周年誌』, 埼玉県立児玉高等学校, 1976, 22쪽.
[5] 『70周年記念誌』, 434쪽.
[6] 『児玉高校50周年誌』, 22~23쪽.

<표1> 세일러복을 제작했던 학교 일람

학교명 (한)	학교명 (일)	지역 (현명)	제작 방법
미야기현 제1 고녀	宮城県第一高女	미야기	1935년부터 1938년까지 4학년이 1학년 교복을 제작
미야기현 제2 고녀	宮城県第二高女	미야기	4학년이 1학년 교복을 제작
아이즈 고녀	会津高女	후쿠시마	4학년이 1학년 교복을 제작
다이세이 여학교	大成女学校	이바라키	가정과, 연구과 학생이 제작
구키 고녀	久喜高女	사이타마	
가스카베 고녀	粕壁高女	사이타마	선배가 하복을 제작
후카야 고녀	深谷高女	사이타마	4학년이 1학년 교복을 제작
마쓰야마 고녀	松山高女	사이타마	3, 4학년이 2, 1학년의 점퍼 스커트와 블라우스를 제작
마쓰도 고녀	松戸高女	지바	동복은 4학년, 하복은 3학년이 제작
나가오카 고녀	長岡高女	니가타	1926년부터 1935년까지 4학년이 1학년 교복을 제작
니가타 현립 마키 고녀	新潟県立巻高女	니가타	4학년이 1학년 동복을 제작
오지야 고녀	小千谷高女	니가타	4학년이 1학년 교복을 제작
니가타 시립 고녀	新潟市立高女	니가타	2학년이 1학년 교복을 제작
사도 고녀	佐渡高女	니가타	4학년의 도움을 받아 1학년생이 각자 제작
이시카와 현립 고마쓰 고녀	石川県立小松高女	이시카와	4학년이 1학년 교복을 제작
이시카와 시립 고마쓰 고녀	石川市立小松高女	이시카와	각자 제작
쓰루가 고녀	敦賀高女	후쿠이	선배가 제작
오바마 고녀	小浜高女	후쿠이	4학년이 1학년 교복을 제작
뉴 실과 고녀→ 뉴 고녀	丹生実科高女→ 丹生高女	후쿠이	4학년이 1학년 교복을 제작
나가노 고녀	長野高女	나가노	4학년이 1학년 교복을 제작
우에다 고녀	上田高女	나가노	1학년이 하의, 2학년이 상의를 제작하고 3학년은 각자 제작
노자와 고녀	野沢高女	나가노	4학년과 가정과 학생이 1학년 교복을 제작
오마치 고녀	大町高女	나가노	하복을 각자 제작
스자카 고녀	須坂高女	나기노	5학년이 1학년 교복을 제작
기소 고녀	木曽高女	나가노	4학년이 1학년 교복을 제작
기후 고녀	岐阜高女	기후	4학년이 1학년 교복을 제작
나카쓰 고녀	中津高女	기후	3학년이 1학년 교복을 제작
무기 고녀	武儀高女	기후	4학년이 1학년 교복을 제작
하이바라 고녀	榛原実科高女→ 榛原高女	시즈오카	3, 4학년이 1학년 교복을 제작
도야마 고녀	富山高女	시즈오카	학생 각자가 제작
신시로 고녀	新城高女	아이치	4학년이 2학년, 3학년이 1학년 교복을 제작

학교명 (한)	학교명 (일)	지역 (현명)	제작 방법
쓰시마 고녀	津島高女	아이치	선배가 제작, 1937년부터 도입
가마고리 실과 고녀→ 가마고리 고녀	蒲郡実科高女→ 蒲郡高女	아이치	선배가 제작
쓰 고녀	津高女	미에	하복을 각자가 제작
오와세 고녀	尾鷲高女	미에	1930년부터 보습과와 4학년이 제작
욧카이치 고녀	四日市高女	미에	3, 4학년이 제작
히코네 고녀	彦根高女	시가	5학년이 1학년 하복을 제작
히노 고녀	日野高女	시가	4학년이 1학년 교복을 제작
가와키타 고녀→ 네야가와 고녀	河北高女→ 寝屋川高女	오사카	5학년이 1학년 교복을 제작
가코가와 고녀	加古川高女	효고	4학년이 1학년 교복을 제작
이쿠노 고녀	生野高女	효고	5학년이 1학년 교복을 제작
이타미 고녀	伊丹高女	효고	하복 상의를 4학년, 스커트를 3학년이 제작
야마자키 고녀	山崎高女	효고	4학년이 1학년 교복을 제작
아카시 고녀	明石高女	효고	각자 제작
다카다 고녀	高田高女	나라	5학년이 1학년의 동복, 4학년이 1학년의 하복을 제작
우다 고녀	宇陀高女	나라	보습과 학생이 제작
고카와 고녀	粉河高女	와카야마	선배가 제작
히다카 고녀	日高高女	와카야마	3, 4학년, 보습과 학생이 제작
고자 고녀	古座高女	와카야마	하복을 각자 제작
돗토리 고녀	鳥取高女	돗토리	4학년이 1학년 교복을 제작
구라요시 고녀	倉吉高女	돗토리	4학년이 1학년 교복을 제작
야즈 고녀	八頭高女	돗토리	4학년이 1학년의 상의, 3학년이 스커트를 제작
사이다이지 고녀	西大寺高女	오카야마	선배가 제작
요시다 고녀	吉田高女	히로시마	각자 제작
미요시 고녀	三次高女	히로시마	4학년이 1학년 교복을 제작
산요 고녀	山陽高女	히로시마	히로시마현 사립, 4학년이 1학년 교복을 제작
시모노세키 고녀	下関高女	야마구치	학생 각자가 제작
조후 고녀	長府高女	야마구치	4학년이 동복, 3학년이 하복을 제작
미요시 고녀	三好高女	도쿠시마	선배가 제작
마쓰야마 고녀	松山高女	에히메	5학년이 1학년 교복을 제작
이마바리 고녀	今治高女	에히메	보습과 학생이 제작
히가시우와 고녀	東宇和高女	에히메	4학년이 1학년 교복을 제작
마쓰야마조호쿠키타 고녀	松山城北高女	에히메	각자 제작
오리오 고녀	折尾高女	후쿠오카	2, 3학년이 제작
이마리 고녀	伊万里高女	사가	4학년이 상의, 3학년이 스커트를 제작
쓰시마 고녀	対馬高女	나가사키	4학년이 1학년 교복을 제작
고카 고녀	口加高女	나가사키	선배가 제작
마쓰바세 고녀	松橋高女	구마모토	1931년부터 4학년이 1학년 교복을 제작

학교명 (한)	학교명 (일)	지역 (현명)	제작 방법
미야자키 고녀	宮崎高女	미야자키	학생 각자 제작
노베오카 고녀	延岡高女	미야자키	1936년부터 4학년이 1학년 교복을 제작
고쿠부 고녀	国分高女	가고시마	4학년이 1학년 교복을 제작
가지키 고녀	加治木高女	가고시마	선배가 제작하고 신입생이 구매
미야코 고녀	宮古高女	오키나와	학생 각자가 제작

출처: 각 고등학교의 기념집에서 작성.

재봉틀을 사용한 양장 제작

서양식 학교 교복을 자기가 만드는 데 있어 가장 강력한 도구는 재봉틀이었다. 재봉틀과 봉제의 전문적 지식을 가진 지도자가 있다면 여학생들은 양복점이나 백화점에 가지 않아도 서양식 교복을 만들 수 있었다. 막부 말기에 일본에 들어온 재봉틀은 1900년에 싱어Singer사가 도쿄에 가게를 낸 후 일본 각지에서 점포 수를 확대해 감으로써 널리 보급되었다. 러일 전쟁 후인 1906년에 도쿄 유라쿠초有楽町에서 개교한 싱어 재봉 여학교는 여성의 자활을 강조했다. 졸업생 다수는 싱어사의 '여교사'가 되어 재봉틀 사용 방법을 구입자에게 가르치는 역할을 맡았다. 1919년의 재학생은 300명 수준으로 결코 많지는 않았지만 그들이 재봉틀과 양복 제작의 보급에 일익을 담당했음은 분명하다.

1922년경의 싱어 재봉틀의 판매용 소책자에는 깃과 소매에 두 줄의 선을 넣은 여름용 흰색 긴팔 세일러복을 입은 여학생이 그려져 있다.[7] 흰색 천 모자를 쓰고 스카프는 검은색 또는 군청색의 삼각 타이를 매었으며 왼쪽 어깨에는 휘장, 스커트는 체크 무늬, 발에는 흰 양말에 구두를 신고 있다. 이는 아동복과 통학복으로 사용하는 세일러복을 싱어 재봉틀로 봉제할 수

---

7 アンドルー・ゴードン, 大島かおり訳, 『ミシンと日本の近代 消費者の創出』, みすず書房, 2013, 68쪽.

있다는 선전 광고나 다름없었다. 또한 이 소책자의 삽화는 복장 개선 운동의 영향을 받아 여학생들의 양장화가 일어남으로써 재봉틀이 본격적으로 활약하는 때가 도래했음을 선언하고 있다고 할 수 있다. 다만 선전 내용과 실제 보급 상황이 일치한다고는 할 수 없다. 1924년 싱어사의 재봉틀은 130엔이라는 고가였는데, 싱어사는 재봉틀을 일시불이 아니라 할부로 팔고 있었다. 이 정도라면 고녀에 딸을 보낼 만한 가정일 경우 재봉틀을 구매할 수 있을 법하다. 실제로 일본의 1928년 재봉틀 판매량의 약 63퍼센트가 할부 판매였다.[8] 그러나 모든 가정에 재봉틀이 있을 리는 없었다(본문 97쪽의 나가노 현립 스자카 고녀 학생의 증언 참조). 싱어사가 전국적인 판매를 시작해도 고녀의 학비 등을

[그림 13] 사이다이지 고등 여학교의 세일러복 봉제 작업, 1933년
(오카야마현 사이다이지 고등학교 소장)

8   앞의 책.

지불하는 것이 고작인 가정도 있었을 것이다.

자매와 같은 유대감

구마모토 현립 마쓰바세 고녀 교복의 변천을 보면 세일러복과 그 이외의 복장을 제작하는 난이도에 차이가 있었음을 쉽게 알 수 있다. 마쓰바세 고녀에서는 1923년 여름부터 흑백 격자무늬의 세일러복을 제정하고 이를 학생들이 직접 봉제했다. 1924년에는 군청색 모직에 벨트를 맨 숄 칼라 상의와 주름이 있는 스커트로 개정했고, 차양이 넓은 모자와 뒷굽이 높은 가죽 구두도 규정되었다. 디자인이 변경되었기 때문에 학생들은 이들 각각을 전문점에서 치수를 재서 제작했다. 이는 학생들의 기술력으로는 만들 수 없었기 때문일 것이다. 1931년에는 격자형이 아닌 군청색 천에 깃과 소매, 가슴부 주머니에 세 줄의 흰색 선이 들어간 세일러복으로 개정되었다. 흑백 줄무늬가 아니라 누가 보아도 세일러복이라 수긍할 만한 일반적인 디자인이 되었다. 그 결과 다시금 4학년이 1학년 교복을 만들게 되었다.

봉제를 지도했던 교사는 "처음 만들었기 때문에 양복점처럼 만들 수는 없었을지 모르지만, 4학년 일동이 열심히 노력한 제품이기에 1학년생 여러분이 기쁘게 입어 주었습니다", "그날은 환호와 박수가 학교를 가득 채웠고, 따뜻한 마음과 마음이 만났습니다. 4학년과 1학년이 손을 잡고 기뻐한 날을 잊을 수 없을 것입니다"라면서 당시를 회상한다.[9]

세일러복은 동복보다 하복을 간단하고 쉽게 만들 수 있었던 듯하다. 니가타 현립 마키 고녀에 1931년 4월에 입학했던 학생은 "1학년 때 자기 하복은 자기가 만들었고, 세일러복의 선은

---

9 『創立60周年記念誌』, 熊本県立松橋高等学校, 1979, 81쪽.

자수로 놓았습니다. 동복은 4학년이 졸업 제작으로 신입생을
위해 만들었지요. 어느 선배가 어느 신입생의 교복을 만들지는
선생님이 정했고, 교복의 비용은 옷을 받는 사람이 내는
방식이었습니다. 선배가 후배에게 교복을 만들어 건네주는 방식은
전통으로 이어져 깊은 추억이 어리게 되었습니다"라고 증언하고
있다.[10]

니가타현의 니가타 시립 고녀에서도 1926년에 세일러복이
제정되고 나서 1학년이 2학년의 도움을 빌려 교복을 만들게
되었다. 이해에 입학했던 학생은 "교복은 선배로부터 지도를 받아
직접 만들어 입었는데, 그 덕분에 오히려 선배와 후배 사이에
자매와 같이 부드럽고 아름다운 기풍이 피어났다"라고 회상하고
있다.[11] 나가오카 고녀에서도 1926년부터 1935년까지 4학년이
1학년의 세일러복을 만들어 주었다.

효고 현립 가코가와 고녀의 동창회에서는 다음과 같은 이야기가
오고 갔다. 어느 졸업생은 "지금은 옷집에서 만든 옷을 입고
있지만요, 우리 때는 선배님들께서 만들어 준 것을 입기 때문에
친밀감도 생기고, 기대가 되기도 했지요. 그래서 학교에서 만나도
어쩐지 그 분을 동경하게 되어서 말이에요, 기뻐서 얼굴을
붉히기도 했어요"라고 말한다.[12] 이 선배와 후배의 친밀감은 앞서
언급했던 것과 마찬가지이다. 또한 이어서 "선배가 후배의 옷을
만든다는 건 옛날 가정과의 기술이 상당했다는 이야기겠지요",
"우리들은 초등학교 4학년부터 재봉 수업이 있었으니까요, 기술이
상당히 뛰어났던 거죠"라고도 말한다. 이에 대해 다른 졸업생은

10 『白楊100年』, 新潟県立巻高等学校創立100周年記念事業実行委員会, 2007, 126쪽.
11 『あけぼの』112호, 新潟市立沼垂高等学校, 1972, 177쪽.
12 『60周年記念誌』, 兵庫県立加古川西高等学校, 1972, 18쪽.

"우리는 여학교에 들어가서 처음으로 재봉틀을 배웠어요"라고 술회했다.[13]

봉제를 잘하는 학생과 못하는 학생

미야기현 제2 고녀는 1926년에 세일러복을 교복으로 제정했다. 이해에 입학했던 학생 중 한 명은 어렸을 때부터 언니에게 배웠기 때문에 양복 만드는 것이 특기였다. 여기에서도 4학년이 1학년 교복을 만들어 주었지만 그녀는 친구들을 거들어 혼자서 네 벌을 만들었다고 한다. 그녀의 손을 빌렸던 것처럼 양복을 잘 못 만드는 학생들도 있었다.

지바 현립 지바 고녀에서는 1928년 5월에 세일러복을 제정한 후 5학년이 1학년의 세일러복을 만들어 주게 되었다. 1931년에 여름 세일러복을 만든 학생들이 남긴 기록에서 양복을 잘 만드는 학생과 못 만드는 학생이 힘을 모았다는 사실도 볼 수 있다. "'커프스 달아 줘', '응, 나 커프스 장사 시작할게' 하고 떠들며 모두가 분업해서 만들었다"라고 말한다. "때로는 재봉실에 들어갈 수조차 없을 정도로 많은 학생이 모여 재봉틀을 밟거나 다리미질을 하거나 또는 입히러 다녀오는 등의 소동이 일어났다"[14]라고도 했다.

5학년은 약 1개월에 걸쳐 재봉을 하고 교사의 검사와 수정을 거쳐 완성한 후 1학년에게 건넸다. 이로써 "1학년이 기뻐하는 모습을 보고 무엇과도 바꿀 수 없는 만족. 만날 때와 헤어질 때 안녕이라는, 마음으로부터 우러나오는 인사"를 하게 되었다. 이 봉제 작업을 체험하고 "양복점을 차려 볼까"라고 자신감을 가진

---

13   앞의 책, 18~19쪽.
14   『創立80年記念誌』, 千葉県立千葉女子高等学校, 1982, 54쪽.

[그림 14] 도쿄 부립 제8 고등 여학교의 양복 제작
『부립 제8 고등 여학교 졸업 기념』 1938년 3월
(도쿄 도립 야시오 고등학교 소장)

학생도 있었다.[15]

　후쿠이현의 뉴 실과 고녀(1941년에 뉴 고녀로 개칭)에도 교복을 잘 만드는 학생이 있었다. 이 학교가 1928년에 세일러복을 제정한 후 4학년이 신입생의 교복을 만들게 되었다. 4학년 'N'이 만든 세일러복을 받은 1학년생은 "N 선배는 재봉을 대단히 잘하는 것 같습니다. 선배가 만들어 준 옷을 보물처럼 소중히 끌어안고 돌아가 집에서 입어 보니 몸에 잘 맞고 스타일도 대단히 좋았습니다. 보고 있던 아버지도 큰 관심을 가지고 '그 옷은 누가 만들어 준 거냐'라고 물었습니다. 'N 선배예요'라고 하니 아버지는 '정말로 예쁘게 만들었구나'라며 크게 칭찬해 주었습니다"[16]라고 말한다.

　그러나 모든 학생이 'N'처럼 솜씨가 좋을 리는 없다. 개중에는

15　『創立80年記念誌』, 千葉県立千葉女子高等学校, 1982, 54쪽.
16　『丹生高校50年史』, 福井県立丹生高等学校50周年記念行事委員会, 1979, 46~47쪽.

몸에 잘 맞지 않는 학생도 있었던 듯하다. 하지만 선배와 후배의 심리적 유대가 생길 뿐만 아니라 봉제 작업을 통해 결속력도 강해졌다. 고녀의 기념지에 명기된 것을 추출해 보면 학생들이 봉제를 했던 고녀는 전국 각지에서 찾을 수 있다(표1 참조). 이처럼 기념지에 써 있지 않을 뿐 실제로 그 이상의 학교가 직접 교복을 만들고 있었던 것으로 보인다.

주문복과 기성복의 차이

세일러복은 직선 재단으로 봉제하는 데 비해 블레이저는 어깨를 두르는 등 입체적이고 복잡한 봉제 기술을 필요로 한다. 양복점만 해도 주문을 받아 체형에 맞춰 옷을 만드는 주문복과 중고를 포함해 호수에 맞춰 파는 기성복은 엄연히 다르다. 신사복과 같은 구조의 블레이저는 주문복의 영역이다. 그러한 고도의 기술을 짧은 재봉 수업 시간에 익힐 수는 없었다.

그에 비해 세일러복은 잘 팔리는 기성복 상품이었다. 특히 1929년 11월에 '도쿄 부인 아동복 제조 도매상 조합'이 창설되고 1931년에 '전국 양복 기성품 규격 및 표준 촌법'이 만들어진 의의는 컸다. "기성복 업계가 쇼와 5～6년[1930～1931년]부터 통제에 들어가는 쇼와 13년[1938년] 사이에 제1차 융성 시대라고 할 수 있는 시대를 맞이했던 요인 중 하나로 학생복의 놀라운 수요 증대가 있었다", "봉제 면에서도 스탠드 칼라가 달린 학생복은 군복의 연장선상에 있었기 때문에 군복을 봉제해 본 경험자가 하청 직원 중에 많았던 관계로 상품 공급에 부담이 없었고 공임도 저렴했다. 때문에 주문을 받아 학생복을 만드는 데 시간을 필요로 하지 않았다"라고 한다.[17] 이는 남학생의

---

17 小田喜代治, 『東京紳士服の歩み』, 東京紳士服工業組合, 1985, 246, 291～292쪽.

가쿠란을 중심으로 한 서술이지만, 원래 수병복이었던 세일러복도 "군복의 연장선상"이었다. 그 증거로 '남녀 통학복 전문'의 '기성복 도매상의 가게 풍경' 사진에는 산처럼 쌓인 가쿠란 옆에 세일러복을 입힌 인형의 모습이 찍혀 있다.[18] 여기서 말하는 학생복이란 가쿠란뿐만 아니라 세일러복이 포함되어 있다.

가쿠란과 함께 세일러복이 전국으로 퍼지게 된 큰 요인 중 하나는 같은 규격의 기성복을 대량으로 공급할 수 있는 환경이 정비되어 있었다는 점이다. 아시아-태평양 전쟁 종전 후에 블레이저가 증가했던 것도 1952년에 36개 사이즈, 1970년에 58개 사이즈로 기성복의 규격이 확충되어 시대의 수요에 응할 수 있게 되었기 때문이다.

학생들의 봉제 기술은 평균적으로 기성복 장인보다 떨어졌을지도 모른다. 그러나 세일러복이라면 자기 손으로 만들 수 있으며 천 값만 있으면 되기 때문에 기성복을 구입하는 것보다 저렴했다. 그리고 다시 말하지만 교복 제작은 봉제 기술의 훈련이었으며, 학생 사이의 심리적 유대도 이끌어 낼 수 있었다.

도시의 이면성

양복점이 많은 도시에서도 학생들이 세일러복을 만들었을까. 이 점에 대해 오사카를 예로 들어 보자. 간토 대지진보다 전인 1920년부터 양복 착용을 허가했던 오사카 부립 시미즈다니 고녀에서는 이후 직원 회의에서 교복 제정을 위해 수차례 토의를 거듭했다. 그 결과 1923년 9월 7일 회의에서 세일러복으로 결정했고, 22일에 미쓰코시와 시로키야의 점원이 학교에 와서 학생들의 치수를 재고 10월 27일에 세일러복을 납품했다.

---

18   앞의 책, 277쪽.

오사카 부립 야오 고녀의 기념집에 따르면, "당시 교복은 고가였던 데다가 다카시마야라든지 다이키大軌 백화점[오늘날의 긴테쓰 백화점]에서만 만들었다."[19] 이는 앞선 기록과 대조해 볼 때 정확하지는 않지만 교복이 비쌌다는 것만은 틀림없다. 또한 각자 만든다는 데에도 의의가 있었다. 때문에 1930년에 4학년이 1학년의 하복을 제작하게 되었으며 재봉틀을 일곱 대에서 열다섯 대로 늘렸다. 1934년에는 모든 학년이 신입생의 동복을 제작했고 이듬해 1935년에는 동복을 봄 방학에 만들게 되었다. 그리고 1936~1937년에는 최상급생이 여름 방학 기간 중에 신입생의 외투를 만들었다.

오사카에서는 많은 고녀에서 세일러복을 만들고 있었다. 1925년에 세일러복을 채용했던 오카사 부립 가와키타 고녀(1927년에 네야가와 고녀로 개칭)에서는 1928년에 1학년부터 5학년까지 전교생이 세일러복을 입게 되었다. 이듬해 1929년 5월 31일의 『학교 일지』에는 "선배가 제작한 하복을 1학년에게 준다"라고 되어 있다. 당시의 학생에 따르면 "선배가 만들어 준 교복은 대, 중, 소 사이즈가 있어서 그중에서 맞는 것을 골라 실비 정도의 비용만 냈다"라고 한다. 선배가 세 종류의 사이즈를 만들었고 그것을 1학년이 유료로 고르는 시스템이었다.[20]

백화점에 주문하지 않고 자신의 힘으로 교복을 만들었던 데에는 "재봉 수업 내용에 고도의 기술을 도입해 학습시킬 수 있다는 점과 선배와 후배의 애정이 이어지는 역할을 하는 것"이라는, 앞서 확인한 바와 같은 이유가 있었다. 그리고 가와키타 고녀에서는

---

19 『山本70年』, 大阪府立山本高等学校, 1997, 52쪽.
20 『寝屋川高校100年史』, 大阪府立寝屋川高等学校創立記念事業実行委員会, 2011, 157쪽.

교복을 주고받는 방법에서도 특징을 찾아볼 수 있다. "작품이 만들어지면 강당에서 수여식 행사가 열렸다. 1학년과 5학년 각각의 대표가 인사를 나누고, 새로운 교복을 한 벌씩 제작자의 이름을 붙여 건넸다."[21] 이처럼 선배가 만들어 준 교복을 의식을 통해 받음으로써 그것을 입는 학생들은 교복을 소중히 할 뿐만 아니라 선배에 대한 경애의 마음을 품게 된다. 백화점에서 주문한 교복을 입는 경우 미쓰코시제나 다카시마야제라는 고급 브랜드 의식이 있긴 했지만 그것을 만든 양복사에게 특별한 마음을 품지는 않았다.

교복을 만들기 위해 고생하는 학생들에 대한 배려

나가노 현립 스자카 고녀에서는 학교에서 재봉을 하는 또 한 가지 이유를 확인할 수 있다. 이 학교에서는 1925년에 위아래 모두 검은 천에 검붉은 빛의 선이 있는 세일러복을 채용했고, 그해 수학여행에서 학생 3분의 1이 착용했다고 한다. 일본식 옷을 입은 학생은 줄지 않았지만 학교 측의 요청이 있어 1931년부터는 모두가 세일러복을 입게 되었다. 그때의 추억으로 "지금처럼 백화점이나 전문점에서 팔고 있는 기성 교복과는 달리 모두 자기 손으로 만든 것이었습니다. 학교에도 재봉틀이 몇 대 있어서 선배들이 돌아가면서 사용해 후배의 옷을 만들었습니다"라고 회고한다.[22]

효고 현립 아카시 고녀에서는 재봉틀이 있는 집과 없는 집의 차이를 고려해서 학교에서 봉제를 할 수 있도록 지도했다. 학생 중

21　『寝屋川高校100年史』, 大阪府立寝屋川高等学校創立記念事業実行委員会, 2011,, 157쪽.
22　『鎌田を仰ぐ60年 長野県須坂東高等学校の歩み』, 長野県須坂東高等学校内60年史編纂委員会, 1980, 105쪽.

한 명은 "수업에서 세일러복을 만들었다. 집에 가지고 돌아가면 어머니에게 도움을 받을 수도 있었기 때문에 어디까지나 학교에서 만들도록 되어 있었다"라고 말한다.[23]

지역에 따라서는 백화점이나 양복점이 없어서 자기가 직접 옷을 만들 수밖에 없었다. 만약 가게가 있다 하더라도 주문을 할 수 없는 가정도 있었다. 그것은 시가 현립 히코네 고녀에 1933년에 입학했던 학생의 증언으로 뒷받침된다. 그녀에 따르면 "요즘처럼 기성복이 잔뜩 진열되어 있지 않고 교복은 일부 주문하는 사람을 제외하고 자기 집에서 만드는 경우가 많았던 것으로 기억합니다", "저도 5학년이 되었을 때에는 새로이 입학한 사람의 교복을 만들었습니다. 재봉이 서툴렀던 저는 잘 만들지 못해서 미안했습니다"[24]라고 술회한다.

양복점과 재봉소: '교복 문제'

히코네 고녀에서도 일부 학생은 가게에 재봉을 의뢰했던 것으로 보이는데, 미에 현립 스즈카 고녀에서는 양복점이 주문으로 쟁탈전을 벌였다. 스즈카 고녀는 1931년 4월부터 세일러복을 입고 통학하도록 했다. 군청색 천의 깃, 소매, 가슴 주머니에 두 줄의 하얀 선을 넣었고 군청색 넥타이가 딸려 있었다. 이듬해부터 가메야마정의 재봉소가 합격자 명부를 이용해서 교복의 주문을 받고 사이즈를 재기 위해 집집마다 돌아다녔다고 한다. 세일러복은 각지의 양복점과 재봉소에게 이익을 올릴 기회를 가져왔다.

---

23 『創立80周年記念誌』, 兵庫県立明石南高等学校, 2001, 88쪽.
24 『彦根西高100年史』, 滋賀県立彦根西高等学校創立100周年記念事業実行委員会, 1987, 210쪽.

학생이 직접 만들 수 없는 교복이라면 더욱 그랬다. 와카야마 현립 신구 고녀에서는 이것이 큰 '교복 문제'를 일으켰다. 1923년 7월에 2학기 시업식부터 서양식 교복 착용을 요구하는 취의서가 학부형에게 전달되었지만 결국 하복을 체조복으로 삼는 데에 그쳤다. 다음 해인 1924년 10월에는 체조복인 하복이 편리했기 때문에 동복에도 서양식 교복을 도입하여 3학년 이하 학생들이 입도록 했다. 학부형에게 보낸 통지서에는 일본식과 서양식 복장 2년간의 비용이 일본식은 40엔, 서양식은 38엔이라고 기재되어 있으며, 서양식 교복을 11월 1일부터 실시한다고 하고 있다.

이에 따라 신구 고녀는 양복점을 불러 학생들의 치수를 재게 했다. 그러나 부모들은 이를 "교장의 독단"이라며 항의했고, 내년도 신입생부터 도입하든가 1년 늦출 것을 요구했다. 그러나 교장은 일본식 복장의 경우 계속 화려해질 뿐이며 빈부의 격차가 생기기 때문에 서양식 교복으로 통일하려는 태도를 바꾸지 않았다. 일시적으로 큰 비용이 들기는 하지만 졸업까지의 기간을 고려하면 일본식 복장보다 경제적으로 낫다고 했다. 이를 논의하기 위해 학부형 대표는 신구정의 동장인 기무라 도키치木村藤吉와 와카야마현회 의원 이와모토 기요후미岩本淸文가 맡았으며, 조정 역할은 군수인 에가와 도요타로江川豊太郎가 맡았다. 그 결과, 1925년 10월까지 교복을 연기하고 현재 만들어진 교복은 내년 10월까지는 입지 말 것, 이후 금전 소요가 발생하는 문제는 학부형과 상담할 것을 약속했다. 이 시점에서 이미 교복을 만들었던 60명의 가정은 불만을 느꼈을 것이다. 하지만 양복점은 여전히 납득하지 못했다. 양복점 네 곳이 이미 개인 계약으로 주문을 받았으며 3,000엔어치의 천을 준비해 두었던 것이다. 1924년 10월 28일, 신구 고녀와 양복점은 계약을 맺어 "이후 3년간 양복점 네 곳을 지정점으로 할 것", "이미 만든 60벌은 학교 측에서

구매할 것", "내년 4월부터 납입할 것"으로 정했다.[25]

이렇게 일단락된 것으로 보였지만 1925년 5월에는 양복점 간의 경쟁이 치열해졌다. 지정된 네 곳의 양복점에서는 하복을 5엔에서 3엔 50센의 협정 가격으로 주문을 받았지만 그 이외의 양복점이 그 가격 이하로 받기 시작한 것이다. 최저 가격은 2엔 90센이었지만 그만큼 천이 조악해졌다. 신구 고녀는 만들어진 교복에 불만을 가진 학부형, 약속이 다르다며 분노하는 지정 양복점으로부터 계속되는 항의에 시달렸다.

신구 고녀의 교복은 세일러복이 아니라 동복은 군청색, 하복은 흰색의 숄 칼라 상의였다. 상의 디자인은 오카야마현 제1 오카야마 고녀의 동복과 비슷하다(본문 229쪽 참조). 아직 와카야마현 내에서도 양복 차림이 신기했던 시기에 일어났던 소동이었다고도 할 수 있다. 그러나 양복점이 개입하지 않았다면 그렇게까지 큰일로 번지지는 않았을 것이다. 각자가 옷을 만드는 '복장 교육'에는 이러한 학교와 양복점, 학부형 사이의 트러블을 막는 의미도 있었다고 할 수 있다. 와카야마 현립 신구 고등학교가 소장하고 있는 졸업 사진을 보면 1934년 3월의 졸업생부터 세일러복으로 변화하고 있다. 세일러복을 학생들이 만들었는지는 알 수 없다.

양복점의 교복 제작 가격

세일러복을 양복점에 주문했을 경우 비용은 얼마나 들었을까? 표 2에서 볼 수 있듯이 가격이 판명된 고녀는 의외로 적다. 또 시기나 장소에 따라 교복과 구두 가격에 큰 차이가 있다. 먼저 고가인 것을 비교해 보면 시모노세키 고녀의 세일러복 동복은

---

25 『新高80年史 明治大正編』, 和歌山県立新宮高等学校同窓会, 1983, 670쪽.

18엔이며, 조후 고녀의 테일러 칼라 동복은 17엔 10센으로 그보다
조금 저렴하다. 간다 고녀의 세일러복은 16엔 30센으로 보다
저렴하다. 한다 고녀는 구두가 8엔, 하복은 8엔임을 생각해 보면
동복과 스커트는 17엔 전후로 예상할 수 있다.

다음으로 저가인 것을 비교해 보면 유자와 고녀의 세일러
동복과 스커트가 11엔인데 도가네 고녀의 블레이저와 스커트는
12엔 60센, 오카야 고녀는 구두를 포함해도 합계 15엔으로
다른 학교에 비해 대단히 저렴하다. 이렇게 보면 세일러복과
블레이저와 테일러 칼라의 가격 차이는 그리 크지 않았음을 알 수
있다.

한편으로 도쿄에는 다음과 같은 사료가 남아 있다. 1929년
3월의 『요미우리 신문』의 조사에 따르면 세일러복 군청색 서지는
18엔에서 14엔, 모직은 20엔에서 17엔, 점퍼 스커트 군청색 서지는
25엔에서 20엔, 모직은 28엔에서 22엔이었다고 한다.

<표2> 교복 제작비 비교

세일러복

학교명	연도	양복점 가격
한다 고녀	1923	(마쓰자카야) 세일러복과 구두 33엔
시모노세키 고녀	1923	(도미타富田 양복점) 동복 18엔
제2 야마시타 고녀	1926	(마쓰야마시의 마루오丸尾 양복점) 5엔 50센
유자와 고녀	1928	동복 상의 6엔 50센, 하복 상의 2엔 50센, 동하복 스커트 4엔 50센, 합계 13엔 50센
고가 실과 고녀	1929	약 10엔
이시오카 실과 고녀	1932	16엔 50센
간다 고녀	1937	(간다 진보초의 만자키万崎 부인복 부서) 세일러복 16엔 30센

블레이저, 테일러 칼라

학교명	연도	양복점 가격
조후 고녀	1926	테일러 칼라 동복 16엔 80센, 하복 9엔 90센, 구두 7엔 50센, 합계 34엔 20센

도가네 고녀	1926	블레이저 동복 상의 8엔, 스커트 4엔 60센, 와이셔츠 1엔 65센, 벨트 55센, 넥타이 20센, 모자 50센, 합계 15엔 50센
오카야 고녀	1937	블레이저와 스커트는 9엔 50센, 블라우스 1엔, 양말은 4엔 50센, 합계 15엔

출처: 각 고등학교 기념집

점퍼 스커트는 블레이저나 테일러 칼라 등의 상의를 조합할 필요가 있어서 세일러복과 스커트의 조합보다 가격이 비쌌다. 도시의 백화점이나 공임이 높은 양복점에서 주문하면 세일러복의 가격도 비싸진다. 그러나 『요미우리 신문』의 보도처럼 전체 천 값만을 보자면 세일러복을 보다 저렴하게 만들 수 있었다. 세일러복은 각자 만들기 때문에 천만 사면 어느 양복점보다도 저렴해짐을 잊어서는 안 된다. 양복점에 주문할 경우 블레이저나 테일러 칼라와 가격 면에서 큰 차이가 없어진다면 다음은 디자인이 중요해진다. 기왕에 많은 돈을 내야 한다면 세일러복이 좋다고 여학생들이 생각했던 것도 이상하지는 않다.

세일러복을 입는 조건

엄격했던 복장 검사

서양식 교복에는 양장을 만드는 기술을 습득한다는 의미만 있는 것이 아니었다. 여기에는 복장 규정에 기초해 입었는지 등 학교의 규칙에 따르게 한다는 의미도 있었다. 그것을 체크하는 복장 검사는 기모노에 하카마를 입는 시대에도 있었지만, 색이나 천은 물론 스커트의 주름 수 등을 명확하게 정한 교복의 경우 학교가 정한 규칙을 위반했는가 아닌가를 세밀하게 점검할 수 있었다.

[그림 15] 야마나시 고등 여학교의 복장 검사
『창립 60주년 기념지』 야마나시 현립 야마나시 고등학교, 1977년

가나가와 현립 요코스카 고녀 학생은 1921년에 세일러복이 제정된 이후 부정기적으로 이루어진 복장 검사에 대해 다음과 같이 회상한다.

복장 검사는 학교의 중대 행사 중 하나였어요. 윗옷 기장은 허리뼈에서 아래로 5센티미터, 주름은 앞뒤 합쳐서 20개 이내, 벨트를 차면 안 됐어요(스커트에 벨트를 매면 허리가 가늘어 보이기 때문에 선배 중에 여러 가지 재주를 부리는 분도 있었습니다). 양말과 구두, 우산 등 모두 검은색으로 학생답게 검소했습니다. 그런데 가끔씩 이걸 위반하는 분도 있었기 때문에 불시에 검사를 했습니다. 체육관에 일렬로 늘어서 훈육계 선생님이 위엄 있는 얼굴로 교무 수첩과 자를 가지고 한 사람씩 주의 깊게 검사를 했지요. 첫 번째는 잔소리로 끝났지만 두 번 세 번 걸려서 전과가 쌓이면 그냥 넘어가지는

않았던 것 같습니다.[26]

여기에서 학교 측이 복장 규정에 반하는 멋부림을 눈을 번뜩이며 감시했음을 잘 알 수 있다. 도쿄 부립 제5 고녀는 넘버 스쿨[27] 중에서도 일찍 세일러복을 교복으로 삼았다. 1922년 4월부터 세일러복을 입었던 학생은 「통학용 양복이 만들어져서」라는 글에서 "제5 고녀의 기풍 그 자체라고 생각해서 이루 말할 수 없는 만족과 기쁨을 느꼈다"라고 쓰고 있다. 그러나 "반대로 책임이 점점 무거워지는 것을 느낀다"라고도 말한다.[28] 학교를 나타내는 세일러복을 입는다는 것은 고녀 학생이라는 자긍심과 책임감의 표리일체였다.

교복의 멋부림

교복은 입으면 학교 바깥에서 여러 학교의 학생이 있어도 바로 어느 학교 학생인지 알 수 있게 하기 위해 만들어졌다. 다만 그러기 위해서는 학생들이 교복을 견본과 동일하게 만들어야 한다. 넥타이나 리본의 색을 바꾸거나, 깃이나 소매의 흰색 선을 검은색으로 바꾸거나, 두 줄의 선을 세 줄로 바꾸는 것은 허용되지 않았다.

그러나 제아무리 매력 있는 교복이라 할지라도 모두가 동일한 규격이라면 사람은 조금 다른 모양으로 개성을 살리려고 하기

---

26 『創立50周年記念誌』, 神奈川県立横須賀大津高等学校, 1957, 87쪽.
27 원문은 "ナンバースクールNumber school". 고등학교 중에 설립 순서에 따라 1부터 순서를 매겨 교명을 정한 고등학교를 의미한다. 이러한 학교는 통상 메이지 시기부터 설립되었기에 역사가 깊으며 유명한 졸업생들도 많다. 본문에서 말하는 도쿄 부립 제5 고등 여학교는 1919년에 설립되었다. 한편, 지자체명을 사용하는 경우는 '네임 스쿨ネームスクールName school'이라고 불렸다. ― 옮긴이.
28 『創立60周年記念誌』, 東京都立富士高等学校, 1981, 24쪽.

마련이다. 이는 나가노 현립 스자카 고녀와 군마 현립 아가쓰마 고녀의 복장 검사에서 드러난다.

스자카 고녀에는 정기적인 복장 검사가 있었다. 이 학교에는 1940년 6월 1일에 모든 학생이 강당에 모여 교사 두 사람과 4학년 주번 여섯 명이 세일러복 상의와 스커트의 길이, 머리 길이를 조사했던 기록이 남아 있다. 어떤 학생은 "검사에서 주의를 받았던 사항은 스커트의 주름 수나 길이가 긴 것, 머리가 너무 짧아서 차분한 느낌이 들지 않는 것, 상의의 몸 부분을 줄인 경우 등이 많았다", "검사일은 무서웠다. 특히 무사히 검사를 통과할 수 있도록 세심하게 주의를 기울여 검사장에 갔다"라고 증언한다.[29] 그러나 개중에는 "반발심이 왕성해서 검사일 이외에는 주름 수를 늘린 스커트를 입고 왔던" 학생도 있었다.[30]

아가쓰마 고녀의 학생들도 복장 검사가 엄격했다고 회고한다. 이 학교에서는 매주 1회, "아무리 거센 찬바람이 부는 날이나 눈발이 흩날리는 날이라도 교정에 정렬해서" 검사가 이루어졌다. 검사에서는 "상의 길이는 허리뼈까지, 스커트 주름 수는 열여섯, 머리 길이는 세일러복 옷깃 길이 이상"임을 확인한다.[31] 그러나 복장 검사 당일에 위 기준을 지켜도 그 다음날에는 "상의 길이가 훨씬 짧고 주름 수가 스무 개를 넘는 학생도 여기저기서" 나타났다. 그것을 본 학생은 "그런 것이 언젠가 유행이 되어, 어느 시대나 마찬가지인 젊은이의 반항심의 발로가 된 것이 아닐까요"라고 말한다.[32]

다른 학생들도 스커트 주름을 "스무 개로 만들거나 스물네

---

29 『鎌田を仰ぐ60年 長野県須坂東高等学校の歩み』, 138쪽.
30 앞의 책, 138쪽.
31 『吾妻高校50年史』, 群馬県立吾妻高等学校, 1971, 268-269쪽.
32 앞의 책.

개로 만들어서 멋을 부리고 싶었다. 구두도 수수한 구두였지만 밴드로 묶는 것을 신고 싶어서", "머리카락은 세일러 옷깃의 길이까지 길러서 땋았지만 되도록 짧게 하고 싶어서 검사 때에는 거의 머리를 뒤로 젖혀서 세일러 길이에 맞추도록 고심했다"라고 술회한다.[33]

여기서는 두 학교의 사례만을 소개했지만 물론 다른 학교에서도 비슷한 행위가 있었을 것이다. 학생 중에는 복장을 검사하는 날만 규정대로 하고 그 이외의 날에는 스커트 주름 수를 늘리거나 길이를 바꿔서 멋을 즐기는 이도 있었다.

전근 교사와 전학생이 접한 블레이저와 세일러복

지바현 사와라 고녀는 1926년 4월에 블레이저와 점퍼 스커트 조합을 교복으로 지정하고 흰색 블라우스에 붉은 넥타이를 맸다. 1930년 여름에 오카야마현 야카게 고녀에서 사와라 고녀로 전근 온 교사는 이 교복 차림을 보고 다음과 같이 감상을 남기고 있다.

> 당시 도쿄 시내의 여학교는 물론이고 내가 전에 있던 학교인 오카야마현 마호라まほら의 고등학교에서도 모두 세일러복을 입었는데, 여기는 아무리 생각해도 시골풍인 데다가 촌티가 나는 교복을 입고 있었다. 그것도 스커트에 여러 개의 작은 주름을 만든다는 건 교칙에 따라 금지되어 있었고 머리 모양도 도쿄의 유명한 여학교 학생 흉내를 내면 안 되었다.[34]

오카야마 야카게 고녀가 세일러복을 교복으로 삼았다는

---

33 『吾妻高校50年史』, 群馬県立吾妻高等学校, 1971, 294쪽.
34 『創立50周年記念誌』, 千葉県立佐原女子高等学校, 1962, 84쪽.

기억은 틀렸다. 이 학교는 테일러 칼라에서 오픈 칼라 상의로 바꾸었는데, 세일러복으로 개정되는 것은 1938년경까지 기다려야 하기 때문이다. 다만 1930년에 오카야마현에 세일러복이 많았다는 것만은 사실(제4장 참조)이었기에 그것과 혼동했던 것으로 보인다. 도쿄에 상경해서 본 고녀 학생들의 세일러복 차림이 인상적이었던 것과 겹쳐서 사와라 고녀의 블레이저 차림은 "시골풍인 데다가 촌티가 나는" 것이라 생각했던 것이다. 여학생들이 좋아하는 머리 모양을 한다든지 도쿄의 유명 고녀 학생들의 머리 모양 흉내를 내는 것은 금지되어 있었다.

이 교복을 처음 입었던 학생은 "서양식 옷을 입고 적잖이 자랑스러운 얼굴로 길을 걷고 있었는데, 역 앞에서 '조시[銚子, 지바현의 가장 동쪽에 있는 시]로 가는 차는 몇 시에 있나요', '우리는 안내양이 아닌데요' 이런 이야기를 주고받았던 기억을 가진 분도 몇 사람 있었어요"라고 말한다.[35] 수학여행지에서 버스 안내양과 헷갈리는 일은 종종 일어났지만, 가장 가까운 역에서조차 안내양이라 오해받는 일도 있었다.

보는 사람에 따라 촌스러워 보이는 데다가 때로는 자존심에 상처를 내기도 하는 교복을 전교생이 좋아할 리 없다. 1933년 9월, 그 교복은 깃에 세 줄의 흰색 선이 들어간 세일러복으로 개정되었다. 모두가 동경했던 세일러복으로 바뀌었지만 복장 검사는 결코 호락호락하지 않았다. 사와라 고녀로 전학을 온 학생은 다음과 같이 회상한다.

> 이전 학교에서는 세일러복에 삼각 천으로 된 넥타이(검은색)를 예쁘게 걸쳤는데, 사와라는 묶은 타이(조금 묘한

---

35 앞의 책, 133쪽.

표현이지만…)를 스냅으로 고정해서 앞쪽으로 늘어뜨렸습니다.
때문에 학교가 바뀌어도 넥타이만 바꿔서 입고 다녔지요
누군가 지나치면서 스커트 주름이 좁다는 둥 이야기를 들었던
것 같지만 딱히 신경 쓰지 않았습니다. 그런데 어느 날 다시
교무실로 불려 가게 되었습니다. 선생님은 제 세일러복의
선에 자를 대고 "역시 그렇군"이라고 말했습니다. 선생님은
규정이었던 5밀리미터(정확히는 기억이 안 나지만 어쨌든
가는)보다 폭이 넓다고 했습니다. 빨리 양복점에 가지고 가서
고치라고 하기에 저는 아주 당황했습니다. 어쨌든 세일러복은
한 벌밖에 없었기 때문에 여간 무리가 아니었습니다. 겨울
방학에 어떻게든 터진 등 부분과 함께 줄도 고쳤던 기억이
납니다.[36]

전학을 오기 전의 고녀가 어디인지는 알 수 없지만 모양이
다른 넥타이만 바꾸고 세일러복을 다시 사지는 않았다. 때문에
사와라 고녀의 스커트보다 주름 수가 많아서 그 점을 지적받기도
했다. 하지만 그녀는 신경 쓰지 않았고 선생 눈에도 띄지 않았다.
그럼에도 세일러 깃의 흰색 줄무늬는 자로 측정했기 때문에 어쩔
수 없이 가늘게 고쳐야만 했다. 선이 가늘다는 점 하나로도 복장
규정에서 벗어날 수 없는 학교도 있었다.

무릎이나 맨발을 보이면 안 된다
아오모리현 히로사키 고녀 학생은 "스커트 아래로 두 다리를
내놓고 걷는 것은 노인들에게 걱정의 씨앗이 되었습니다. 동급생
사사키 기요에 씨도 무릎 관절을 다쳤기 때문에 학부모로부터

---

36 앞의 책, 145쪽.

여러 가지 비난을 받았습니다. 구도 아사요시工藤浅吉 선생님은 매우 당황해서 종례 시간에는 스커트 아래에 입는 하카마를 당기며 '너도 무릎이 나와 있잖아', '좀 더 내려'라고 주의를 주었습니다"라고 회상한다.[37] 도쿠시마 현립 묘자이 고녀에 1928년부터 1932년까지 다녔던 학생은 "조금이라도 무릎 위로 스커트가 올라가면 불려 가서 혼났습니다"라고 당시를 돌아본다.[38]

와카야마 현립 기난 고녀에서는 세일러복의 스커트를 무릎 아래 10센티미터로 정했다. 1937년에 입학한 학생은 "우리들이 스커트를 짧게 만들지 않도록 매달 한 번은 반드시 일렬로 서서 점검을 받았습니다"라고 한다.[39] 그리고 "조금이라도 짧으면 반드시 '고쳐서 와'"라고 말했다고 한다.[40]

야마가타 현립 요네자와 고녀 학생은 "한 해 내내 스커트와 긴 양말, 검은색 구두(겨울은 장화)를 신었고, 스커트는 마루 위 30센티미터로 정해서 가끔은 선생님이 길이를 재기도 했습니다"라고 한다.[41] 홋카이도 청립 에베쓰 고녀에서도 복장 검사가 이루어졌는데, 스커트 길이의 경우 1938년 졸업생은 무릎 아래 10센티미터, 1942년 졸업생은 15센티미터였다.

시기나 학교에 따라 다소의 차이는 있지만 교사가 스커트의 길이를 관리하고 있었던 것이다. 체육 교육의 관점에서 활동적인 서양식 교복을 골랐어도 예법이라는 여성 교육의 관점도

---

37 『80年史 青森県立広前中央高等学校』,
    青森県立広前中央高等学校創立80周年記念行事実行委員会, 1980, 370쪽.
38 『半世紀の歩み 徳島県立名西高等学校50周年記念誌』, 徳島県立名西高等学校,
    1973, 56쪽.
39 『南部高等学校の100年』, 和歌山県立南部高等学校創立百周年記念事業実行委員会,
    2005, 254쪽.
40 앞의 책, 262쪽.
41 『山形県立米沢東高等学校創立70周年記念生徒会誌』第1号,
    山形県立米沢東高等学校, 1969, 27쪽.

중시되었다. 그 절충된 형태가 스커트의 길이와 양말로 다리를 감추는 것이었다.

가슴에는 빛나는 학교 휘장

세일러복이 교복이 됨에 따라 새로운 아이템이 탄생했다. 그것은 왼쪽 가슴에서 빛나는, 고녀의 증표라고 할 수 있는 휘장이다. 메이지 시대에는 적갈색 하카마가 보급되면서 하카마 자락에 흰색 선이나 검은색 선 등을 넣어서 다른 학교와의 차이를 드러내는 학교가 있었다. 다이쇼 시대에는 일본식 교복과 함께 학교의 표식이 되는 벨트를 채용하는 학교가 등장했다. 벨트 중앙 부분에는 학교 휘장 디자인이 새겨진 버클이 붙어 있었다.

즉, 세일러복 좌측 가슴부에 붙은 휘장은 하카마 자락의 선이나 벨트의 버클을 대신하는 것이었다. 나중에 논하겠지만 홋카이도에서는 스커트 자락에 흰색 선, 오사카부에서는 색색깔의 깃 커버, 아이치현이나 히로시마현 등에서는 하얀색 깃 커버를 붙이는 등 각각의 특징을 볼 수 있는데, 그 지역에서 같은 디자인의 세일러복이 퍼져 나가면 학교를 판별하기 어려워진다. 각 학교에서는 선의 색이나 숫자, 깃과 소매 또는 가슴 덮개와 가슴부 포켓에도 선을 넣거나 넥타이의 색과 묶는 방법을 달리하는 등 다른 학교와의 차이를 드러냈다.

가슴의 휘장은 작았기 때문에 멀리서 판별하기는 어려웠지만 가까이 다가가면 어느 학교인지를 알 수 있었다. 휘장 디자인은 시즈오카현의 시미즈 여자 상업 학교가 후지산을 넣었던 것처럼 지역성을 짙게 풍기는 경우도 있었지만, 야타노카가미[八咫の鏡, 일본 황실의 세 가지 신기 중 하나인 거울]를 사용하는 곳도 다수 확인할 수 있다. 이는 1875년에 도쿄 여자 사범 학교의 개교 시기에 쇼켄昭憲 황태후가 하사한 "옥과 거울은 닦지 않으면 빛나지

않듯이, 학업도 태만히 하지 않고 힘쓰는 것이 중요합니다"[42]라는 노래에서 유래한 것으로 보인다.

학교 측에서 볼 때 가슴의 휘장은 학생을 관리하는 아이템이었으며, 학생들에게는 고녀의 증표로서 자부심을 보여 주었다. 학교의 교복에는 관리와 긍지라는 두 측면이 동거하고 있었다.

---

42 원문은 "みかかずば 玉もかがみも なにかせん 学びの道も かくこそ ありけれ". 뜻을 풀자면 다음과 같다.
'어떤 보석도 파낸 원석 그대로는 그저 돌이나 다름없습니다. 연마되어야 비로소 아름답게 빛나는 가치 있는 보석이 됩니다. 더욱 정성껏 손질하고 닦으면 닦을수록 광채는 늘어납니다. 인간도 마찬가지로, 제대로 된 교육을 받는다면 인간적 매력이 늘어 갑니다.' ― 옮긴이.

제3장
세일러복의 세 도시와 세 항구

도쿄부

왜 버스 안내양 스타일의 교복을 싫어했을까

교복을 세일러복으로 변경한 이유 중 하나로 학생들이 버스 안내양 제복 같은 디자인을 싫어했다는 점을 들 수 있다. 이 장 이후부터 수학여행지 등에서 버스 안내양으로 오해받은 데에 분개하는 사례가 자주 나오는데, 따라서 여기에서는 왜 그들이 버스 안내양 스타일을 싫어했는가를 명확히 밝혀 두고자 한다.

1924년에 도쿄시 버스의 여성 안내양 제복이 제정되었다. 모자를 쓰고 테일러 칼라의 상의에 벨트를 매고 있다. 이는 당시의 고녀에서 볼 수 있었던 다이코쿠보시와 테일러 칼라 상의, 벨트의 교복과 유사하다. 스탠드 칼라나 스퀘어 칼라의 상의일지라도 버스 안내양처럼 보였던 것은 깃의 형태만 달랐고 모자와 벨트가 세트였기 때문이었을 것이다.

수학여행지에서 이런 교복을 입고 있으면 항상 버스 안내양과

[그림 16] 도쿄시 버스의 안내양 '赤襟孃' 1934년 4월
(아사히 신문사 제공)

혼동되었다. 학생들이 불쾌하다고 생각하는 것도 당연했고, 때문에 버스 안내양이 입는 제복과 비슷하다는 불만이 높아졌다. 그것은 안내양이라는 직업을 경시했기 때문이라고 생각된다. 버스 안내양은 승객으로부터 운임을 받으며 비가 오나 바람이 부나 주행 중에는 승차 입구에 서 있어야 한다. 직업 부인이란 타이피스트 등의 사무직을 뜻하며, 그와는 달리 육체노동을 했던 버스 안내양이나 여공은 고학력 여성이 선호하는 직업이 아니었다.[1] 여교사나 재봉 학교 선생 등을 목표로 고녀나 실과

---

1 버스의 여성 차장이 가혹한 육체노동이었음은 村上信彦『紺の制服-バスの女子車掌たち-』(三一書房, 1959)에서 자세하게 설명하고 있다. 육체노동이 '직업 부인'의 대상이 아니었다는 점은 斉藤美奈子『モダンガール論』(マガジンハウス, 2000, 38~42쪽)에서도 상세히 소개하고 있다.

고녀에 입학하는 학생은 있었던 듯하지만, 대부분은 '현모양처' 교육을 가정에서 실천하는 주부가 되었다.

남학생으로 바꾸어 보자면 보다 이해가 빠를 것이다. 구제 중학교에 다니는 학생들은 구제 고등학교나 전문학교, 도쿄 대학이나 교토 대학으로 진학했고 국가 관료가 되는 이도 적지 않았다. 다이쇼 시대에 도시에서는 택시가 등장했는데, 운전수 옆 좌석에는 조수가 앉아 있었다. 조수는 손님이 타고 내릴 때 문을 열고 닫거나 손님의 짐을 차에 실었다. 흰색 선이 들어간 모자의 휘장과 목여밈 깃, 다섯 개 단추에 광을 내고 통학하던 중학생이 택시 조수가 되는 것을 지망할 리 없었던 것과 마찬가지다.

어쨌든 고녀에 다니는 학생은 엘리트였으며 그녀들은 그에 대한 의식이 강했다. 따라서 엘리트도 아닌 안내양과 혼동되는 것은 그녀들의 자부심을 크게 상처 입혔다. 그러나 세일러복을 입고 있다면 누구든지 고녀에 다니는 학생이라고 생각했고 버스 안내양과 혼동하지는 않게 된다.

학생들의 희망에 따라 디자인을 개정하다

세이조 고녀 교장 미야타 오사무가 생활 개선 운동의 부위원장을 맡음에 따라 세이조 고녀가 1922년 4월부터 스탠드 칼라의 표준복을 제정했음을 앞에서 언급했다. 그러나 이 교복을 입는 학생은 2~3명뿐이었다. 그 이유는 "구식인 데다가 조금 이상"했으며 "세일러복이라면 좋을 텐데"라고 생각했기 때문이다.[2] 따라서 1924년 4월에는 흰색 깃 커버가 달린 세일러복을 교복으로 지정했다. 스커트 자락에는 검은 선을 넣었으며 모자를 썼다.

간다 고녀에서는 1932년까지 점퍼 스커트와 원형 플랫

---

2 『成女90年 資料編』, 学校法人成女学園, 1989, 167쪽.

칼라의 블라우스 조합을 교복으로 삼았는데, "길이 20센티미터 정도로 직사각형 단추 다섯 개가 나란히 있는" 형태였다. 때문에 학생들은 "버스 안내양 같은 교복"이라고 평가했다.[3] 버스 안내양과 같은 교복은 원치 않는다. 그러한 불만의 소리가 있었기 때문인지, 학교는 1933년에 깃과 소매에 흰색 선 세 줄이 들어간 세일러복으로 개정하게 된다.

여자 가쿠슈인의 복장 개선

여자 가쿠슈인에서는 세일러복이 표준복으로 정해졌는데, 많은 학생들이 다른 디자인보다 세일러복을 선호했기 때문에 1937년에 교복이 되었음은 이 책의 초반부에 논했다. 가쿠슈인이 서양식 표준복을 도입했던 것도 앞 장에서 말한 복장 개선 운동과 관계가 있었다. 이 항에서는 세일러복이 전국적으로 보급된 요인으로 복장 개선 운동의 전개가 있었음을 다시 한번 실증하기로 한다.

여자 가쿠슈인이 학생들에게 배포했던 간행물 『소식おたより』 제9호(1921년 7월 30일)에는 다음과 같은 내용이 있다.

> 복장 문제, 특히 여학생의 복장 문제는 세간에도 여러 논의가 있으며 다른 학교에서도 여러 가지 시도를 하고 있는데, 이는 큰 문제이기에 근본적으로 조사할 필요를 인식하여 위원을 정하고 모든 측면에서 열심히 연구하고 있습니다. 다만 간단히 결정할 수는 없어서 현재의 복장을 급격하게 변화시키는 일은 고려하고 있지 않습니다. 대단히 진중한 태도를 가지고 당분간 연구를 계속하려고 합니다.

---

3   『竹水100年の流れ』, 学校法人神田女学園, 1990, 159쪽.

복장 개선 운동의 움직임을 보고 여자 가쿠슈인도 그 필요성을 인식했다. 복장 문제에 대해서는 현직 교직원만으로 결론을 내지 않고 동창회인 도키와회常盤会에도 자문을 구하고 있다. 도키와회에서는 양복 강습회가 열려 전문가의 강연이 이루어졌다. 강연에서는 다음 일곱 가지가 제시되었다.

① 외출복은 단정하고 바른 것이어야 한다. 예복도 마찬가지다.
② 서양에서 정강이를 노출하는 것은 13세까지다.
③ 스커트 아래에는 동일한 색의 팬츠(블루머)를 입으면 된다.
④ 학생의 양말에 비단을 쓰지 않는다.
⑤ 세일러복에는 세일러 모자가 어울린다.
⑥ 짧은 길이의 스커트가 유행하고 있는 듯하지만, 무릎 위로 오는 스커트는 13세 정도까지로, 그 이상은 무릎보다 한두 마디 더 길게 한다.
⑦ 서양인이 일본식 옷을 입은 모습을 보면 위화감을 느끼는데, 일본인이 서양식 옷을 입을 경우에도 마찬가지라고 할 수 있기 때문에 주의해야 한다.[4]

또, 1926년 7월에는 복장에 관한 주의 사항이 학생들에게 통지되었다.

① 긴 넥타이와 브로치는 사용하지 않으며, 손수건을 보이지 않게 할 것
② 양말은 흰색과 검은색으로만 한정하며, 비단제는 사용하지 않을 것

---

4   『おたより』24, 1925년 7월 15일 (가쿠슈인 대학 사료관 소장).

③ 커프스 단추는 조개껍데기 등으로 만든 검소한 것으로
  한정할 것
④ 스커트를 새로 맞출 때는 주름이 있는 것으로 할 것
⑤ 양산은 무늬와 장식이 없는 것으로, 모자는 검소한 것으로 할
  것
⑥ 붉은 색이나 흰색 분, 금 또는 금색 손목시계 등은 필요치
  않음[5]

이와 같이 여자 가쿠슈인 내의 복장 개선 조사를 마치고 탄생한 것이 1925년 6월의 표준복, 1923년의 세일러 교복이었다. 사진으로 확인해 보면 주름이 있고 길이가 긴 스커트에 다리에는 검고 긴 양말을 신고 있다. 정강이나 맨발을 보이지 않는 단정한 차림이다. 여자 가쿠슈인으로 통학하는 학생은 유복한 가정이 많았기 때문에 되도록 화려하거나 사치스러워 보이지 않도록 지시하고 있다. 세일러복은 단정한 외출복으로, 일본인이 양복을 입었을 때의 위화감이 없었음은 물론 화려함이나 사치를 억제하는 역할을 하고 있었다 할 수 있다.

도쿄의 넘버 스쿨

도쿄에서는 부립 제1 고녀와 제2 고녀 같은 넘버 스쿨이 늘어나고 있었다. 도쿄 부립 제2 고녀는 1921년에 양복 착용을 허가했다. 다른 넘버 스쿨도 그 필요성을 인정하고 그해부터 어떤 복장을 착용하게 할지를 검토하고 있었던 것으로 보인다.

실제로 1922년에 도쿄 부립 제3 고녀가 테일러 칼라 상의, 제5 고녀가 세일러복을 표준복으로 정했다. 도쿄 부립에서 최초의

---

[5] 『おたより』27, 1925년 7월 15일(가쿠슈인 대학 사료관 소장).

고녀인 제1 고녀는 늦어지긴 했지만 1924년에 하프 코트와 점퍼 스커트를 교복으로 골랐다. 같은 해에는 제6 고녀도 점퍼 스커트와 블레이저를 교복으로 정했다.

도쿄 부립의 넘버 스쿨은 제5 고녀의 세일러복과 제1 고녀와 제6고녀의 점퍼 스커트로 나뉘었고, 이후에 신설된 넘버 스쿨에서는 둘 중 하나를 고르게 되었다.

1925년에 제3 고녀는 표준복을 점퍼 스커트로 변경했으나, 1932년까지 세일러복으로 개정해 나갔다. 1926년에 제7 고녀는 세일러복을 교복으로 정했다. 세일러복과 점퍼 스커트의 우열은 쇼와 시대를 맞이하면서 명확해진다.

세일러복을 교복으로 정한 것은 제2 고녀(1929), 제8 고녀(1932), 제7 고녀(1935), 제10 고녀(1936), 제12 고녀 기타노 고녀(1939),

[그림 17] 도쿄 부립 제1 고녀의 동복
『제56회 졸업 기념 사진첩』도쿄 부립 제1 고등학교, 1942년 3월 (필자 소장)

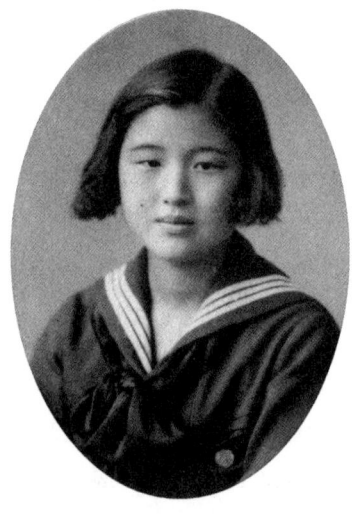

[그림 18] 도쿄 부립 제3 고녀의 동복
『제35회 졸업 기념』도쿄 부립 제3 고등여학교, 1939년 3월 (필자 소장)

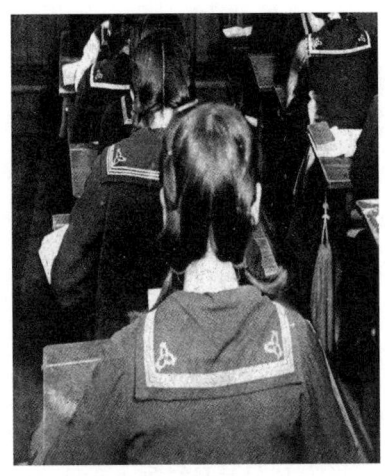

[그림 19] 도쿄 부립 제7 고녀의 동복. 뒷깃의 좌우로 솔잎이 자수로 놓아져 있다.
『졸업 기념』 도쿄 부립 제7 고등 여학교, 1944년 3월 (필자 소장)

제4 고녀 다케노다이 고녀(1940), 제15 고녀 진다이 고녀(1940), 제16 고녀 가쓰시카 고녀(1940)이다.

점퍼 스커트는 제4 고녀(1930), 제14 고녀 조호쿠 고녀(1940), 블레이저는 제9 고녀(1929), 하프 코트와 점퍼 스커트 조합은 제11 고녀 사쿠라마치 고녀(1938)뿐이다.

제1 고녀는 도쿄 부립의 명문교였는데, 증설된 넘버 스쿨은 점퍼 스커트를 선택하지 않았다. 제1 고녀와 제4 고녀, 제6 고녀 학생들은 자부심을 가지고 점퍼 스커트를 입었지만 세일러복은 이를 넘어서는 인기가 있었다.

[그림20] 도쿄 부립 제8 고녀의 동복
『부립 제8 고등 여학교 졸업 기념』 1938년 3월 (도쿄 도립 야시오 고등학교 소장)
전후에 등장하는 '야시오 매듭八潮巻き'이라 불리는 독특한 넥타이 묶음은 아직 나타나지 않았다.

제3장 세일러복의 세 도시와 세 항구

아토미 여학교와 짓센 여학교

아토미 여학교는 1875년에 창설되었다. 창설자인 아토미 가케이跡見花蹊는 궁중의 여관이 입는 게이코桂袴[6]만큼 우아하고 아름다운 옷이 없다고 생각하여 남보랏빛 안돈바카마行灯袴[7]를 학생들이 입도록 했다. 그리고 1915년 11월에 다이쇼 천황의 즉위식을 기념하여 일본식 교복을 제정했다. 이는 유카리오리ゆかり織라는 무명천의 기모노였으며 하오리는 하카마와 마찬가지로 남보랏빛이었다. 1927년 2월에는 블레이저와 점퍼 스커트가 새로운 교복으로 제정되어 4월부터 착용을 시작했다. 서양식 교복은 교사가 현재의 오쓰카大塚로 이전함으로써 넓은

[그림 21] 아토미 여학교의 점퍼 스커트(1932년 봄)
『아토미 학원 90년』 아토미 학원, 1965년

6 메이지 17년(1884)에 제정된 여성의 예복. '우치키하카마うちきはかま'라고도 일컫는다. 원래 헤이안 시대 조정의 여성이 일상복으로 입었지만 메이지 시대에 이르러 궁중의 통상 예복으로 정해졌다. ― 옮긴이.
7 모양이 둥근 행등과 비슷하다고 하여 붙여진 이름으로, 가랑이가 없는 스커트 모양의 하카마를 가리킨다. 메이지 시대에 여학생이 착용했으나 나중에는 남성도 착용하게 된다. ― 옮긴이.

운동장에서 체육 수업이 이루어질 것을 염두에 둔 것이었다.
그러나 남보랏빛 일본식 교복을 입어도 되었고, 이렇게 옛 교복과
새로운 교복이 섞인 모습은 1942년까지 볼 수 있었다.

전국 고녀의 학생이 입었던 적갈색 하카마는 1884년부터
화족 여학교의 간사 겸 교수 시모다 우타코下田歌子가 고안했던
것이었다. 이는 남성용 하카마처럼 이음천이 없었으며 주름을
늘린 스커트 모양으로 앞뒤 두 개의 가는 끈으로 묶었다.
이후 시모다는 1899년에 짓센 여학교를 창설하는데 학생들은
'수업복'이라 불렸던 상하의가 이어진 통소매에, 깃은 노시直衣[8]를
모방한 것을 입었다.

이 교복은 1923년부터 테일러 칼라의 원피스로 바뀌었다.
동복은 군청색 서지로 깃과 소매에 푸른 비단실로 벚꽃의
당초무늬 자수가 놓여 있었다. 하복은 옅은 군청색 깅엄의 긴
소매로 깃만 흰색 피케[Piqué, 굵은 실과 가는 실로 골이 지게 짠
면포, 흔히 볼 수 있는 야구 모자 재질] 천이었다. 하복과 동복
모두 상자형 겹주름 스커트로, 목 라인이 넓기 때문에 가슴에
천을 대었으며 리본은 검은색 새틴을 사용했다. 모자는 겨울에는
군청색 펠트에 군청색 리본, 여름에는 밀짚에 검은 리본이었다.

1931년에는 테일러 칼라의 투피스로 개정되었으며, 동복은
군청색 서지 또는 모직, 스커트에 맞추어 양말은 검은색을 신었다.
하복은 상의만 흰색 포플린의 긴소매였다. 하복과 동복 모두 검은
새틴에 나비 리본을 맸다.

짓센 여학교의 교복은 두 번의 개정을 거쳐 1939년
세일러복으로 정해졌다(그림 12 참조). 겨울은 군청색 울 재질,

---

8   황족이 일상복으로 입던 옷을 가리킨다. — 옮긴이.

여름은 흰색 브로드[9] 천으로 지었고 하복은 반팔이 되었다. 여름과 겨울 모두 깃과 소매의 군청색 천에 폭 5밀리미터의 하얀 선 세 줄을 넣었다. 하복과 동복 모두 넥타이는 검은색 새틴에 나비 리본으로 변화는 보이지 않는데, 예식이 있는 날에는 하얀색을 썼다. 짓센 제2 고녀는 군청색 깃에 폭 4밀리미터의 하얀 선 두 줄, 전문학교는 군청색 깃에 폭 1센티미터의 하얀색 선을 한 줄 넣어 짓센 고녀와의 차이를 두었다. 이로써 짓센의 세일러복이 모두 모이게 되었다.

아토미와 짓센은 점퍼 스커트와 세일러복으로 나뉘었다. 아토미는 전쟁 이전에 디자인을 바꾸지는 않았지만, 짓센은 수년에 걸쳐 교복을 개정했다는 점에서 어떤 디자인이 좋은가를 모색하고 있었던 것으로 보인다. 그리고 그 도달점에서 고른 것은 점퍼 스커트가 아니라 세일러복이었다.

오쓰마 고타카의 세일러복

오쓰마 학원大妻学院의 설립자인 오쓰마 고타카大妻コタカ는 일본식 복장의 학교를 고집했기에 복장 개선 운동의 필요성을 느끼면서도 1919년에 일본식 복장을 제정했다. 동복은 자줏빛을 띤 군청색 솜의 겐로쿠 소매와 같은 원단을 쓴 짧은 겉옷, 짙은 군청색 하카마를 입었으며 여름에는 세로 줄무늬의 솜 원단을 사용했다. 그리고 계절에 상관없이 학교의 휘장이 달린 벨트를 맸다. 하지만 검은 양말과 검은 단화를 신었기에 발밑만은 서양식을 갖췄다.

그러다가 1929년에 세일러복이 제정되면서 전면적으로 서양식이 되었다. 겨울은 군청색 서지였으며 여름은 하얀색

---

9 Broadcloth의 일본식 조어. 셔츠나 블라우스에 쓰여지는 고급 면직물. — 옮긴이.

[그림 22] 오쓰마 고등 여학교의 동복
『오쓰마 학원 80년사』 학교법인 오쓰마 학원, 1989년

무명, 그리고 군청색 옷깃에 흰 선 세 줄이 들어가 있다. 군청색 넥타이는 현재와 같은 방식으로 맸고 겨울은 군청색 모자를, 여름은 흰 모자를 썼다. 검은 양말과 검은 단화에는 변화가 없었다. 정면에서 보면 일반적인 세일러복과 큰 차이는 없지만 뒤쪽에서 보면 대단히 특징적이었다. 세일러복의 옷깃 뒤에 늘어지는 부분은 통상 사각형이지만, 오쓰마에서는 삼각형이었다. 때문에 전면부의 옷깃 모양과 합치면 사각형이 만들어졌다. 오쓰마 고타카가 고안한 '삼각 깃三角襟'의 마름모꼴은 오쓰마의 휘장인 실감개를 표현하고 있다. 여기에서 교복에 대한 오쓰마의 강한 열정이 엿보인다.

'삼각 깃' 세일러복을 입은 학생은 "매우 촌스러운 느낌을 주었다. 하지만 오쓰마의 교풍에 익숙해지면서 타교에 없는 삼각 옷깃은 부끄러운 짓을 하면 바로 거기 학생이라고 특정할 수 있었기 때문에 교복은 청결하도록 신경 썼고, 스커트의 주름을 열심히 잡고 언제나 마음가짐을 다져 자랑스럽게 통학했다"고한다.[10] 처음에는 "촌스러운 느낌"을 받았지만 다른 학교에 없는 디자인의 세일러복 옷깃 때문에 오쓰마의 학생으로서 부끄럽지 않은 행동을 하도록 신경을 써야 했다. 그리고 스커트의 주름을 열심히 잡는 등 청결을 유지하면서 세일러복을 입고 통학하는 것을 자랑스럽게 느끼게 된 것이다. 하지만 삼각 옷깃이 오랫동안 유지되지는 않았다. 체격이 좋은 학생은 어깨가 나와서 어울리지 않았기 때문에 훗날 일반적인 사각 옷깃으로 개정되었다.

고이시카와 고등 여학교 — 일본식 교복에서 세일러복으로

고이시카와 고등 여학교에서 일본식 복장을 제정한 것은 1924년 3월 15일이었다. 일본식 교복은 엷은 색의 무지로 된 기모노에 하카마를 입는 식이었고, 허리에는 학교의 휘장이 달린 버클을 맸다. 하지만 학생들로부터 평판은 그다지 좋지 않았다. 학생의 오빠는 학교에 다음과 같은 편지를 보냈다.

> 학교에서는 교장의 생각이라고 하여 검소와 절약을 표어로 교육하고 계시지만, 그것도 때와 장소가 있지 않은가 하는 생각이 듭니다. 도시는 도시다운, 시골은 시골다운 것이 필요하다고 생각합니다. 학교에서는 학생에게 시골 여학생 같은 옷차림을 입게 하지만 그것이 과연 타당한지 의문이 듭니다. 조금 더 도시 여학생처럼 시대에 걸맞은 복장으로 정하여 지금까지 없었던 새로운 느낌을 갖게 해 주었으면 합니다. 장래에 학생은 시골 생활을 할 것이 아니라 가정에 들어가 도시 생활을 영위하기 때문입니다[11]

---

10 『大妻学院80年史』, 学校法人大妻学院, 1989, 265쪽
11 『小石川高女新聞』, 1926년 4월 15일(학교 법인 니혼 분카 학원 분카 고등학교 소장).

학교에서 검소와 절약을 교육하고 있지만 도시와 시골의 차이를
고려할 필요가 있을 것이다. 고이시카와 고등 여학교의 교복이
"시골 여학생" 같기 때문에 "도시 여학생"처럼 시대에 걸맞은
교복으로 바꿔야 한다는 얘기이다. 게다가 졸업 후에는 도시
생활을 하게 될 것이며 시골 생활을 하지는 않을 것이라 주장한다.
구체적인 개정안은 제시하지 않았지만, 문맥을 통해 서양식
교복을 원했음은 쉽게 상상할 수 있다.

이에 대해 학교는 "검소와 절약은 때와 장소를 가리지 않습니다.
이는 어디에 가더라도 가장 중요한 것이라 믿고 있습니다. 학생의
교복에 관해서 여러 말씀이 있었지만, 자칫 사치에 빠질 가능성을
경계하고자 하는 목적으로 본 교복을 사용하고 있습니다. 하지만
교육상에서의 견실함을 해치지 않는 범위 내에서 지금까지 없었던 새로운 시도를 하고 있다는 점은 단언합니다"라고 답하였다.[12] 검소와 절약은 때와 장소를 불문하고 필요한 것이며, 교복은 사치를 경계하기 위한 것이다. 이는 일본식 교복에 비하여 서양식 교복이 비싸다고 판단했기 때문으로

[그림 23] 뒷깃 좌우로 야타노카가미八咫鑑 교장과
덩굴무늬 휘장이 자수되어 있다.
『제17회 졸업 기념』, 고이시카와 고등 여학교,
1927년 3월
(학교법인 일본 분카 학원 분카 여자 고등학교 소장)

12   앞의 신문.

보인다.

하지만 서양식 교복도 검소와 절약의 교육 방침에 합치한다는 생각에 도달할 때까지는 그렇게 긴 시간이 걸리지 않았다. 1928년 4월 8일에 교복은 군청색 모자에 흰 옷깃의 블레이저로 바뀌었고, 1936년 2월 10일에는 세일러복으로 개정되었다. 이 과정은 상상에 따를 수밖에 없는데, 당초 블레이저로 정했지만 도쿄의 여자 고등학교에서 세일러복을 많이 볼 수 있게 되었기 때문에 재차 변경했을 것이다.

세일러복은 블레이저보다 값싸게 만들 수 있기 때문에 검소와 절약을 중시했던 고이시카와 고등 여학교에 안성맞춤이었다. 이 선택을 학생들이 환영했음은 세일러복의 착용 비율만 봐도 알 수 있다. 1934년에 입학한 학생이 3학년이 되었을 때 세일러복으로 바뀌었는데, 1938년 3월의 졸업 사진에서는 모든 학생이 세일러복을 입고 있다. 고이시카와 고등 여학교의 세일러복은 겨울에는 군청색, 여름에는 흰 옷깃, 소매에는 흰 선 세 줄이 들어가 있었으며 거무스름한 적색의 넥타이를 맸다. 옷깃 뒷면의 좌우에 야타노카가미 모양의 학교 휘장과 덩굴 무늬가 흰색 실로 자수되어 있다. 이 자수는 1942년도 졸업생들에게는 있었지만 1939년도 졸업생에게는 보이지 않는다. 시기적으로 보았을 때 자수는 적어도 1938년까지는 들어가 있지 않았으며 1939년 이후에 들어간 것으로 보인다. 중일 전쟁하에서는 드문 일이었지만, 그렇게 하지 않으면 구별이 안 될 정도 도쿄 내에서 같은 세일러복 차림의 여학생이 증가하고 있었던 것이다.

일본 여자 대학 부속 고등 여학교의 통학복

도쿄에서 세일러복이 인기가 있었음은 교복이 없었던 일본 여자 대학 부속 고등 여학교의 학생들의 복장에서 잘 나타났다. 일본

여자 대학 교장인 나루세 진조는 옷의 색이나 형태를 고르는 것도
교육이기에 이를 학교가 학생에게 강제하면 안 된다고 생각했다.
학교에서 교복을 만들게 되면 졸업 후에 어떤 옷을 입어야 할지
난처해질 수도 있다고 언급하기도 한다.

하지만 서양 유학 경험이 있었던 교장인 나루세가 교복을
부정하고자 했던 것은 아니었다. 1906년 6월에 일본 여자 대학의
기관지인 『가정 주보家庭週報』에서 「아동복의 개량」이라는
제목으로 6~7세부터 11~12세까지의 어린이가 입는 옷으로서
세일러복을 소개하고 있다. 이 세일러복은 옷깃에 세 줄의 선이
들어갔으며 옷깃 언저리에 리본 넥타이, 스커트는 서스펜더
스커트suspender skirt였다. 또한 1923년 2월에는 "1~3세가량의
여성에게 경쾌한 운동복"으로 세일러복을 거론하기도 했다.

일본 여자 대학 부속 고등 여학교에서는 1927년부터 1929년의
단체 사진에서 많은 학생이 세일러복을 입고 있는데, 넥타이가
다르거나 옷깃의 농담에 차이가 보인다. 1932년 2월의 사진에서는
군청색 상의에 옷깃에 흰 선이 두 줄 들어간 세일러복을 입은
모습을 다수 확인할 수 있다.

그리고 1935년의 체육 대회에서는 흰 옷깃에 선이 없는 상의와
군청색 스커트, 짙은 색의 넥타이를 모든 학생이 입고 있다. 일본
여자 대학 부속 고등 여학교의 세일러복은 운동복에서 통학복으로
전개되어 통학할 때 학생들이 입기 시작했던 것이다. 그것이
교복은 아니었지만 1935년경에는 동일한 디자인이 되어 있었다.

처음에 각자 다른 디자인이었던 세일러복이 동일한 디자인을
지닌 배경에는 학생이 같은 가게에서 주문했다는 사정이 있었던
것으로 생각된다. 1932년 5월의 『가정 주보』에는 "아가씨의
통학이나 산책에서 호평 받는 저희 요시자와 수병복"이라는
'요시자와'의 광고가 게재되어 있다. 학교의 기관지에 실린

것이기에 학교에 공인을 받았음은 물론, 여기서 옷을 만들 것을 권장했을 가능성을 부정할 수 없다.

동경의 대상이었던 교복점 '요시자와'

여기에 나오는 '요시자와'는 학교 교복을 만드는 데 전통 있는 가게로 알려져 있다. 원래는 분쿄구 혼고에서 전당포를 운영했지만 간토 대지진으로 인해 1924년부터 수입업으로 전환했다. 처음에는 양복이나 잡지 등을 취급했으나 머지않아 아동용 세일러복이 주력 상품이 된다. 가게에서 고용한 장인들이 봉제를 했는데 그들이 처음부터 고도의 기술을 보유했던 것은 아니었다. 하지만 세일러복은 여학생들도 봉제할 수 있었기 때문에 어느 정도의 일본식 재봉 기술이 있으면 응용할 수 있었다.

요시자와는 미나미타카나와 심상 소학교나 여자 가쿠슈인

[그림 24] 요시자와 점포 정면에 전시된 세일러복 (필자 촬영)

세일러복의 제작을 맡았기 때문에 학교 교복을 만드는 양복점으로 알려지기 시작했다. 또 경험을 쌓으면서 재봉 기술도 빠르게 성장했다. 요시자와가 가진 고도의 재봉 기술은 화족 영애들이 입었던 세일러복의 실루엣만 봐도 알 수 있을 정도였다. 그런 곳에서 옷을 만든다면 싫어하는 학생이 적은 것도 당연했다. 친구가 요시자와에서 교복을 만들었으니 자기도 거기서 주문해야겠다고 생각하는 학생도 있었을 것이다. 일본 여자 대학 부속 고등 여학교에서는 학생이 자유롭게 복장을 선택할 수 있도록 한 결과 교복처럼 획일화된 세일러복이 되었다.

도쿄의 특징

도쿄의 교복을 분석해 보면 세일러복은 53개교, 블레이저 혹은 하프 코트, 점퍼 스커트를 선택한 학교는 32개교로, 다른 부현府県과 달리 세일러복 일색이 아니라는 점을 알 수 있다. 인기 있던 세일러복을 교복으로 삼은 고녀가 있는 반면에 그것과 다른 디자인을 택함으로써 자기 학교만의 특색을 보여 주려고 했던 학교도 있었던 것이다.

세일러복의 옷깃이나 소매에서도 후타바 고녀가 검은 선 세 줄, 니혼바시 여학관 고녀가 갈색 선 두 줄, 도이타 고녀는 황토색 선 세 줄, 도요 에이와 여학교는 금색 선 세 줄, 슈쿠토쿠 고녀가 빨간색 선 세 줄, 아오야마 학원 고등 여학부가 녹색 선 세 줄, 도키와마쓰 고녀는 적갈색 선 세 줄(후에 흰색으로 변경) 등 학교마다의 특색이 엿보인다. 흰색 선 세 줄이나 두 줄을 택한 학교에서도 넥타이에서 특색이 나타난다. 간다 고녀가 검은색, 고이시카와 고등 여학교는 거무스름한 적색, 센조쿠洗足 고녀가 흰색 선 세 줄이 들어간 넥타이(현재와 같은 방식) 등을 활용하고 있다.

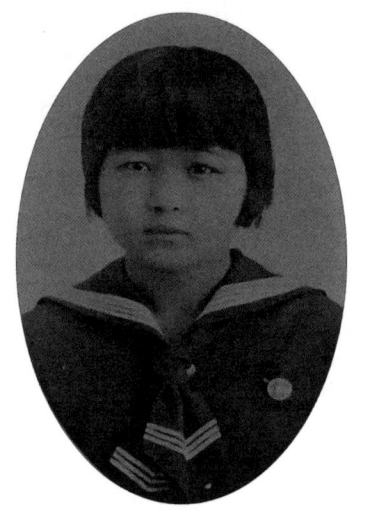 

[그림 25] 후지미 고등 여학교의 동복
『제6회 졸업 기념』 후지미 고등 여학교,
1931년 3월
(학교 법인 야마자키 학원 후지미 중학교
고등학교 소장, 권두 그림 14 참조).

[그림 26] 준신順心 고등 여학교의 동복
『제11회 졸업 기념』준신 고등 여학교,
1939년 3월 (필자 소장)

    요컨대 가급적 타교와 겹치지 않도록 궁리했음을 볼 수 있다. 오사카에서는 세일러복 디자인이 동일하여 구별하기 어려웠기 때문에 옷깃에 커버를 착용함으로써 타교와의 차이를 보여 주긴 했지만 도쿄에서는 그럴 필요는 없었다. 그러나 도쿄에서도 오사카로부터 영향을 받지 않고도 이른 시기부터 흰색 옷깃 커버를 착용한 여학교가 있었다.

    세이조 고녀의 흰 옷깃 커버에 대해 "흰색은 좋아 보여요. 멀리서 봐도 알 수 있고, 청초해서 소녀에게 잘 어울릴 것 같아요"라는 의견이 있다.[13] 반면, 착용하지 않으면 교사들에게

---

13   『成女九90 資料編』, 学校法人成女学園, 1989, 168쪽.

혼이 났기 때문에 "선호하지 않는 사람"[14]도 있었다고 한다.

도시마 고녀 학생은 "흰 옷깃을 착용한 교복에 '촌스럽다'라며 불평하는 사람도 있지만, 그만큼 청결하고 성실한 느낌이었다. 스커트의 주름을 매일 밤마다 요 밑에 깔아 잡고, 흰 옷깃을 세탁하여 풀을 먹인 것을 창문에 붙여서 주름이 없어진 옷깃을 착용하는 것이 최고의 멋쟁이였다"[15]라고 회상한다.

도쿄에서는 옷깃 커버를 사용하는 고녀가 적었기 때문에 바로 어느 고녀인지 알 수 있었다. 반면에 "촌스럽다"고 느껴져서 "선호"하지 않는 학생도 있었다. 때나 장소가 달라지면 품위도 달라진다고 하듯이, 옷깃 커버의 평가는 지역마다 큰 차이가 있었다.

교토부

교토의 서양식 교복

교토는 모던한 문화보다 전통문화를 지키려는 이미지가 강하다고 여겨진다. 하지만 1920년에 헤이안 고녀가 세일러 옷깃의 원피스를 교복으로 삼았던 것처럼 복장 개선 운동의 움직임에 무관심한 것은 아니었다.

교토 세이안 기예 여학교는 1921년에 깅엄 체크 정장을 교복으로 삼았으며 이듬해 1922년에 원피스로 개정했다. 교토 시립 제2 여학교가 1922년 4월에 정한 원피스는 영국의 "Oxford나 Harrow School for Girls 등 영국의 여학생이 가장 많이 입었던"

14　『成女九90 資料編』, 学校法人成女学園, 1989, 167쪽.
15　『豊島高等女学校』, 豊島高等女学校同窓会, 1983, 236~237쪽

디자인과 닮았다.[16] 교토 부립 제1 고녀는 1922년 5월에 양복 통학을 허가하고 1924년에 원피스를 교복으로 정했는데, 그 목적은 "단순히 표면적인 서양 모방이 아니라 생활 개선의 의미로 장려"했던 것이었다.[17]

여기에서 교토에서도 외국 여학교를 참고로 하거나 개선 운동을 연구하여 서양식 교복의 도입에 임했음을 알 수 있다. 1924년에 모모야마 고녀가 숄 칼라 상의에 벨트를 맨 교복을 정했다. 교토에서는 초기의 서양식 교복으로 모모야마 고녀와 같은 버스 안내양 형태가 아니라 원피스를 착용하고 있었다.

교토 부립 제1 고녀의 블레이저와 교토 시립 제2 여학교의 세일러복

[그림 27] 교토 부립 제2 고등 여학교의 동복
『제24회 졸업 기념 사진첩』 교토 부립 교토 제2 고등 여학교, 1931년 3월
(교토 부립 교토학, 역채관 소장)

교토에서 세일러복을 가장 빠르게 도입한 것은 교토 부립 제1 고녀였다. 학교는 1925년에 상하로 나눠진 세일러복을 착용하기 시작했다. 군청색 옷깃과 소매, 가슴 주머니에 흰 선을 넣었고 흰 넥타이를 나비매듭으로 맸다. 바로 전해에 정했던 원피스는 1년밖에 착용하지 않았다.

그런데 교토 부립 제1 고녀의 세일러복은 장기적으로 이어지지 않았고 1930년에 블레이저로

---

16 『京都成安女子学園60年史』, 学校法人京都成安女子学園, 1987, 131쪽.
17 『京都成安女子学園60年史』, 学校法人京都成安女子学園, 1987, 131쪽.

변경되었다. 반대로 교토 부립 제2 여학교는 세일러복을 제정함으로써 도쿄와 비슷하게 넘버 스쿨은 두 파로 나뉘었다.

니조 고녀와 가초 학원, 가테이 고녀, 교토 세이안 기예 여학교가 블레이저를 교복으로 정했지만 그 외의 고녀에서는 세일러복을 제정했다. 이 점도 도쿄와 공통적으로, 교토 최초의 고녀인 교토 부립 제1 고녀의 블레이저를 모방하지 않고 세일러복을 지지하는 학교가 많았다.

세일러복의 높은 인기는 도시샤 고녀에서 엿보인다. 이 학교에서는 1924년 4월에 원피스와 스탠드 칼라 상의, 세일러복의 세 종류를 표준복으로 제정했지만 1928년 4월에 도시샤 여학교 고등 여학부의 설치와 동시에 세일러복을 교복으로 정했다. 이는 도쿄의 여자 가쿠슈인이나 도쿄 여학관과 같은 흐름으로 보이며, 표준복 중에서도 많은 학생이 세일러복을 착용했기 때문에 이를 교복으로 제정했던 것으로 보인다.

교토의 세일러복

도시샤 여학교 고등 여학부의 세일러복은 군청색 원단에 옷깃과 소매에 세 줄의 흰색 선을 넣었고, 넥타이는 흰색의 나비매듭이었다. 그와 비슷하게 교토에서는 세일러복에 흰 선 두세 줄을 넣는 곳이 많았다. 후쿠치야마 고녀는 옷깃과 소매, 가슴에 흰 선을 두 줄, 호리카와 고녀는 옷깃과 소매에 흰 선을 세 줄, 메이토쿠 고녀와 모모야마 고녀는 옷깃과 소매에 흰 선을 두 줄, 아야베 고녀는 동복에 흰 선 두 줄, 하복에 검은 선 두 줄을 넣었다.

니시야마 고녀는 1927년 개교 당시에는 선이 없는 무지의 세일러복이었지만 1931년에 옷깃과 소매에 흰 선 세 줄을 넣는 디자인으로 변경하였다. 후쿠치야마 고녀와 아야베 고녀,

호리카와 고녀는 다음에 언급하게 될 오사카의 고녀에서 보이는 넥타이(오늘날과 같은 방식)지만 도시샤는 흰 나비매듭, 메이토쿠 고녀와 모모야마 고녀는 일반 매듭 등, 넥타이로 타교와의 차이를 보여 주었다.

세일러복에 흰 선이 많은 것도 우연의 일치가 아니다. 교토의 여학생들 사이에서는 세일러복에 흰 선을 넣는 것이 동경의 대상이었다. 그 증거로 미야즈 고녀에서는 세일러복의 옷깃에 갈색 선 두 줄을 넣었는데, 그 교복을 입는 학생은 "그때 흰 브레이드braid 세 줄을 넣었던 타교의 세일러복이 부러웠다"고 한다.[18]

교토에서 세일러복을 입지 않았던 학교는 교토 부립 제1 고녀와 니조 고녀, 헤이안 고녀, 가초 학원, 가세이 고녀, 고카 고녀, 교토 세이안 기예 여학교였다. 이들은 대부분 사립 학교로 공립의 세일러복과 차이를 보여 주고자 했던 것으로 보인다. 다만 블레이저를 입었던 교토 부립 제1 고녀를 모방했던 경우는 많지 않았으며 세일러복의 보급력이 압도적이었다.

쇼와 천황 즉위 기념의 영향은 없었다

고녀 양복화의 원인은 간토 대지진이 아니었다. 그렇다면 1928년 11월 쇼와 천황의 즉위식은 어땠을까?[19] 만일 쇼와 천황의 즉위식이 서양식 교복과 관련이 있다고 한다면 교토부의 고녀가

---

18 『宮津高等学校創立80周年記念誌』,
    京都府立宮津高等学校創立80周年記念事業実行委員会, 1984, 102쪽.
19 난바 도모코 씨는 "일본의 여학생의 통학로가 양복으로 바뀌었"던
    이유를 실증하지 않은 채로 "쇼와 천황의 즉위식도 계기가
    되었다"라고 쓰고 있지만("오차노미즈 대학 난바 도모코 선생에게
    묻는다お茶の水大学難波知子先生に聞く" [内田静枝, 『セーラー服と女学生』
    河出書房新社, 1962, 154쪽]), 이렇게 단언하기 위해서는 이 책처럼 전국적으로
    통계를 조사하고 실증적으로 어느 정도가 있었는지 제시할 필요가 있다.

그 시기에 맞추어 일제히 서양식 교복을 제정해야 했을 것이다.
왜냐하면 천황의 즉위식이 교토의 고쇼御所[20]에서 열리기 때문이다.

교토에서는 1928년에 미야즈 고녀와 도시샤 여학교, 메이토쿠 고녀, 호리카와 고녀가 세일러복을 제정했고 11월에 가초 학원이 점퍼 스커트를 교복으로 삼았다. 그중 '대전 봉축 기념 사업'으로 교복을 제정했다고 기념 기관지에 기재하였던 것은 오직 가초 학원뿐이다. 그 이유는 "종래 학생들의 복장은 개성을 존중하는 의미에 있어 화려하지 않은 범위 내에서 자유를 주었는데, 신체적 성장에 충분히 주의를 기울이면서 지금 시대에 맞는 학생의 성장에 주의하여 화려하지 않은 것, 비용 경감 등을 고려한 결과"라고 한다.[21]

이는 마땅히 복장 개선 운동의 흐름이자 개성을 존중하는 점에서 교복화가 늦었던 것이라고 보아야 한다. 가초 학원이 쇼와 천황의 즉위식을 계기로 교복을 결정했다고 하더라도, 그 이외의 학교의 기념지에서 쇼와 천황을 봉영奉迎하기 위한 목적이라는 말은 찾아볼 수 없다. 다음 장에서 언급하겠지만, 전국 고녀의 기념지를 보아도 쇼와 천황의 기념 행사가 있어서 서양식 교복을 제정했다는 말은 거의 없다.

따라서 1928년에 서양식 교복을 제정했다고 해서 그것을 쇼와 천황의 즉위식과 묶어서 생각하는 것은 타당하지 않다. 이는 오히려 1927년이나 1929년에 제정된 학교와 마찬가지로 보아야 할 것이며, 그들이 복장 개선 운동의 영향을 받아 다이쇼 말기[1920년 이후]에 전국 곳곳으로 서서히 증가해 나갔다고 볼 필요가 있다.

---

20   교토시 가미교上京구에 있는 일본 천황의 옛 거처 ─ 옮긴이
21   『華頂学園50年史』, 華頂学園, 1962, 66~67쪽.

오사카부

오사카부의 선구자는 미션 계열과 불교 계열

오사카의 세일러복의 특징으로 옷깃 커버를 사용하고 있음이 지적되고 있다.[22] 다만 그 점을 제외하고 오사카에서 세일러복이 들어오기 시작한 순서, 혹은 이른 단계에서 수용한 학교의 교복에 관한 상세한 정보는 거의 밝혀지지 않았다. 따라서 오사카 세일러복의 특징이라고 할 수 있는 옷깃 커버에 관해 전국적인 관점에서 어떠한 특징이 존재하는지 검토할 필요가 있다.

오사카에서는 1920년에 서양식 복장을 허가하거나 교복을 서양식으로 제정하는 고녀가 나타나기 시작했다. 같은 해 시미즈다니 고녀가 통소매와 하카마 또는 서양식 복장의 착용을 허가했고, 센난 고녀가 블레이저에 벨트 차림 교복을 제정했다.

오사카에서도 복장 개선 운동의 영향을 받아 학교에서 제정한 교복이 세일러복 이외의 디자인이었다는 점을 알 수 있다. 1922년 4월, 미션 계열의 후루 고녀가 세일러복을 제정했다. 이것이 오사카 최초의 세일러복이라고 할 수 있다. 오사카 아사히 신문사는 오사카 신아이 여학원에 대해 "세일러복의 원조는 신아이"라고 했지만[23], 사실 그것보다 3개월 더 빠른 학교가 후루 고녀였다.

후루 고녀의 세일러복은 짙은 적갈색 선이 세 줄 들어갔고

---

22 도쿠야마 린코徳山倫子, 「近代日本史における女子学校制服の洋装化とセーラー服の普及過程-大阪府を中心に-」(『風俗史学』62, 2016.6.3.)의 분석 시점은 오사카에 한정되며, 여타 지역과의 비교도 이루어지지 않았다. 또한 오사카 고녀의 교복의 이력에 대해 깊게 들어가고 있지도 않다.
23 『大阪朝日新聞』 1928년 5월 3일.

넥타이도 동일한 색이었다. 1928년의 오사카에서는 후루 고녀를 모방한 형태의 교복을 택하는 소학교가 눈에 띄기 시작했다. 후루 고녀 교장은 소학생이 같은 교복을 입기 시작한 것에 대해 "앳되어 보여서 마음에 걸린다"라고 말하고 있다.[24] 이는 소학생에게도 영향을 미칠 만큼 세일러복이 사랑스러웠고 인기가 있었던 증거로 보인다.

후루 고녀에 이어 1922년 여름에 오사카 신아이 여학원이 세일러복을 제정했다. 이 학교도 미션 계열의 여학교이다. 긴조 여학교나 후쿠오카 여학원과 같이 미션 계열은 복장 개선 운동의 흐름에 따라 가정과 교사가 스스로 디자인을 고안하거나, 당대 유행했던 스탠드 칼라 상의 또는 원피스를 따라 하지 않고 유럽이나 미국의 고등학생들이 입었던 세일러복을 적극 수용했음을 알 수 있다.

오사카 신아이 여학원의 학생은 모자가 "물통 같다"라면서 불만을 터뜨렸지만 세일러복은 "어머님께서 사 주신 것보다 훨씬 기쁘고, 프랑스에 간 것 같은 기분이 듭니다"라면서 대만족했다.[25]

메이조 고녀도 1922년 4월부터 세일러복을 착용했다. 동복은 군청색 원단, 하복은 흰색 원단인 것은 타 학교와 비슷하지만 회색 옷깃 커버와 나비 리본을 맨 것이 특징이다(권두 그림 16 참조). 메이조 고녀는 오사카시 니치렌종日蓮宗[26] 사원단의 요청에 따라 설치되었다. 이처럼 오사카의 세일러복은 미션 계열과 불교 계열의 고녀로부터 시작되었다.

---

24 『大阪朝日新聞』1928년 5월 5일 조간.
25 『大阪信愛女学院90年史』, 大阪信愛女学院, 1974, 37쪽.
26 가마쿠라 시대(1185~1333)에 탄생한 불교 일파. ― 옮긴이.

시미즈다니 고녀의 옷깃 커버

1920년부터 서양식 복장 착용을 허가한 것에서 볼 수 있듯이 시미즈다니 고녀는 이른 시기부터 복장 개선 운동을 이해했던 학교였다. 1921년에는 짙은 진홍색의 리본이 달린 모자와 큰 옷깃(겨울은 군청색, 여름은 흰색)의 블레이저 형태로 앞에 단추가 하나 달린 양복을 제정했다. 양복은 다카시마야에 주문했고 가격은 28엔이었다. 1922년 6월 19일의 교직원 회의에서는 "전에 규정한 내용을 그대로 진행하되 강제적으로 적용하지는 않겠다"라고 결정했다.[27] 그 이전 디자인의 교복을 입고자 하는 학생도 있었던 것으로 보인다.

하지만 학생들은 블레이저 형태의 교복에 만족하지 않았던 것으로 보여 1923년에 새로운 교복에 대한 논의가 일어났다. 6월에는 양복 전문가를 교외 위원으로 선정하여 6월과 7월에 '학생 교복 조사 위원회'가 열렸다. 교장인 후지사와 모토카즈藤澤茂登一는 교복에 관해 "① 유행을 초월해서 입을 수 있는 영속적일 것 ② 저렴할 것 ③ 학생이 원해서 입을 것 ④ 가정에서 만들 수 있을 것"을 주문하고 있다.

9월 7일의 교직원 회의에서는 군청색 모직 혹은 서지로 된 세일러복 상하에 블루머를 합쳐 20엔 50센으로 정하면서 3학년 이상의 학생들도 가급적 만들어야 한다고 결정했다. 9월 11일에는 강당에 1학년부터 3학년까지 모아 놓고 새로운 교복에 관해 설명했다. 9월 22일에 미쓰코시와 시로키야가 학생의 치수를 재기 위해 학교에 왔으며 10월 27일에 교복이 도착했다. 1924년 4월의 입학생에게는 "본교에 입학하면 교복을 입어야 하는데,

---

27 『清水谷百年史』, 大阪府立清水谷高等学校100周年記念事業実行委員会, 2001, 123쪽.

괜찮겠는가?"라면서 다짐을 받았다.[28]

시미즈다니 고녀의 세일러 동복은 군청색 혹은 검은 서지로, 옷깃과 소매, 가슴 덮개와 가슴 주머니에 흰 선을 세 줄 넣었으며 스커트의 주름은 열여섯 개로 정했다. 하복은 흰색 마였으며 옷깃과 소매, 가슴 덮개와 가슴 주머니에 검은 선 세 줄을 넣었다. 넥타이는 검은 새틴, 의식 때는 동복에 한해 흰 후지견을 사용했다. 양말은 검은 무명을 기본으로 하되 여름에는 흰색도 신었다.

시미즈다니 고녀의 세일러복이 타교와 다른 점은 얼룩이 생기면 세탁할 수 있도록 짙은 하늘색의 옷깃 커버를

[그림 28] 시미즈다니 고등 여학교의 동복
『사진첩』 1926년 3월
(오사카 부립 시미즈다니 고등학교 동창회관 역사 자료실 소장)

착용했다는 점에 있다. 또한 머리카락을 묶을 수 있는 끈의 색을 1학년은 빨간색, 2학년은 녹색, 3학년은 노란색, 4학년은 옅은 남색, 5학년은 흰색으로 나눈 것도 눈에 띈다. 실제로 오사카 부립 고녀에서 최초로 세일러복을 교복으로 정한 학교가 시미즈다니 고녀라고 보도되었으며, 그 후 오사카에서의 세일러복 보급에 큰 영향을 주었다.

---

28 『大阪朝日新聞』 1928년 5월 4일 조간.

유히가오카 고등 여학교의 옷깃 커버: 오사카 부립 고녀의 첫 세일러복

『오사카 아사히 신문』은 "부립府立에서 교복의 원조는 '시미즈다니', 1924년 4월부터"라고 보도하고 있다.[29] 이 서술을 근거로 삼았는지, 『추억 속의 고등 여학교』에서도 "오사카 지방에서 처음으로 등장한 세일러복 = 시미즈다니 고녀생(1924년)"으로 소개한 바 있다.[30]

하지만 이들 모두 잘못된 정보임은 앞서 언급한 바와 같다. 시미즈다니 고녀가 블레이저 교복을 제정한 것은 빨랐지만, 오사카 부립 고녀 중에서 세일러복을 최초로 도입했던 학교는 '시미즈다니'가 아니다. 1923년 4월에 유히가오카 고등 여학교가 자줏빛 하카마에서 세일러복으로 개정했던 것이다. 즉, 오사카에서 세일러복을 교복으로 삼은 것은 유히가오카 고등 여학교가 더 빨랐다.

1923년에 유히가오카 고등 여학교의 1학년 학생은 "저희는 운이 좋아서 졸업할 때까지 둘 다 입어도 된다기에 교복을 입거나 때로는 '하카마'를 입었습니다"라고 하는데, 1925년의 1학년은 "짙은 자줏빛의 하카마에 끌려서 들어왔는데 입학하자마자 금지되어 꽤나 실망했습니다"라고 회상한다.[31] 1925년 입학생부터 세일러복으로 변경되어 일본식 복장의 착용이 금지되었던 것이다.

오사카 부립 유히가오카 고등학교(옛 '유히가오카 고등 여학교')에 소장된 졸업 기념 사진첩에는 그 변화가 잘 드러나 있다. 세일러복을 입은 졸업생은 1924년 3월에는 127명 중 1명뿐,

---

29 『大阪朝日新聞』1928년 5월 4일 조간.
30 『思い出の高等女学校』, ノーベル書房株式会社, 1987, 102쪽.
31 『夕陽丘100年』, 大阪府立夕陽丘高等学校創立100周年記念会, 2006, 135쪽.

1927년 3월에는 173명 중 43명, 1929년 3월에는 173명 모두가 입었다. 1923년 4월에 세일러복을 제정한 이후에도 자줏빛 하카마를 희망하는 학생이 많았지만 1925년 4월 입학한 학생 모두가 세일러복을 입기 시작했다는 것도 알 수 있다.

유히가오카 고등 여학교의 세일러복의 특징은 동복은 군청색, 하복은 흰색 원단에 엷은 군청색의 옷깃 커버를 착용한 것이다(권두 그림 17 참조). 옷깃 밑으로 매는 같은

[그림 29] 유히가오카 고등 여학교의 동복
『제50회 졸업 기념 사진첩』 오사카 부립
유히가오카 고등 여학교, 1924년 3월
(오사카 부립 유히가오카 고등학교 소장)

색의 넥타이도 눈에 띈다. 1927년의 1학년생은 "저는 소학생 때부터 유히가오카의 교복을 좋아했기 때문에 여기 이외의 학교에 다닐 생각은 없었습니다. 만일 수험에 실패했더라도 1년 기다려서 가려고 했습니다"라고 말한다.[32]

2년 사이에 자줏빛 하카마에서 옅은 군청색 옷깃에 넥타이를 매는 세일러복으로 동경의 대상이 변화했다. 유히가오카 고등 여학교의 옅은 군청색 옷깃 커버, 시미즈다니 고녀의 짙은 하늘색 옷깃 커버 착용은 그 후 오사카 부립 고녀의 세일러복에도 영향을 미치게 된다.

32　앞의 책.

우메다 고등 여학교와 긴란카이 고등 여학교의 인기 없는 양복

복장을 통일하려고 했던 오사카의 고녀에서도 서양식 복장의 착용이 진행되었다. 1920년에 오사카의 우메다梅田 고등 여학교는 '학생의 복장으로서 양복을 채택하는 건'에 대하여 보호자들에게 의견을 구했다. 그 조사 결과는 양복 지지자가 294명, 일본식을 택했던 사람이 203명, '화양중화和洋中和(일본식과 서양식 복장의 절충)'는 183명이었다.[33] 1학년은 양복 지지자가 많았지만 학년이 올라갈수록 지지자 수가 떨어져 4학년은 일본식 지지자가 양복보다 많았다. 이 의견을 기본으로 학교가 검토를 진행하여 1921년에 보호자들에게 「본교 지정의 학생용 양복」이라는 설명문이 통보되었다. 다만 이 통보는 우메다 고등 여학교와 긴란카이 고등 여학교 중 어느 쪽에서 나온 것인지 밝혀진 바가 없다. 하지만 이 두 학교는 같은 시기에 서양식 복장을 채택했고 그 디자인이 비슷한 것을 보면 이 두 학교가 공통으로 만들었을 가능성도 있다.

서양식 복장의 양식은 "세일러스 유니폼Sailors Uniform"이라 하며 각 부분을 "여러 연구를 통해 개량"했고 모자는 미국의 여학생 전용 캡Cap을 다소 변경한 것이었다.[34] 양복의 원단으로는 군청색 서지에서 가격이 저렴한 것을 채용했고, 동복과 하복을 각각 2년 정도 입을 수 있도록 내구성을 고려하였다. 모헤어[Mohair, 양모], 벨베틴[면직 벨벳의 일종], 라샤[포르투갈어 Raxa에서 유래한 울 원단의 일종] 등은 가격과 모양, 강도의 관점에서 일장일단이 있다는 이유로 제외했다. 동복(모자와 속옷을 포함)은 약 26엔, 하복은 약 13엔이었다. 우메다 고등 여학교의 조사에

33　『金蘭会学園80年史』, 学校法人金蘭会学園, 1985, 141쪽.
34　앞의 책.

따르면, 4년 동안의 교복 비용이 일본식의 경우 97엔 98센이지만 서양식(동복과 하복 각각 두 벌)이면 72엔 80센이기에 양복이 더 저렴해서 절약할 수 있었다.

  이 설명문의 "세일러스 유니폼"이라는 말은 미국 고등학생들의 세일러복을 가리키는 것으로 보이지만 각 부분을 개량했기 때문에 완성된 교복은 그것과 전혀 달랐다. 1924년에 긴란카이 고등 여학교를 졸업한 학생들은 "흰색 원단에 검은 격자 모양의 상의와 스커트"였으며 "그 옷은 학생들 사이에서 인기가 없어서 오히려 입는 사람이 적었다", "아버지가 엄하셔서 학교에서 정해진 것은 입어야 한다고 말씀하시기에 입고 학교에 갔지만 부끄러웠다"라고도 했다. 게다가 "우메다 고등 여학교 학생도 대부분 입지 않았다"고 한다.[35]

  세일러복을 채용했다면 학생들이 싫어하거나 억지로 입고 부끄러워하지도 않았을 것이다. 이 서양식 복장이 제정된 것은 1921년이지만 대부분은 일본식을 입었다는 점에서, 이 복장은 강제력이 있는 교복이 아니라 양복을 입을 때의 형태를 정한 표준복 같은 것이었다.

길거리에 넘치는 세일러복

  오사카에서는 1926년에 시조나와테, 1927년에 야오, 1928년에 이바라키와 이즈오, 바이카, 하고로모 고녀가 세일러복을 제정했다. 한 달 후에 『오사카 아사히 신문』에서는 세일러복이 늘어나는 현상을 다음과 같이 보도하고 있다.

    오사카의 여학교는 이제 거의 다라고 해도 좋을 정도로

---

35 앞의 책, 142~143쪽.

교복을 입게 되었다. 세일러복의 형태를 갖춘 교복이 제일
많기 때문에 학교 선생님들도 자칫하면 자기 학교의 학생인지
타 학교의 학생인지 구분하기가 어려울 정도이다. 이에
비해 도쿄의 여학생은 각 학교마다 여러 디자인으로 명료한
특색을 발휘한 교복을 입어서 1킬로미터 떨어져 있는
밀크홀ミルクホール[36]에서도 "오차노미즈御茶ノ水잖아!" 라든가
"미와다도 수업이 끝난 모양이군" 하는 식으로 구분할 수
있겠지만 오사카에서는 그렇지 않다. (중략) '시미즈다니'의
흐름에 한 배를 탄 각 부립 고녀의 교복은 더욱 대동소이하다.
아베노가 세일러복이 아닌 것과 이치오카가 원피스로 매우
간편하게 옷을 지었다는 점은 예외적이다.[37]

오사카에서는 1928년에 아베노 고녀와 이치오카 고녀를
제외하면 어느 고녀나 비슷한 디자인의 세일러복을 입었기 때문에
학교 교사도 자기 학교인지 타교의 학생인지 구별이 어려울
정도였다. 신문은 도쿄에서는 밀크홀에서 1킬로미터 떨어진 곳을
걸어가는 학생을 보아도 도쿄 여자 고등 사범 학교 부속 고녀인지
미와다 고녀인지 알 수 있지만 오사카에서는 그렇지 않다고
지적하고 있다.

아베노 고녀는 블레이저와 점퍼 스커트 조합이었고, 이치오카
고녀는 원피스였지만 1930년 이후부터 세일러복으로 바뀌었다.
현재까지 알려진 바로는 1935년까지 세일러복이 아닌 고녀는
아베노 고녀와 같은 연도에 점퍼 스커트로 변경한 시조나와테
고녀, 블레이저의 소아이 고녀, 점퍼 스커트의 세이보 여학원

---

36 우유나 가벼운 식사를 제공하는 오늘날의 '카페'와 같은 가게. — 옮긴이.
37 『大阪朝日新聞』1928년 5월 4일 조간.

고녀와 오기마치 고녀뿐이다.

위 신문 기사로부터 6년 후인 1934년 10월 24일 발간된 『오사카 아사히 신문』에서 오테마에 고녀 교장인 이쿠타 시카노조生田鹿之烝는 "현재의 교복은 도쿄의 여학생에 비해 다양성이 부족하며 선이나 리본 등 보기 좋은 디자인이 많지 않은 듯하다. 젊은 여성이기 때문에 약간의 리본과 선을 곁들여 장식함으로써 교복을 더욱 미적으로 만드는 편이 좋을 것이다"라고 언급한다.[38] 이는 당초 옷깃 커버가 없었음은 물론 옷깃이나 소매에 들어간 선에도 큰 차이가 없었고 넥타이를 사용하는 학교도 많았음을 지적하고 있다.

다음 장에서는 세일러복을 통일했던 현에 대해 서술하는데, 여기에는 피복 협회가 큰 역할을 했다. 오사카부에서는 피복 협회 오사카 지부의 협력을 받아 중학생 교복을 통일했지만 고녀의 교복을 통일하지는 않았다. 다만, 다른 현에서 세일러복을 통일할 때 오사카의 고녀에서 자주 볼 수 있었던 옷깃과 소매에 선이 없는 넥타이 스타일을 채택하고 있다. 이 스타일을 이 책에서는 '오사카형'이라고 부르는데, 이는 검소와 절약을 목적으로 할 때 가장 적합하다고 여겨졌기 때문이다.

즉, 오사카의 세일러복은 통일을 목적으로 하지는 않았지만 마치 통일한 것처럼 보이는 검소한 교복이었다. 이후 오사카에서 형형색색의 옷깃이 도입되기 시작한 이유는 바로 도쿄에 비해 교복이 수수하다는 수많은 지적과 타교와의 차별화 시도 때문이라고 할 수 있다.

오사카부 세일러복의 특징

---

38 『大阪朝日新聞』1934년 10월 24일 조간.

[그림 30] 기시와다 고등 여학교의 동복
(깃 커버는 금갈색)
『제31회 졸업 기념』오사카 부립
기시와다 고등 여학교, 1935년 3월
(필자 소장)

유히가오카 고등 여학교에서 옅은 군청색의 옷깃 커버를, 시미즈다니 고녀는 짙은 하늘색을 사용하고 있었음은 앞서 언급했다. 이를 따라 사카이 고녀는 옅은 남색, 기시와다 고녀는 금갈색, 이바라키 고녀는 흰색, 메이조 고녀가 회색, 오타니 고녀가 옅은 남색, 후루 고녀에서는 흰색, 사노 고녀는 옅은 남색, 구로야마 고녀는 군청색 옷깃 커버를 착용했다.

옷깃 커버가 늘어난 이유는 오사카 부립에서 처음으로 세일러복을 도입한 유히가오카 고등 여학교와 오사카부 내의 많은 학교의 세일러복에 큰 영향을 준 시미즈다니 고녀 때문이라 생각된다. 『오사카 아사히 신문』에서 소개된 바와 같이, 1928년 이후에 오사카에서 디자인이 유사한 세일러복이 증가함으로써 학교를 구분하기 위해 각 학교 나름의 옷깃을 도입했던 것은 자연스러운 흐름이다.

하지만 이것이 오사카부의 모든 고녀에 파급되지는 않았음을 염두에 두어야 한다. 제4장부터 제6장에서 언급한 것처럼 옷깃 커버는 "수많은 부현의 고녀에서 착용되고" 있던 것이 아니라[39],

---

39 도쿠야마 린코는 "'옷깃 커버'가 붙은 세일러복은 수많은 부현의 고녀에서 착용되었고 2016년 현재에도 도카이와 간사이 지방을 중심으로 많은 중학교와 고등학교에서 사용되고 있는데, 선행 연구에서는 그 존재에 대해서 언급하고 있지 않다"라는 지적을 전제로 "1935년 시점에서 29곳의 학교가 세일러복을

아이치현과 히로시마현 등에 한정되어 있다. 다른 현의 옷깃 커버는 기본적으로 흰색으로, 오사카의 세일러복 옷깃처럼 다양한 색은 드물다. 이 점은 전국적으로 보아도 오사카 세일러복만의 특징이라 할 수 있다. 그리고 이와 같은 색다른 옷깃 커버는 전후에 다른 현까지 파급되는데, 그것은 전국적인 학교 수의 증가로 타교와의 구별은 물론 고등학교와 중학교의 차이를 보여 주어야 할 사정이 생겼기 때문이다.

가나가와현

미션 계열의 교복에 대한 대항심

가나가와현의 세일러복은 미션 계열의 여학교에서 시작했다. 페리스 와에이 여학교가 1921년 11월에 세일러복을 표준복으로 삼은 후 1925년에 교복화한 것이 최초이다. 1924년에는 요코하마 에이와 여학교와 요코하마 고란 고녀가 원피스를 교복으로 삼았고, 요코하마 고란 고녀는 1926년에 세일러복으로 개정했다.

미션 계열 이외의 학교에서도 1924년에 제정했다는 것을 알 수 있지만, 표에서는 반수가 넘는 14곳에서 옷깃 커버를 착용했다는 것을 확인할 수 있다"라고 언급하고 있다. (「近代日本史における女子学校制服の洋装化とセーラー服の普及過程-大阪府を中心に-」)

[그림 31] 페리스 와에이 여학교의 1921년 11월 제정 표준복
(페리스 여학원 역사 자료관 소장)

[그림 32] 페리스 와에이 여학교의 1925년 제정 교복.(페리스 여학원 역사 자료관 소장)

[그림 33] 오다와라 고등 여학교의 동복
『제 28회 졸업 기념 사진첩』 가나가와 현립 오다와라 고등 여학교(필자 소장)

히라쓰카 고녀가 군청색 서지로 된 서양식 교복을, 1926년에는 요코스카 고녀가 테일러 칼라 상의를 도입했지만 세일러복은 바로 보급되지 않았다. 하지만 쇼와 시대를 맞이하여 세일러복도 널리 보급되기 시작했다.

 세일러복의 옷깃 선에서도 1926년에 제정된 가나가와 고녀의 연한 갈색과 1927년 5월에 제정된 호도가야 실과 고녀의 베이지색은 다른 학교의 흰 선보다 눈길을 끌지 않았을까 생각된다. 요코하마 시립 고녀(옛 호도가야 실과 고녀)의 세일러복은 군청색의 옷깃에 베이지색 선이 세 줄 들어가 있었으며, 넥타이도 베이지색이었고 처음에는 펠트 모자를 썼다. 그러나 이를 입은 학생은 "세련된 미션 스쿨의 교복에 비해 뭔가 촌스러워서 보기가 좋지 않아 나는 그렇게 선호하지 않았다"라고 말했고 교사는 "'우리 교복은 대단히 품위가 있어서 좋다'라고 자랑하기에 그때마다 어떻게 반응해야 할지 고민했다"라고 회상하고 있다.[40] 이는 다른 학교의 고녀생들에게는 사치스러운 주장이었을지도 모른다.

세일러복에 물들지 않다

옷깃에 갈색 선이 들어간 세일러복이 등장하고 난 후 세일러복은 요코하마를 중심으로 가나가와현 전체에 퍼져 나갔다. 1928년에 오다와라, 1929년에 하다노, 1930년에 아쓰기, 1932년에 다카쓰 등, 각 고녀가 세일러복을 제정했다.

아쓰기 고녀의 세일러복은 옷깃과 가슴 부분에 흰 선 두 줄이 들어갔으며 회색 넥타이가 특징적이다. 가와사키 고녀는 흰 선 세 줄이 들어간 이중 넥타이가 특징적이지만, 그 외에 옷깃과 소매에 흰 선 세 줄이라는 점은 일반적이다. 다카쓰 고녀도 옷깃과 소매, 가슴 주머니에 세 줄의 선이 들어가 있으며, 하다노 고녀는 변형된 옷깃이 특징이었지만 1934년의 개정으로 인해 옷깃과 소매, 가슴 부분에 흰 선 세 줄이 들어가는 것으로 바뀌었다.

그런데 가나가와현은 세일러복이 보급되는 한편으로 그 외의 디자인도 확인할 수 있다는 점이 특징적이다. 가나가와의 첫 고녀인 요코하마 제1 고녀가 1930년에 점퍼 스커트, 요코하마 제2 고녀는 1936년에 하프 코트를 제정했다. 다이쇼 시대에 세일러복이 아닌 교복을 제정했던 고녀도 이후 재차 개정하지는 않았다.

이는 각각의 학교가 미션 계열의 임팩트에 지지 않는 교복을 만들어야 한다고 생각했기 때문이었을 것이다. 1930년 이세하라 고녀가 테일러 칼라 상의, 1931년에 요코하마 고녀가 짙은 자줏빛

---

40 『横浜市立桜丘子高等学校創立50周年記念誌』, 横浜市立桜丘高等学校, 1977, 60쪽.

제3장 세일러복의 세 도시와 세 항구

넥타이를 맨 블레이저, 1933년에 가미미조 고녀가 점퍼 스커트와
블레이저의 조합, 1936년에 쓰루미 고녀가 숄 칼라 블레이저를
제정했다. 가나가와현에서는 세일러복에 물들지 않고 다양한
특징을 가진 교복을 볼 수 있었다. 이 특징은 오사카와 대조적이며
이후 언급할 효고현이나 나가노현과의 차이이기도 하다.

가마쿠라 고등 여학교: 표준복에서 교복으로

미션 계열의 학교가 요코하마 시내에 있었기에 요코하마를
중심으로 한 가나가와현의 양복화는 빨랐던 것으로 보인다.
그러나 교복이 아니라 표준복의 경우 하카마를 벗어나지 않는
학생도 제법 있었다. 가나가와 고녀는 1926년에 연갈색 선이
들어간 넥타이와 옷깃의 세일러복을 표준복으로 정했지만 모든
학생이 입기 시작한 것은 1932년이었다. 세일러복을 입는 데
6년이라는 시간이 걸린 것은 기모노와 하카마를 입은 모습에
애착이 강했기 때문이 아닐까.

가마쿠라 고등 여학교 교장도 그렇게 생각했다. 이 학교에서
1922년에 제정한 동복은 자줏빛을 띤 군청색의 기모노와 하카마,
여름은 흰색 원단에 검은 시마가스리縞絣[41] 무명이라는 일본풍
교복이었다. 설립자인 다나베 신노스케田辺新之助는 "현대 여성에
어울리는 양복은 없다. 굳이 말하자면, 세일러복일 것이다"라고
했지만 교복을 세일러복으로 바꾸고자 하지는 않았다.[42]

1930년에 간사이의 고녀에서 전기 학기만 지내고 후기 학기에
가마쿠라 고등 여학교로 전학을 온 학생은 "교복도 세일러복에서
자줏빛을 띤 군청색 무명 원단(미쓰코시 제작)의 일본식 복장이

---

41   흐릿한 줄무늬가 들어간 문양 — 옮긴이.
42   『鎌倉そして鎌女』, 学校法人鎌倉女学院, 1981, 288쪽.

되었고, 거무스름한 적갈색 하카마를 입고 검은색 양말과 검은색 구두"를 신었다고 한다. 또한 "하카마의 주름을 매일 밤 열심히 잡고 신문지 사이에 끼워서 요 밑에 깔고 자다가 다음날 아침에 산뜻한 기분으로 입고 나갈 때의 기분은 만족스러웠습니다"라고 회상하는 데서 보건대 짙은 적갈색 복장에 불만은 없었다.[43] 다만 학생들은 일본식 하복을 싫어했기 때문에 미쓰코시에 의뢰하여 가마쿠라 고등 여학교의 은행 무늬를 넣었지만 별다른 효과는 없었다. 이후 에구치 유江口그ウ가 교장이 된 1934년부터 세일러복이 교복이 되었다. 이 교복을 처음으로 입었던 학생은 다음과 같이 말한다.

> 교복이 옷깃과 커프스에 흰 선 세 줄이 들어간 세일러복으로 바뀐 것은 우리가 1학년이 되었을 때였다. 하지만 그렇지 않았더라도 신입생은 한눈에 알 수 있었다. 그날 아침에 처음으로 입는 새로운 세일러복 차림으로 모두 모였기에 싫다 해도 눈에 들어올 수밖에 없었기 때문이다. 일본식 복장을 입던 시대에 입학한 상급생들도 세일러복으로 등교해도 문제가 없다고 해서 가지고 있던 촘촘한 주름 스커트를 입는 모습이 보이기도 했는데, 교칙대로 앞뒤에 스물네 개의 주름이 들어간 스커트를 입었던 우리에게는 그것이 너무나 멋져 보였던 기억이 난다.[44]

세일러복으로 바뀐 후 몇몇 3학년이나 4학년 학생들도 세일러복을 입었는데, 교칙에 규정된 스물네 개의 주름보다 더

---

43   앞의 책, 289쪽.
44   앞의 책, 291쪽.

촘촘한 주름이 1학년 학생들에게 멋져 보였다고 한다. 종래의 일본식 교복을 "쇼난湘南[45]의 가쿠슈인적인 고품격"으로 보는 학생도 있었는데 세일러복도 가슴 부분 이외에는 가쿠슈인과 유사했다. 이 세일러복은 옷깃과 소매, 가슴 부분에 각각 흰색 선 세 줄이 들어가 있고 스카프를 맸다. 일본식 복장에 대한 애정이 워낙 강했기 때문에 쇼난의 아가씨들에게 잘 어울리는 품위 있는 세일러복이 탄생하기까지는 가나가와현에서도 부침이 많았다.

효고현

효고현의 양복화

효고현의 고녀에서 처음으로 서양식 복장화를 실시한 곳은 효고현 첫 고녀인 효고 현립 제1 고베 고녀였다. 이 학교는 체육 수업 때 움직이기 편한 양복과 모자가 필요함을 인식하여 1918년에 교사를 오사카와 도쿄로 출장 보냈다. 그들은 이 두 지역에서 구미 여러 나라에서 생활한 경험이 있는 사람이나 서양식 교복을 도입하고자 하는 교육자들에게 의견을 묻고 학교로 돌아와 연구를 시도했다.

그 결과 그들은 도쿄의 야마와키 고녀에서 많은 것을 얻어 그 교복을 견본으로 삼아 양복을 만들었다. 1919년에 시제품을 학생들에게 입혀 보고 그 후 세 번의 수정 과정을 거쳤다. 학교 바깥에서는 양복화에 대한 반대 의견도 많았지만 보호자들에게 양해를 얻어 1920년 4월부터 모든 학생이 입기 시작했다. 효고현의 양복화는 복장 개선 운동을 추진했던 야마와키 후사코의

---

45 가나가와현의 남서부에 위치한 사가미만 연안부. — 옮긴이.

생각에 동조하여 시작됐음을 잊어서는 안 된다.

가이바라 고녀에서는 1921년 5월에 양복 착용을 허가했는데, 1926년에 입학했던 학생은 "동경하던 세일러복을 입고 머리를 세 가닥으로 땋은 후 가슴 가득 기대를 안고 학교 정문으로 들어갔다"라고 쓰고 있다.[46] 1922년부터 1926년 사이에 세일러복을 교복으로 정한 것이었다.

아카시明石 고녀는 1924년경에 흰색 숄 칼라 상의를 교복으로 정했지만, 수학여행지에서 버스 안내양으로 오인받은 데서 생긴 불만으로 학생들이 교장에게 교복을 개정할 것을 요구했다. 그 결과 1925년에 옷깃과 소매에 흰 선 두 줄이 들어간 세일러복으로 변경되었다.

쇼와 시대가 되면 세일러복이 아닌 곳은 효고 현립 제1 고베 고녀, 고베 시립 고베 제1 고녀, 쇼인 고녀, 고바야시 세이신 여자 학원 고녀 정도밖에 없다. 효고 현립 제1 고베 고녀에 영향을 받지 않고 곳곳의 고녀가 세일러복으로 바뀌기 시작했다.

막부 말기에 외국과의 통상을 둘러싸고 '효고 개항, 오사카 개시兵庫開港, 大阪開市'가 큰 문제로 떠올랐다. 일본의 근대화에서 이 두 곳은 간사이권의 중요 지역이었다. 인접한 오사카는 다양한 색깔의 옷깃 커버를 착용한 것에 비해 효고는 흰색 옷깃 커버를 착용하지 않았는데, 여기에는 오사카를 모방하지 않겠다는 효고만의 자부심이 있을지도 모른다.

히메지 고등 여학교의 개정 과정

히메지 고등 여학교에서는 1920년에 스탠드 칼라에 벨트를 맨

---

46 『創立60周年記念誌』, 兵庫県立柏原高等学校, 1957, 72쪽.

무명의 벤케이 무늬[47] 하복을 입었지만 착용은 의무가 아니었다. 1921년에는 군청색의 고쿠라오리[48]에 비로드 옷깃이 달린 하복과 동일한 동복을 만들었다. 모자는 하복과 같은 원단을 사용한 큰 모자를 썼다. 1923년에는 원단이 개량되었으나 옷 디자인에는 변화가 없었다.

히메지 고녀가 빠른 양복화를 이룩한 것은 학교가 종래의 기모노에 하카마 스타일을 어떻게 바꿀 수 있을까 여러모로 궁리했기 때문일 것이다. 과거 히메지 고등 여학교에서 도쿄 부립 제3 고등 여학교로 전학을 간 학생이 여럿 있었다. 이들 학생 모두 성적이 좋아서 도쿄 부립 제3 고등 여학교 교장이 수업을 참관하게 되었다. 그런데 교장으로부터 "간사이 여학생은 복장이 초라하다. 나쁘게 말하면, 풍채가 살지 않는다. 놀랐다"라며 기대와는 다른 감상을 들었다.[49] 이와 같은 씁쓸한 경험이 복장을 개선하고자 하는 의욕을 적극적으로 뒷받침했다고 생각된다. 학교는 시험적인 복장을 거쳐 1928년에 세일러복으로 개정했다. 하복에는 흰 선이 두 줄 들어갔지만 동복에는 옷깃과 소매에 선이 없고 다이코쿠보시를 썼다. 그러다가 1934년에는 하복과 동복 모두에 선을 넣었으며, 검은 넥타이를 매고 가슴에는 학년마다 다른 휘장을 달고 모자를 쓰는 일반적인 세일러복으로 바뀐다. 이것은 다른 부현과 비슷하게 세일러복으로 발전해 나갔음을 보여 주는 동시에 효고현에서 세일러복이 증가해 갔던 움직임을 보여 주고 있다.

---

47 弁慶縞, 굵은 두 가지 색깔의 줄무늬로 이루어진 격자 무늬. ― 옮긴이.
48 小倉織, 에도 시대 현재 후쿠오카현 기타큐슈시에서 만들어진 무명 원단. ― 옮긴이 주.
49 『60周年記念誌』, 兵庫県立姫路東高等学校·東生会, 1969, 92쪽.

일본식 복장에 대한 애착이 후퇴하다

아와지 고녀에서는 1924년 4월부터 세일러복을 표준복으로 정했지만 그리 널리 보급되지는 않았다. 그래서 1927년 4월부터 세일러복을 교복으로 삼아 모든 학생이 입기 시작했다. 바로 세일러복을 착용하지 않았던 것은 사립인 고난 고녀도 마찬가지였다. 1924년 4월에 세일러복을 제정했지만 착용은 강제가 아니었다. 세일러복의 디자인도 자유였기에 옷깃의 선도 학생마다 달랐고 색도 검은색이나 갈색, 녹색, 흰색 등 다양했다. 그리고 옷깃에 별이나 닻 모양 자수를 놓는 학생도 있었다.

반면 기모노에 하카마를 선호했던 학생은 "감기에 걸렸다, 두통이 심하다, 다리가 아프다" 등의 이유를 대고 '일본식 복장 신청서'를 제출해서 일본식 복장으로 등하교를 했다.[50] 하지만 그것도 초반의 일일 뿐, 세일러복을 입는 사람이 많아지면서 세일러복을 "동경의 대상"으로 바라보기 시작했다. 그 인기는 1926년 5월에 원피스 하복이 정해졌지만 곧바로 흰색 세일러복으로 변경된 것만 보아도 알 수 있다.

세일러복의 디자인은 자유였기에 "세일러복 뒷깃의 선이 검은색이나 갈색, 녹색, 흰색 등 제각각이었고 선의 수도 일정하지 않았으며 별이나 닻 모양 자수를 놓는" 등 디자인은 사람마다 다양했다. 이에 교장은 1928년 "즉위의 대례를 기념하여 교복을 통일해서 완성시키고자 한다"라고 언급한다.[51] 그 결과 양말은 검은색, 모자 착용, 팔 부분에 닻을 붙이지 않게 하고 실내화와 실외화로 구분, 복장은 검소함을 추구하는 교훈에 맞게 착용할 것 등의 주의 사항이 만들어졌다. 이듬해인 1924년의 주의

---

50 『創立50周年記念誌』, 甲南女子学園清友会, 1972, 27쪽.
51 앞의 책.

사항에서는 세일러복의 흰 선이 세 줄이라고 되어 있다. 이는 쇼와 천황의 즉위식으로 인해 세일러복이 도입된 것이 아니라 디자인이 통일되었던 것에 불과했다.

야마자키 고녀의 교복은 통소매의 군청색 무명 원단을 이용한 기모노에 흰색 줄 하나가 들어간 짙은 적갈색 하카마였지만 1926년 4월에 오쿠무라 오쿠에몬奥村奥右衛門이 교장이 된 후 서양식 교복으로 변경을 시도하였다. 그 결과 "당시 도시부의 여학교 대부분은 세일러복을 채택했기 때문에, 바로 학부형의 양해를 구하여 그해 동복부터 양복을 착용하기로 하였다."[52] 이 세일러복이 정해졌을 때 학생들은 "대찬성이며, 기쁨"으로 가득했지만 4학년 학생들은 곧 졸업이기에 종래의 옷을 그대로 입어야 해서 불만의 소리가 높아졌다.[53] 기모노에 하카마 스타일을 고집하지 않고 세일러복 착용을 선호했던 점을 엿볼 수 있다.

효고현에서 커지는 영향력

오쿠무라 오쿠에몬이 전에 있던 학교는 가코가와 중학교였는데, 같은 지역에 있던 가코가와 고녀는 1924년에 세일러복으로 교복을 개정하였다. 가코가와 고녀 세일러복의 특징은 넥타이의 색이 1학년은 빨간색, 2학년은 녹색, 3학년은 옅은 남색, 4학년은 회색으로 구별된다는 점이다. 야마자키 고녀의 교복은 세일러복이 전국적으로 늘어났음을 알려 주는데, 여기에 가코가와에서 오쿠무라가 본 여학생의 세일러복 차림도 큰 영향을 미쳤던 것으로 보인다.

가코가와 고녀를 뒤로 하고 서 있는 효고 현립 오노 고녀는

---

52 『創立100周年記念誌』, 兵庫県立山崎高等学校, 2007, 29쪽.
53 앞의 책.

[그림 34] 신와親和 고등 여학교의 동복
『제25회 졸업 기념 사진첩』 재단 법인 신와 고등 여학교, 1934년 3월 (필자 소장)

1928년에 세일러복으로 변경되었다. 그 전해에 입학한 학생은 "하오리에 하카마를 입고 반 리 이상의 거리를 통학했습니다"라고 하는데, "2학년이 되면서 세일러복으로 바뀌었습니다. 운동이나 모든 동작을 활발하게 할 수 있게 되어서 그때부터 자전거 통학도 가능해졌습니다"라고 회상한다.[54] 세일러복은 자전거 통학도 가능하게 했고, 상당히 편리하다는 좋은 인상뿐이었다. 같은 학교의 다른 학생은 "선배는 짙은 적갈색의 하카마에 검은 신발로 등교했지만, 우리부터 교복이 되었습니다. 어디에 가든 이 교복을 입었습니다. 그것은 학생(여학생)으로서의 긍지와 청춘을 과시하고 싶었던 것일지도 모릅니다"라고 언급한다.[55] 여기에서도 학생들이 세일러복을 입은 모습에 자부심을 가졌던 것으로 보인다.

한편 1927년 6월에 세일러복을 제정한 아마가사키 고녀에 다녔던 학생은 "교외로 나갈 때나 영화를 보러 놀러 갈 때도

---

54 『100年記念史誌』, 兵庫県立小野高等学校創立100周年記念事業実行委員会, 2002,

항상 교복"이었다고 회상한다.[56] 아마가사키 고녀의 사례에서는 학교에서 등하교 이외의 장소에서도 교복 착용을 의무화했음을 알 수 있다. 세일러복을 입은 학생은 그들을 보는 사람에게 엘리트인 것을 과시하는 한편으로 교칙에 어긋나지 않게 행동할 필요가 있었다.

효고현의 세일러복은 다쓰노 고녀의 옷깃에 들어간 푸른색 두 줄이나 아마가사키 고녀의 가슴 부분에 들어간 군청색 두 줄을 제외하면 옷깃과 소매, 가슴 덮개에 흰색 두 줄, 그리고 옷깃과 소매에 흰색 두 줄을 넣는 곳이 많았다. 히메지 고등 여학교는 검은 넥타이, 시즈키 고녀는 흰 넥타이, 아마가사키 고녀와 고베 세이토쿠 고녀는 오늘날과 같은 식의 넥타이를 맴으로써 넥타이를 통해 구분되는 곳도 있었지만, 이를 제외하면 구분하기가 대단히 어려웠던 것으로 보인다.

인접한 오사카의 특징인 옷깃 커버를 착용하지는 않았으며, 다음 장에서 언급하는 오카야마현과 같이 교복을 통일하라는 지시를 내리지도 않았다. 즉, 효고현에서 세일러복의 보급은 주변으로부터의 영향이 아니라 효고현 내에서 이루어진 복장 개선 운동의 영향 때문이라고 판단된다.

나가사키현

나가사키현의 교복

182쪽.
55 『100年記念史誌』, 兵庫県立小野高等学校創立100周年記念事業実行委員会, 2002, 182쪽.
56 『60年誌』, 尼崎市立尼崎高等学校・尼崎市立尼崎高等学校同窓会, 1977, 128쪽.

나가사키현에서는 1921년에 이사하야 고녀가 오픈 칼라 상의에 모자를 쓴 교복을 제정했고, 1922년에 나가사키 고녀가 군청색 서지에 벨트를 맨 동복과 바둑판식의 벤케이 줄무늬가 들어간 원피스를 하복으로 제정했다. 1924년에 세이토쿠 고녀가 교복을 제정했는데, 이는 스퀘어 칼라 상의에 모자를 쓰는 스타일이었다.

세일러복은 1921년에 시마바라 고녀가 제정함으로써 등장했다. 1924년에 사립 가쿠메이 고녀가 제정한 세일러복은 동복의 경우 군청색에 흰 옷깃, 스커트에는 흰색 선을 넣었다. 하복은 상의와 옷깃, 스커트가 회색이었다. 동복은 군청색 라사에 하복은 흰 무명으로 차양이 넓은 모자를 썼다. 어떤 학생은 겨울 모자에 대해 "여자 가쿠슈인의 학교 모자와 닮았다"라고 언급하는데[57], 그것은 우연이 아니었던 것 같다.

가쿠메이 고녀의 설립자인 사사하라다 쓰루코笹原田鶴子는 화족 학교에서 공부하면서 학교의 교육 사상에 큰 영향을 받았다. 세일러복을 제정하기 전에 모든 학생이 착용했던 기모노와 하카마 차림도 화족 학교의 시모다 우타코가 고안한 하카마를 모방한 것이었다. 하복은 가쿠메이 고녀만의 독특한 스타일이었지만 동복은 여자 가쿠슈인의 세일러복을 참고로 삼았다고 보는 것이 자연스럽다. 덧붙여서 게이호 여학교는 1926년에 점퍼 스커트를 교복으로 삼았는데, 그것은 여자 가쿠슈인의 표준복을 따랐던 것이었다.

나가사키현에서는 오픈 칼라 상의와 스퀘어 칼라 상의, 세일러복, 점퍼 스커트가 모두 등장했지만 1926년 이후부터는 세일러복이 증가했다. 쓰시마 고녀는 1926년에 세일러복을 제정했는데, 동복은 군청색 서지에 빨간 선 세 줄이 들어간 옷깃,

---

57 『創立90周年記念誌』, 鶴鳴学園, 1986, 245쪽.

검은 넥타이를 매고 나사로 만든 모자를 썼으며 하복은 흰색 원단으로 옅은 군청색의 깅엄 체크 옷깃에 빨간 선 세 줄, 무명 모자였다. 이것을 입었던 학생들은 수학여행을 갔을 때 "쓰시마 교복 멋지네"라는 이야기를 듣고 가슴을 펴고 다녔다.[58]

  고토 고녀가 1929년에 제정한 서양식 교복은 좀 특이하다. 앞면은 곡선형의 숄 칼라 상의였지만 뒷면은 세일러 옷깃이라는 절충형 형태이다. 앞뒤의 디자인이 전혀 다른 것이다. 동복은 군청색, 하복은 흰색에 군청색의 선이 있는 스커트를 입는다. 옷깃으로는 흰색 옷깃을 착용하고 넥타이는 검은 새틴이었다. 학교가 지정한 사이쓰才津 양복점이 교복 제작을 맡았는데, 신입생들을 맞이할 시기가 다가오면 양복점 안팎으로 "제작된 교복을 기다리는 신입생"들로 "흘러넘쳐서 대소동"이 일어났다고 한다.[59]

  나가사키현에서는 나가사키 고녀, 이사하야 고녀, 나가사키 준신 고녀, 게이호 여학교를 제외하면 거의 대부분의 고녀가 세일러복이었다. 세이토쿠 고녀의 스퀘어 칼라 상의도 1932년에 흰색 옷깃을 달기 시작하며, 1934년에는 검은 알파카[알파카 털로 짠 모직물]를 사용한 삼각 넥타이를 맨 세일러복으로 개정되었다.

---

58 『対高100年史』, 長崎県立対馬高等学校, 2005, 265쪽.
59 『石田城』創立90周年記念号, 長崎県立五島高等学校, 1990, 25쪽.

제4장
세일러복으로 통일하고자 했던 현

왜 통일되었는가

학교 교복의 역사에 대해 서술하고 있는 연구에서는 미야기현과 도치기현, 군마현, 아이치현, 오카야마현, 히로시마현, 후쿠오카현의 고녀에서 교복이 통일되었다고 간단히 다루고 있다. 다만, 그에 관한 이유나 구체적인 검토는 없었다.[1]

정말로 각 현에서 고녀 교복을 통일하라는 지시가 내려왔을까. 만약 각 현에서 교복의 통일을 계획했다면 학교에 그것을 지시한

---

[1] 난바 도모코 씨는 각 현의 통계와 실증 작업을 수행하지 않고 각 현의 통일 이유를 모두 "전시 체제에 대응"하기 위한 것으로 단정하고 있다(難波知子, 『学校制服の文化史』, 創元社, 2012, 314~315쪽). 그러나 1937년에 발발한 중일 전쟁의 장기화에 따른 국가 총동원 체제와 그 이전의 상황을 같은 의미에서 생각하기에는 무리가 따른다. 무엇보다 세일러복을 통일한 현이 있음을 선행 연구에서 인용하고 있을 뿐, 각 현의 공문서는 물론 신문 등의 1차 사료를 참조하고 있지 않으며 구체적으로 통계를 취해 교복의 내용을 분석하고 있지도 않다. 또한 선행 연구는 물론이고 고등학교의 기념지 속 기술을 의심하지 않고 각 현에서 통일의 지시가 있었던 것처럼 말하고 있지만, 사실에 대해 진중해질 필요가 있다.

공문서가 분명히 존재할 것이다. 여기서는 종래의 연구사에서 깊이 다루어지지 않았던 각 현의 공문서, 그리고 야마구치현과 도야마현에서도 통일되었다는 사실, 또한 피복 협회가 교복의 통일에 크게 관여했음도 발견했다.

일본 전국에서도 한정된 지역에서만 통일 방침이 내려왔다면 그 지역에서는 세일러복의 보급이 어려웠을 것으로 생각하게 되기 마련이다. 하지만 그렇게 생각해도 될까? 과연 위로부터의 압력과 강제력으로 인해 세일러복이 도입되었을까? 이 장에서는 앞서 서술한 열 개 현에서 세일러복의 보급이 강제된 것이었는지를 고찰해 보도록 한다.

후쿠오카현

교복 통일의 지시가 있었는가

세일러복의 통일을 계획했던 지역 중 가장 시기가 빨랐던 곳은 후쿠오카현이었다. 후쿠오카 현립 아사쿠라 고녀에서는 1921년에 군청색 서지의 스퀘어 칼라로 된 상의에 벨트를 맨 동복을 제정했다. 하복은 동복과 같은 형태로 면 재질의 격자 무늬였다. 이 교복은 1924년에 세일러복으로 개정되었는데, 이에 대해 학교의 기념지에는 다음과 같이 쓰고 있다.

> 1924년, 본 지역 여학생들의 교복을 세일러복으로 개정하여 통일하는 것이 결정되었는데, 중등학교 구매 조합 설립 이전인 1930년에서 1931년경은 본교의 교복 연구 시대라고 할 만한 시기였다. 특히 하복의 흰색 원단은 쉽게 더러워지기에 테두리의 색깔과 커프스를 푸른색으로 하거나 원단 전체를

회색으로 하거나 또는 개인적으로 준비하는 것도 허용해서
학년이나 개인마다 각양각색의 상태였다. 그 후 구매 조합
쪽에서 원단의 배급을 받아 이를 상급생이 재봉하였고, 반팔
흰색 포플린의 세일러복으로 통일되었다.[2]

이 서술에 따르면, 후쿠오카 현립 아사쿠라 고녀에서는
1924년에 형식은 세일러복으로 통일되었지만 원단이나 색깔이
다양했음을 알 수 있다. 세일러복 하복의 옷깃이나 소매를
푸른색으로 정했던 해도 있거나 회색 원단을 사용하는 경우도
있었다. 때문에 선배와 후배 사이에 차이가 있었다. 복장 개정이
잇따른 것도 요인인데, 1930년 혹은 1931년에 흰색 포플린으로
통일되었다고 한다. 그 이유를 "중등학교 구매 조합이 설립"되면서
"원단의 배급"을 받기 시작했기 때문으로 설명하고 있다.
중등학교에는 고녀나 남자 중학교를 필두로 실과 고녀와 직업
학교 등이 포함된다.

이와 관련된 사료를 찾아보면, 1930년 9월 4일에 발간된
『후쿠오카 일일 신문』에서 후쿠오카현 지사 마쓰모토
가쿠松本学(1886~1974)가 이듬해부터 "중등학교 남녀 학생의
교복을 통일"하는 것에 찬성하여, 후쿠오카현 학무과가 피복
협회에 "옷감형 등에 대해 조회"하고 있다고 보도한 바 있다.[3]
또 1930년 9월 13일에 발간된 『교육 주보教育週報』에는 「남녀
중등학교의 교복을 통일하는 학용품 경제화의 첫걸음을
후쿠오카현에서 착수」라는 기사가 게재되었는데, 후쿠오카현
학무과에서는 "중등학교 용품 경제화를 계획하여 그 첫걸음으로

2 『創立50年史』, 福岡県立朝倉高等学校, 1959, 285쪽.
3 『福岡日日新聞』1930년 9월 4일 조간.

중등학교 남녀 학생의 교복을 통일하는 것"이라고 밝히고 있다. 또한 "후쿠오카현 내에서 전학을 갈 경우에 교복을 다시 사지 않아도 되도록 불리하거나 불편함 없이, 지역 내 교복을 통일하면 대량 생산으로 인해 가격도 싸게 구매할 수 있다는 편리함이 있어 현재 피복 협회와 협상 중이며, 근일 중등학교장 회의에서 구체적으로 결정할 예정이다"라고 말하고 있다.[4]

이러한 움직임을 후술할 각 지역의 상황과 대조해 보면, 교복의 형상이나 원단의 통일을 계획한 피복 협회가 후쿠오카현에 제안하고 학무과가 그에 응했던 것으로 보인다. 후쿠오카현 조합 설립 사와라 고녀의 기념지에는 "쇼와 초기에 일어났던 세계 대공황은 우리 나라의 산업에 심각한 타격을 주었으며, 특히 농업의 빈곤은 눈을 가리고 싶을 정도였다. 농촌에 둘러싸인 본교는 그 영향을 가장 많이 받아 재학생의 중퇴율은 물론이요 입학 지원자는 설립 초의 2~3년간을 제외하고 1929년에서 1930년 사이에 많이 떨어졌다"라고 쓰여 있다.[5]

고녀에 다니는 학생은 경제적으로 여유로운 가정이 많았다. 그러나 농촌에 둘러싸인 사와라 고녀와 같이 세계 대공황의 불경기 영향을 받아 입학은 물론이요 학교에 다니는 것조차 어려워지는 학생이 나오기 시작했던 고녀가 존재했던 것도 사실이다. 비용이 드는 교복을 살 여유도 없었다. 후쿠오카현에서 원단 공급을 일원화하여 교복의 통일을 계획한 사회적 배경에는 세계 대공황으로 인한 불경기가 있다고 볼 수 있다.

후쿠오카현 학무과는 피복 협회와 협의하여 중등학교장 회의에서 구체적인 안을 결정할 예정이었는데, 이것은

---

4 『教育週報』 1930년 9월 13일(『教育週報』 6, 大空社, 1986).
5 『創立40年史』, 福岡県立西福岡高等学校, 1965 31쪽.

실현되었을까. 1931년 2월 4일의 후쿠오카현 중등학교장 회의에서 여자 동복은 13엔, 하복은 6엔이라는 제안이 있었으나 결정은 내려지지 않았다. 동복을 서지로 만들 경우 일본 모직 회사에 의뢰하는 것이 검토되었다. 2월 10일에 남자 교복은 구루메[久留米, 후쿠오카의 도시]에서 만든 모직물 '오하바모노'[6]로 결정되었고 4월부터 통일되었다.

여자 교복의 경우 후쿠오카현에서는 군청색 서지 원단 자체가 생산되지 않았기 때문에 한 번 결정을 미루었다. 그 후 군청색 서지의 가격이 결정되어 제시되었는지는 명확하지 않다. 다만 후술할 미야자키현에서 세일러복으로 통일화가 진행되는 과정에서 과거 사례로 후쿠오카현의 원단에 대한 언급이 있다는 점에서 볼 때 교복 원단도 통일하려 했던 것으로 보인다. 하지만 후쿠오카현에서는 세일러복의 디자인을 통일하려 하지는 않았다.

피복 협회에 의한 통일화

미야자키현에서 세일러복을 통일하고자 했을 때의 공문서를 보면 피복 협회가 후쿠오카현의 원단 통일에 관여한 것으로 보인다. 후쿠오카현에서 원단을 생산할 수 없기 때문에 구매 조합 이사가 직접 오사카로 가서 군청색 서지를 찾으려 했는데, 이것 또한 피복 협회 오사카 지부와 무관하지는 않을 것이다.

후쿠오카현이 중등학교 구매 조합을 설립한 것은 오사카에서 남자 교복이 통일되어 오사카 피복 협회 지부의 지원을 받았기 때문이다. 1929년 7월 12일에 설립된 피복 협회는 도쿄에 본부를 두고 같은 해 12월 6일에 오사카 지부, 1930년 12월 13일에 히로시마 지부가 창립되었으며 이때 중등학교 교복의 통일화가

6　大巾物. 75센티미터 정도의 폭이 넓은 천을 뜻한다. — 옮긴이.

계획되었다. 그 시작이 1930년 5월, 오사카의 남학생 중등학교 교복 통일이었다.

그 후 피복 협회는 각 지방에서 남자 교복을 가쿠란으로 통일할 것을 추진한다. 이 점 또한 종래의 복식사에 관련된 논문이나 서적에서 다루지 않았던, 이 책에서 처음으로 소개하는 새로운 사실이다. 피복 협회가 남학생 교복을 통일하고자 애썼던 것은 원래 경제적인 목적 때문이었다. 그러다가 가쿠란이 육군 군복과 같은 형태였기에 전쟁 등의 긴급시에 바로 군복으로 이용할 수 있는 "군민 피복의 근접軍民被服の近接"을 계획한다는 의미로 서서히 중점이 변화되었다.

여학생 교복을 통일한 지역은 남학생 교복에 비해 매우 적다. 여자 중등학교에서 교복을 통일한다는 것은 "경제적 문제"에는 효과적이지만 "군민 피복의 근접"이라는 관점에서는 일치하지 않았다. 그 증거로 제8장에서 다루듯이 세일러복은 국가 총력전이 필요했던 시기에도 여성의 결전복으로 여겨지지는 않았다. 이 차이가 많은 부현에서 남자 교복이 통일된 것에 비해 여학생 교복이 통일되지 않았던 요인으로 생각된다.

후쿠오카현의 상황

후쿠오카현의 미션 계열 여학교에서는 1921년 12월에 후쿠오카 여학교, 1922년에 세이난 여학원이 세일러복을 제정했다. 다만, 1921년 4월의 후쿠오카 여학교는 군청색 옷깃과 소매가 비로드 원단으로 된 스퀘어 칼라 상의에 벨트였으며, 1921년에 규슈 고녀가 스퀘어 칼라 상의에 다이코쿠보시를 썼고, 모지 고녀에서는 더블 박스 형태와 버스 안내양이 입던 버스 걸 형태가 많았다. 이렇게 버스 걸로 착각하기 쉬운 스퀘어 칼라 상의는 1921년에 후쿠오카 현립 아사쿠라 고녀, 1922년에 가호 고녀와 오무타 고녀, 1923년에는 미즈마 고녀, 1925년에 노가타 고녀에서 제정되었지만 그 후로 증가하지는 않았다.

반면 세일러복은 1922년에 가시이 고녀, 1923년에 이토시마 고녀와 와카마쓰 고녀, 1925년에 오리오 고녀와 후쿠오카현 조합 설립 사와라 고녀, 1926년에 야나고 고녀 등으로 서서히 그 수가 늘어나고 있다. 후쿠오카 현립 아사쿠라 고녀처럼 당초 제정했던 버스 걸 형태에서 세일러복으로 개정하는 학교도 나왔다. 지쿠조 고녀는 1921년에 숄 칼라와 체크무늬 넥타이를 정했지만, 1922년에는 비로드로 변경하고 1926년에 재차 세일러복으로 개정했다. 오무타 고녀에서는 1926년에 스퀘어 칼라 상의에서 세일러복으로 변경했다. 또한 교토 고녀에서는 다이쇼 말기부터 일본식과 서양식 복장을 같이 입는 기간을 정했던 결과 세일러복을 입는 학생이 많아졌다. 이에 따라 1927년부터 교복이 세일러복이 되었다.

이러한 흐름을 보아도 후쿠오카 현립 아사쿠라 고녀의 기념지에 "1924년, 현하縣下 여학생들의 교복은 세일러복으로 개정하여 통일하기로

[그림 35] 지쿠조 고등 여학교의 동복
『제36회 졸업 기념 사진첩』 지쿠조 고등 여학교, 1944년 3월 (필자 소장)

제4장 세일러복으로 통일하고자 했던 현　　167

결정되었다"라는 기사가 틀렸음을 알 수 있다. 1931년 이전에 세일러복을 제정 및 개정한 고녀는 21교에 달한다. 시기는 정확하지 않지만, 1931년 이후에도 대부분의 학교에서 세일러복을 제정했다.

세일러복의 착용률은 문부성 표준복이 제정된 1941년 4월 이전에 개교한 고녀 45교 중 40교(88.8퍼센트)였다. 가쓰야마 고녀는 옷깃과 소매, 가슴 부분에 흰 선 세 줄이 들어갔고, 야하타 고녀와 야마토 고녀는 옷깃과 소매, 가슴 덮개에 흰 선 두 줄, 야나고 고녀와 후쿠오카 여학교, 그리고 노가타 고녀와 교토 고녀는 옷깃과 가슴 부분에 흰 선 두 줄, 후쿠오카 제1 고녀는 옷깃에 흰 선 두 줄이었다. 지쿠조 고녀는 흰 줄에서 나중에 검은 선 두 줄로 바꾸었다. 도바타 고녀와 미즈마 고녀는 '오사카형'으로 제정했지만 결국 수년 후에는 옷깃과 가슴 부분에 흰 선 두 줄을 넣는 디자인으로 개정했다.

후쿠오카현에서는 현의 지시를 받지 않고 학교마다 교복을 세일러복으로 개정했다. 쇼와 초기부터 세일러복을 제정하는 고녀가 많아지기 시작했고, 서양식 교복 제정이 늦어진 고녀는 주위를 모방하여 세일러복으로 바뀌어 갔다.

아이치현

아이치 제1 고등 여학교의 흰 옷깃 커버

아이치현 최초의 고녀인 현립 아이치 제1 고등 여학교는 1922년 4월에 세일러복을 제정했다. 이는 일본에서 세일러복을 처음으로 도입한 긴조 여학교보다 7개월이나 늦은 것이다. 첫 디자인은 앞이 트여 있었으며 세 개의 단추에 벨트를 맸다. 행사가 있는

[그림 36] 아이치현 아이치 제1 고등 여학교의 동복
『제30회 졸업 기념 사진첩』 아이치현 제1 고등 여학교, 1939년
(아이치 현립 메이와 고등학교 동창회 '메이와회' 소장)

[그림 37] 오카자키 시립 고등 여학교의 1925년 제정 동복
『제19회 졸업 기념 사진첩』 오카자키 시립 고등 여학교, 1929년 3월 (필자 소장)

날을 제외하고 옷깃과 소매에는 흰색 커버를 붙였다. 스커트에는 열여섯 개의 주름이 들어갔으며 겨울에는 펠트 모자를 썼다. 1930년의 졸업생은 옷깃과 소매, 가슴 덮개에 검은색 선이 들어간 세일러복을 입었고 소매의 흰 커버는 없어졌다.

다만 이 최초의 디자인은 타교에 영향을 주어 보급되었다. 아이치현에서는 아이치 제1 고등 여학교에 이어 나고야 제3 고녀, 신시로 고녀, 아이치 제2 고녀, 나고야 제1 고녀, 오카자키 고녀, 세토 고녀, 이나자와 고녀, 요모 고녀, 이누야마 고녀, 니와 고녀, 쓰시마 고녀, 가리야 고녀가 1932년에 세일러복으로 통일되기 전부터 옷깃에 흰색 커버를 착용했다. 1932년 이후에도 안조 고녀, 도요하시 고녀, 니시오 고녀, 주쿄 고녀 등이 흰 옷깃 커버를 착용하고 있다. 이는 아이치 제1 고등 여학교의 흰 옷깃 커버가 현 내에 널리 퍼졌다고 보는 편이 타당하다.

타교의 영향

아이치현에서는 현 내에 있는 다른 고녀의 영향을 받아 세일러복이 보급되었다. 신시로 고녀는 1924년 6월부터 세일러복을 교복으로 정했는데, 교장인 야노 이와오矢野礒는 제정과 함께 "양복 쪽이 가장 경제적이고 종합적으로 괜찮다"라고 말하고 있다. 고노 고녀는 신시로 고녀가 세일러복으로 정한 것을 알고 학부형회에 "시세에 순응하여 학생의 복장을 양복으로 개정하는 방침으로 결정"하는 것에 대해서 의견을 물었다. 학부형회에서는 "여학생의 양복은 이미 대세에 접어들어 오히려 늦을 정도라고 생각하니, 즉각 실행에 옮기고 싶다"라며 일치된 의견을 내놓았다.[7]

이에 따라 고노 고녀는 신시로 고녀보다 2년 늦은 1926년에 세일러복을 교복으로 삼았다. 1927년에는 모든 학생이 새로운 세일러복을 입고 수학여행을 떠났다. 어떤 학생은 "인솔하던 선생님이 자유로운 기분이 든다고 했을 때, 어린애처럼 기쁨이 가득했습니다"라고 회상하고 있다.[8]

신시로 고녀의 영향을 받았기 때문에 세일러복이 비슷했던 것은 우연이 아니었다. '남의 떡이 커 보인다'가 아니라 '이웃 학교의 세일러복이 빛나 보인다'가 일어난 셈이다. 세토 고녀는 1927년에 군청색 세일러복과 끈 리본, 원형 모자를 교복으로 삼았다. 이 때 3학년이었던 학생은 "이때만 하더라도 혁신적인 디자인의 교복을 입었다는 기쁨과 동시에 점점 우리의 책무 같은 것을 느껴서 가슴에 기대를 품기도 했습니다"라고 말한다.[9] 이 기쁨을 일기에서

---

7 『国府高校創立60年誌』, 国府高等学校創立60周年実行委員会, 1978, 265쪽.
8 앞의 책, 138쪽.
9 『50年のあゆみ』, 愛知県立瀬戸高等学校, 1974, 11쪽.

"익숙했었던 / 적갈색 하카마에 / 작별 인사를 / 바로 오늘부터는 / 군청색 교복으로", "새로운 교복 / 예쁘게 차려입고 / 학교 마당의 / 벚꽃나무 아래서 / 지긋이 바라보네", "학교 마당의 / 아카시아 꽃나무[초여름의 계절어] / 아직 남아서 / 여름날 교복으로 / 갈아입고 서 있네"와 같이 단가[10]로 지어 불렀다.[11]

긴조 여학교가 세일러복을 제정하고 5년이 지난 후, 아이치현에서는 이미 세일러복을 입는 것에 대한 저항은 없어 보인다. 오히려 세일러복은 고녀 학생들의 자부심을 과시하는 요소가 되어 있었다.

나고야 시립 제1 고녀의 졸업 앨범 변화

나고야 시립 제1 고녀에서는 1922년에 세일러복을 제정했다. 동복은 군청색 서지, 하복 상의는 흰 울의 알파카였다. 긴 소매에 "까슬까슬한 원단"이었기 때문에 여름은 특히 숨 막힐 듯이 더웠고 착용감이 좋지 않았다. 『설립 100주년 기념지』에 의하면 가는 리본을 나비매듭으로 매고 앞여밈 단추 세 개가 기본이었지만, 현재 나고야 기쿠자토菊里 고등학교에 현존하는 졸업 앨범을 보면 단추가 없고 머리부터 뒤집어쓰는 것이 대부분이다.

앞여밈 단추 세 개는 1925년 3월에 한 명, 1927년 3월에 한 명, 1928년 3월에 세 명밖에 없었다. 1925년부터 하복은 흰색 무명 원단으로 바뀌었다. 무엇보다도 교복이 강제적이지 않았기 때문에 1924년 3월에는 0명이었지만 1928년 3월에 101명, 1930년 3월에 175명, 1932년 3월에 179명이었고, 모든 학생이 세일러복을 입을

---

10 短歌, 일본 전통 노래인 와카의 한 형식으로 '5·7·5·7·7'의 31음으로 구성된 짧은 시. — 옮긴이.
11 앞의 책.

[그림 38] 나고야 시립 제1 고등 여학교의 동복
『사진첩』, 1928년 3월, 나고야 시립 제1 고등 여학교
(나고야 시립 기쿠자토 고등학교 소장)

때까지 11년이나 걸렸다. 반면 기모노에 하카마를 입는 스타일은 1924년 3월에 158명, 1928년 3월에 38명, 1930년 3월에 7명, 1932년 3월에는 0명으로 서서히 줄어들었다.

　이 기간의 변화를 보면 가늘거나 굵은 리본, 넥타이 등이 통일되지 않았다는 점이 눈에 띈다. 1928년 3월 졸업 앨범에는 세일러복의 옷깃에 흰 선 한 줄부터 세 줄까지 혼재되어 있다. 전학을 온 학생은 새롭게 교복을 준비하지 않아도 되었기에 전학 전의 학교에서 입었던 옷깃의 줄이 다른 교복을 재사용할 수 있었다.

　세일러복에 통일감이 생긴 것은 1930년 3월의 졸업생 때부터였다. 168명이 흰 옷깃을 착용했으며 흰 옷깃이 없는 학생은 무지의 군청색 옷깃이었고, 모든 학생이 가는 리본을 맸다. 1931년 3월에는 한 명을 제외하고 171명이 흰 옷깃을 착용했으며, 1932년

3월에는 179명 모두가 흰 옷깃이었다. 1927년 3월에는 한 명밖에 없었던 흰 옷깃 착용자가 급격히 증가했던 것이다.

스기야마 고녀의 세일러복과 점퍼 스커트

스기야마 고녀는 1936년 베를린 올림픽의 수영 200미터 평영에서 금메달을 차지했던 마에하타 히데코前畑秀子의 출신 학교이기도 하다. 이 학교는 복장 개선 운동에 대한 이해가 빨랐고, 1920년 4월 27일에 학부형에게 복장에 관한 통지를 보내 양복은 경제적이고 운동에도 적합하다는 것을 설명했다. 또한 이토 포목점伊藤吳服店에 주문할 것을 추천하고 있다.

교장인 스기야마 마사카즈椙山正式는 1921년 미국으로 건너갔을 때 현지에서 여성들의 양복 차림을 보면서 낮은 가격으로 복장을 보급할 필요성과 이를 달성하기 위해 통과해야 할 과제들이 많음을 느꼈다. 스기야마 고녀에서 양복 착용을 추천한 후 1924년에 이르자 세일러복 상의와 점퍼 스커트를 조합해 입는 학생이 증가했다. 1926년 5월에는 점퍼 스커트에 여름은 무명 포플린의 7부 소매 세일러복, 겨울은 군청색 서지의 세일러복에 다이코쿠보시를 쓰도록 정했다. 이 교복은 1925년에 모든 학생이 투표를 해서 가장 표를 많이 모은 여자 가쿠슈인의 교복을 참고한 것이었다.

아이치현의 상황

쓰시마 고녀와 지타 고녀는 군립에서 현립이 된 1923년에 양복화를 실시했다. 다만 현립이 된 것이 양복화의 이유였는지는 알 수 없다. 지타 고녀는 1925년에, 쓰시마 고녀는 1931년까지 각각 세일러복을 교복으로 삼았다. 1928년에 이누야마 고녀가 흰 옷깃에 끈 리본식의 세일러복으로, 요모 고녀에서도 같은 해에 흰 옷깃을 붙이고 흰 선 두 줄에 끈 리본을 착용하는 세일러복을 입었다. 다만 그것과 쇼와 천황의 즉위식에 관련성이 있다고 보기에는 약간의 무리가 있다.

안조 고녀에서는 1928년 졸업생부터 세일러복을 입고 있었지만 1932년의 통일화에 따라 학교의 상징이었던 스커트 끝단의 흰 선 세 줄이 폐지되고 그 대신 넥타이에 흰 선 세 줄을 넣었다. 아이치 제1 고등 여학교도 세일러복으로 통일하여 하복이 긴소매의 흰 포플린이 되었지만 쉽게 더러워졌기 때문에 1936년에는 7부 소매로 변경되었고 옷깃은 군청색 서지에 흰 선 한 줄로 바뀌었다.

1932년의 현 내 교복 통일과 도요하시 고녀

아이치현에서는 1931년 11월 9일에 중등학교장 회의가 열려 남녀 모두 중등학교 교복을 통일하는 것으로 결정했다. 이는 피복 협회의 취지를 이해하고 "현하 남녀에 관한 중등학교 학생복의 개정"에 관해 "대개 오사카와 같은 방식으로 이를 통일한" 것이었다.[12] 그리고 1932년 1월 26일에는 「여자 중등학교 학생 복장에 관한 사항」이 통보되었다. 이는 『아이치현의 역사』나 『아이치현 교육사』에도 실리지 않았던 사료이다. 이 세일러복은 옷깃이나 소매에 들어가는 선이 없고 넥타이를 매는 '오사카형'임을 알 수 있다. 겉감이 군청색 서지, 안감이 검은색 무명이었으며 스커트는 어깨부터 걸치는 식이었다.[13]

도요하시 고녀는 주위에서 양복에 반대하는 의견도 있었지만

---

12 「時報」(『被服』3-1, 1932년 1월).
13 「女子中等学校生徒服装ニ関スル件」(『愛知県公報』, 1932년 1월 26일 휘보) 아이치현 공문서관 소장.

1922년 11월 1일에 통소매에서 양복으로 교복을 개정했다. 겨울에는 군청색 펠트 모자를 쓰고, 상의는 군청색 서지로 비로드 스탠드 칼라의 앞여밈에 단추 네 개, 허리에는 벨트를 맸으며 하의는 스커트를 입었다. 여름에는 미카와三河 무명 모자를 썼으며 윗옷은 흰색 원단에 하늘색 격자무늬로, 하의는 동복과 같은 스커트였다.

[그림39] 도요하시 시립 고등여학교의 동복
『제27회 졸업 기념』 도요하시 고등여학교, 1931년 3월 (필자 소장)

동복은 다이쇼 말기에 전국적으로

볼 수 있었던 버스 안내양

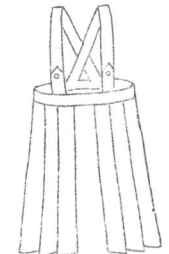

[그림 40-1] 아이치현이 제정한 세일러복

[그림 40-2] 아이치현이 제정한 스커트

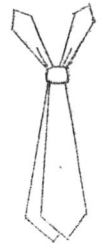

[그림 40-3] 아이치현이 제정한 넥타이
『愛知県公報』519호, 1932년 1월 26일 휘보.
(아이치현 공문서관 소장)

형태였기 때문에 학생들의 평판이 좋지 않았다. 하지만 도요하시 고녀는 카키색 란도셀을 멨기에 시내에서는 참신한 디자인으로 보았던 듯하다. 이 특징적인 교복은 1932년 아이치현의 교복 통일 통지를 받아 세일러복으로 디자인을 변경하게 된다. 다만 도요하시를 제외하면 대부분의 고녀가 1932년 6월까지 자주적으로 세일러복을 제정하거나 개정했기 때문에 결과적으로 아이치현의 방침은 세일러복의 규격과 원단을 통일한 것뿐이었다.

나고야 깃은 언제부터?

아이치현의 세일러복 깃은 간토에 비해 크다. 나고야 깃은 깃의 폭이 어깨너비이며, 깃의 선은 직선으로 하단은 배꼽까지 내려온다. 깃의 위아래 길이가 길기 때문에 가슴 덮개가 반드시 붙어 있다.

1921년 10월에 제정된 긴조 여학교의 세일러복을 보면 V자 형태로 흰색 선이 직선으로 나 있음을 알 수 있다. 후대에 비해 깃의 어깨 부분부터 하단까지의 면적이 작지만, 간토와는 다른 나고야 깃의 특징을 보여 주고 있다. 아이치현에서는 나고야 깃을 '긴조 깃'이라고 불렀는데, 이 깃의 형태를 최초로 도입한 것이 긴조 여학교임을 생각해 보면 납득할 수 있을 것이다. 이 나고야 깃은 고우 고녀의 1927년과 1928년도 졸업생에게서도 볼 수 있는데, 두 해 모두 간토 깃 등과 혼재되어 있어 깃의 어깨 부분에서 하단까지의 면적이 작다. 깃의 형태는 학생들의 취향을 따른 것이었다고 생각된다.

그러나 1937년에 중일 전쟁이 개전하고 무명 대신 스테이플 섬유가 장려되자 간토 깃처럼 면적이 작은 형태가 많아진다. 제8장에서 다시 논하겠지만, 1941년에 문부성이 숄 칼라[14] 깃 표준복을 제정했음을 생각해 보면 전시 상황에서 천을 많이 사용하는 나고야 깃의 보급이 어려웠다고 할 수 있다. 그리고 실제로 태평양 전쟁 기간과 종전 후의 혼란기에는 나고야 깃을 볼 수 없다. 나고야 깃을 다시 볼 수 있게 된 것은 전쟁이 끝나고 수년이 흐른 후였다. 세토 고등학교(세토 고녀에서 개칭)의 1950년도 졸업 사진에는 흰색의 간토 깃과 함께 나고야 깃을 볼 수 있다. 비호쿠尾北 고등학교(니와丹羽 고녀에서 개칭)의 1951년부터 1953년 사이에 촬영된 단체 사진을 보면 흰색의 간토 깃 사이에 나고야 깃을 여러 명 확인할 수 있다. 이누야마 고등학교(이누야마 고녀에서 개칭)의 1955년 수업 풍경과 요모 고등학교(요모 고녀에서 개칭)의 1956년 수업 풍경을 보면 모두가 나고야 깃을 착용하고 있다.

 이를 보면 전쟁 전의 나고야 깃에 비해 어깨부터 하단까지의 깃의 면적이 커져 있음을 알 수 있다. 이 상황 증거로 분석해 보면 오늘날 일반적으로 나고야 깃이라 알려져 있는 형태는 태평양 전쟁 종전 후에 옷감 공급이 회복되고 전국적으로 학교 교복이 부활하거나 새로운 교복을 제정했던 시기에 도입되었다고 볼 수 있다. 다시 말해 아이치현의 세일러복은 옷깃과 선의 경우 긴조 여학교, 흰 옷깃은 아이치 제1 고등 여학교에서 갈라져 나왔음을 지적할 수 있다.

14 원문은 수세미(식물)를 뜻하는 "헤치마ヘチマ". 번역에는 보다 이해가 쉬운 '숄 칼라'라는 표현을 사용했다. ― 옮긴이 주.

제4장 세일러복으로 통일하고자 했던 현

야마구치현

야마구치현 고녀의 양복화

야마구치현에서 처음으로 서양식 교복을 제정한 것은 우베宇部의 세이비 고녀이다. 야마구치 현립 조후 고녀의 기념지에서는 "여학교에서 양복을 교복으로 지정하는 움직임은 1920년 우베의 세이비 고녀가 채용한 이후 현 내의 고녀로 퍼져 나갔고, 본교의 개정과 전후하여 다수의 학교에서 같은 디자인의 형태를 가진 교복을 입기 시작했다"라고 말하고 있다.[15] 1920년의 교복은 군청색 서지의 비로드 테일러 칼라 상의이며, 머리에는 다이코쿠보시를 쓰고 있다. 1921년 여름에는 무명으로 흑백 격자 무늬의 교복을 제정했다. 그 후 우베 촌립 세이비 실과 고녀는 우베촌이 1921년 11월에 우베시市가 되면서 우베 시립 실과 고녀로 변경되었고, 1922년 4월에 우베 시립 우베 고녀가 되었다.

[그림 41] 우베 촌립 세이비 실과 고등 여학교의 1920년 제정 교복.
『야마구치현 우베 고등학교 연혁사』야마구치 현립 우베 고등학교, 1959년.

15 『長府高等學校60年史』, 山口縣立長府高等學校, 1972, 98쪽.

당시 교사는 "채용 후 2년째가 되었을 때, 이 교복을 입은 학생들을 데리고 긴키[16]로 여행을 갔던 적이 있다. 각 곳마다 만났던 전국의 수많은 여학생 중에는 각자 선호하는 스타일의 양장도 보였지만, 거의 대부분은 긴 소매에 모직 하카마라는 예쁘고 바람직한 복장이었다. 그들과 만날 때마다 놀라는 눈빛을 계속 보았고, 개중에는 웃거나 비웃는 눈초리도 있다고 했다. '안내양 같은데…' 라는 둥, 여관에 도착한 학생 일행 중 몇몇은 조금 쑥스러워했다. 안타깝고 미안하기도 했다. 첨단을 걷는 이는 언제나 주목과 관심의 대상이 되는 것을 피할 수 없는 법이다"라고 회상하고 있다.[17]

[그림 42] 야마구치 현립 우베 고등 여학교의 동복
『제16회 졸업 기념』 야마구치 현립 우베 고등 여학교, 1932년
(야마구치 현립 우베 고등학교 소장)

1921년에 긴키 지역에 수학여행을 갔을 때, 주위에서 느껴지는 호기심 어린 시선을 받고 또 안내양처럼 생겼다고 비웃음을 당했다. 이 교사가 말하는 바와 같이 "안타깝고 미안하기도 했다. 첨단을 걷는 이는 언제나 주목과 관심의 대상"이 된 것은 틀림없었다. 그것은 시간이 해결해 주겠지만, 버스의 차장처럼 생겼다는 말이 없어지게 하기

16 近畿. 오사카와 교토, 효고, 나라, 와카야마, 미에현을 총칭하는 명칭. ― 옮긴이.
17 『かたばみ 山口県立宇部高等学校創立50周年沿革史』, 山口県立宇部高等学校, 1969, 25쪽.

위해서는 디자인을 다시 검토할 수밖에 없었다.

'복식 교육'의 효과를 가져온 도요우라 고녀의 세일러복

도요우라 군립 도요우라豊浦 고녀는 1923년에 현립으로 이관되어 야마구치 현립 조후 고녀로 개칭되었다. 야마구치 현립 조후 고녀가 현립으로 이관된 것은 "일대 경사"였으며 서양식 교복은 바로 새로운 전환점이었다. 하지만 그렇게 기록한 곳은 조후 고녀밖에 없었다. 야마구치현에서 1923년, 군립에서 현립 고녀가 된 해에 후카가와 고녀와 이와쿠니 고녀, 구카 고녀가 양복화를 실시했다. 이와쿠니 고녀는 세일러 옷깃이었지만 후카가와 고녀와 구카 고녀는 다이코쿠보시를 쓰는 버스 안내양형이었다. 다만 이들 모두가 현립 고녀로 승격했기 때문에 서양식 교복을 채용했다는 증거는 없다.

서양식 교복은 1922년부터 검토되기 시작했다. 조후를 시작으로 야마구치 지역의 포목점에 양복의 견본 제작을 위탁했고, 그해 말의 직원 회의에서 조후의 기야木屋 포목점의 서양식 교복을 채용했다. 이 교복은 열린 깃의 테일러 칼라 상의에 단추가 세 개 있고 벨트를 매는 것이었다. 벨트의 중앙에는 학교의 휘장이 각인되어 있다. 스커트의 주름은 상부에만 있었다. 하복의 경우 무명 상의를 착용했다. 이 교복은 학생 사이에서 호평을 받아 1923년에는 1학년뿐만 아니라 2학년 이상의 학생들도 적극적으로 입었다고 한다. 1924년부터는 교복을 고안했던 기야 포목점에 더해 야마구치시의 반다이万代 양복점, 무라타村田 양복점이 분담해서 판매했다.

그러나 이 교복은 오래가지 않았다. 1927년에 세일러복으로 개정되었기 때문이다. 이 세일러복에는 진홍색 선 세 줄이 있었는데 1935년에 흰 선으로 변경되었다. 또한 예전에 테일러 칼라 상의를 입었을 때는 밀짚 모자를 썼지만 세일러복이 된 후로 겨울은 군청색, 여름은 흰색 모직물 모자로 바뀌었다. 세일러복으로 개정한 이유는 테일러 칼라 상의를 입고 수학여행을 가면 사람들이 버스 안내양으로 착각해서 불쾌했던 학생이 많아졌기 때문이었다. 새로운 교복을 체험한 학생은 세일러복에 대해 "밴드로 단단히 쥔 것보다 착용감이 좋고 편한 기분이 들었다"라고 말한다.[18] 조후 고녀 학생들도 수학여행지에서 기분이 좋지 않은 경험을 했지만, 세일러복으로 바뀌니 그런 일이 없어졌고 허리에 벨트를 맨 테일러 칼라 상의보다 착용감도 좋았다.

세일러복의 효과는 그뿐만이 아니었는데, 이는 학생들 스스로가 재봉을 할 수 있는 기회가 주어졌다는 의미이기도 했다. 1928년에 입학한 학생에 의하면 세일러복과 모자, 체육복과 체육모는 철에 따라 옷을 갈아입을 수 있도록 각자 준비했다고 한다. 또한 "처음으로 재봉틀을 밟는 것부터 연습했고, 그렇게 완성된 옷이 조금 못생겼더라도 상급생들과 같은 하복으로 등교할 수 있었던 그날의 감격과 부끄러움, 무엇이든 할 수 있다는 자신감과 자랑은 실로 교육적 의의가 깊었습니다"라고 언급한다.[19]

1933년의 신입생들을 위해서 4학년이 동복 상의를, 3학년이 하복 상의를 재봉했다고 한다. 당초에는 각자 만들었지만 1929년부터 8년 사이에 상급생이 신입생 교복을 재봉하는 것으로 바뀌었다. 이미 제2장에서 언급했지만, 제작하기 쉬운 세일러복은 '복장 교육'에 적합했다.

---

18 『長府高等学校60年史』, 101-102쪽.
19 『殊の光』70周年記念号, 山口県立長府高等学校古都の浦同窓会, 1980, 34쪽.

여자 가쿠슈인을 모방한 시모노세키 고녀

1923년 4월부터 세일러복을 입기 시작한 곳은 시모노세키 고녀이다. 전해 가을부터 재봉과 가사 수업을 담당했던 교사인 모리야마 시마森山シマ와 시미즈 후지노清水フジノ, 사토 지요佐藤千代, 미와 미요코三輪ミヨコ, 히라하라 야스平原ヤス가 여러 번 협의했고 모리야마 시마가 도쿄에서 조사를 실시했다. 그들은 교복 중에서 여자 가쿠슈인 학생들이 입는 세일러복을 모방하고자 했다.

여자 가쿠슈인의 세일러복에 대해서는 이미 언급했는데, 여자 가쿠슈인이 표준복을 지정하여 보증인에게 통지한 것은 1925년 6월이었다. 하지만 그 이전부터 양복의 착용은 인정되어 왔으며 어떤 학생은 흰 선이 들어간 세일러복을 입고 통학하기도 했다. 같은 학교의 유치원에서도 세일러복을 입는 유치원생이 적지 않았다. 그러한 세일러복이 모리야마 시마의 눈에 띈다.

[그림 43] 시모노세키 고등 여학교의 세일러복
『100년의 발걸음』 야마구치 현립 시모노세키 미나미 고등학교, 2006년

하지만 역시 여자 가쿠슈인과 디자인을 동일하게 할 수는 없었기 때문에 옷깃의 흰 선을 짙은 적갈색으로 바꾸고자 했다. 이에 따라 히가시나베마치에 있었던 도미타冨田 양복점에 시제품을 부탁했다. 1923년 4월 13일에 제정된 세일러복은 옷깃과 소매, 가슴 부분에 짙은 적갈색 선 두 줄이 들어갔고 넥타이는 같은 색의 나비매듭으로 폭이 넓었다. 스커트에는 스물여덟 개의 주름이 들어갔으며 검은

무명 양말에 검은 가죽 구두를 신었다.

도미타 양복점에서 동복을 한 벌 주문하는 데 18엔, 여기에 구두 가격을 더하면 20엔을 가볍게 넘었다. 가격이 비쌌기 때문에 반대하는 학부형도 있었지만 학교는 4년간 기모노를 입는 것보다 세일러복이 저렴하다고 설득했다. 원래는 날마다 하오리를 바꿔 입는 학생도 있었고 사치를 겨루는 풍조도 있었는데, 세일러복에는 이러한 경쟁을 억제하는 효과가 있었다. 여름 세일러복은 흰 무명으로 지어 옅은 군청색 옷깃에 흰 선 두 줄이 들어간 것이었으며, 미와 미요코의 지도 아래 학생들이 재봉했다.

1923년도의 본과 4학년생과 실과 2학년생은 졸업이 가까운 시기이기도 해서 세일러복 착용을 강제하지는 않았다. 이해의 졸업 사진을 보면 123명(본과 96명, 실과 27명) 중 세일러복을 입은 학생은 49명(본과 45명, 실과 4명)이었다. 요컨대 제정된 해에 이미 약 40퍼센트 정도의 졸업생이 입고 있었다는 점에서 세일러복이 얼마나 인기가 많았는지 엿볼 수 있다. 이는 여자 가쿠슈인을 모방한 것이기에 흑백 사진에서도 빼어난 디자인을 확인할 수 있다. 실제로 그 학교의 기념지를 보면 수학여행지에서 불쾌한 경험을 했다는 소감은 없다.

호후 고녀는 '촌스럽다'라는 이야기를 듣지 않는 교복을 원했다

호후 고녀는 기모노에 하카마 스타일이 운동하기에 불편했기 때문에 1925년 여름에 세일러복을 도입했다. 그런데 지역 주민들 사이에서는 "그런 양복이 입고 싶으면 미국에나 가 버려"라는 비판을 하는 사람이 적지 않았다.[20] 이러한 비판의 목소리를 뒤로 하고 1926년에는 목걸이와 벨트를 맨 프리 플레어를 교복으로

---

20   『山口県立防府高等学校100年史』, 山口県立防府高等学校, 1979, 519쪽.

삼았고 머리에는 가마솥 같은 모자를 썼다. 이는 당시의 패션 잡지에서 가장 품위 있어 보이는 것을 고른 것이라고 한다. 목걸이와 벨트 색은 1학년의 경우 짙은 적색이었으며 2학년은 모란색, 3학년은 연한 핑크색, 4학년은 연갈색으로 구별했다. 또한 교복은 학생들이 만들었다.

어떤 학생은 "저 스스로도 훌륭하다고 생각할 만큼 큰 호평을 받았습니다"라고 회상하지만, 반면 "촌스럽다"라는 이야기를 듣는 학생도 있었다.[21] 찬반 의견이 갈리는 상황에서 1931년 4월부터 세일러복으로 개정되었다. 동복은 군청색 서지로 옷깃과 소매, 가슴 부분에 흰 선 두 줄이 들어갔고 하복은 종래의 하늘색 무명, 옷깃에는 선이 들어가지 않았다.

야마구치현의 세일러복 통일 방침

야마구치현의 고녀가 세일러복을 통일한 것은 지금까지의 교복에 대한 논문이나 서적 등에서 언급된 바 없다. 『야마구치 현립 호후 고등학교 100년사』는 「학교 연혁 소사」를 근거로 다음과 같이 서술하고 있다.

> 쇼와 7년(1932) 4월부터 야마구치현 내의 여자 중등학교 복장을 통일하여 이하의 방법으로 실시한다.
>
> 1. 동복은 군청색 서지, 세일러형. 단, 상의 옷깃에 흰 선을 넣지 않을 경우 사전에 현의 허가를 받아야 한다.
> 2. 하복 상의는 흰 포플린(스커트는 겨울과 동일한 것을 착용).
> 3. 옷 원단 중에서 동복은 히로시마 피복창에서, 흰 포플린은

---

21   앞의 책, 520쪽.

이와쿠니 기세이도岩国義済堂에서 공급받도록 한다.
4. 위와 같이 현 내에서 통일된 복장은 쇼와 7년(1932) 4월 입학생부터 적용한다.²²

1932년 4월 입학생부터 겨울은 군청색 서지, 여름은 흰 포플린의 세일러복으로 통일하였고, 군청색 서지는 히로시마현의 육군 피복창에서, 흰 포플린은 이와쿠니 기세이도에서 조달하기로 정하였다. 『창립 75주년 기념 야나이柳井 고등학교의 역사』에도 같은 언급이 있지만 여기에 들어간 조문은 약간 다르다.

야마구치현 내 여자 중등학교 교복의 통일에 관한 의견이 나오자마자 1931년 7월에 야마구치시에서 첫 회의가 열렸다. 이듬해 1932년 3월에는 교복 통일의 구체안이 만들어졌고 6월 3일에 야마구치현 훈령 제15호 「야마구치 현하 여자 중등학교 학생 교복 통일의 건」이 통지되었다. 이하는 그 내용이다.

(1) 통일 복장의 원단
  가: 겨울 원단, 겉감, 상의와 스커트는 군청색 서지, 안감, 무명(고마지스ゴマジス)
  나: 여름 원단, 겉감, 흰색 무명 포플린, 스커트는 여름과 겨울이 동일

(2) 양복 형식, 여름과 겨울은 세일러복 형태로 정한다

(3) 재봉
  가: 상의, 소매, 겨울 커프스를 뒤집어 반대로 접은 형식, 긴

---

22 앞의 책, 521쪽.

소매. 여름은 8부 소매로 정한다

옷자락, 뒤집어 반대로 접은 방식으로 한다

주머니, 왼쪽 가슴에 하나를 붙인다

나: 스커트, 스커트는 어깨에 거는 방식으로 하고
고마지스(무명)를 사용하며, 스커트 주름은 폭 5센티미터를
표준으로 정한다

스커트 주름은 여덟 개를 표준으로 삼아 앞뒤를 동일하게
한다

주머니, 오른쪽 앞의 안쪽에 하나를 붙인다

(4) 원단 공급 장식

현에서 일괄 구매하여 각 학교에 공급

(5) 기타

통일은 본년도 입학자부터 실시, 타 학생은 점진적으로 통일
넥타이와 세일러에 들어갈 선은 학교마다 자유[23]

훈령은 안감 재질과 소매, 주머니의 모양을 세세하게 지정하고
있으며, 똑같은 세일러복을 입으면 타교와 구별이 어렵기 때문에
넥타이와 세일러에 들어간 선은 각 학교마다 자유롭게 정한
것으로 보인다.

야마구치 현립 호후 고등학교와 야나이 고등학교의 기념지에
차이가 있어 야마구치현 훈령 제15호를 찾아보니 야마구치
현립 도서관이 소장하고 있는『야마구치 현보山口県報』1932년
제583호에 수록되어 있었다. 원사료에는 "야마구치 현하 여자

---

23 『創立75周年記念柳井高等学校史』, 山口県立柳井高等学校, 1986, 457쪽.

중등학교 학생 교복 통일의 건"이라는 표제는 없었고 다음과 같이 나와 있다.

    공, 사립 각 여자 중학교 교장
    야마구치현 현하의 여자 중등학교 학생복을 통일하기 위해 아래 사항을 제정하고 명료히 한다. 각 학교가 이하에 따라 교복을 원활하게 통일할 수 있기를 기대한다.

    쇼와 7년(1932) 야마구치현 지사 오카다 슈조岡田周造

    가: 양복 재질
        1. 동복 원단 및 스커트, 군청색 서지
        2. 동복 안감, 새틴 다섯 장
        3. 여름 원단, 흰색 포플린

    나. 양복 형식
    세일러형[24]

세일러복으로 겨울에는 군청색 서지에 안감은 새틴, 여름은 흰색 포플린이라는 심플한 내용이다. 또한 이를 지킨다면 다른 부분에서는 자유로웠음을 알 수 있다. 야나이 고녀와 같이 주머니는 왼쪽 가슴, 어깨에 거는 식의 스커트, 여름은 8부 소매를 반대쪽으로 접는 등의 세세한 지시는 훈령에서 보이지 않는다. 야마구치현에서는 1932년 6월 3일에 세일러복으로 통일하는 훈령이 나와 있었다. 이 훈령이 얼마나 효과를 보였는지는

---

24   『山口県報』1932年訓令第15号(야마구치 현립 도서관 소장).

다음에서 확인해 본다.

야나이 고등 여학교의 경우

야나이 고녀는 1932년 6월에 야마구치현이 교복 통일화 계획을 통지했다고 기록하고 있다. 이 방침으로 인해 학교가 세일러복이 되었을까. 겐로쿠 소매와 산 모양 무늬山印가 들어간 짙은 적갈색 하카마에서 양복이 되었던 것은 1921년부터였다. 동복은 1921년 1월 17일, 하복은 4월 17일에 제정되었다.

동복과 하복 모두 소매에 커프스가 없었으며 벨트를 맨 숄 칼라 양복이었다. 동복은 군청색 고쿠라오리였으며, 옷깃은 짙은 적갈색의 비로드를 달았고 하복은 바둑판 무늬였다. 여기에 다이코쿠보시를 쓰고 옷깃에 나비매듭으로 넥타이를 맸다. 넥타이 색은 1학년의 경우 노란색이었고 2학년은 오렌지색, 3학년은 자주색, 4학년은 녹색이었다. "교장 선생님이 창안한 양복"은 "학부형들도 놀라게 했다"고 한다.[25] 1923년 3월의 졸업생들은 "현에서 최초였던 교복은 고쿠라오리로 만든 기묘한 스타일이었지만 가슴을 펴고 다녔습니다"[26]라고 언급한다. 현에서 최초라는 것은 잘못된 인식이지만, 처음이라고 자부할 만큼 자신이 있었던 모양이다. 반면에 기묘한 스타일이라는 부담감도 있었던 것 같다.

이러한 부담감은 1924년의 4학년 학생이 교장에게 수학여행에서는 하카마를 착용하고 싶다고 말하는 점에서 나타난다. 학생 중 한 명은 "다른 학교 교복은 우리 학교 것을 개량했기 때문에 멋있었습니다. 그래서 이런 옷을 입고 규슈로

---

25 『創立75周年記念柳井高等学校史』, 67쪽.
26 앞의 책, 67~69쪽.

가는 것이 부끄러워서 하카마 착용 허가를 받으러 교장 선생님께 갔던 것이었습니다. (교장 선생님은) 기분이 나빠져서 제멋대로 말하는 사람은 다른 학교로 전학 가라고 화를 내셨습니다. 그래서 바둑판 무늬 교복에 어깨에 메는 군청색 통학용 가방을 메고 여행을 갔습니다"[27]라고 회상한다.

디자인을 제안했던 교장은 학생들의 불평을 듣고 기분이 나빠졌다. 불평을 늘어놓을 거라면 전학을 가라는 것이다. 학생들은 불만이 있으면서도 기묘한 교복을 입고 수학여행을 갈 수밖에 없었다. 당연히 기분 나쁜 일이 기다리고 있었다. 1930년 3월 졸업생은 "그때 다른 여학교의 교복은 대부분 모직 세일러복이었기 때문에 우리는 수학여행 때 줄무늬 옷 언니라고 불리거나 여공으로 오해받기도 했습니다"라고 말한다.[28]

1929년의 수학여행지에서는 많은 고녀가 세일러복을 교복으로 입고 있었다. 이러한 학생들 속에 기묘한 스타일이 섞여 있으면 당연히 눈에 띈다. "줄무늬 옷 언니"라고 불리거나 여공으로 오해받았다면 틀림없이 더 큰 부담감이 생겼을 것이다. 교장만 만족했던 교복은 1930년에 드디어 개정된다. 5월에 제정된 교복은 여름은 흰색, 9월에 제정된 동복은 군청색의 스탠드 칼라 상의에 넥타이를 맨 스타일로, 옷깃의 모양을 제외하면 세일러복에 가까운 디자인이었다.

하지만 이 디자인은 2년밖에 지속되지 않았다. 1932년 6월에 현 내 통일 방침에 따라 세일러복으로 개정했기 때문이다. 야나이 고녀의 세일러복은 겨울에는 군청색에 흰 선, 여름은 흰 원단에 가지 같은 군청색 선을 옷깃과 소매(여름은 없음), 가슴 덮개, 가슴

27   앞의 책, 432쪽.
28   앞의 책, 69쪽.

제4장 세일러복으로 통일하고자 했던 현

[그림 44] 야마구치 현립 야나이 고등 여학교의 동복
(야마구치 현립 야나이 고등학교 소장)

주머니에 두 줄 넣었고, 겨울용 넥타이는 흰색이었으며 여름은 군청색이었다.

1932년의 세일러복은 피복 실습을 겸하여 4학년이 재봉했다. 6월 중순에 작업을 시작하여 7월 4일에 하복이 완성되었다. 이해부터 1학년의 세일러복을 선배들이 만들어 주게 되었다. 1932년의 복장 통일에 따라 야나이 고녀 학생들도 수학여행지에서 동경했던 세일러복을 입게 됨으로써 선배와 후배 사이에 깊은 정을 주고받는 '복식 교육'의 기회가 주어진 것이었다.

야마구치현의 특징

야마구치현의 경우에서 양복화와 세일러복 보급의 흐름을 잘 알 수 있다. 그 순서는 ① 복장 개선 운동의 취지를 실천하는 고녀가 등장하여 ② 그에 따라 교복을 일본식에서 양복으로 변경 ③ 버스 걸 스타일과 세일러복을 비교해 후자를 선택하는 고녀가 증가하기 시작했다는 식이다. 말하자면, 쇼와 천황이 즉위한 1928년에 서양식 복장화를 실시한 고녀는 야마구치현에 존재하지 않는다.

야마구치현에서 야나이 고녀처럼 복장 통일의 영향을 받은 고녀는 어느 정도 존재했을까. 1932년 6월 이후에 세일러복으로 개정한 학교는 야나이 고녀뿐이다. 1923년에 테일러 칼라 상의를 입었던 사립 나카무라 고녀의 경우 이때 세일러복으로 변경했는지 확인할 수 있는 사료가 없어서 알 수 없지만, 이를 더하더라도 대상 학교는 두 곳뿐이었다. 이처럼 야마구치현에서는 현의 통일 지시를 받아 학교가 세일러복을 제정했던 것이 아니었다. 이미 세일러복이었던 각 학교 교복의 규격과 원단을 야마구치현에서 통일한 것에 불과했다.

히로시마현

1933년 히로시마현의 교복 통일

히로시마현에는 야마구치현과 동일하게 확고한 증거 사료가 남아 있다. 히로시마현은 1945년 8월 6일에 미국의 원자 폭탄 투하로 시내는 초토화가 되고 많은 자료가 소실되었다. 히로시마현의 유력 신문인『주고쿠 신문中國新聞』도 예외가 아니어서 전쟁 전의 지면은 국립 국회 도서관이나 히로시마 현립 도서관에도 소장되어 있지 않다.

그러나 히로시마시의 주고쿠 신문 본사에는 1933년 2월 14일자의「여학생의 통일복 결정. 어제 35개교 교장들이 히로시마 고녀에서 대회의」라는 기사가 남아 있었다. 이 기사에 따르면 1933년 2월 13일 오후 1시 반부터 히로시마 고녀의 재봉실에 현

35개 학교의 교장들(신조, 미하라, 고치, 닛쇼칸 각 교장은 결석) 외 이나우치稲內 학무과장, 후지요시藤吉 장학관, 하마다浜田 위생 주사, 도바시土橋 장학관, 육군 피복 공장의 아라하리荒張 피복장과 기사 두 명이 모여 고녀의 교복에 대해 논의했다고 한다.

그 결과 동복은 "옷 원단은 종래대로 피복 공장이 연구, 보급한 것을 채용한다", "색은 군청색으로 한다. 연한 갈색은 이전에 보고한 바와 같이 결점이 있어서 부결", "모양은 세일러형으로 한다. 자유롭게 입자는 의견도 나왔지만 결국 통일하는 것으로 한다. 넥타이 그리고 주름(두 개)은 흰색으로 하고, 옷깃은 이어서 재봉하는 방식으로, 옷단은 뒤집어 접는 방식으로, 소매는 반으로 접어 커프스로, 안쪽에 주머니를 만드는 것으로 한다", 여름은 "원단과 색, 스커트는 동-하 겸용(군청색)으로 하여 모두가 찬성한 흰색 포플린으로 한다", "모양은 세일러형, 세세한 부분은 통상 동복을 기준으로 한 색깔로, 커프스 혹은 주름 색은 재봉 교사 연구회에서 생각하는 것으로 한다"[29]라고 결정되었다.

겨울은 군청색, 여름은 흰 세일러복에 여름과 겨울 모두 군청색 스커트라는 유행을 타지 않는 스타일로, 옷깃의 흰 선 두 줄과 흰 넥타이에 맞춰서 입는 것이 현의 통일 사항이라 할 수 있다. "옷깃은 이어서 재봉하는 방식으로", "옷단은 뒤집어 접는 방식으로, 소매는 반으로 접어 커프스로, 안쪽에 주머니를 만드는 것으로 한다" 등은 주로 '재봉 교사 연구회'의 연구 결과에 따른 것으로 보인다.

육군 피복 공장의 연구 및 알선에 따라 옷의 원단이 결정되었다는 점도 지나칠 수 없다. 연갈색이 좋지 않다는 "이전의 보고"가 있었음은 육군 피복 공장의 연구 성과가 원단이나

---

29   『中國新聞』1933년 2월 14일 조간(주고쿠 신문사 소장).

색을 포함한 통일화를 뒷받침했을 가능성을 배제할 수 없다.
히로시마현에 지부를 두고 있는 피복 협회의 존재도 크다. 아마도 육군 피복 공장과 피복 협회가 히로시마현 학사과에 야마구치현의 교복 통일을 전했고, 히로시마현에서도 동일한 시도를 추천한 것으로 생각된다.

야마구치현에서 동복을 만드는 데 쓸 군청색 서지를 히로시마현의 육군 피복 공장에서 공급받았음은 앞서 언급했다. 만일 호후 고녀만 공급받았다 하더라도 육군 피복 공장이 그 정보를 전달받았음은 분명하다. 그렇게 생각하자면 히로시마현의 통일 방침은 전년도에 이웃 현인 야마구치현을 모방하여 실시했을 가능성이 높다고 볼 수 있다.

이렇게 해서 히로시마현에서는 고등 여학교 교장과 육군 피복 공장, 민간의 '재봉 교사 연구회'가 삼위일체가 되어 교복을 통일시켰던 것이다. 앞서 언급한 회의에 참가한 교장 중에 만약 교복의 세세한 부분에 희망 사항이 있는 교장은 2월 17일까지 히로시마 고녀 교장에게 말해야 했다. 그 희망 사항은 '재봉 교사 연구회'가 연구했다. 다만 양말이나 모자, 그리고 등교 시 신는 구두는 그대로 유지했다. 현에서 통일한 세일러복은 1933년 하복부터 실시되었고 그해의 1학년 학생부터 입기 시작했다. 2학년 이상은 대상에서 제외되었기에 모든 학년이 같은 교복을 입는 시점은 1936년으로 예정되었다. 통일된 세일러복의 재료비는 동복의 경우 7엔 50센, 하복은 80센이었다.

히로시마현의 고시

히로시마 고녀 재봉실의 회의에서 제기된 내용들은 실천되었을까. 이 점을 해명하기 위해 조사한 바에 따르면 1933년 4월 11일에 히로시마현 고시 제573호가 나왔다.[30]

히로시마 현하의 여자 중등학교 학생 피복 통일을 위한 규격을 이하와 같이 고시한다.

쇼와 8년(1933) 히로시마현 지사 유자와 미치오湯沢三千男

동복
가. 상의
  (1) 재질, 군청색 서지 (2) 모양, 세일러 (3) 옷깃, 옷깃 길이는 키의 2분의 1 내외, (4) 커프스, 접은 '커프스'(다만, 산 모양과 비슷하지 않도록) (5) 옷단, 겉으로 접을 것 (6) 주머니, 안쪽 주머니 (7) 부속품, 옷깃과 가슴 덮개, '커프스'에 흰색 선을 두 줄 넣고 '넥타이'는 흰색을 기본으로 하여 재질, 길이, 폭, 매는 방법은 자유롭게 한다

나. 스커트
  (1) 재질, 상의와 동일 (2) 재봉 방식, 주름이 있어야 하며 얼마나 넣을지는 자유로 한다

하복
가. 상의

---

30 『주고쿠 신문』의 기사를 처음으로 다룬 것은 도요하라 시게코豊原繁子의 「女子学生·生徒の制服について」第2報(『東京家政学院大学紀要』6, 1967년 12월)이다. 하스이케 요시하루蓮池義治의 「近代教育史上よりみた女学生の服装の変遷」 4 (『神戸学院女子短大紀要』19, 1986년 4월)와 난바 도모코의 『学校制服の文化史』 (314쪽)는 원자료를 확인하지 않고 도요하라 씨의 서술을 인용하고 있다. 원점에 도달하는 것은 역사 연구의 철칙이다. 또 이 세 사람 모두 히로시마현에서 교복이 통일된 근거로 들고 있지만 신문 기사의 내용을 검토하지는 않았다. 그리고 신문에서 보도된 결과를 행정 문서에서 확인하는 작업도 태만히 하였다.

(1) 재질, 흰 포플린(다만 옷깃과 가슴 덮개, '커프스'는 군청색 서지로 한다) (2) 모양은 재봉상 세일러로 함 (3) 옷깃, 가슴 덮개와 '커프스'의 재봉 방식은 탈착식으로 한다 (4) 부속품은 겨울과 동일

나. 스커트
동복과 동일하다.[31]

이로써 히로시마현에서는 1923년부터 여름과 겨울 세일러복이 통일되었음을 알 수 있다. 겨울은 군청색 서지, 여름은 흰 포플린이 가장 대표적이다. 옷깃과 소매, 가슴 부분에 흰 선 두 줄을 넣었다. 다만 하복의 "가슴 덮개"와 스커트의 "옷단, 겉으로 접어야 한다"의 부분은 세로줄로 지워져 있어 하복에는 가슴 덮개가 없으며 스커트의 끝단을 겉으로 접어야 한다는 지시는 없었던 것으로 보인다.

여학생들이 좋아할 만한 주름은 남겨 두고 그 수는 학교마다 자유롭게 설정할 수 있었다. 또한 넥타이는 흰색이라는 규정이 있었지만 어떻게 착용할지와 재질, 길이, 폭에서 선택의 자유가 있었다. 동복 옷깃의 길이를 키의 절반 정도로 정한 것도 중요한 점이다. 뒤집어서 생각해 보면 목덜미에서 가슴까지 길이의 절반 이상으로 옷깃을 길게 만들었던 학생이 있었음을 알 수 있다.

히로시마현이 교복 통일화를 계획한 이유는 고치 고녀 기념지의 「학생의 복장」 항목에 따르면 "당시는 세계 대공황과 겹치는 심각한 시기였기 때문에 국민의 생활이 고통스러웠고, 언제나

---

31 『広島県報』, 1933年第607号(히로시마현 공문서관 소장).

검소와 절약의 정신으로 살았"기 때문이라 한다.[32] 이로부터 히로시마현에서도 세계 대공황 혹은 쇼와 대공황이라는 경제 문제로 인해 교복의 비용을 줄이고 옷감도 최대한 자투리 없이 사용할 수 있도록 하기 위해 교복과 원단의 통일화를 계획한 것으로 보인다.

히로시마 고등 여학교의 세일러복

이 책의 서문에서 세일러복의 기원에 대해 서술했는데, 거기서 히로시마 고녀가 일본 최초의 세일러복일 가능성이 있다고 언급한 바 있다. 자세한 날짜는 불분명하지만 히로시마 고녀는 1920년에 교복을 제정했다. 90년의 학교 역사를 다루고 있는 『유구한 진실悠久のまこと』에는 동복은 군청색 옷깃에 흰 선 두 줄, 하복은 흰 옷깃에 벨트를 매고 옷깃 언저리에 작은 나비 리본을 단 사진이 실려 있다. 다만 이는 1913년의 체육복과 같은데 그 사진을 교복으로 게재했을 가능성이 있다. 이 학교의 60년사를 다룬 『미나미 아리아케皆実有明 60주년』에서는 이 사진을 1920년이 아니라 "쇼와 초기"라고 하는 등 혼란스러운 부분이 있다. 70년사에서도 어떤 교복이었는지 특정하기 어렵고, 90년사의 연대표에서는 1920년이라고 표기되어 있다.

1920년 수학여행의 단체 사진을 보면 학생 모두가 다이코쿠보시를 쓰고 세일러복 같은 동복을 입고 있다는 점에서 60년사의 기술은 잘못되었다. 하지만 그것이 교복이었는지에 관해서는 의문의 여지가 있다. 1920년에 제정된 교복은 다이코쿠보시를 쓰고 스퀘어 칼라의 앞여밈에 단추가 세 개, 벨트를 맨 스타일이었지 않은가. 그렇게 보자면 1924년의

---

32 『河内高校70年誌』, 広島県立河内高等学校, 1979, 202쪽.

[그림 45] 히로시마 고등 여학교의 1920년 제정 동복
『미나미 아리아케 100주년 기념』 히로시마 현립 히로시마 미나미 고등학교, 2001.

[그림46] 히로시마 고등 여학교의 1927년 제정 동복
『미나미 아리아케 100주년 기념』 히로시마 현립 히로시마 미나미 고등학교, 2001.

수학여행에서 스퀘어 칼라 상의를 입고 있던 것도 납득할 수 있다. 교복이 정비되기까지의 과도기에는 종래의 체육복으로 교복을 대체했던 것일지도 모른다.

그렇게 생각하지 않는 이상 1920년에 세일러복처럼 생긴 교복을 제정했음에도 불구하고 스퀘어 칼라의 동복과 하복 모습의 사진이 찍힌 이유를 찾을 수 없다. 만약에 세일러복 같은 교복이 체육복이 아니라고 하더라도 앞 옷깃 모양이 일반적인 세일러복과 다른 스퀘어 칼라의 형태를 띠고 있기 때문에 긴조 여학교나 후쿠오카 여학원의 세일러복과 동일한 모양이라고 하기는 어렵다. 실제로 90년사인 『유구한 진실』에는 1927년에 "세일러복이 되었다"라고 명시하고 있다. 동복은 군청색으로 옷깃과 소매, 가슴 부분에 흰 선 두 줄이 들어가 있었고 스카프를 넥타이처럼 맸다. 하복은 흰색 원단에 군청색 선, 스카프는 흰색이었다. 1927년에 들어서면 누가 보아도 세일러복이라고 할 법한 교복이 되었다.

히로시마현의 상황

히로시마현에서도 야마구치현과 마찬가지로 버스 안내양 스타일과 세일러복을 비교하여 후자를 선택하는 고녀가 많아지는 상황을 볼 수 있다. 1921년에 세라世羅 고녀는 군립에서 현립으로 승격되었고 1923년에 고잔 고녀로 학교 명칭이 바뀌었다. 이를 계기로 교복도 서양식이 되었다고 하지만 히로시마현에서는 그러한 사례가 여기밖에 없다. 여기서도 현립화와 서양식 교복으로의 변화에 큰 관계가 없음을 확인할 수 있다. 이 교복은 검은색 서지의 블레이저에 벨트를 매고 차양이 넓은 모자를 쓴 것이었다. 1927년 4월에 블레이저가 곡선형에서 신사복 형태의 옷깃으로 변화되지만, 1929년 4월에는 다시 곡선형으로 돌아갔다. 그리고 1930년 4월에 세일러복으로 개정되었다. 동복은 군청색이고 옷깃과 소매, 가슴 부분에 흰 선이 두 줄 들어갔으며 넥타이는 흰색이었다.

후쿠야마 고녀에서는 1924년에 바깥으로 접는 흰색 깃의 블레이저에 벨트를 매고 다이코쿠보시를 착용한 교복을 제정했지만 1925년에 수학여행을 갔을 때 버스 안내양으로 오해받은 이후 학생들의 불만이 커졌다. 그래서 1927년도 입학생부터 세일러복으로 개정하였다. 겨울은 상하 군청색 서지였으며 옷깃과 소매에는 녹색 선 두 줄, 녹색 넥타이를 맸다. 하복은 흰 포플린 상의와 옷깃에 옅은 군청색 선, 하의는 깅엄의 옅은 군청색 체크에 플리츠스커트를 입었다.

요시다 고녀가 1928년에 제정한 세일러복은 옷깃과 소매, 가슴 부분에 흰 선 두 줄이 들어가고 흰 넥타이와 흰 옷깃을 착용했다.

하지만 같은 해에 일본식에서 서양식으로 변경한 학교는 여기밖에 없다. 그 이유가 쇼와 천황의 즉위식 기념 사업 때문이라는 말은 없었다.

군마현

세일러복을 향한 군마현의 여정

군마현은 1923년 4월 1일부터 군郡 제도를 폐지함으로써 도미오카와 안나카, 그리고 아가쓰마가 현립이 되었고, 정립町立 학교인 다테바야시, 오타, 이세하라, 후지오카, 시부카와, 누마타가 실과에서 본과가 되어 현립 고녀가 되었다. 원래 현립 고녀는 다카사키, 마에바시, 기류 고녀밖에 없었지만 앞의 학교들이 추가되어 열두 곳으로 늘었다. 다만, 군마현 여학교의 양복화는 군 제도의 폐지와 무관하다.

군마현 여학교의 양복화는 기류 고녀가 1923년 4월에 양복 착용을 허가한 것이 처음이었다. 1926년의 수학여행에서는 열 명의 학생이 세일러복을 입었으며 세일러복은 학생들 사이에서 자발적으로 퍼져 나갔다. 1928년 동복은 군청색 서지로 옷깃과 소매에 검은 선 두 줄, 하복은 옅은 군청색의 깅엄으로 옷깃과 소매에 흰 선이 들어간 세일러복으로 바뀌었다. 그리고 1929년에는 일본식 복장을 입는 학생이 없어졌다.

오타 고녀는 1925년에 곡선형 옷깃의 재킷과 점퍼 스커트를 교복으로 삼았다. 다만 학생들은 "큰 곡선형 옷깃의 상의가 만들어졌다. 상의 위로 학교 휘장이 들어간 벨트를 매고 다녀서 그런지 승합차의 안내양처럼 생겼다고 우리를 보고 비웃었다. 좋은 모양이라고 말하기에는 좀 그랬다"라며 불만을 가졌기에[33]

학부형도 교복을 개정할 것을 요구했다. 1932년 1월, 학교는 교복 개정에 관한 위원회를 소집하여 세일러복으로의 개정을 결정했다. 동복은 군청색으로 옷깃과 소매, 가슴 부분에는 흰 선 두 줄, 하복은 흰색 원단으로 하였다. 넥타이의 경우 1학년과 2학년은 짙은 적색이고 3학년과 4학년은 하늘색이었는데, 이 색으로 학년을 구별했다.

마에바시 고녀는 1925년 4월에 양복 착용을 허가했고 9월부터는 원피스 또는 투피스 착용을 의무화하였다. 하복은 하늘색 혹은 회색 무명 원단으로 검은 벨트를 맸고, 동복은 군청색 서지로 스커트에 흰 선이 두 줄 들어갔다. 그런데 학교는 이 과정에서 "새롭게 제작한다면 세일러복"을 추천하고 있다.[34] 동복은 군청색 서지, 여름은 깅엄에 검은 새틴 넥타이를 매고 스커트에 흰 선 두 줄이 들어간 세일러복이었다.

앞에서 언급한 세 학교의 세일러복 가격은 알 수 없지만 1927년 4월에 시부카와 고녀가 제정한 세일러복은 9엔 90센이었다. 여기에 외투가 16엔 50센, 구두가 9엔에서 6엔 50센이 들어가서 합치면 최소 30엔이 넘었다. 이에 비해 도미오카 고녀는 18엔으로 시부카와 고녀의 두 배에 달하는 가격이었다. 1924년 6월 19일의 교직원 회의에서 결정된 도미오카 고녀의 교복은 이바라키 현립 쓰치우라 고녀에서 전학을 온 여학생의 교복을 모방한 것이었다. 이 학교의 교복은 버스 안내양 스타일 교복과 유사한 블레이저로, 단추가 세 개 있고 벨트를 맨 것이었다.

도미오카 고녀의 교복은 1932년에 세일러복으로 개정되었다. 동복은 군청색 서지로 만들어졌으며 옷깃과 소매에 흰 선이 두

---

33 『太田女子高校50年史』, 群馬県立太田女子高等学校, 1973, 202쪽.
34 『前橋女子高校60年史』上, 群馬県立前橋女子高等学校, 1973, 314쪽.

줄 들어갔고, 하복은 흰색 포플린으로 옷깃과 소매에 갈색 선 두 줄이 들어간 디자인이었다. 교복을 개정한 이유는 명확하지 않지만 종래의 교복이 세일러복의 두 배에 달하는 가격이라는 것을 고려하면 교복값 부담을 줄이기 위해서였다고 보는 것이 자연스럽다. 다테바야시 고녀는 1926년에 블레이저와 점퍼 스커트를 교복으로 삼았는데, 이것은 도치기 현립 사노佐野 고녀에서 빌려 와 참고한 것이었다. 그러나 이 또한 1933년 3월 20일에 세일러복으로 개정되었다.

아가쓰마 고녀에서는 1931년에 흰 곡선형 옷깃의 하프 코트를 교복으로 제정했지만 1934년에 이르는 동안 군청색의 옷깃과 소매, 가슴 덮개에 흰 선 세 줄이 들어간 세일러복으로 개정되었다. 이 개정을 통해 2학년 이상의 하프 코트와 1학년의 세일러복 스커트에 흰색 선 두 줄이 들어가게 되었다. 이는 1930년까지 착용했던 하카마에 흰 선 두 줄이 들어간 것을 부활시킨 것이었다. 하지만 학생들은 "의사義士가 거사를 벌이러 가는 것 같아서 싫어"라며 평판이 좋지 않았다.[35] 그들이 흰 선을 싫어했던 것은 하카마에 익숙하지 않았음은 물론 다른 학교의 스커트에 무늬가 없었기 때문일 것이다.

또한 그들은 동경의 대상이었던 세일러복의 착용 스타일에도 불만을 가졌다. 어떤 학생은 "짧은 상의와 긴 스커트를 입고 싶었지만 규칙은 상의가 허리까지, 그리고 스커트는 무릎 아래까지라서 유행하는 스타일과 동떨어졌다는 점이 불만이었다"라고 말한다.[36] 여학생들은 짧은 상의와 주름이 많고 길이가 긴 스커트, 그리고 세 가닥으로 땋은 머리를 하는 것이

---

35   『吾妻高校50年史』, 群馬県立吾妻高等学校, 1971, 268쪽.
36   앞의 책, 296쪽.

멋쟁이라고 생각했다.

1933년의 군마현에서 교복 통일의 지시가 있었는가

군마현은 1933년에 교복 통일을 계획했다고 알려져 왔다. 그 근거는 시부카와 고녀의 기념지에 "이때의 현하 현립 고녀 학생들의 복장은 모두 수병형으로 통일되었다"라고 써 있기 때문이다.[37] 하지만 오타 고녀가 1933년에 세일러복으로 개정한 것은 군마현의 지시가 아니라 전부터 학생들이 희망했기 때문이었다. 시부카와 고녀를 제외하면 1933년에 세일러복으로 통일되었다는 서술은 어느 고녀에서도 찾을 수 없다. 이러한 경우, 고녀에 지시를 내린 군마현의 문서가 결정적이다. 이 점은 야마구치현이나 히로시마현에서도 확인했다. 그렇지만 군마 현립 문서관에서 이에 해당하는 문서는 발견되지 않았고,『군마현보群馬県報』에서도 훈령이나 고시를 내린 흔적은 발견되지 않았다.

고시가 있었음을 단언하기 위해서는 시부카와 고녀의 기념지뿐만 아니라, 그 증거인 전달 문서도 필요하다. 1933년에 세일러복을 제정한 것은 기류 고녀, 오타 고녀, 아가쓰마 고녀 세 곳뿐이다. 오타 고녀는 학생들의 희망이라는 직접적인 이유가 있었으므로, 만일 군마현의 지시가 실제로 있었다 할지라도 그에 따라 세일러복으로 변경한 학교는 기류 고녀와 아가쓰마 고녀뿐이다.

군마현 세일러복의 특징

안나카 고녀의 사료에서는 군마현 세일러복의 특징이 잘

---

37 『渋女60年誌』, 群馬県立渋川女子高等学校, 1981, 144쪽.

드러난다. 이 학교는 원래 하카마 옷단에 흰 선 두 줄을 넣었는데 이는 1929년 6월에 세일러복으로 변경된 이후에도 이어졌다. 흰 선 두 줄은 "투명한 우스이강의 흐름"[38]의 형태를 묘사한 것이었다.

 1929년 4월에 입학한 학생은 "입학식에서 돌아왔던 저는, 지금은 돌아가신 어머니와 둘이서 이 흰 선을 긴 시간 동안 꿰맸습니다. 얼마나 즐겁고 기쁜 작업이었는지 지금도 기억에 남아 있습니다"라고 말한다. 세일러복으로 개정된 후에는 "처음으로 양복점에서 치수를 재서 교복을 만들었습니다. 자, 이제는 세일러복을 입고 통학하네요. 너무나 기쁜 마음이 들면서도 동시에 조금 부끄럽기도 했습니다", "통학은 물론 어디에 가든 무엇을 하든, 교복과 함께했던 여학교 생활이었습니다", "1933년 3월 17일, 이제 이 교복과 작별입니다. 헤어지기 어려워 한동안 스커트의 선을 떼어낸 후 입었습니다"[39]라고 쓴다.

 군마현 내에서는 스커트의 옷단에 하카마 시대와 같이 흰 선을 넣는 학교가 존재했음을 알 수 있다. 군마현에서는 다테바야시 고녀, 이세사키 고녀가 흰 선 한 줄, 안나카 고녀와 아가쓰마 고녀가 스커트의 끝단에 흰 선 두 줄을 넣었다. 이러한 특징은 다음 제6장에서 언급될 홋카이도만큼은 아니지만 간토 지방에서는 지바현에서나 조금 보일 뿐이다.

미야기현

---

38 원문은 "清き碓氷川の流れ". 맑고 투명하며 아름다운 모습을 의미한다. ― 옮긴이.
39 『安中高校の60年』, 群馬県立安中高等学校, 1980, 77쪽.

미야기현의 세일러복화

　현의 첫 고녀였던 미야기 고녀는 미야기현에서 처음으로 양복화를 한 학교였다. 미야기 고녀는 1922년에 서양식 복장의 시제품을 다수 만들고 이듬해 1923년 4월부터 서양식 복장 착용을 추천했다. 1923년 7월 2일 기록을 조사해 보면 전 학년 650명 중에서 구두를 신었던 학생이 350명, 양복 착용자가 200명이었다. 세일러복으로는 1925년에 개정되었다. 동복은 군청색 옷깃과 소매에 선이 들어가지 않았으며 나비넥타이를 맸고, 하복은 흰 원단에 옅은 군청색 옷깃과 주름이 열여섯 개 들어간 스커트였다.

　이에 비해 미야기현 제3 고녀는 1924년에 점퍼 스커트, 겨울에는 동일한 스커트에 벨트를 단 상의를 입는 교복이었는데, 1929년에 상의에 단추가 달린 곡선형 옷깃으로, 1930년에는 블레이저로 개정되었다. 이와 비슷하게 후루카와 고녀는 1927년 12월 3일에 블레이저 교복으로 개정되었다. 이들 학교는 전국의 주요 여학교 80곳에서 정보를 수집한 결과 90퍼센트가 세일러복을 착용하고 있음을 파악했다. 학생들은 세일러복을 아름답다고 생각했지만 교사는 블레이저를 지지했다.

　이는 당초에 서양식 교복에 버스 안내양 같은 벨트를 단 블레이저를 선택했던 학교가 적지 않았기 때문일 것이다. 하지만 이러한 학교도 수년 후에는 세일러복으로 개정했음을 이미 언급한 바 있다. 후루카와 고녀도 예외가 아니라서 1935년의 사진을 보면 학생들이 가는 리본을 맨 세일러복을 입고 있다. 1926년에 미야기 제2 고녀, 1928년에 센다이 고녀, 도키와기 학원 고녀, 1929년에 이시노마키 고녀, 1930년에 시로이시 고녀, 도메 고녀, 쇼케이 여학원, 1932년에 가쿠다 고녀가 세일러복을 제정했다. 이에 비해 세일러복이 아닌 학교는 1929년에 숄 칼라 상의를 교복으로 정한 와쿠야 고녀, 스탠드 칼라 상의를 교복으로 삼은 와카야나기 고녀, 1931년에 블레이저를 교복으로 삼은 미야기 여학교뿐이다.

미야기현은 1935년에 세일러복으로 통일되지만 그 이전부터 열다섯 곳 중 아홉 곳이 세일러복이었다(착용률 60퍼센트). 세일러복의 규격을 통일할 경우 경제적으로 개선할 수 있다고 판단했던 것으로 보인다.

여자 중등학교 학생 표준복 규격

아이치현이나 야마구치현과 동일하게 미야기현의 교복 통일에도 피복 협회가 관여했다. 이는 미야기현 학무부 교육과 시학관視學官인 나카무라 가쓰中村勝衛가 중심이 되고 피복 협회 주사인 미토쿠 도쿠지로三德德次郎가 상담에 응하는 방식으로 추진되었다. 1935년 3월 23일에 나온 미야기현의 「여자 중등학교 학생 교복 예산 계산서의 건」이라는 공문서에서 따르면 도쿄의 육군 개행사[40]가 아이치현과 후쿠오카현 등의 고녀에서 지정된 통일 규격의 교복 예산서를 오사카로 문의했으며, 피복 협회의 공장인 아이치현 쓰시마 요코이橫井 모직물 공장에서 미야기현 학무과 쪽으로 예산서를 보냈음을 알 수 있다.

미야기현에서는 1935년 3월 31일에 세일러복의 규격이 제시되었다.

가: 모자, 학교장이 제정하는 것에 의함

나: 정복

40 偕行社. 구 일본 육군 장교단과 사관 후보생 등의 친목과 상호 부조, 학술 연구 조직이었다. 오늘날에는 육상 자위대 간부를 정회원으로 유지하고 있으며 2011년에 공익 재단 법인화되었다. ― 옮긴이.

(1) 제작 방식, 수병형
　　　품질, 여름 포플린, 겨울 서지
　　　색, 여름 흰색, 겨울 군청색
　　　학교 휘장, 학교장이 제정하는 것에 의함
　(2) 스커트
　　　제작 방식, 주름치마
　　　품질, 서지
　　　색, 군청색

　다: 구두
　　　제작 방식, 단화
　　　품질, 가죽 또는 고무
　　　색, 학교장이 제정하는 것에 의함[41]

[그림 47-1] 미야기현 제정 세일러복
1935년 미야기현령 제26호
『미야기현 공보』호외, 1935년 3월 31일 (미야기현 공문서관 소장)

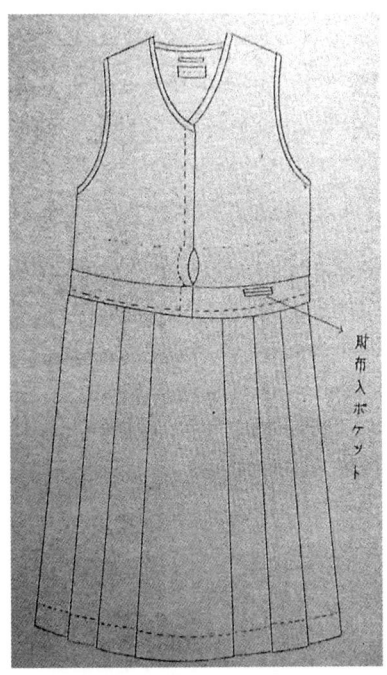

[그림 47-2] 미야기현 제정 스커트
1935년 미야기현령 제26호
『미야기현 공보』호외, 1935년 3월 31일
(미야기현 공문서관 소장)

동복은 군청색 서지(안감은 검은 새틴), 여름은 흰 포플린(안감은 흰색 캘리코 면직)으로, 옷깃과 소매는 하복 또한 군청색 원단에 흰 선 세 줄이 들어가고 리본형의 넥타이(겨울은 검은 새틴, 여름은 명주)를 착용한다. 군청색 서지의 주름치마는 어깨부터 걸치는 형태였다.

여자 중등학교 학생 표준복 규격화의 효과

---

41 1935年宮城県令第26号(『宮城県公報』호외, 1935.3.31. 미야기현 공문서관 소장).

미야기현의 경우, 1935년의 여자 중등학교 학생 표준복 규격화에 따라 세일러복의 디자인을 변경한 학교는 미야기현 제3 고녀와 와쿠야 고녀, 후루카와 고녀, 와카야나기 고녀, 요시다 고녀 다섯 곳이었다. 물론 그전부터 대부분의 고녀에서 세일러복을 제정했다. 하지만 요시다 고녀가 세일러복으로 개정한 것이 여자 중등학교 학생 표준복 규격이 제시되고 5년 뒤였다는 점에 주목할 필요가 있다. 요시다 고녀는 사립이었으며 현의 표준 규격은 공립 학교를 대상으로 한 것이었을 가능성이 있다.

세일러복에 사용되는 선의 색이나 개수, 리본 모양과 색은 자유였다. 가쿠타 고녀는 하복의 흰 옷깃과 흰 선 세 줄을 군청색 옷깃에 흰 선 세 줄로 바꾸었지만 요시다 고녀의 경우 흰 선은 두 줄이었다. 사립인 쇼케이 여학원이 1934년에 개정한 동복은 옷깃에 "회색빛이 도는 군청색" 선 세 줄과 같은 색의 넥타이를 착용했다. 센다이시 제2 실과 고녀는 1937년에 블레이저에서 세일러복으로 개정하였는데 옷깃과 소매, 가슴 덮개에 들어가는 선 세 줄은 검은색이었다. 이는 현 내의 모든 고녀에서 선의 색과 개수, 넥타이의 색을 동일하게 할 경우 어느 학교의 학생인지 구별하기 어려워질 위험을 피하고자 했던 것으로 보인다.

미야기현의 세일러복 보급에서는 다이쇼 시대부터 미야기 제1 고녀와 미야기 제2 고녀가 세일러복을 제정했고 그에 따라 다른 학교에서도 세일러복을 착용하기 시작했다는 점이 중요하다. 여자 중등학교 학생 표준복 규격은 얼마 남지 않은 블레이저 교복의 공립 학교에 세일러복으로 변경할 것을 요구한 결과가 되었지만 세일러복을 현 내에 알리고자 하는 의도는 아니었다.

도치기현

도치기현 여학생들의 간편한 세일러복

도치기 현립 우쓰노미야 고녀가 1931년에 우쓰노미야 제1 고녀로 개칭한 이유는 1928년에 우쓰노미야 시내에 우쓰노미야 제2 고녀가 새롭게 설립되었기 때문이다. 우쓰노미야 제2 고녀는 동복을 사범 학교 교복과 동일한 스탠드 칼라 상의와 열여섯 개의 주름을 곁들인 어깨부터 내려오는 스커트로 제정했다. 후지견으로 된 군청색 넥타이가 사범 학교이며, 짙은 적색의 넥타이가 고녀였다. 하복으로는 연한 회색의 포플린 옷깃과 소매, 가슴 덮개에 흰 선 세 줄이 들어간 세일러복을 입었다. 하복의 세 줄은 장황한 느낌을 주었기에 1931년에 개정되었다.

1933년 4월에 입학한 학생은 "당시 시내의 여학교는 모두 세일러복이었고 제2 고녀만 달랐습니다"라고 언급한다. 도치기현 내에서는 도치기 고녀처럼 세일러복이 아닌 학교도 있었지만 우쓰노미야 시내의 여학생들은 여름과 겨울 모두 세일러복을 입었다. 사범 학교 부지 안쪽에 학교 건물이 있었기 때문에 "항상 셋방살이를 하는 기분이었습니다. 게다가 옷도 비슷했기 때문에 기분이 더 나빠져서 교복을 변경하게 되었습니다"라고 말하고 있다.[42]

이 학생은 우쓰노미야 시내에서 자기들 동복만 세일러복이 아닌 데다가 사범 학교도 아니면서 그와 비슷한 교복을 착용하는 것에 좋은 감정을 느끼지 않았던 것이다. 그녀 혼자 희망한다고 해서 교복이 바뀌지는 않겠지만 아마도 같은 감정을 지닌 학생이 많았던 것으로 보인다. 실제로 1933년에 동복이 군청색 옷깃과

---

42 『33年史』, 栃木県立宇都宮中央女子高等学校, 1961, 256쪽.

가슴 부분에 흰 선 두 줄이 들어간 세일러복으로 바뀌었던 것이다. 후지견의 흰 넥타이는 폭이 넓고 작은 나비매듭이라는, 간사이에서 자주 볼 수 있는 모양을 하고 있다.

우쓰노미야 제2 고녀보다 2년 늦게 세일러복으로 변경한 도치기 고녀의 교복 변경 이유는 다음과 같다.

가. 종래의 교복에 비해 제작에 걸리는 시간이 적고 학생의 재봉 실습에 좋다
나. 사용되는 원단이 비교적 많지 않다는 점에서 가격이 절약된다
다. 이 지역의 여자 소학생들 대부분이 세일러복을 입기 때문에, 이를 고치면 본교의 교복으로 입을 수 있어서 신입생과 보호자에게 학비에 대한 부담을 줄일 수 있다
라. 종래의 교복에 비해 아름다운 모양으로, 중등학교의 여학생용으로 적당하다[43]

[그림 48] 도치기 현립 우쓰노미야 제1 고등 여학교의 1925년 제정 동복 『졸업 사진첩』 도치기 현립 우쓰노미야 제1 고등 여학교, 1933년 3월 (필자 소장)

---

43 『創立80周年記念誌』, 栃木県立栃木女子高等学校, 1981, 104쪽.

[그림 49] 도치기 현립 우쓰노미야 제1 고등 여학교의 1932년 제정 동복 『졸업 사진첩』 도치기 현립 우쓰노미야 제1 고등 여학교, 1933년 3월(필자 소장)

세일러복이 블레이저에 비해 간단하게 재봉할 수 있고 가격도 저렴하다는 '가'와 '나'의 이유는 제2장에서 언급했던 것과 동일하다. 여기서 주목해야 할 점은 도치기현에서는 소학생들도 세일러복을 입어서 이를 재활용할 수 있었다는 점과 세일러복이 블레이저보다 아름다워서 소학생과 고녀생들이 입기에 적당하다고 보고 있다는 점이다.

도치기현의 실태

도치기 고녀의 판단이 옳았다면 1935년까지 현 내에서 여학생들의 교복은 세일러복이라는 가치관이 정착되어 있었다고 할 수 있다. 도치기현 내 고녀의 교복 변화를 통계적으로 분석하면 다이쇼 시대에 블레이저나 점퍼 스커트 등을 제정했던 고녀도 쇼와 시대를 맞이하여 세일러복으로 개정했음을 알 수 있다.

도치기현의 고녀에서 처음으로 양복화를 시행한 학교는 모오카 고녀였다. 1923년 6월 9일에 제정한 표준복은 오픈 칼라에 단추 세 개의 블레이저와 벨트였다. 그러다가 1928년 9월 9일에 세일러복으로 바꾸면서 벨트가 아니라 가슴에 다는 휘장으로 변경되었다. 또한 넥타이 묶음 천이 따로 없었고 오늘날과 같은 식으로 넥타이를 맸다. 도치기현이 1923년에 군제를 폐지함으로써 현립이 된 학교 중 서양식 교복을 수용했던 것은 모오카 고녀뿐이었다. 그 이유는 알 수 없다.

우지이에 고녀는 1923년 9월 16일에 블레이저에 벨트를 매는 교복을 제정했는데, 1928년 11월 21일에 옷깃에 선 두 줄을 넣고 가슴에 휘장을 붙인 세일러복으로 개정되었다. 1935년에는 넥타이를 종래의 가는 끈 형태에서 나비매듭의 형태로 변경하였고 흰 포플린 옷깃에 군청색 덧깃을 착용하는 하복을 제정했다. 가누마 고녀의 교복은 흰 선 두 줄이 들어가고 가슴 덮개가 있는 블레이저였지만 그 후 세일러복을 입어도 되도록 허가했다. 도치기현 내의 고녀에서 세일러복을 택하지 않았던 것은 1934년에 점퍼 스커트에서 하프 코트로 변경한 사노 고녀뿐이다.

무지 세일러복으로는 학교를 구분하기 어렵기 때문에 옷깃이나 소매에 선을 넣거나 넥타이의 색 또는 디자인을 변경했음은 앞서 언급한 바와 같다. 하지만 그것으로도 부족했음을 아시카가 고녀에서 엿볼 수 있다. 아시카가 고녀에서는 1926년 4월 입학생부터 학교 휘장이 달린 벨트를 매고 옷깃에 검은 선 세 줄이 들어간 세일러복을 입었다. 1932년 5월의 개정에서는 군청색 서지의 옷깃과 소매, 가슴 덮개, 그리고 가슴에 흰 선 세 줄이 들어가는 것으로 변경되었고, 전공과는 흰색, 본과는 군청색 넥타이를 맸다. 그리고 1939년 7월에는 옷깃 뒷부분의 좌우 중 한 쪽에 흰 별을 수놓았다. 별의 모양은 현립 고녀의 자부심을 가지고 교외로 나갔을 때도 아시카가 고녀 학생임을 명확히 하려는 목적이 있었다. 세일러복만으로는 어느 학교 여학생인지 구분하기 힘들었던 것이다.

도치기현의 흰 옷깃

우쓰노미야 제1 고녀는 1925년 2월에 블레이저 표준복을 제정했지만 1932년에 세일러복으로 개정하였다. 옷깃 선은 전공과가 흰색, 본과는 군청색으로 구분했다. 세일러복으로 변경한 이유는 교장이 간사이로 출장을 갔을 때 수학여행을 왔던 학생의 흰 옷깃 세일러복을 보고 "청결하고 통일되어서 좋은 느낌"을 받았기 때문이었다. 학생들은 교복이 세일러복으로 바뀌는 것을 기뻐했지만, 흰색 옷깃에는 난색을 보였다. 학생들은 "흰 옷깃은 볼품이 없고 어린애가 입는 것 같다"라고 반대 의견을 거듭 표했다.[44]

여기서 교장이 수학여행을 온 학생들의 세일러복 차림을 봤다고 했는데, 앞서 다루었듯이 오사카에는 세일러복에 옷깃 커버를 착용하는 학교가 많았다. 간사이에서 익숙했던 것이 도치기현에서는 익숙하지 않았기 때문에 바로 수용하기 어려웠던 것이다. 하지만 시간이 지나면서 이러한 의식에 변화가 생겼고 1학년과 2학년 모두가 입기 시작하면서 "특히, 가장 싫어했던 흰 옷깃에 오히려 긍지를 갖기 시작했다"[45]라고 한다.

1937년에 우쓰노미야 제1 고녀의 교사였던 마루야마 쇼고丸山象吾가 모오카 고녀의 교감이 된 후 이 흰 옷깃을 바로 반영했다. 모오카 고녀는 1923년에 가슴 덮개 부분이 있는 오픈 칼라로 세 개의 단추에 벨트를 단 상의와 스커트를 표준복으로 삼았지만, 1928년에는 동복과 하복 모두 세일러복으로 개정했다. 그 세일러복에 현 최초의 고녀인 우쓰노미야 제1 고녀의 흰 옷깃이 들어가게 된 것이었다.

---

44 『90年史』, 栃木県立宇都宮女子高等学校, 1966, 101쪽.
45 앞의 책.

현에서 두 번째 고녀인 도치기 고녀는 1924년에 군청색 서지에 옷깃이 없는 앞트임 형태의 상의와 열여섯 개의 주름이 들어간 점퍼 스커트를 교복으로 삼았다. 1930년에는 블레이저로 개정했고, 1935년에 또다시 옷깃과 소매, 가슴 부분에 흰 선 세 줄이 들어간 세일러복으로 개정했다. 행사 때는 넥타이를 나비매듭으로 맺다. 그리고 1938년부터는 흰 옷깃 커버를 착용하기 시작한다. 그 이유는 중일 전쟁의 영향으로 인해 양모의 수입이 어려워지면서 인조 섬유 혼방이 이루어져 세탁하기 어려웠던 옷깃의 청결을 유지하기 위해서였다.

도치기현의 지시는 교복 통일화라고 할 수 없다

도치기현의 공식 기록인 『도치기 현보』를 보아도 현의 고녀에 흰 옷깃을 달라는 지시를 내린 기록은 없다. 이는 현의 학무과나 고등 여학교 교장 회의에서 결정되었을 가능성이 적음을 의미한다. 또한 교복 통일화에 중요한 역할을 했던 피복 협회의 기록에서도 이를 찾을 수 없다.[46]

도치기현의 고녀에서 흰 옷깃 커버를 통일하여 착용하지 않았음은 가누마 고녀가 소유하고 있는 가누마 고녀와 가누마 실과 고녀의 졸업 사진집을 비교, 검토하면 명확하다. 1941년 3월의 졸업 사진집에서 가누마 고녀의 학생은 흰 옷깃 커버를 착용하고 있지 않지만 가누마 실과 고녀 학생은 모두가 착용하고 있다. 가누마 실과 고녀는 가누마 고녀보다 이른 1927년에 '오사카형' 세일러복을 제정하여 1934년에 옷깃과 소매에 군청색

---

46 난바 도모코 씨는 도치기 고녀의 기념지에 쓰인 것을 그대로 받아들여 도치기현에서 흰색 깃 세일러복으로 교복이 통일되었다고 기술하고 있다(앞의 책 『学校制服の文化史』).

선 두 줄을 넣고, 옷깃 언저리에는 벚꽃과 닻 휘장을 붙였다. 그리고 1936년부터 흰 옷깃 커버를 착용하기 시작했다. 이는 두 학교가 동일한 세일러복을 입었기 때문에 옷깃과 소매의 선 색깔뿐만 아니라 차이를 한눈에 볼 수 있도록 하려는 의도가 있었던 것으로 생각된다.

[그림 50-1] 도치기 현립 가누마 고등여학교의 동복
『졸업 기념』 도치기 현립 가누마 고등여학교, 1941년 3월
(도치기 현립 가누마 고등학교 소장)

[그림 50-2] 도치기현 가누마 실과 고등여학교의 동복
『제27회 졸업 기념』 도치기현 가누마 실과 여학교, 1941년 3월
(도치기 현립 가누마 고등학교 소장)

도치기현에서는 다이쇼 말기[1920년경]부터 1935년 사이에 각 학교의 판단에 따라 세일러복을 제정 혹은 개정했다. 도치기현에서 세일러복의 착용률은 90퍼센트가 넘었으나 사노 고녀만은 세일러복을 교복으로 삼지 않았다. 1924년, 사노 고녀의 동복은 흰 블라우스에 검은 넥타이와 네 개의 단추가 달린

블레이저에 벨트, 하복은 흰 블라우스에 점퍼 스커트를 입었으며 하복과 동복 모두 양말은 검은색이었다. 그것을 1934년 5월 19일에 가는 나비매듭 넥타이에 하프 코트 상의로 변경했지만, 밑에 입는 점퍼 스커트는 그대로였다. 이 점에서 보아도 도치기현이 세일러복에 흰 옷깃을 달도록 통일하지는 않았음을 알 수 있다. 도치기현에서는 세일러복이 자연스럽게 보급되었지만 통일되지는 않았던 것이다.

도야마현

도야마현 고녀의 양장화

도야마현에서 처음으로 서양식 교복을 제정한 것은 1922년에 짙은 군청색 점퍼 스커트를 교복으로 삼은 우오즈 고녀이다. 우오즈 고녀는 하얀 테일러 칼라 상의에 벨트를 착용했다. 지역 신문 『도야마 일보』가 "그 멋진 우오즈 고녀 학생의 양장"이라고 보도하면서[47] 현 내에 서양식 교복의 등장을 알렸던 것이다.

이어서 1923년에 나메리카와 고녀가 동복은 군청색 서지, 하복은 하얀 깅엄 바탕에 하늘색 체크무늬가 들어간 테일러 칼라 상의를, 1924년에 도야마 고녀와 다카오카 고녀가 스탠드 칼라 상의를, 1925년에 이스루기 고녀가 테일러 칼라 상의와 버스 안내양 형태의 교복을 제정했다. 1924년에 옷깃이 하얀 스탠드 칼라 상의를 제정한 후쿠미쓰 고녀는 다카오카 고녀를 따랐다고 한다. 이중에 나메리카와 고녀는 군제가 폐지됨에 따라 군립에서 현립 고녀로 승격한 연도와 겹치는데, 그런 이유로 양복을 정한

---

47 『富山日報』1922년 10월 15일 조간(도야마 현립 도서관 소장).

것인지는 명확하지 않다. 또한 도야마현 내에서는 쇼와 천황의 즉위식이 있었던 1928년에 양장화를 단행한 고녀도 없다.

　세일러복을 처음으로 채용한 것은 1923년에 흰색 옷깃을 달았던 도나미 고녀였다. 1924년에는 넥타이를 나비매듭으로 맸으나 1936년에는 나비넥타이로 바뀌었다. 1937년에는 소매에 하얀 선 두 줄을 넣게 되었다. 이를 이어 1926년에 도이데 실과 고녀(1943년에 도이데 고녀로 개칭)가 세일러복을 제정했다. 동복은 군청색 바탕에 푸른 선 세 줄, 하복에는 흰 선 두 줄을 넣었다.

　우오즈 고녀는 현에서 처음으로 양장화를 시행한 학교였지만 머리부터 발끝까지 검은색이었기 때문에 수학여행지에서 고아원으로 오해를 받거나 까마귀라고 비방을 받기도 했다. 그 때문에 여름만큼은 하얀 양말을 신기로 정했지만 1929년에는 세일러복으로 완전히 개정했다. 동복은 군청색 선 세 줄에 군청색 넥타이와 주름치마, 하복은 하얀 포플린 천에 흰 선, 검은 넥타이였다. 1935년에는 군청색 넥타이가 리본형으로 변경되었다. 이는 도이데 실과 고녀의 세일러복의 영향을 받은 것인지 매우 닮았다.

　히미 고녀는 1933년에 스탠드 칼라 상의에서 세일러복으로 개정했고 다카오카 고녀도 쇼와 10년대[1935～1944]에 세일러복으로 바뀌었다. 1936년에 개교한 도엔 고녀는 옷깃과 소매에 흰 선 세 줄과 흰 넥타이의 세일러복으로 정했다. 이스루기 고녀도 테일러 칼라 상의를 1937년에 세일러복으로 개정한다. 세일러복으로 정한 고녀는 10개 학교 중 7개였으니 착용률은 70퍼센트였다. 다른 현보다 늦기는 했지만 세일러복의 물결은 조금씩 확산되었다.

도야마현이 마련한 표준복

야마구치현은 물론 도야마현에서 교복의 통일화가 시도되었던 것에 대해서는 지금까지의 연구사에서 다루어지지 않았다. 도야마현은 1938년 3월 29일에 「도야마현 중등학교 학생 복제」를 정했다. 여학생의 옷은 군청색 서지의 더블 버튼 블레이저이며, 하복은 하얀 포플린의 앞여밈식 스탠드 칼라로 군청색의 나비형 넥타이를 매었다. 여기에 여름은 흰색 피케 원단으로 된 모자를 쓰고 겨울은 군청색 나사 더블에 벨트가 붙은 외투를 덧입었다.

모든 옷감에는 스테이플 파이버가 30퍼센트 포함되었다. 중일 전쟁이 장기화됨에 따라 불필요한 옷감의 소비를 없애기 위해 스테이플 파이버가 혼합된 통일 규격을 마련한 것이었다. 세일러복은 칼라에 쓸데없는 옷감을 사용한다고 판단했을 것이다. 그렇지만 더블 블레이저가 옷감을 한층 더 낭비하는 느낌이 들기도 한다. 실제로 도야마현이 세일러복으로 통일하지 않았던 데에는 옷감만이 아니라 다른 문제도 있었기 때문이다.

[그림 51-1] 도야마현의 표준복(동복)
『도야마 현보』 1938년,
도야마현 훈령 갑 제8호 (도야마 현립 공문서관 소장)

이를 결정했던 도야마현 고등 여학교 교장 회의에서는, 세일러복이란 미국의 플래퍼Flapper가 수병 생활을 동경하여 흉내 낸 것이기에 우아한 아름다움이나 위생, 경제, 편리성에서 보아 신시대의 여학생에게는 적당하지 않다고 판단했다. 플래퍼란

[그림 51-2] 도야마현의 표준복(하복)
『도야마 현보』 1938년,
도야마현 훈령 갑 제8호 (도야마 현립
공문서관 소장)

1920년대에 자유를 찾아서 복장과 행동으로 관습을 타파하려 했던 젊은 여성을 가리킨다. 요컨대 세일러복은 전통적 관습을 중시하는 품위 있는 여성이 입을 만한 복장이 아니라고 판단했다는 말이기에 놀라울 따름이다.

또한 뒤에서 이야기할 오카야마현과도 겹치는 이야기이지만, 이는 현에서 처음 생긴 도야마 고녀가 세일러복을 교복으로 삼지 않았던 것과 관계가 있는 것으로 보인다. 다른 현에서 버스 안내양 스타일이 급속하게 사라진 것에 비해 도야마에서는 끈질기게 남아 있었다. 도야마현에서 세일러복을 표준복으로 삼지 않았던 것은 세일러복의 보급이 지연된 것과 상관관계가 있는 것으로 보인다.

도야마현은 더블 박스형 블레이저를 표준복으로 삼음에 따라 교복을 새로 만드는 경우에는 블레이저를 추천하고 종래의 세일러복 착용을 금지하려고 했다. 그러나 1941년 4월부터 시행된 문부성 표준복과 마찬가지로 가능한 한 쓸데없는 재단을 없애고 사용할 수 있는 것은 그대로 이용하겠다며 어중간한 운용을 보였다.

시즈오카현

세일러복을 향한 시즈오카현의 여정

시즈오카현에서 서양식 교복 채용이 가장 빨랐던 것은 시즈오카현 조합에서 세운 하이바라 실과 고녀(1927년에 시즈오카 현립 하이바라 고녀로 개칭)이다. 이 학교가 1921년에 제정한 교복은 동하복 모두 세일러복이 아니었다. 같은 해 7월 1일의 직원 회의에서 결정된 디자인은 가는 옷깃에 하얀 바탕 소매, 목 언저리 옷깃에는 리본, 중앙에는 커다란 버튼이 두 개 달렸고 스커트의 옷자락에 흰 선 두 줄을 넣은 것이었다. 하복의 색깔과 소재는 알 수 없지만 동복은 코듀로이 소재에 색깔은 군청색이었던 것으로 보인다. 겨울에는 다이코쿠보시를 썼다.

하이바라 실과 고녀가 급작스럽게 세일러복으로 정하지 않고 다이쇼 시기에나 볼 수 있었던 독특하고 진기하고 기묘한 디자인으로 정했던 것은 제1장에서 인용한 "단번에 지금의 서양식으로 바꿀 만큼의 용기도 없었기에 정체불명의 형식이 사용"되었다는 이유 때문일 것이다. 즉, 이 단계에서는 일본 전국은 물론 현 내의 상황을 본 후 서양식으로 교복을 개정하려 했던 것으로 생각된다.

실제로 하이바라 실과 고녀는 1923년에 세일러복에 가까운 형태로 교복을 변경한다. 10월 24일부터 4학년과

[그림 52] 도야마현 도나미 고등 여학교의 신구 교복 『80년사』
도야마 현립 도나미노 고등학교, 2002년

[그림 53] 하이바라 실과 고등학교의 1921년 제정 동복 『하이바라 고교 100년사』
시즈오카 현립 하이바라 고등학교, 2000년

3학년이 1학년의 교복을 봉제했기 때문에 1924년 4월 신입생이 최초로 세일러복을 입었다. 흰 세일러 깃에 넥타이는 가늘고 긴 형태였고, 스커트의 하얀 선 두 줄은 남았지만 커다란 흰색 단추는 없어졌다. 하지만 이 디자인도 오래가지 않았고 1926년 4월부터 세일러복으로 바뀌었다. 세일러 옷깃이 커지고 넥타이는 리본 매듭이 되었다. 누가 보아도 세일러복이라고 납득할 때까지 5년간 두 번의 개정을 필요로 했던 것이다.

사립 세이엔 고녀가 1923년에 정한 서양식 교복도 세일러복이 아니었다. 이 교복은 테일러 칼라 원피스로 좌우 네 개의 더블 버튼이 달린 것이 특징이다. 초기에는 기본 사양으로 벨트도 맸다. 그러다가 1928년에는 투피스가 되었고 옷깃에 검은 나비넥타이를 매는 것으로 변경되었다. 세일러복에 가까워졌지만 여전히 세일러복은 아니었고 벨트도 남아 있었다. 이 교복은 1932년에 이르러서야 세일러복으로 변경되었으며, 옷깃에는 금색 선을 넣고 검은색 명주 넥타이를 매었다. 최초의 교복에서 9년 동안 두 번의 개정을 거침으로써 겨우 세일러복이 탄생했던 것이다.

시즈오카 현립 미시마 고녀는 1921년에 흑백 체크 상의와 적갈색 스커트에 하얀 선을 두 줄 넣은 개량복을 제정했다. 1923년, 하복은 옅은 회색의 울 옷감과 하얀 바탕에 파란 세로줄 무늬, 동복은 오버코트로 정하고 각각 허리에 학교의 엠블럼이 들어간 버클을 매는 것으로 변경되었지만 이 복장은 학생들에게 평판이 좋지 않았다. 미시마 고녀의 교복은 이후 1934년에 일반적인 곡선 형태의 세일러 옷깃으로 개정된다. 칼라와 소매에 흰색 커버를 붙인 형태였다. 이듬해 1935년에는 뒤쪽 옷깃의 좌우에 별 모양 자수가 들어가게 된다. 시즈오카현에서는 하얀 옷깃을 단 고녀가 여러 학교 있었기 때문에 그들과의 차이를 명확하게 하려 했던 것으로 보인다.

오미야 고등 여학교 학생들의 소망

오미야 고녀는 1925년에 세일러복을 제정했지만 당초의 세일러복은 옷깃의 너비가 좁고 단추가 달린 앞여밈에 벨트를 매는 스탠드 칼라나 테일러 칼라의 버스 안내양 스타일에 가까웠다. 1932년에 '오사카형'처럼 옷깃과 소매를 무지로 하고 가느다란 나비넥타이를 매도록 바뀌었지만 그럼에도 불구하고 학생들에게 인기가 없었다. 어느 학생은 "교복이 세일러이긴 했어도 도쿄에서 전학을 온 사람들의 옷깃은 아주 예쁜데 우리 옷깃은 짧고 멋이 없습니다. 특히 하복의 경우 다른 학교는 하얀색이었는데 오미야 고녀는 하얀색과 회색이어서 서리가 내린 것 같았습니다. 수학여행이나 시즈오카 대표 모임이 있을 때는 교복이 부끄러웠습니다. 세일러에 선을 넣어 주었으면 하는 마음에, 도이土居 교장 선생님의 따님이 동급생이기도 해서 모두 함께 '아버지한테 말해, 이런 교복으로 하지 말라고. 선을 넣어서 다른 학교 세일러복처럼 해 줘'라고 말하기도 했습니다. 딸한테 말해 봤자 소용도 없었겠지만요"라고 회상한다.[48]

하지만 이 설득이 효과를 발휘한 것인지 학생들에게 평판이 나빴던 세일러복의 디자인이 개정되었다. 1934년부터 행사일에는 흰색 명주 나비넥타이를 매게 되었고, 1936년에 세일러복이 개정될 때는 옷깃과 소매, 가슴 덮개, 가슴 주머니에 흰 선 한 줄을 넣고 옷깃 뒤에는 열십자가 교차하는 테두리 장식을 달게 되었다.

무지에서 흰 선으로

시즈오카 현립 후지 고녀가 세일러복을 교복으로 정한 것은 1924년이었다. 이는 학생들이 서양식 교복을 희망함에 따라 재봉 교사가 디자인한 것이었다. 이 세일러복은 재봉 교사의 지도를 받아 학생들이 직접 재봉하여 6월부터 착용했다. 하복 상의는 흰색 무명 캘리코와 포플린, 브로드였고 스커트는 검정이나 군청색 서지로 만들어졌다. 동복은 서지와 모직, 캐시미어로 된 개더 스커트[49]와 검은색 새틴의 옷깃 커버에 가늘고 긴 넥타이를 맸다. 그러나 이 교복을 입기 시작하고 3년 뒤인 1927년에는 주름 여덟 개의 플리츠스커트로 변경되었다. 학생들에게 개더 스커트의 평판이 좋지 않았기 때문이다. 옷깃은 검은색 새틴의 테두리선, 넥타이는 군청색 새틴이 되었다. 1936년에는 동복의 칼라와 소매, 가슴에 흰색 선 두 줄이 들어갔고 스커트의 주름도 많아졌으며, 하복은 흰색 포플린과 브로드 재질에 옷깃도 하얀 바탕이 된

---

48 『桜丘譜―創立100周年記念誌』, 静岡県立富士宮東高等学校100周年記念事業実行委員会, 2006, 145쪽.
49 Gatherd skirt, 허리에 잔주름을 잡아 풍성하게 만든 스커트. ―옮긴이.

데다 하얀 모자를 썼다. 후지 고녀는 학생들의 기호에 맞추면서 세일러복의 디자인을 개량해 갔다.

시즈오카 현립 도모에 고녀는 1922년에 현립 고녀로 승격했는데, 그 전해부터 서양식 교복을 입었다. 동복은 군청색 서지 재질에 상하로 벨트를 매고 흰색 테일러 칼라 상의를 입었으며, 하복은 동일한 형태로 무명에 체크무늬라는 초창기 교복에서 볼 수 있었던 디자인이었다. 그래서 수학여행지에서 안내양으로 오해받았을 때 "도모에 고녀에요"라고 답하면 "무엇을 만드는 공녀[工女, 고녀와 공녀의 일본어 발음은 같다]인가요?"라며 공장의 여공 취급을 받기도 했다.[50] 하지만 1926년에 세일러복으로 변경되면서 더 이상 오해를 사지 않게 되었다. 군청색 서지에 하얀 옷깃을 달고 가늘고 긴 넥타이를 맸으며 스커트의 주름은 더 많아졌다. 하복은 옅은 하늘색 바탕에 하얀 옷깃을 달고 겨울과 동일한 넥타이를 맸으며 모자를 썼다. 1932년에 도모에 고녀에서 시미즈 고녀로 명칭이 변경되자 하얀 옷깃이 없어지고 칼라와 소매, 가슴 덮개, 가슴 주머니에 파란 선 두 줄을 넣게 되었다. 더욱이 1936년에는 옷깃과 소매에 하얀 선 두 줄을 넣고 넥타이도 폭이 넓은 리본처럼 묶는 것으로 변경된다.

두 학교 모두 세일러복의 디자인을 세 번 개정했지만, 가슴에 하얀 선이 있는지의 여부와 넥타이의 색과 형태를 제외하면 두 학교의 동복이 닮았음을 알 수 있다. 정적적인 군청색 세일러복이 무늬가 없는 천에 하얀 선을 넣는 것으로 변화했던 것이다.

초창기 시즈오카현의 세일러복은 옷깃과 소매에 선이 없는 무지가 많았다. 그러나 시간이 지남에 따라 하얀 선이 들어가거나 색깔이 있는 스카프를 사용하는 등 조금씩 진화해 가면서

---

50 『創立70周年記念誌-清流-』, 静岡県立清水西高等学校, 1981, 152~153쪽.

[그림 54] 시미즈 고등 여학교의 동복
『제25회 졸업 졸업 기념』
시즈오카 현립 시미즈 고등 여학교,
1938년 (필자 소장)

[그림 55] 후지에다 고등 여학교의 동복
『졸업 기념 사진첩』
시즈오카 현립 후지에다 고등 여학교,
1938년 3월 (필자 소장)

세일러복의 디자인이 정리되어 가는 것이 특징적이다. 쇼와 천황 즉위식 기념사업으로서 서양식 교복을 제정했던 고녀는 한 학교도 없다. 또 아이치현과 마찬가지로 대부분의 고녀에서 세일러 옷깃에 흰색 옷깃 커버를 붙였다.

중일 전쟁의 장기화에 의한 시즈오카현의 교복 통일

시즈오카현에서는 중일 전쟁의 장기화에 따른 대책으로 교복을 통일했다고 한다. 1939년 1월 29일자의 『부녀 신문婦女新聞』은 1938년부터 연구를 진행하여 이듬해인 1940년 1월에 시즈오카 현립 고녀 14개교 1만 5,000명의 학생에게 통지할 예정이라고 보도하고 있다. 이 방침은 1939년 3월 31일의 시즈오카현 고시 제293호로 공포되었다.[51]

품목	형상	색	품질	비고
모자	(착용 않음)			여름은 하얀색 천(布) 재질 운동모 또는 이와 유사한 것을 사용 가능
학교 상징	해당 학교의 의미를 나타내는 것	학교의 판단에 따름	학교의 판단에 따름	
상의	세일러형	군청색(겨울) 흰색(여름)	스테이플 파이버 서지(겨울) 후타고(二子) 포플린(여름)	
하카마	주름 수 16개가 있는 스커트	겨울 상의와 동일	겨울 상의와 동일	하복 겸용
구두	하이힐이 아닌 단화	검정색	가죽	

　동하복 모두 스테이플 파이버 옷감의 세일러복으로 겨울은 군청색, 여름은 하얀색, 스커트는 동하복 겸용에 군청색으로 규정한다. 옷깃과 소매에는 폭 5밀리미터의 하얀 선(하복은 군청색 선)을 두 줄 넣고, 스커트의 주름은 열여섯 개로 정했으며 하이힐도 금지되었다. 또한 『시즈오카 민우 신문静岡民友新聞』에 게재된 「교복사양서制服仕様書」에 의하면 멜빵 치마와 밴드를 사용했고 넥타이는 군청색 후지견이었음을 알 수 있다.
　시즈오카현에서 세일러복의 통일 규격을 마련한 것은 중일 전쟁의 장기화에 의한 영향이라고 보아도 무방하다. 그것은 국가가 추천하는 스테이플 파이버를 도입했다는 점에 잘 드러나 있다. 1939년의 규정에 따라 시즈오카현에서는 세일러복 착용률이 100퍼센트가 되었는데, 사실 그 이전부터 30개교 중 25개교가 세일러복을 교복으로 삼고 있었다. 이미 83.3퍼센트라는 높은 착용률을 보이고 있었기에 세일러복으로의 통일을 단행했다고

51　「静岡県告示」1939年第293号(『静岡県公報』1939年3月31日, 第3446号, 시즈오카 현립 중앙 도서관 소장).

보아야 할 것이다.

오카야마현

다이쇼 시대 오카야마현의 교복

오카야마 고녀는 오카야마현 내의 고녀에서 최초로 양복을 도입한 학교였다. 1921년 10월에 학생 한 명이 군청색 서지의 양복을 입고 등교했다. 이듬해 1922년 4월에 군청색 서지에 검정색 조개로 만들어진 단추 여섯 개의 스퀘어 칼라 동복이, 그리고 6월에 동일한 형태에 짙은 군청색의 체크무늬 하복이 정해졌다. 1927년 6월에는 나비넥타이의 오픈 칼라 상의로 바뀌었다. 이 스퀘어 칼라 동복은 1925년 6월에 다마시마 고녀와 1927년에 오쿠 고녀, 1929년에 소자 고녀가 도입한다. 이 디자인은 다른 지역에서는 사례가 적은 진귀한 것이었으므로 오카야마 고녀의 영향을 받았던 것으로 보인다.

산요 고녀는 오카야마 고녀보다 1년 늦은 1922년부터 양복 착용을 허가했고 1924년 4월에 군청색 서지 동복과 원피스 하복을 교복으로 정했다. 이바라 고녀는 1922년 6월에 체크무늬 원피스를 하복으로 삼고 이듬해인 1923년 4월에는 숄 칼라와 단추 두 개, 벨트, 다이코쿠보시 조합을 동복으로 정했다. 가사오카 고녀는 1922년에 숄 칼라 상의, 점퍼 스커트, 벨트 조합을 교복으로 정했다. 구라시키 고녀는 1923년 4월의 1학년부터 동복은 군청색 서지, 하복은 옅은 노란색 깅엄의 스탠드 칼라 상의를 입게 되었다. 동복은 하얀 옷깃이었다.

오카야마현의 사례에서도 1922년부터 1923년까지 원피스를 입었음은 물론 종종 버스 안내양으로 오해받았던 스탠드 칼라와 숄 칼라의 상의에 벨트를 매고 다이코쿠보시를 쓰는 스타일이었음을 확인할 수 있다. 오카야마현에서 이른 시기에 등장한 이 교복 디자인은 그 후로도 계속해서 서양식 교복을 채용하는 학교에 영향을 주었던 것으로 보인다.

오카야마현의 경우 정면에서 보면 세일러복과 같지만 실제로는 숄 칼라인 것이 적지 않다. 스퀘어 칼라의 상의와 벨트는 1924년 6월에 가쓰마다 고녀가 도입했다. 1925년 3월에 준세이 고녀는 숄 칼라 상의와 벨트, 같은 해 슈지쓰 고녀가 숄 칼라의 원피스, 그리고 같은 해까지 류오 고녀가 숄 칼라 원피스를 각각 교복으로 삼았다.

세일러복의 경우, 1924년 6월에 하야시노 고녀와 1925년 2월에 쓰야마 고녀가 세일러복을 교복으로 정했다. 1922년에 개교한 와케 고녀는 1924년까지 테일러 칼라의 상의를 입었지만 1926년에 세일러복으로 개정했다. 오카야마현의 흐름으로부터도 알 수 있듯이, 간토 대지진 이전에 양복 착용 허가 및 서양식 교복이 제정되었으며, 원피스와 다이코쿠보시, 벨트를 맨 버스 안내양 스타일이 먼저 도입되고 그것보다 약간 늦게 세일러복이 등장했음을 알 수 있다.

버스 안내양형에서 세일러복으로

구라시키 고녀는 1928년 4월에 현립으로 승격하면서 교복이 세일러복으로 개정되었다. 1930년 3월에 졸업한 학생은 그 전해인 5학년에 "도쿄 여행"을 갔을 때 숙박했던 에노시마[江の島. 가나가와현의 관광지로 만화 『슬램 덩크』의 공간 배경으로 유명하다]에서 "'당신들은 어느 회사 버스 안내양입니까'라는 질문을 받고 약간 화가 났습니다"라고 회상한다.

이에 덧붙여 "모자가 다이코쿠 님[52]이 쓴 모자와 비슷하기도

[그림 56] 오카야마현 제1 오카야마 고등 여학교의 동복
『본과 제37회 졸업 기념』
오카야마현 제일 오카야마 고등 여학교, 1939년 3월
(오카야마 현립 오카야마소잔 고등학교 소장)

하고, 교복도 군청색 서지 상의에 두꺼운 밴드가 붙어 있기도 해서 버스 안내양으로 오인되었던 것 같습니다", "옛날에는 학생들이 얌전했던 걸까요. 아니면 선생님이 결정하신 사항에 불평해서는 안 된다고 가르침을 받았기 때문일까요. 용케 참았던 것 같습니다"라고도 이야기하고 있다.[53] 그들도 버스 안내양으로 오해받게 만드는 다이코쿠보시에 벨트를 맨 블레이저를 탐탁지 않게 생각했지만 선생님들이 정한 교복에 불만을 표하지 못하고 참으면서 입었다고 한다. 2학년 이하가 입던 세일러복에 대한 감상은 적혀 있지 않지만 아마 부럽다고 느끼지 않았을까?

이바라 고녀의 버스 안내양 스타일의 교복은 미국 시카고 대학을 졸업한 교장 시게하라 시게루茂原茂의 "창의"로 제정된 것이었다. 그러다가 1929년 4월에 교장이 나라자키 소이치楢崎操一로 교체되자 세일러복으로 바뀌었다. 3학년 중에는 칼라만 숄 칼라에서 세일러복으로 바꾼 학생도

---

52 大黒様. 칠복신의 하나로 복덕과 재복을 주는 신이다. 대흑천이라고도 하며 검은 두건을 쓰고 있는 것이 특징이다. ─옮긴이.
53 『清陵(創立60周年記念)』, 岡山県立倉敷青陵高等学校, 968, 103쪽.

[그림 57] 오카야마현 야카케 고등
여학교의 초대 동복 『제11회 졸업 기념
사진첩』
오카야마현 야가케 고등 여학교, 1926년
3월(오카야마현 야카케 고등학교 소장)

[그림 58] 오카야마현 야카게 고등
여학교의 2대 동복 『제17회 졸업 기념
사진첩』
오카야마현 야가케 고등 여학교, 1932년
3월(오카야마현 야카게 고등학교 소장)

[그림 59] 오카야마현 야카게 고등
여학교의 3대 동복 『제26회 졸업 기념
사진첩』
오카야마현 야가케 고등 여학교, 1941년
3월(오카야마현 야카게 고등학교 소장)

있었다. 1927년에서 1928년이 되자 나리와 고녀가 버스 안내양 스타일의 숄 칼라 상의를 교복으로 삼았지만, 사이다이지 고녀와 쓰야마 실과 고녀(1940년에 미마사카 고녀로 개칭), 가쓰야마 고녀, 오치아이 고녀, 슈지쓰 고녀 등 세일러복을 교복으로 삼는 곳이 늘어난다.

오쿠 고녀는 1927년에 제1 오카야마 고녀와 같은 스퀘어 칼라의 점퍼 스커트를 제정했고 1929년에 세일러복으로 개정했다. 세토 고녀는 1932년에 스퀘어 칼라에서 세일러복으로 개정했다. 또 간세이 고녀는 1929년에 블레이저를 제정했지만 1934년에 스탠드 칼라 상의로 개정했고, 1938년에는 재차 세일러복으로 개정했다.

쇼와 천황 즉위식과는 무관하다

슈지쓰 고녀는 교복을 개정한 이유를 "종래의 숄 칼라 옷깃의 원피스를 1928년 당시 전국적으로 여학생의 동경의 대상이 된 세일러복으로 개정했다"라고 적고 있다.[54] 만약 쇼와 천황 즉위식 기념사업이라고 한다면 그것을 명기했을 터이다. 또 현립 고녀가 된 해에 서양식 교복을 도입한 것은 1928년의 오치아이 고녀뿐이지만, 여기에서도 마찬가지로 쇼와 천황의 즉위식과 고녀 승격 등의 이유는 적혀 있지 않다.

오카야마현의 사례에서 보더라도 쇼와 천황 즉위식 기념사업으로서 고녀의 양장화가 계획되었다는 것이 사실무근임은 분명하다. 한편 오카야마현 소자 고등학교 100년사의 「소자 고교 교복의 변천」에는 "쇼와 천황의 즉위를 기념하여 전국적으로 교복을 제정하는 학교가 다수 보인다. 본교의 교복도 이해에 하카마에서 양장으로 전환되었다"라고 쓰고

---

54 『就実学園80年史』, 就実学園, 1985, 51쪽.

있다.[55] 그러나 "쇼와 천황의 즉위를 기념하여 전국적으로 교복을 제정하는 학교가 다수 보인다"라고 하는 것은 사실이 아니다. 이 서술에서는 즉위식이 거행된 1928년이 아니라 그 이듬해인 1929년으로 보고 있지만, 오카야마현 내에서 1929년에 일본식에서 서양식으로 변경된 것은 소자 고녀뿐이다. 그러한 점에서 보아도 이 서술은 실증성이 결여되어 있다.

오카야마현의 세일러복

쇼와 초기[1926년경]에 들어서면서 오카야마현에서는 세일러복을 제정하는 학교가 늘어나기 시작했다. 학교명과 제정 연월 등은 권말에 실린 표를 참고하기 바란다. 오카야마현의 많은 학교에서 세일러복에 하얀 옷깃을 달고 있었다. 이 점은 아이치현이나 시즈오카현과 공통된다. 구라시키 고녀와 가쓰야마 고녀, 니미 고녀, 세토 고녀, 후쿠와타리 고녀, 슈지쓰 고녀, 마비 고녀는 하얀 옷깃을 달았으며, 하야시노 고녀와 가쓰야마 고녀, 후쿠와타리 고녀, 세토 고녀, 오쿠 고녀, 니미 고녀, 나리와 고녀가 '오사카형'과 같음을 알 수 있다.

졸업식 등의 행사일에만 하얀 옷깃을 달았던 학교도 있었던 것으로 보인다. 슈지쓰 고녀는 1928년에 숄 칼라의 원피스에서 세일러복으로 변경했다. 다이쇼 시대[1912~1926]에 하카마를 착용했던 때는 하카마에 감색의 물결선이 슈지쓰 실과 여학교,

---

55 『岡山県立総社高等学校創立100周年記念誌』(岡山県立総社高等学校, 2017, 57쪽). 이 학교의 창립 100주년 교복 디자인의 리뉴얼에 난바 도모코 씨가 협력했기 때문에 이 서술에도 난바 씨의 조언이 있었을 수 있다. 왜냐하면 난바 씨는 "일본 여학생의 통학복이 양장으로 전환된" 이유를 실증하지 않고 "쇼와 천황의 즉위 기념 등도 계기가 되었습니다"라고 단언하고 있기 때문이다(「오차노미즈 여자대학 난바 도모코 선생님께 묻는다お茶の水女子大学難波知子先生に聞く」[内田静江編『セーラー服と女学生』河出書房新社, 2018, 154쪽]).

노란색 직선이 슈지쓰 고녀, 선이 없는 경우는 전공과로 구별되고 있었다. 세일러복 옷깃의 선에는 하카마의 치맛자락 색깔을 그대로 이용했는데, 평상시에 하얀 옷깃을 달면 색을 구분하는 의미가 사라져 버린다.

오카야마현에서는 현 내 첫 학교인 제1 오카야마 고녀가 독자적으로 스퀘어 칼라의 점퍼 스커트를 제정했던 것을 비롯하여, 당초 버스 안내양 스타일이었던 고녀 중에서도 스탠드 칼라를 제정한 곳이 군데군데 발견된다. 그 형태는 세일러복의 옷깃을 옷감이 보다 적게 드는 접는 옷깃으로 바꾸었을 뿐, '오사카형'과 동일했다. 최종적으로는 오픈 칼라 상의를 표준복으로 정했지만, 현 내에서는 그때까지 30개교 가운데 24개교의 고녀가 독자적으로 세일러복을 제정한

[그림 60] 오카야마현 세토 고등 여학교의 동복
『졸업 기념』, 1932년 3월
(오카야마 현립 세토 고등학교 소장)

[그림 61] 오카야마현 와케 고등 여학교의 동복
『졸업 기념 사진첩』 오카야마현 와케 고등 여학교, 1939년 3월
(오카야마현 와케 시즈타니 고등학교 소장)

[그림 62] 오카야마현 오쿠 고등 여학교의 동복
『제16회 졸업 기념 사진』 오카야마현 오쿠 고등 여학교, 1937년 3월
(오카야마 현립 오쿠 고등학교 소장)

[그림 63] 오카야마현 제2 오카야마 고등 여학교의 동복
『오카야마 제2 오카야마 고등 여학교 제1회 졸업』, 1941년
(오카야마 현립 오카야마아사히 고등학교 소장)

[그림 64] 오카야마현 제1 오카야마 고등 여학교의 단체사진
(오카야마 현립 오카야마소잔 고등학교 소장)

상태였다(착용률 80퍼센트). 1936년에 개교한 제2 오카야마 고녀는 제1 오카야마 고녀와는 대조적으로 하얀 선 두 줄의 세일러복을 교복으로 정했다. 이는 오카야마현에서의 세일러복의 인기가 현 내 첫 고녀의 교복과 표준복 제정 및 공포에 영향을 받지 않았음을 보여 준다.

오카야마현의 표준복

세일러복으로 바꾸기 전에 간세이 고녀가 채용했던 스탠드 칼라 상의와 야카게 고녀의 오픈 칼라 상의는 옷깃과 소매에 선이 없고 나비넥타이를 맨 '오사카형'이었다. 옷감을 통일하여 낭비를 없앤다는 의미에서 보자면 세일러 깃보다도 오픈 칼라를 선택하는 것이 타당할 것이다. 오카야마현 당국도 그렇게 생각했던 것으로 보인다.

오카야마현은 1939년 10월에 표준복을 제정했다.[56] 여기서 소개하는 1929년 10월 1일의 『오카야마현 공보岡山縣公報』의 「공사립 중등학교 청년학교 소학교 유치원 직원 및 공사립 중등학교 청년학교 학생의 복제」도 새롭게 발견한 사료이다. 여학생의 교복 상의는 오픈 칼라, 스커트는 주름이 전후 각 두 개와 좌우 각 한 개인 "박스 플리츠스커트"였다. 이는 중일 전쟁의 장기화에 따라 자원을 절약하기 위해 옷감을 많이 사용하는 세일러 옷깃과 주름이 많은 스커트를 금지한 것이었다. 그렇지만 이 사료의 '부칙'에는 "본령本令은 공포일부터 이를 시행한다. 다만 쇼와 18년[1943] 3월 31일까지는 종전의 복장을 따를 수 있다"라고 써 있다. 요컨대 새로 만들 때는 표준복을 만들어야 하지만 2학년 이상이 졸업하는 1943년 3월까지는 종전의 교복을 그대로 사용해도 괜찮았다. 사실 1939년 10월 4일의 『고도 신문合同新聞』은 "학무부장으로부터 복제 실시에 대한 주의"로 "공연히 서둘러 옷을 새로 만들지 말라"고 보도하고 있다. "통일된 오카야마현 내 학원의 복제"의 논점은 복장의 "허영을 삼가고"

---

56 난바 도모코 씨는 오카야마 현립 소잔 고등학교의 『창립 70주년』만을 단서로 "1940년에 오카야마현에서 표준복이 제정되었다"라고 설명하고 있으나(앞의 책 『学校制服の文化史』, 314쪽) 이는 1939년 10월의 오기이다.

"학교 생활의 능력을 높이며" "양호상養護上의 합리화를 도모함과 함께 국방 및 산업에 이바지한다"라는 것이었다.[57]

교복을 통일하는 의미

이 장에서 교복 통일화의 실태를 고찰하였는데, 아이치현과 야마구치현, 히로시마현, 미야기현, 시즈오카현은 세일러복으로 통일했고 오카야마현과 도야마현은 그와는 다른 디자인의 표준복을 마련했으며 후쿠오카현이 옷감의 통일을 꾀했다는 것이 밝혀졌다. 한편 후쿠오카현과 군마현, 도치기현에서는 세일러복으로의 통일을 지시하지 않았음도 증명할 수 있었다.

현 내에서 교복을 통일한 이유는 다음 두 가지로 나누어 볼 수 있다. 첫째는 쇼와 초기의 공황에 따른 경제 불황의 대책이다. 같은 규격의 소재를 사용하면 양복점마다 발생하는 가격 차이를 없앨 수 있다. 즉, 교복을 저렴한 가격으로 마련함으로써 가정의 부담을 줄이려고 한 것이다. 후쿠오카현과 아이치현, 야마구치현, 히로시마현, 미야기현의 의도는 거기에 있었다.

둘째는 1937년 7월에 일어난 중일 전쟁 장기화에 의한 국가 총동원 체제의 정책이다. 국방상의 관점이 중시됨으로써 옷감에 대용품으로서 스테이플 파이버가 사용되거나 흰색 옷깃 커버를 붙임으로써 세탁비를 경감할 수 있게 된다. 도야마현과 시즈오카현, 오카야마현의 의도는 전시 경제에 의한 것이었다. 이처럼 고녀의 교복 통일을 꾀한 현에서도 그 목적은 크게 두 개로 구별된다.

---

57 『合同新聞』1939년 10월 4일 조간(오카야마 현립 도서관 소장).

제5장
서양식 교복으로의 통일을 원치 않은 현과 제정이 늦어진 현

통일을 원치 않았던 야마가타현과 니가타현

차이가 분명했던 야마가타현

야마가타현 고녀에서 최초로 서양식 교복을 제정한 것은 1924년 2월에 벨트가 달린 블레이저를 제정한 야마가타 현립 야마가타 고녀(1932년에 야마가타 제1 고녀로 개칭)였다. 이어서 1924년 6월에 요네자와 고녀, 25년에 쓰루오카 고녀가 각각 스탠드 칼라 상의를 제정했다. 세일러복은 1926년 6월에 아마색 코튼 린넨의 하복을 제정한 사카타 고녀가 처음이었다. 요네자와 고녀에서 서양식 교복을 채용한 것은 "야마가타 사범과 야마가타 고등여학교의 양복 실행에 자극을 받은 것"이라고 한다.[1]

야마가타 고녀는 1927년에 세일러복으로 개정했고, 다음해

---

1 『山形県立米沢高等学校80年史』,
山形県立米沢高等学校創立80周年記念事業実行委員会, 1978, 129쪽.

[그림 65] 야마가타 현립 쓰루오카 고등 여학교의 동복
『기념』 야마가타 현립 쓰루오카 고등 여학교, 1931년 3월 (필자 소장)

1928년에는 야마가타 제2 고녀도 세일러복을 교복으로 정했다. 쓰루오카 고녀는 1927년, 요네자와 고녀는 1929년에 세일러복으로 변경했다. 플랫 칼라 상의를 이어가던 신조 고녀가 1940년에 세일러복으로 개정하자 야마가타현 내 고녀의 세일러복 착용률은 100퍼센트를 맞이했다.

야마가타 제1 고녀의 하복은 회색 바탕 칼라에 검은 선 두 줄, 동복은 군청색 옷깃과 소매에 하얀 선 세 줄로 넥타이가 적갈색이었으며, 야마가타 제2 고녀는 동복의 경우 넥타이는 적갈색, 하복이 불그스름한 흰색에 넥타이는 검은색이라는 차이가 있었다. 쓰루오카 고녀의 하복은 하얀 옷깃에 하늘색 선 두 줄을 넣었으며, 나가이 고녀의 동복과 하복은 옷깃에 갈색 선 세 줄을 넣고 옅은 녹색의 넥타이를

[그림 66] 야마가타 현립 야치 고등 여학교의 동복
『졸업 기념 사진첩』 야마가타 현립 야치 고등 여학교,. 1937년 3월 (필자 소장)

매었다. 이로써 옷만 봐도 어느 고녀의 세일러복인지 분명히 알 수 있었다.

도시의 모습을 원했던 미야우치 고녀

미야우치 고녀에서는 1927년부터 1928년 사이에 세일러복을 교복으로 정했다. 이는 1926년 6월에 구마모토 현립 다마나玉名 중학교에서 부임한 교감 모리 미키森三樹가 실시했던 것이었다. 모리는 그 이유를 다음과 같이 말한다.

> 도회지의 여학생을 보는 데 익숙해진 눈에는 몸뻬 차림에 면 모자를 쓴 모습이 여학생보다는 소박한 시골 아가씨로 느껴졌지만, 가장 놀랐던 것은 그 말투였다. 그녀들끼리 하는 자유로운 대화를 듣고 있자니 종종 "어이, 임마(おら, おめえ)"가 튀어나오는 판국이라 귀여운 여학생의 이미지는 어디로 가 버리고 완전히 흥이 깨지고 말았던 것이다.[2]

이렇게 도회지 여학생과 견주어 손색이 없도록 하기 위해 복장과 언어의 개선에 노력한 것이었다. 그러나 "몸뻬를 벗고 세일러복으로 갈아입는 것은 간단했지만 언어 쪽은 쉽지 않은 일이었다."[3] 생활 개선의 의미도 강했기 때문에 동복의 적갈색과 하복의 흰색 옷감은 좋은 것을 사용했다. 1929년 4월 입학생은 "옷감은 최고 품질을 사용했습니다. 우리들이 새로 만들었던 옷을 뒤집은 후 다시 재봉하여 여동생이 입어도 새로 재단한 옷과 같을

---

2 『山形県立宮内高等学校50年史』, 山形県宮内高等学校, 1971, 227쪽.
3 앞의 책.

[그림 67] 야마가타 현립 야마가타 제2 고등 여학교의 동복
『수학여행 기념』 야마가타 제2 고등 여학교, 1939년 (필자 소장)
야마가타의 하얀 선 세 줄이 들어간 군청색 넥타이로 바뀌었다.

정도로 호화로운 천이었습니다"라고 말하고 있다.[4]

또한 "동복이 야마가타 제1 고등학교와 매우 비슷했기 때문에 야마가타에 갔을 때 제1 고녀 1학년으로부터 인사를 받기도 했습니다"라고 한다[5]. 모리가 야마가타 제1 고녀의 세일러복을 모방했는지는 확실하지 않지만, 교복이 야마가타에서도 도회지에 있는 현 내 첫 고녀와 비슷했던 것은 우연이 아닐지도 모른다.

평판이 나빴던 플랫 칼라

다테오카 고녀에서는 1929년 6월에 하복을 일본식에서 플랫 칼라 상의로 바꾸었다. 계란색 포플린에 끈 넥타이를 고리

---

4   앞의 책, 235~236쪽.
5   앞의 책, 236쪽.

매듭으로 맨 것이었다. 상의는 서지 재질로 길고 주름이 많았다. 그런데 옷깃과 소매, 허리 부분 어디에도 여유 공간이 없었기 때문에 더위를 "결국 참을 수 없어서 집으로 돌아가는 도중에 운동복으로 갈아입었다"라는 학생도 있었다. 또 "옅은 색깔이라서 금방 더러워졌고 쉽게 눈에 띄었기 때문에 주 1회 정도는 세탁해야만 했습니다"와 같은 고생담도 남아 있다.[6]

그러다가 1930년의 동복부터 세일러복이 되었고 이듬해 1931년에는 하복도 세일러복으로 개정되었다. 세일러복을 입고 수학여행을 갔더니 "덕분에 복장에 대해서는 지금까지의 여러 비판을 받지 않고 넘어가"게 되었다고 한다.[7] 이 비판에는 앞서 언급한 학생들의 고생담도 포함되어 있었던 것으로 보인다. 1934년 4월의 개정에서는 동복 벨트가 없어지고 하복도 베이지색 서지와 모직 옷감에서 흰색 포플린으로 바뀜으로써 겨우 일반적인 세일러복이 되었다.

그러나 한편으로 일반적인 세일러복이 됨에 따라 오히려 독자성이 없어졌다. 1929년의 동복은 군청색 옷깃과 소매, 가슴 덮개에 연지색 선 두 줄을 넣고 후지견 또는 크레이프 드 신[crepe de chine, 블라우스나 드레스의 안감으로 많이 쓰이는 요철이 있는 직물]의 나비넥타이를 맸지만, 1934년의 동복은 옷깃과 소매에 하얀 선 세 줄에 넥타이는 후지견으로 만든 나비매듭이 되었다. 야마가타현에서는 특징적인 세일러복이 많았기 때문에 심플한 쪽이 눈에 띄었는지도 모른다.

신조 고녀에서는 다테오카 고녀의 평판을 몰랐던 모양인지 1930년에 플랫 칼라 상의를 교복으로 삼았다. 1938년에는

6   『創立50周年記念誌』山形県立楯岡高等学校50周年記念誌観光委員会, 1974, 227쪽.
7   앞의 책.

나비넥타이를 매게 했지만 1940년에는 세일러복으로 개정했다. 그 이유는 분명하지 않은데, 다테오카 고녀와 마찬가지로 학생들의 반응이 좋지 않았기 때문인지도 모른다.

야마가타현 의회에서의 교복 문제

얼마전까지 기모노에 하카마를 입었던 고녀 학생들이 양복을 입게 된 것은 현의 정책을 떠맡은 현회[縣會, 메이지 시대에 시작된 지방 의회] 의원에게도 충격적이었던 것 같다. 1929년 12월 야마가타현 현회에서는 입헌민정당의 아오즈카 고지青塚恒治가 "어쩌다 보면 짧은 스커트 아래로 넓적다리 일부를 노출하고 매우 용감한 행동을 취하는 학생이 다수 있다. 본 현의 여학생 복장을 어떻게 시대에 적응시킬 것인가, 현 당국 특히 학무부장의 의견을 묻는다"라고 발의했다.[8]

긴 하카마 옷자락에 숨겨져 있던 각선미가 스커트로 바뀌면서 드러나는 것을 문제 삼은 것이다. 이에 대해 학무부장 하야시 노부오林信夫는 "학생의 복장에 대해서는 현재 학교장의 자유에 맡기고 있습니다. 양복의 착용에 대해서는 일면一面의 이유가 있으며, 아직도 연구에 매진하고 있다고 말씀드리기는 매우 우스운 일이지만 충분한 연구가 필요하다고 생각되기에 잠시 유예를 부탁드렸으면 합니다"라고 답한다.[9]

이로부터 현의 학무부장이 학교의 교복을 각 학교 교장에 일임했다는 것을 알 수 있다. 야마가타현의 고녀에서는 서양식 교복의 제정을 각 학교의 판단에 맡기고 있었다. 그 결과 세일러복의 착용률은 100퍼센트가 되었지만 각 학교가 가진

---

8 『山形県議会80年史』Ⅲ·昭和前編, 山形県議会, 1969, 209쪽.
9 앞의 책.

독자적 디자인을 획일화시키지는 않았다.

니가타현의 경우

니가타현 최초의 고녀인 니가타 현립 니가타 고녀는 "각지의 여학교 교복을 시찰하고 비교 연구했다"고 하지만[10] 구체적으로 어떠한 고녀를 시찰하고 연구했는지는 알 수 없다. 니가타 고녀는 양복점에 주문하는 것을 경제적이지 않다고 간주하고 복장 개선 위원인 다카기 스즈코를 초빙하여 교내에서 교복을 제작케 했음을 제2장에서도 서술했다. 그렇게 만들어진 세일러복은 1923년 4월부터 교복이 되었다.

그러나 이것이 니가타현 내의 첫 세일러복은 아니었다. 1922년 4월에 이토이가와 고녀, 7월에는 마키 고녀가 세일러복을 교복으로 정했다. 이 해 4월에 두 학교는 현립 고녀로 승격했는데, 그것과 양장화 사이의 인과 관계는 분명하지 않다. 다만 니가타 고녀가

[그림 68] 니가타 현립 니쓰 고등 여학교의 동복
『제9회 졸업 기념』 니가타 현립 니쓰 고등 여학교, 1933년 3월 (필자 소장)

---

10 『われらの80年』, 新潟県立新潟中央高等学校, 1980, 「洋風制服の制定」의 페이지.

시찰한 학교에 두 학교가 포함되었을 가능성은 부정할 수 없다. 이 세 학교에 이어 다카다 고녀가 1923년 4월부터 세일러복을 시험 삼아 착용하도록 했고 1925년 4월에 교복으로 확정했다. 1923년 5월에 나가오카 고녀도 세일러복을 도입하는 등 니가타현의 고녀에서 세일러복이 순차적으로 늘어났음을 알 수 있다.

서양식 교복을 제정하던 초기에 세일러복이 아닌 고녀는 세 학교 밖에 없었다. 가시와자키 고녀는 1923년에 벤케이 무늬를 하복으로, 1925년에 곡선형 옷깃을 동복으로 정했고, 니쓰 고녀는 1924년 4월에 스탠드 칼라 상의에 벨트와 스커트(주름 열여섯 개)로 정했으며, 가와라다 고녀는 1926년에 곡선 옷깃의 무명 교복이었지만 모두 1929년부터 1931년 사이에 세일러복으로 개정했다.

니가타현의 중등학교 교장 회의

1931년 7월, 니가타 사범 학교 강당에서 중등학교장 회의가 개최되었을 때 "중등학교 학생의 교복 통일의 가부可否"가 문제가 되었다. 불경기라고는 하지만 교복을 통일함으로써 각 학교의 역사와 "정신적 상징인 교복이 파괴되는 것은 참기 어렵다"[11]라는 얘기였다. 또한 도시와 지방을 똑같이 만들 수는 없다고 결론짓고 있다. 회의에서는 현의 교복을 통일하자는 제안을 부정하였다.

교복을 통일하지는 않았지만 뜻하지 않게 니가타현의 세일러복 착용률은 100퍼센트가 되었다. 이 점이 야마가타현과 마찬가지라는 것은 재미있는 사실이다. 니가타현 내에서 세일러복이 인기가 있었음은 세일러복이 고녀 이외의 학교에도 영향을 준 것에서 알 수 있다. 예를 들어 니가타 여자 공예

---

11 『教育週報』320号(『教育週報』7, 大空社, 1986年).

학교는 1927년에 하얀 옷깃과 끈 넥타이의 세일러복을 제정했다. 1928년에 옷깃에 "공工"을 자수해서 넣었던 것도[12] 니가타 시내가 세일러복 천지가 되어 어디 학생인지 판별할 수 없게 되었기 때문이다.

서양식 교복의 제정이 늦어졌던 나가노현

나가노현에서 양장화가 빨랐던 고녀

나가노현에서 최초로 세일러복을 제정한 곳은 우에다上田 고녀와 고모로小諸 고녀였다. 우에다 고녀는 1922년 4월부터 세일러복을 모든 학생에게 입히는 방침을 제시했지만, 교복이 아니라 표준복이었기에 착용은 자유로웠던 것 같다. 그 증거로 1932년 졸업 앨범에 실려 있는 사진에서 재봉틀로 재봉하는 학생 중 스물한 명이 기모노 차림이고 네 명이 세일러복이다. 1935년의 「모든 규칙과 내규諸規則諸内規」를 보아도 일본식 복장과 양복(세일러복) 중 무엇을 입어도 괜찮다고 되어 있다.

우에다 시내의 양복점에 재단을 맡기면 3엔에서 2엔의 공임을 받았기 때문에 1학년이 스커트, 2학년이 상의를 봉제했고, 3학년이 될 때 자기 것도 재봉할 수 있도록 했다. 재료비는 동복의 경우 코듀로이로 6엔 50센, 하복은 능직綾織 체크무늬로 2엔 50센이었다. 세일러복은 단추가 셋 달린 앞여밈으로 옷깃과 소매는 세탁할 수 있도록 칼라를 붙였다.

고모로 고녀가 1922년에 제정한 세일러복의 경우, 동복은

---

12 創立80周年記念号『をみなへし』35, 新潟青陵高等学校, 1981,「制服の変遷」의 페이지.

검은색 서지로 옷깃과 소매, 가슴 덮개에 하얀 선 두 줄을 넣고 하복은 하얀 바탕으로 옷깃과 가슴 덮개에 검은 선 두 줄을 넣었다. 겨울은 검은색, 여름은 흰색 나비넥타이였다. 복장 검사는 엄격했고 스커트의 주름은 열여섯 개, 길이는 마루 위 30센티미터로 정해졌다. 고모로시의 소학교 학생들은 이 세일러복을 입는 것을 동경하여 먼 곳의 고녀로 가지 않았다고 한다. 세일러복을 입는 학생들은 교복이 자신들을 속박한다고 생각하지 않았음에 유의해야 한다.

스탠드 칼라 상의를 변경한 나가노 고녀와 사라시나 고녀

나가노현에서 처음 생긴 고녀인 나가노 고녀는 이른 시기부터 여학생에게 하카마를 입혔다. 그런데 양장화에서는 우에다 고녀와 고모로 고녀에게 뒤처져서 1925년에야 비로소 옷깃 부분이 벨벳으로 된 스탠드 칼라 상의, 1926년에 여섯 줄이 들어간 스탠드 칼라 상의를 교복으로 삼았다. 유감스럽게도 이 옷을 입은 학생들의 감상이 남아 있지 않기 때문에 이 옷에 대해 어떻게 생각했는지는 알 수 없다.

그러나 이 교복을 달가워하지는 않았던 것이 아닐까? 그 증거로 학교는 1933년에 교복을 세일러복으로 개정했다. 옷깃과 소매에 하얀 선 세 줄, 가슴 주머니에 하얀 선 한 줄을 넣었으며 겨울에는 검은색, 여름에는 군청색의 나비넥타이를 매고 행사일에는 흰색 넥타이를 매었다. 나가노 고녀에서 스탠드 칼라 상의가 인기가 없었던 것이 아닌가 하는 추측은 사라시나 고녀의 변화를 보아도 충분히 타당성을 가진다.

나가노현 사라시나 고녀(1925년에 시노노이 고녀로 개칭)는 1924년 5월에 옷깃에 하얀 선이 들어간 스탠드 칼라 상의와 단추 네 개에 벨트를 매는 교복을 제정했다. 1엔 50센으로 지은 교복은

"버스 안내양의 제복 같은 것"이어서 "우체부" 등으로 오인되기도 했다. 게다가 "스커트는 선생님들이 연구해서 만든 가랑이가 있는 것"이었는데 학생들은 이를 싫어하여 "나가노 고녀에 간 언니한테 물려받은 것(가랑이가 없는 스커트)을 입어서 주의를 받"거나 "길고 촘촘한 주름이 있는 스커트를 입고 싶어 하는 사람이 있었지만 금지되"기도 하였다.[13]

학생들에게 불평을 사던 교복은 1927년에 세일러복으로 개정되었다. 옷깃과 소매에 갈색 선 세 줄이 들어가고 갈색 나비넥타이를 매었다. 스커트도 가랑이가 없는 일반적인 것으로 바뀌었다. 이 개정은 학생들의 불만을 억제하기 위해서였던 것으로 보인다. 세일러복의 선은 1934년 무렵에는 갈색 선과 하얀 선이 혼재했고, 다음 해 1935년에는 전원이 옷깃과 소매, 가슴 주머니에 하얀 선 두 줄을 넣은 것으로 바뀌었다. 그 이유는 알 수 없지만 당시 주류였던 하얀 선에 맞추기 위해서였는지도 모른다.

역사 연구자가 체감했던 이다 지방의 후진성?

에도 시대를 중심으로 농촌사를 연구하는 후루시마 도시오古島敏雄는 다이쇼 시대 이다飯田 지방에서의 체험담을 남기고 있다. 후루시마는 1924년 4월에 이다 중학교에 입학하여 학교 지정 양복점에서 여름 교복을 맞추었다. 이 여름 교복이 그의 첫 양복이었으며 그 이전에는 기모노에 하카마로 통학했다. 이다 중학교에는 자전거로 통학하는 학생도 적지 않았다.

여름 교복을 입은 지 얼마 되지 않았을 무렵, 후루시마는 아이치현 지타知多 반도에서 세일러복 모습의 여학생을 보고 놀랐다. 그때의 감상을 "입학한 해 여름, 고와河和라는 곳으로

---

13 『篠ノ井高校70年史』, 長野県篠ノ井高等学校同窓会, 1996, 56쪽.

학교에서 해수욕을 갔을 때 한다半田 거리 근처에서 교복을 입은 여학생 여럿이 자전거를 타는 것을 보고 놀랐다", "세일러복을 입지 않았던 이다의 여학생은 일본식 복장에 하카마였고, 자전거로 통학하는 여학생은 없었다. 남자 중학생이 하는 행동을 아이치현에서는 여학생도 하고 있다는 사실에 놀랐다"라고 회상한다.[14]

한다의 여학생이란 아이치 현립 지타 고녀(1938년에 한다 고녀로 개칭)를 말하는 것으로 보인다. 아이치현에 대해 앞서 서술했지만, 지타 고녀에서는 1923년에 양복을 허가하였더니 세일러복을 입는 학생이 나타났고, 1925년에 이르러서는 세일러복을 교복으로 정했다. 1924년 여름에는 많은 학생이 세일러복을 입고 자전거로 통학하고 있었다. 여학생이 남학생과 똑같은 행동을 하고 있는 것을 본 후루시마는 놀랐던 것이다.

이다 고녀의 학생이 버스를 타고 통학했다는 것으로 보아 지타 반도와 비교해서 문화가 뒤처져 있었다고 딱 잘라 말할 수는 없다. 실제로 이다에는 양복점이나 자전거도 있었다. 문제는 양복을 입고 자전거를 타고 다니는 것이 여학생에게 어울리는 행동이냐는 점일 것이다. 그런 의미에서 이다 고녀는 지타 고녀와 비교해서 뒤처져 있었는지도 모른다.

이다 고녀가 세일러복을 교복으로 삼은 것은 1927년 4월부터였다. 겨울 세일러복은 군청색 바탕에 옷깃과 소매, 가슴 덮개에 선이 없었고 스커트의 자락에만 하얀 선 한 줄이 들어가 있다. 1933년 3월 졸업생은 "여학교 입학식에서 처음으로 세일러복을 입었는데 그것은 꿈에서나 동경하던

14　古島敏雄, 『子供たちの大正時代』, 平凡社, 1982, 290~291쪽.

풍경이었습니다"라고 말하고 있다.[15]

1927년 4월에 중학교 4학년이 된 후루시마는 "마을의 현립 여학교가 교복을 정한 것은 쇼와에 들어서면서부터"라고 말하고 있는데[16] 그 이상의 감상은 남기지 않았다. 그러나 이 짧은 글에는 이제서야 이다의 여학생도 세일러복을 입게 되었구나 하는 감상이 들어 있는 것 같다. 다만 후루시마는 훗날의 회고에서 아이치에 비교해 볼 때 이다가 뒤처진 것처럼 느꼈던 것 같은데, 실은 나가노현 안의 고녀에서 이다의 양장 문화는 빠른 편이었다. 다른 지역은 훨씬 늦었다.

나카노 고녀와 스자카 고녀의 차이

나카노 고녀는 1929년에 세일러복을 교복으로 정했다. 나카노 고녀의 기념지에는 "교복이 세일러복으로 바뀐 것은 늦은 편이었던 것 같은데, 나가노와 우에다에서는 이미 양복을 입고 있었던 것 같습니다"라고 적혀 있지만, 나가노현 안에서 나카노 고녀의 양장화는 빠른 편이었다. 나카노 고녀는 세일러복도 나가노 고녀보다 먼저 도입했다. 세일러복이 제정될 때까지 교장은 소박한 기모노와 하카마를 입도록 지시했고, "다이쇼 가스리[17]"가 유행했을 때에는 "아무래도 지나치게 예쁘군요. 비단 같으니 그만두는 편이 좋겠습니다"라고 훈계했다.[18]

나카노 고녀에서는 개교 때부터 하카마 자락에 흰 선 한 줄을 넣었기 때문에 스커트로 바뀐 후에도 흰 선 한 줄을

---

15 『風越山を仰いで』, 長野県飯田風越高等学校内80周年記念誌編集委員会, 1981, 49쪽.
16 『子供たちの大正時代』, 86쪽.
17 옷감에 문양을 나타내기 위해 미리 염색한 실로 직물을 만든 것. — 옮긴이.
18 長野県中野高等学校同窓会編, 『地域教育100年の想いを拾う』, 北信ローカル, 2008, 49쪽.

넣었다. 스커트 주름은 열여섯 개, 양말은 검은 무명으로 하고 외투류는 금지되었다. 학생들은 이 교복이 나가노 고녀와 우에다 고녀보다도 주름 수가 적어 "열여섯 개는 촌스러웠다"라고 한다.[19] 학생들이 주름 수가 많은 스커트를 선호했음은 물론 나가노와 우에다의 두 학교를 의식하고 있었음을 알 수 있다.

스자카 고녀에서는 적갈색 하카마 자락에 검은 선을 넣었는데, 나카노 고녀의 하얀 선이 더 눈에 띄었기 때문에 학생들로부터 똑같이 흰 선으로 변경해 달라는 요청이 나왔다. 그러나 교장은 "하얀색은 더러워지기 쉬워서 안된다"며 허락하지 않았다.[20] 통학할 때 신는 신발은 나막신으로 정해져 있었지만, 눈이 내리는 날은 나막신 굽에 눈이 끼어 뭉쳐 버려서 곤란했다고 한다. 4킬로미터 이상의 길을 걷는 학생의 나막신은 금세 끈이 끊어지거나 열흘 정도 지나면 굽이 닳아 버렸다.

1920년, 먼 곳에서 통학하는 이에 한해 구두 착용을 인정함에 따라 한 켤레 30센의 즛쿠[21] 구두나 고무 구두를 신는 학생이 나타났다. 1925년에는 하얀 상의에 검은 스커트의 양복을 제정했지만 두세 명만이 이를 입을 뿐이었다. 이해의 수학여행에서는 검은 선을 넣은 겨울용 세일러복을 학생 중 3분의 1이 입었다. 그 후에 이 세일러복을 입는 학생이 늘어나고 학교 측도 일본식 복장에서 양복으로의 전면적인 전환을 고려하게 된다. 1927년 5월 31일의 직원 회의록에 "교복을 가진 이에게는 힘써 교복을 입게 할 것"이라 기록되어 있는 것으로 보아 학교 측이 교복을 입도록 지시했음을 엿볼 수 있다. 이에 따라

19　앞의 책, 50쪽.
20　『鎌田を仰ぐ60年』, 長野県須坂東高等学校内60年編纂委員会, 1980, 56쪽.
21　ズック. 거친 마포를 의미하는 네덜란드어 'doek'에서 유래한 말로 두꺼운 면포 직물로 된 신발을 의미한다. — 옮긴이.

1930년부터는 모든 학생이 세일러복을 입게 되었다. 1931년 3월에 졸업한 학생은 "우리가 4학년일 때 처음으로 일본식에서 양복(세일러복)이 되었습니다", "두 줄의 검은 선이 들어간 세일러복에 검정색 양말, 검정색 구두라는 당시 모두가 동경하는 여학생 스타일이었던 거예요. 6월이 되면 백조같이 새하얀 하복으로 갈아입었는데, 청초하고 상쾌한 느낌이었습니다"라고 회상한다.[22]

세일러복은 학교의 재봉틀을 사용하여 선배가 후배 몫도 봉제했다. 스커트의 주름은 열여덟 개였으며 길이는 무릎을 가리는 정도로 정해져 있었다. 구두는 높은 굽이었는데, '텐카 구두テンカ靴'라는, 위쪽이 가죽으로 되어 있고 아래는 고무로 된 신발을 신었다. 다만 스와 고녀와 마찬가지로 모자를 쓰는 것은 금지되었다. 1936년에는 세일러복의 디자인이 개정되었다. 동복은 군청색 서지, 하복은 흰색 포플린으로 짓고 옷깃과 소매, 가슴 덮개, 가슴 주머니에 두 줄의 흰 선이 들어갔으며 스커트의 주름은 열여섯 개, 길이는 무릎 밑 5센티미터였다.

강제하지 않는 양복

1923년 4월에 개교한 도요시나 고녀에서는 겐로쿠 소매에 적갈색이나 군청색 면직물의 하카마를 입었다. 이 학교의 표식은 하카마의 옷자락에 넣은 한 줄의 하얀 선이었다. 신발은 나막신이나 구두도 무방했으며 1930년 무렵에는 양복을 입는 것도 허가했다. 양복을 입는 경우는 면 서지로 스커트에 하얀 선 한 줄을 넣으면 그만이었고 형태는 자유였다.

1934년 3월의 졸업 단체 사진에는 일본식 복장에 군데군데

---

22 앞의 책, 104~105쪽.

양복 차림도 보이는데, 세일러복은 물론 접는 옷깃 등 여러 형태의 양복을 볼 수 있다. 이듬해 1935년 3월의 졸업 사진에서 양복은 모두 세일러복이 되었고, 1936년 3월부터는 학생 모두가 세일러복을 입고 있다는 점으로 보아 세일러복이 교복이 된 것은 1934년이었다고 생각된다. 1934년의 졸업생은 "쇼와 초기 경제 대공황의 시대라서 학교로서도 교복을 장려할 수는 없었던 것으로 보인다"라고 회상하고, 1935년 졸업생도 "당시는 불황이어서 학교에서도 교복 통일을 말하지 않았기 때문에 친구들끼리 교복을 만들지 말지 이야기했다"라고 한다.[23]

학생들은 도요시나 고녀가 교복을 강제하지 않은 이유가 쇼와 공황에 의한 경제 불황을 고려했기 때문이라고 느꼈다. 따라서 세일러복이 교복이 된 후에도 일본식 복장을 입고 통학할 수 있었다. 그러나 1936년 이후의 졸업 앨범에는 모두가 세일러복을 입고 있다는 점에서 학부형들이 세일러복을 준비할 수 있는 경제력을 가지고 있었다는 것과 학생들도 일본식 복장보다 세일러복을 선호했음을 알 수 있다.

세일러복은 도요시나정의 사카이 양복점과 오자와 양복점에서 하청을 맡았다. 1933년에 세일러복을 제정한 나가노 현립 기소 고녀에서는 4학년이 1학년의 옷을 재봉했다. 나가노현에서도 스자카 고녀나 기소 고녀처럼 자신들이 옷을 재단하는 경우와 도요시나 고녀처럼 양복점에 주문하는 경우로 나뉘어져 있었다.

교복을 입을지 말지를 놓고 학생의 자주성을 중시했던 것은 1928년 4월에 개교한 나가노현 시오지리 실과 고녀(1938년에 시오지리 고녀로 개칭)도 마찬가지였다. 이 학교에서는 1932년에 학생회의 발의에 의거하여 세일러복을 교복으로 정했다. 기모노에

---

23 『豊科高等学校60年誌』, 長野県豊科高等学校, 1984, 335쪽.

적갈색 하카마보다도 "근대적 여학생으로서 시원하고 씩씩한 느낌이 났다"라고 말한다.[24] 그렇지만 경제적 사정을 고려하여 세일러복의 착용 여부는 자유였다. 세일러복 착용을 희망한 것은 학생들이었으며 그 요망을 학교 측이 받아들인 것이었다.

세일러복을 향한 긴 노정

노자와 고녀에서는 1923년 3월에 가스 가공사의 군청색 능직으로 지은 통소매를 표준복으로 삼았다. 하의는 개교할 때부터 입던 하얀 물결선이 들어간 적갈색 하카마를 입었다. 이 개량복을 표준복으로 정하는 것에 대해 학부형에게 전한 문서를 보면, 단서 조항으로 착용은 임의이며 강제하는 것은 아니라고

[그림 69] 나가노 현립 기소 고등 여학교의 하복 『제10회 졸업 기념』
기소 고등 여학교, 1938년 3월 (필자 소장)

---

24 『長野県塩尻高等学校70年誌』, 長野県塩尻高等学校記念誌編纂委員会, 1977, 191쪽.

명기되어 있다.

그런데 개량복을 입고 여름에 운동을 하면 숨막힐 듯이 더웠다. 따라서 하복만이라도 양복으로 할 것인지 검토하기 위해 교내에서는 연구회가 열렸고 학부형회에서도 이 주제가 토의되었다. 1927년 5월에 연갈색 깅엄 바탕의 상의와 흑색 또는 군청색 서지로 된 스커트의 교복이 정해졌다. 오픈 칼라라는 점을 제외하면 가슴 덮개도 있고 세일러복과 차이가 없었다. 넥타이는 가는 검은색 리본을 묶었다. 이로부터 5년 후인 1932년 9월에는 동복과 하복 모두 같은 형태인 군청색 서지의 교복이 제정된다.

동복의 개량복은 1932년까지 사용되고 있었다. 그런데 그를 대신하는 오픈 칼라 교복도 인기가 없었기에 1937년 6월부터 하복이 세일러복으로 개정되었다. 하얀 상의에 옷깃과 소매, 가슴 덮개가 군청색 서지였으며 옷깃과 소매에 흰 선을 세 줄 넣었다. 동복은 군청색 서지로 만들어졌으며 옷깃과 소매의 흰 선 세 줄은 마찬가지였다. 넥타이도 여름과 겨울 겸용으로 군청색 나비넥타이를 매었다.

이 교복에서 바뀐 곳은 옷깃의 형태와 옷깃과 소매에 하얀 선이 들어간 정도일 것이다. 학생들이 원한 것은 일반적으로 볼 수 있는 세일러 옷깃 형태와 하얀 선이었다. 학생들은 '왜 우리 학교는 특수한 형태의 옷깃을 하고 있을까, 약간만 바꾸면 세일러복이 되는데' 같은 불만을 느꼈던 것으로 보인다. 노자와 고녀가 세일러복에 도달한 것은 중일 전쟁[1937년 7월에 발발] 개전 한 달 전이다. 이를 보면 세일러복의 도입이 얼마나 늦었는지 이해할 수 있을 것이다.

스와 지방의 블레이저와 세일러복

도쿄 등지에서 세일러복이 상식이 되고 나가노현에서도

교복으로 삼는 고녀가 증가하자 오카야 고녀의 학생도 서양식 교복을 바라게 되었다. 1932년부터 학생들은 학교 측에 서양식 교복을 요망했고 교사들도 이를 화제로 삼았다.

그때까지 입던 무명 하카마는 탈색 등의 문제가 있어 1년에 한 벌은 새로 살 필요가 있었고, 경쾌한 움직임이 제한되는 데다가 여름에는 더웠다. 밤마다 요 밑에 깔고 주름을 잡기도 힘들었고, 실패하면 주름을 잡은 곳이 엉망이 되는 것은 물론 다다미 자국이 남기도 했다. 이를 피하기 위해 교칙을 깨고 캐시미어제 하카마를 착용하는 학생도 있었다.

오카야 고녀가 서양식 교복을 채용하게 된 계기는 1936년에 간사이 지역으로 떠난 수학여행이었다. 나라奈良의 여관에 머물렀을 때 비에 젖은 하카마를 요 밑에 넣고 주름을 잡았는데, 하카마의 염료가 탈색되어 여관방의 다다미에 온통 연지색 물이 들고 만 것이었다. 이 사건은 교사에게 큰 충격을 주었던 것 같다. 앞서도 설명한 것처럼, 수학여행에서 외관 때문에 불편한 기분을 느꼈던 학생들은 적지 않았다. 그러나 오카야 고녀의 경험은 그런 것들과는 내용이 달랐다. 이는 무명 하카마의 불편한 점을 통감하게 된 사건이었다. 1937년 2월, 오카야 고녀에서는 세일러복과 블레이저를 검토한 결과 군청색 서지의 점퍼 스커트에 투 버튼 블레이저를 제정했다. 블레이저와 스커트는 9엔 50센, 블라우스는 1엔, 가죽 구두는 4엔 50센이었으며 오카야 시내의 양복점과 구둣방에서 치수를 재러 왔다.

스와 고녀에서는 처음부터 나가노 고녀가 솔선해서 시행했던 일본식 개량복에 대해서도 교사 사이에 반대 의견이 거셌다. 1920년 10월 무렵부터 체육과 재봉 담당 교사가 복장 개선을 위한 조사와 연구를 실시했지만 "양복을 채용하는 것은 지역 성격상 무리이며 학교의 이념과 맞지 않는다" 등의 의견이 많아서 "양복

채용 문제는 스와 고녀의 금기였다"라고 한다.[25]

스와 지방에서는 서양식 교복이 매우 적었기 때문에 『난신 일일 신문南信日日新聞』 등에 이 교복 사진이 게재되었다. 오카야 고녀의 학생은 "스와 고녀가 오카야 고녀에게 교복 채용의 선두를 빼앗긴 데에 매우 분해하며 신문의 사진을 찢어 버렸다"라는 소문도 돌았다.[26] 진의는 확실하지 않지만 울분을 느낀 스와 고녀 학생이 있었음은 어렵지 않게 상상할 수 있다.

스와 고녀의 학생과 학부형으로부터 교복을 요구하는 목소리가 나오고 있었지만, 교장 이와모토 요시야스岩本義恭는 신중하게 생각하여 이를 허용하지 않았다. 1937년, 교장이 고마치야 조제小町谷常是로 교체되자 세일러복과 점퍼 스커트 중 어느 것으로 정할지에 대해 논의가 오갔다. 이에 따라 교사 호리 스미코堀壽美子가 실물 견본을 만들어 직원 회의에서 검토한 결과 세일러복으로 결정되었다. 블레이저를 입는 오카야 고녀와의 차이를 보여 주는 의미도 있었던 것 같지만, 뒤처지기는 했어도 블레이저보다 인기가 있기 때문에 세일러복을 채용한 것은 아니었을까?

이 세일러복은 동복의 경우 군청색 서지, 하복은 흰색 포플린의 긴소매로, 군청색 바탕의 옷깃과 소매에 흰 선 세 줄, 가슴 주머니에 흰 선 두 줄을 넣었고 넥타이는 검은색이었다. 스커트의 주름은 열여섯 개, 길이는 마루 위 30센티미터로 정하였다. 세일러복은 1937년 6월 17일부터 착용이 허가되었지만 이는 교복이 아니라 표준복이었던 것으로 보인다. 그것은 같은 날의 가정 통신문에서 "지금까지 본교 학생의 복장은 일본식

---

25 『諏訪二葉高等學校70年誌』, 長野縣諏訪二葉高等學校同窓会, 1977, 191쪽.
26 『創立60周年記念誌』, 長野縣岡谷東高等學校, 1972, 14쪽.

복장으로만 제한해 왔지만, 앞으로는 일본식 복장 이외에도 희망자에 대해서는 양복 착용을 허가하도록 했습니다"라고 적혀 있음을 보아도 알 수 있다.[27]

양복을 입는 경우는 "본교가 제정한 통학복을 착용할 것"으로 정하였다. 그러나 "현재 양복을 가지고 있는 이는 그대로 그것을 사용해도 좋다", "전학생은 이전 학교의 교복을 그대로 사용해도 무방하다", "상급생은 실제로 사용하는 기간이 짧기 때문에 가능한 한 양복을 만들지 않는 편이 좋다" 등에서 볼 수 있듯이 무리해서 새로 준비하지 않아도 괜찮았다.[28]

요컨대 양복을 착용하고 싶은 사람은 소재를 구입해서 자기가 만들거나 양복점에 주문하는 방식을 고를 수 있었다. 가미스와 上諏訪 양복상 조합의 협정 요금을 보면 재료는 동복 상의 약 4엔 50센, 스커트 약 4엔, 하복 상의 약 1엔 50센, 재단료는 동복 상의 1엔 70센, 스커트 1엔, 하복 상의 1엔 20센이었다. 구두는 주문품과 기성품을 불문하고 가미스와 거리의 가게 모두 4엔 50센으로 정했다. 교복은 수제의 경우 동하복 합해 10엔, 주문하면 13엔 90센으로 만들 수 있었다.[29]

늦어지는 교복 제정

그 외에도 나가노현 내에서 교복의 제정이 늦었던 학교가 더 있다. 마쓰모토松本 지방에서는 1929년에 마쓰모토 제2 고녀가 개교하면서 세일러복이 등장했지만, 마쓰모토 고녀는 여전히 기모노에 하카마를 입고 있었다. 마쓰모토 고녀가 점퍼

---

27 『諏訪二葉高等学校70年誌』, 290쪽.
28 앞의 책.
29 앞의 책, 291쪽.

스커트를 교복으로 정한 것은 1933년을 맞이한 이후였다. 이처럼 늦어진 것은 마쓰모토 고녀가 도쿄의 고녀 교복을 조사했기 때문이었지만, 마쓰모토 제2 고녀보다 늦어진 김에 제2 고녀와의 차이를 명확하게 해 두려는 의미도 포함되어 있었다고 생각된다.

야마나시현 및 시즈오카현과 접한 이나伊那지방에 있는 이나 고녀에서는 점차로 세일러복을 입는 학생이 늘어났다. 1931년의 '화학 수업' 사진에서는 군청색 바탕의 옷깃과 소매에 하얀 선 두 줄이 들어간 세일러복을 입은 학생이 한 명뿐인데, 그를 제외하면 모두 기모노에 하오리, 하카마 차림이었다. 당시의 학생에 의하면 일본식이나 서양식 복장 모두 괜찮았고 단일화된 교복은 없었으며 착용은 자유였다고 한다.

다만 일본식 복장의 경우 끈에 하얀 선 두 줄이 있는 적갈색 하카마를 입어야 했고 양복은 세일러복으로 정해져 있었다. 스커트의 주름이 많을 경우 교사로부터 주의를 받았다. 세일러복은 1938년부터 증가했으며 1940년에 이르자 학생 모두가 입게 되었다. 군청색 옷깃, 소매와 가슴주머니에 하얀 선 세 줄이 들어간 차림이었으며 검은색 무명 넥타이를 매었다.

도야마현에 접한 지역에 있는 오마치 고녀가 세일러복을 교복으로 삼은 것도 1937년으로 상당히 늦어졌다. 같은 해 6월부터 입은 하복은 각자 봉제했다. 봉제 작업을 경험한 학생은 "재봉을 잘하지 못했던 저는 대단히 고생했고, 게다가 당시 재봉틀이 있는 집이 정말로 흔치 않은 시대였기 때문에 집에서 만들지도 못해 기일에 맞추지 못하게 되자 근처의 재단사 가게에서 빌려서 재봉했다"라고 한다.[30] 재단사에게 주문하지 않고 재봉틀을 빌려서 자기가 재봉했다는 점이 재미있다. 또 그녀는 "약간 짧은 상의가 유행해서 긴 스커트와 짧은 상의를 멋있다고 여겼는데, 그건 이른바 요즘 스타일의 멋진 모습이었던 것 같습니다. 상의의 단을 짧게 접어 올린 채로 거리를 걷다가 학교에 들어갈 때 내리는 사람도 많았는데, 그렇게 접은 선이 발각되어 교무실에 불려 가서 야단을 맞기도 했지요"라고 증언한다.[31]

교복을 통일한 현과는 다른 조치

마지막으로 나가노현에서 서양식 교복 제정이 늦어진 이유에 대해 정리하고자 한다. 그 원인은 나가노로부터 남서쪽 약 15킬로미터에 위치한 신슈 신마치新町에 있는 미노치 실과 고녀(1943년에 미노치 고녀로 개칭)를 살펴보면 알 수 있다. 미노치 실과 고녀는 1928년 4월 개교와 함께 세일러복을 제정했는데, 1930년부터 1931년 무렵에 공황의 영향으로 인해 교복을 준비할 수 없는 학생이 증가했다. 1932년 4월에 입학한 학생은 "학교가 설립되었을 때 교복도 정해졌는데, 하얀 선 두 줄이 들어간 서지 세일러복에 넥타이를 매고 가죽 신발을 신은 우리가 선망하던 여학생의 모습이었습니다. 그러나 1930, 31년 무렵부터 시작된 전국적 불황과 큰 서리 피해로 인해 학생 수도 줄어들고 복장 등도 통일할 수 없게 되고 말아서 일본식 복장과 양복 제각각이었습니다. 저는 어머니가 다이쇼 가스리의 기모노를 겐로쿠 소매로 다시 재단해서 적갈색 모슬린 하카마에 하얀 선을 넣었고, 머리는 '세 갈래로 땋아서' 등 한가운데까지 길게 늘어뜨린 후 머리끝을 눈에 띄지 않는 작은 리본으로 묶고 히요리 나막신[日和下駄, 날이 화창할 때 신는 굽이 낮은 나막신]을 신고 통학했습니다"라고 술회하고 있다.[32]

---

30 『70年のあゆみ 大町北高等学校』,
　　長野県大町北高等学校創立70周年記念事業実行委員会, 1983, 357쪽.
31 앞의 책.

이렇게 말하는 그녀도 겐로쿠 소매에 하얀 선을 넣은
적갈색 하카마라는 메이지 시대의 모습으로 돌아가 있었다.
후쿠오카현에서는 옷감을 통일했고, 아이치현과 야마구치현
등에서는 교복의 규격도 통일했다. 그것은 공황으로 인한 각
가정의 부담을 배려했기 때문이었다. 그러나 나가노현에서는 교복
그 자체를 준비할 수 없는 가정이 있었기 때문에 아무 복장이나
괜찮다고 판단하였다. 경제 불황에 대한 방침에서 큰 차이를
보이고 있는 것이다. 이 또한 나가노현에서 서양식 교복의 도입이
늦었던 큰 이유였다.

서양식 교복 제정이 늦은 나가노현의 특색

나가노현은 전국적으로 보아도 교복의 양장화가 늦었다.
1931년 이후에 서양식 교복을 제정한 고녀는 9개교에 이른다.
이는 1941년 이후에 개교하거나 고녀가 된 학교를 빼면 약 절반에
해당한다.

나가노현의 고녀는 다른 현은 물론이요 현 내의 다른 지역이
세일러복을 제정했다고 해서 바로 그에 영향을 받지는 않았다.
세계 대공황의 영향으로 지역 전체가 불황에 접어들었다는 것이
그 이유이다. 따라서 서양식 교복과 구두 등을 준비할 수 없는
가정을 배려할 필요가 있었다.

그러나 개중에는 화려하고 아름다운 기모노를 입고 오는
학생도 있었기에 학부형으로부터도 교복을 제정하자는 의견이
나왔다. 또한 세일러복을 동경해서 입고 싶어 했던 학생들도
있었다. 이미 전국적으로 고녀들이 복장 개선 운동을 실천하고

---

32 『長野県犀峡高等学校創立60周年記念誌面』, 長野県犀峡高等学校同窓会, 1981,
258쪽.

있었고 나가노현만 남겨진 듯한 상황이었다. 특히 중일 전쟁이 일어나자 피복비의 절약을 요구하는 풍조가 활발하게 일어나 학교 측도 서양식 교복 제정을 단행할 수밖에 없게 되었다. 이 부분은 제7장에서 설명한 미션 계열 고녀의 교복 도입이 늦어진 것과 공통되지만, 미션 계열 고녀처럼 타교와 바로 구별할 수 있는 개성이 풍부한 디자인과는 달랐다.

블레이저는 3개교만이 채용했고 나머지 고녀는 세일러복을 제정했다. 하얀 옷깃을 달거나 스커트 자락에 하얀 선을 넣는 곳은 적었고 군청색의 민무늬 바탕이거나 옷깃과 소매, 가슴 덮개에 흰 선 세 줄 또는 두 줄을 넣는 학교가 많았다. 넥타이도 검은색과 군청색의 나비넥타이나 삼각 타이를 묶는 심플한 디자인이 주류였다. 이처럼 나가노현에서는 서양식 교복 제정이 늦어졌지만 결과적으로 보면 인기가 많았던 세일러복을 도입했다.

제6장
전국의 세일러복의 상황과 개성

이 장에서는 다이쇼 후기[대략 1920년대 중반]에서 쇼와 전전기[1]까지 일본 전국의 세일러복 실태에 대해서 검토한다. 이 장은 10년에 걸쳐 수집한 데이터에서 발견한 새로운 사실로만 기술되었으며, 이는 물론 다른 연구자의 서적이나 논문에도 서술되어 있지 않다. 이만큼의 정보를 모으기란 쉽지 않기 때문에 기존 연구자는 이 작업을 피해 왔다. 그렇지만 이 작업을 거치지 않는 이상 세일러복이 전국적으로 어떠한 과정을 거쳐 보급되어 갔는가에 대한 진실에 다가설 수 없다.

---

1 戰前期. 쇼와 연호가 쓰이기 시작되는 1920년대 후반부터 태평양 전쟁 패전까지의 시기를 의미한다. ─ 옮긴이.

최북단과 최남단의 교복 사정

홋카이도의 양장화

1926년 무렵에 홋카이도의 엘리트인 삿포로 제국 대학생[2]이 아키타현에 있는 노시로 고녀의 양복 모습에 놀랐다고 하는데(아키타 현립 노시로 고등 여학교의 용기 있는 결단 항목 참조), 일본 북부의 양장화는 지체되었던 것일까? 삿포로 구립 고녀(1923년에 삿포로 시립 고녀로 개칭)에서는 1922년에 재봉과 교사가 재봉 연구회를 열어 겨울은 군청색 바탕, 여름은 회색 바탕 서지로 지은 멜빵 달린 접은 옷깃형 양복에 열여섯 줄짜리 주름치마 교복을 고안했다. 이듬해인 1923년 1월 1일에 이 교복이 제정되었지만 종래대로 일본식 복장을 입어도 괜찮았다.

이 서양식 교복은 1931년에 검정색 리본이 달린 군청색 세일러복으로 개정될 때까지 사용되었다. 그렇기에 앞서 언급한 삿포로 제국 대학 학생이 삿포로 고녀의 양복 모습을 본 적이 없었다고 할 수는 없다. 그보다는 그와 다른 양복을 입은 노시로 고녀의 모습을 신선하게 느꼈던 것이 아니었을까.

삿포로에서 약간 떨어진 홋카이도 도청립道廳立 오타루 고녀에서는 1917년 1월 26일에 체육의 관점에서 우와조리[3]를 폐지하고 실내화를 사용하도록 했다. 2월 5일에는 '운동 하카마', 1919년 6월 2일에는 '운동 모자'를 도입했고 1921년 5월 11일에는 점퍼 스커트를 체조복으로 정했다. 그 다음 달인 6월 17일에는 평상복으로 양복을 입도록 장려한다. 학생 대부분은 세일러복을

---

2 1918년에 제국 대학이 된 삿포로의 홋카이도 제국 대학을 가리키는 것으로 보이나 인용 사료에 적힌 대로 서술된 것으로 보임 — 옮긴이.
3 上草履. 실내에서 신는 짚신 슬리퍼를 의미한다. — 옮긴이.

착용했고 다들 스커트 자락에 검은 선 두 줄을 달았다. 1927년 4월 7일 상하 군청색의 세일러복과 모자를 교복으로 제정했는데, 이는 통학복으로 점퍼 스커트가 아니라 세일러복을 입는 학생이 많았기 때문일 것이다.

위에 언급한 두 학교는 홋카이도에서 고녀 양장화의 발단이 되었다고 할 수 있다. 그 증거 중 하나를 이케다 고녀에서 볼 수 있다. 이케다 고녀에서는 1931년에 옷깃과 스커트에 흰 선 두 줄을 넣은 세일러복을 교복으로 삼았다. 그때까지는 스커트에 흰 선 두 줄만 넣으면 아무 복장이나 괜찮았다. 학생들은 "다른 도시 여학생은 세일러복을 입고 있었어요"라며 다른 학교의 세일러복 모습을 매력적으로 느꼈다. 오타루 고녀에서 전학을 온 학생의 세일러복을 보고 "세련된 모습이었지요"라는 감상을 남기고 있다.[4]

홋카이도에서는 쇼와 시대를 맞이하면서 기모노와 하카마에서 세일러복으로 개정하는 학교가 늘어났는데, 그 움직임이 다른 현보다 늦었던 것은 아니었다.

홋카이도의 특징: 북쪽 대지에 퍼져 나가는 하얀 선

최북단의 대지 홋카이도에서 세일러복을 최초로 도입한 것은 1924년 2월에 이를 교복으로 정한 아사히카와 고녀이다. 그래서인지 학생들은 "선이 두 줄 들어간 세일러복을 입고 있으면 인정받는 느낌이 들어서 자랑스러웠다"[5]며 옷깃에 하얀 선 두 줄이 달린 세일러복에 자부심을 가지고 있었다. 같은 해 4월 신학기부터는 삿포로 고녀가 표준복으로 세일러복을 도입한다.

---

4 『創立50周年記念誌』, 北海道池田高等学校, 1968, 35쪽.
5 『北海道旭川西高等学校創立100周年記念誌』,
   北海道旭川西高等学校創立100周年記念協賛会, 1970, 26쪽.

[그림 70] 홋카이도 도청립 삿포로 고등학교의 하복
『사진집 청립 삿포로 고녀 삿포로 기타北 고교』
삿포로 기타 고등학교 창기創基 80주년 기념 협찬회, 1982년

이 두 학교에 이어 1927년 4월에 세일러복을 교복으로 삼은 것이 오타루 고녀였다.

오타루 고녀가 홋카이도에서 최초로 양복 착용을 허가한 것은 앞서 설명한 바와 같은데, 1921년 6월 이후에도 기모노에 하카마 차림으로 통학하는 학생이 더 많았다. 학생들은 하카마 자락의 검은 선 두 줄에 자부심을 가지고 있었고, 양복 스커트 자락에도 검은 선 두 줄을 넣었다. 1927년 5월에 학교 휘장과 모자가 제정되면서 세일러복 스커트에 검은 선을 넣을 수 없게 된다. 이때 교장실에서 검은 선의 폐지에 대해서 항의하는 학생도 적지 않았다. 홋카이도의 여학생들이 하카마 자락의 선에 강한 애착을 가지고 있었음이 엿보인다. 오타루 고녀에서는 학교 휘장으로 바뀌어 버렸지만 삿포로 고녀는 옷자락에 산 모양 선[6]을 넣었다. 그 후에 세일러복을 제정한 많은 고녀에서도 스커트 자락에 선을 넣은 것이 홋카이도의 특징이다.

이와나이 고녀 학생은 "스커트에는 주름이 많았습니다. 밤마다

---

6   山型線. 산 모양과 같이 꺾은선 형태의 선을 가리킨다. — 옮긴이.

스커트를 이불 아래에 잘 접어서 깔아 누르지 않으면 주름이 사라져 멋이 떨어지기 때문에 매일 밤 졸린 눈을 비비면서 스커트를 개는 것이 일과였습니다"라고 말한다.[7] 이처럼 스커트의 주름을 유지하는 것은 전국의 고녀 학생들에게 공통된 작업이었으며 스커트를 이불 밑에 깔고 자면서 주름을 잡았다는 회상록은 많이 남아 있다.

홋카이도의 여학생들은 스커트의 주름에 더해 옷자락의 선에도 특별한 애착을 가지고 있었다. 홋카이도는 넓기 때문에 삿포로 시내 군데군데 있는 고녀를 제외하면 등하굣길에서 다른 학교 학생과 마주칠 일은 없었다. 따라서 스커트 자락의 선은 학교를 식별하기 위해서라기보다 하카마 시대로부터 이어지는 고녀 학생으로서의 자부심을 보여 준다고 할 수 있다. 그러나 다른 현의 학생은 하카마 시대와 같이 고녀를 드러내는 것이라고 생각하지는 않기도 했다.

이에 대해서 잘 알 수 있게 해주는 것이 1933년 4월에 세일러복을 제정한 에베쓰 고녀의 체험이다. 에베쓰 고녀는 스커트 자락에 크고 작은 두 줄의 하얀 선을 넣었는데, 교토로 수학여행을 갔다가 다른 학교 학생들로부터 "신센구미, 신센구미"[8]라는 말을 듣고 부끄러워했다.[9] 전국적으로 보아도 스커트 자락의 선은 하카마 시대와 달리 신기한 것이었다.

오키나와현의 교복: 남국의 처녀의 모습

---

7   『北海道岩内高等学校50周年記念誌』,
    北海道旭川西高等学校創立50周年記念協賛会, 1970, 26쪽.
8   新撰組. 막부 말기에 교토의 치안을 담당하던 무력집단. 신센구미의 상의와
    깃발에는 산 모양의 꺾은선이 들어가 있다. — 옮긴이.
9   『北海道江別高等学校40年誌』, 北海道江別高等学校, 1969, 18쪽.

최북단의 북쪽 대지로부터 최남단의 남국으로 날아가 보자. 오키나와의 고녀에서는 1922년에 스탠드 칼라 상의를 제정한 슈리 고녀가 최초로 양장화를 시작했다. 이를 이어 구니가미 고녀가 1924년에 푸른 바탕에 흰 곡선형 옷깃의 교복을 정했다. 이것을 입은 학생들은 "우리 복장은 못나 보여서 어쩐지 싫은 느낌이었다"라는 감상을 말하고 있다. 이 학교는 1930년에 현립 오키나와 제3 고녀로 승격하면서 옷깃에 하얀 선 세 줄을 넣은 세일러복으로 개정했다. 앞서 구 교복에 불만을 느꼈던 학생은 "선 세 줄이 들어간 세일러복에 넥타이가 사용된 것, 더욱이 휘장이 제정되어 세일러복의 가슴에 자랑스러운 나고란[10] 휘장을 달 수 있게" 됨으로써 "겨우 학업에 정진할 기분이 들었다"라고 한다.[11]

이 개정이 이루어지는 사이인 1925년에 오키나와 제2 고녀, 1926년에 현 내 최초의 고녀인 오키나와 고녀 (1928년에 오키나와 제1 고녀로 개칭), 1927년에 세키토쿠 고녀가 각각 세일러복을 교복으로 정했다. 오키나와 제2 고녀는 옷깃과 소매에 흰 선 두 줄, 세키토쿠 고녀는 옷깃과 소매, 가슴 주머니에 흰 선 두 줄을 넣었다.

1932년에 개교한 쇼와 여학교는 옷깃과 소매에 흰 선 두 줄을 넣은 세일러복을 교복으로 정했다. 1936년에 개교한 미야코 고녀도 세일러복이었으며 군청색 바탕의 동복은 옷깃과 소매, 가슴 주머니에 하얀 선 한 줄, 흰 바탕의 하복은 군청색의 옷깃과 소매에 하얀 선 한 줄을 넣었다. 앞서 언급한 오키나와 제3 고녀 학생의 말에 비추어 보면 오키나와에서도 세일러복이

10　名護蘭. 오키나와 나고시의 지명을 붙인 난으로 학명은 'Phalaenopsis japonica'이다. ― 옮긴이.
11　『南燈-創立50周年記念誌―』, 名護高等学校創立50周年記念誌編纂委員会, 1982, 136~137쪽.

여학생의 표상으로서 동경의 대상이었음을 알 수 있다. 사실 슈리 고녀를 제외한 고녀는 거의 대부분 세일러복이었고 착용률은 85.7퍼센트였다.

도호쿠 지방의 교복

아오모리현의 양장화

아오모리현의 양장화와 세일러복화는 결코 다른 현에 비해서 늦지 않았다. 고등 여학교령에 따라 최초로 설치된 아오모리 현립 아오모리 제1 고녀는 히로사키 고등 여학교로 개칭했다. 히로사키 고녀는 1922년에 아오모리 최초로 세일러복을 제정했다. 물론 당시에 세일러복은 흔치 않았기에 입는 데에는 분명 용기가 필요했을 것이다. 세일러복을 처음 입었던 학생은 "우리들이 들어간 해에 처음으로 생긴 교복은 면 서지로 된 세일러복이었습니다", "상급생은 자유였지만 교복을 입는 사람도 조금씩 늘어났던 것 같습니다", "교복에 자부심을 가지고 등교했었지요"라며 지난날을 회상하고 있다.[12] 이러한 마음가짐이 통했던 것인지 1926년에는 하치노헤 고녀가 세일러복을 제정했다. 현 내에서 첫 번째와 두 번째 고녀가 세일러복을 교복으로 정한 것이 아오모리현의 교복에 영향을 준 것으로 보인다.

이 사이에 세 번째로 설치된 아오모리 제3 고녀(이후 아오모리 고녀로 개칭)가 1925년에 앞이 트인 스탠드 칼라와 단추 세 개가 달린 상의에 벨트를 매는 교복을 제정했다. 이것을 입은 학생은 "그

---

12 『80年史-青森県立弘前中央高等学校-』,
青森県立弘前中央高等学校創立80周年記念実行委員会, 1980, 369쪽.

교복 말이지요. 우리는 버스 안내양 옷과 거의 똑같아서 싫었지만, 그래도 멋을 부리는 학생들은 상의의 옷자락과 벨트 위치를 바꾸기도 했었어요"라는 감상을 남기고 있다.[13] 히로사키 고녀의 학생이 세일러복에 "자부심을 가지고" 있었던 것과는 큰 차이가 있었다. 그 후에 고쇼가와라 고녀와 사립 히로사키 여학교가 세일러복으로 제정했고 아오모리 고녀의 스탠드 칼라 상의를 따라하는 고녀는 나타나지 않았다. 1941년에 현립 다나부 고녀가 된 다나부 실과 고녀도 1933년에 세일러복을 교복으로 제정했고, 1943년에는 현립 나미오카 고녀가 되는 나미오카 여자 실무 학교에서도 세일러복을 입었다.

이러한 변화를 이어받은 것인지 아오모리 현립 아오모리 고녀는 1933년에 스탠드 칼라 상의에서 세일러복으로 개정한다. 아오모리 시립 실과 고녀는 1931년에 블레이저를 교복으로 제정했는데, 1934년에 아오모리 시립 아오모리 고녀로 명칭이 바뀌었고 1935년에는 세일러복으로 개정했다. 미키모토三木本 고녀도 1933년에는 하프코트와 점퍼 스커트를 제정했지만 1940년에는 세일러복으로 바꾸었다.

세일러복이 보급되지 않았던 이와테현

이와테현에서 최초로 서양식 교복을 제정한 것은 이와테 현립 이치노세키 고녀였다. 1922년에 이 학교 출신인 후나야마 쓰네船山つね가 고안한 테일러 칼라 원피스는 오래가지 못했고, 1924년에 숄 칼라의 원피스, 1929년에 오픈 칼라 상의 등 우여곡절을 거쳐 1933년에 세일러복이 되었다. 겨울은 군청색 서지, 여름은 흰 포플린이었는데 모두 군청색 옷깃에 하얀 선 세

---

13 『青森県立青森高等学校史』, 青森県立青森高等学校, 1971, 141쪽.

줄을 넣었고 넥타이는 진한 갈색의 명주 나비넥타이를 맸다.

1919년에 설치된 도노 정립 실과 고녀는 이듬해 1920년 가미헤이上閉伊군 군립 실과 고녀로 개칭되었고 1923년 4월에는 이와테 현립 도노 실과 고녀가 되어 현립으로 이관되었다. 이때 부임해 온 교감 모리시타 다케시森下洸는 오키나와의 학교에서 양복이 채용된 것을 알고 있었으며 그 합리성 또한 이해하고 있었다. 따라서 모리시타는 일본식 복장에서 양복으로 교복을 변경할 것을 제안하여 1923년 7월에 여름 교복을 제정했다. 하복은 회색과 군청색 스트라이프의 긴 소매, 동복은 자줏빛 군청색(후에 군청색 울로 변경)으로 옷깃과 소매, 가슴 주머니에는 군청색 벨벳 옷감을 붙여 벨트를 매는 형태였다. 또 여름에는 하얀 바탕, 겨울에는 군청색 바탕으로 다수의 주름을 잡은 '목이버섯'이라 불렸던 모자를 썼다. 교복과 모자는 교사의 지도를 받아 학생들이 봉제했다. 이 교복을 입은 학생은 "아무튼 부끄러워서 등하교 때는 아무도 만나지 않았으면 좋겠다고 생각했다. 특히 중학생과 만나지 않기를 빌었다. 왜냐하면 중학생한테 놀림을 받기 때문이었다", "또 어떤 때는 지나가는 노파로부터 꼴불견이라며 고함을 들은 적도 있었다"라고 증언한다.[14]

가마이시 실과 고녀에서 1924년에 세일러복 원피스를 시험 삼아 입히자 학생들이 상하로 나뉜 세일러복을 만들어 왔다는 것은 서장에서 언급했다. 이것이 이와테현의 첫 세일러복이었다. 두 학교를 비교하면 이르든 늦든 세일러복에 도달했다는 결과가 보인다. 그런데 이와테현이 재미있는 것은 세일러복이 다른 현처럼 보급되지 않았다는 것이다. 양복화가 다른 현에 비교해서

---

14 『遠野高等学校70年史』, 岩手県立遠野高等学校, 1971, 141쪽.

늦었던 것은 아니다. 미즈사와 고녀에서는 1923년도에 1학년부터 하복이 세일러복이 되었지만 동복은 군청색 바탕의 스퀘어 칼라 상의였다. 여름 세일러복은 하얀 바탕에 옷깃과 소매에 선이 두 줄 들어가고 나비넥타이를 매었다. 1934년에 동복이 개정되었지만 스탠드 칼라 디자인이 변경되는 정도에 그쳤다.

1923년 7월에 도노 실과 고녀(1926년에 도노 고녀로 개칭)가 정한 하복은 벨벳 옷깃의 스트라이프 무늬 긴소매에 벨트를 매는 형태였으나 1929년에 세일러복으로 개정되었다. 옷깃 바탕과 소매의 선이 군청색이었지만 1938년에는 하얀 선 두 줄로 바뀌었다. 하나마키 고녀가 1923년에 제정한 하복은 가슴 덮개가 붙은 테일러 칼라 원피스였고 1940년에 세일러복으로 개정되었다. 스탠드 칼라 상의는 1928년에 모리오카 고녀, 이와야도 고녀, 1933년에 미야코 고녀가 제정했다. 구로사와지리 실과 고녀(1928년에 구로사와 고녀로 개칭)는 1927년에 세일러복을 제정했지만 1930년에는 스탠드 칼라 상의로 바뀌었다.

세일러복은 위에서 언급한 학교 이외에 1930년에 제정한 다카다 실과 고녀(1936년에 다카다 고녀로 개칭)와 1936년에 변경한 이치노헤 고녀, 1940년에 테일러 칼라의 상의에서 변경한 하나마키 고녀밖에 없다. 다카다 실과 고녀는 개교 당시인 1930년에 "기모노에 하카마도 좋고 세일러복도 좋다"라고 했지만 1931년에는 전원이 세일러복을 입게 되었다.[15] 이치노세키 고녀의 하복은 옷깃에 하얀 선 세 줄, 이치노헤 고녀는 옷깃과 소매, 가슴 덮개에 하얀 선 세 줄, 가마이시 실과 고녀와 다카다 실과 고녀는 하얀 선 두 줄을 넣었는데 이 점은 다른 현과 큰 차이가 없었다.

아키타 현립 노시로 고등 여학교의 용기 있는 결단

---

15 『高田高校50年史』, 岩手県立高等学校, 1980, 102쪽.

아키타현에서 최초로 서양식 교복을 제정한 것은 아키타 현립 노시로 고녀이다. 1923년 여름에 "에이프런(앞치마)식의 양복"을 제정하고 이듬해 10월에 서양식 교복을 제정했다. 이것은 교장 사카모토 사다노리坂本定德가 1920년 가을부터 구상해 왔던 것이었다. 동복 상의는 면으로 된 파이브 버튼, 하복은 깅엄으로 목덜미가 곡선인 "수세미 옷깃[숄 칼라를 일컬음]" 형식을 취하고 있다.

동복은 양복점이 재단하고 하복은 학생들 자신이 만들었다. 학생들은 "면 소재라서 하룻밤 요에 깔아 다려도 하교 때면 자루처럼 되어 버리는 스커트" 때문에 난처했던 것 같다.[16] 당시는 서양식 복장으로 통학하는 여학생이 신기했기 때문에 주위로부터의 시선이 곱지 않았다. 지역 신문에서는 "양복을 입히다니 바보 같은 일이다. 그건 따뜻한 지역 이야기이지 이 추운 지역에서 흉내 내서는 안 된다. 해를 입을지언정 도움 될 일이 없다. 아니, 이제 여학교 졸업생이 시집을 가면 전부 냉증이 생겨서 아이가 태어나지 않을 것이다"라고 했다.[17] 더욱이 지역의 유력지인 『아키타 사키가케 신보秋田魁新報』에서는 "양복은 이중으로 돈이 들어서 안된다. 경제적이라고 하지만 양복은 가정에서는 아무런 도움도 안 된다"라는 노시로 미나토마치能代港町 유력자의 발언을 게재하고 있다.[18]

지역 어른들이 비판적인 눈으로 보아도 학생들은 동요하지 않았다. 어떤 학생은 "우리들은 굵은 다리를 약간 신경 쓰면서도 의기양양하게 하타마치[畠町, 당시 노시로시의 중심가]를 뽐내며

---

16   『創立70周年記念誌』, 秋田縣立能代北高等學校, 1984, 30쪽.
17   앞의 책, 31쪽.
18   앞의 책.

돌아다녔다. 거리 사람들은 이 이상한 양복 차림을 신기하게
쳐다보고 여러 가지로 비평했다. 그러나 우리들은 여러 선생님
밑에서 무척 명랑했고 그 모습으로 당당히 홋카이도를 여행하면서
삿포로 제국 대학생을 놀라게 했다"라며 기록을 남기고 있다.[19]

이 당당한 행동이 주위의 가치관을 변하게 만들었을 터이다.
그로부터 2년이 지나자 사카모토 교장은 학생들에게 "아키타와
오다테[大館, 아키타 북부의 시]도 교복이 생긴다고 한다. 시대가
좋은 판단을 한 것"이라고 웃으며 이야기하고 있다.[20] 아키타
고녀에서는 1923년에 양복 착용을 허가했는데 서양식 교복을
제정한다는 정보가 유포되었다. 노시로 고녀는 1927년에 스커트
자락에 흰 선 한 줄을 넣은 세일러복으로 개정했다. 1929년까지
동복은 군청색 바탕, 하복은 하얀 바탕의 긴소매로 군청색 바탕의
옷깃과 소매, 가슴 덮개에 하얀 선 세 줄을 넣게 되었다.

아키타현에 확산되는 세일러복

1927년에 아키타 현립 오마가리 고녀가 동복으로 세일러복을
제정했다. 하복은 하얀 블라우스에 리본, 겨울 세일러복은 옷깃과
소매, 가슴 덮개, 가슴에 흰 선 두 줄을 넣은 것이었다. 1928년
4월에 제정한 아키타 현립 혼조 고녀의 세일러복은 옷깃과 소매,
가슴 덮개, 가슴에 하얀 선 두 줄, 스커트 자락에는 하얀 선 한 줄로
노시로 고녀와 오마가리 고녀를 합친 듯한 디자인이었다.

노시로 고녀의 정보를 얻은 아키타 고녀는 1928년, 오다테
고녀는 1929년에 세일러복을 교복으로 정했다. 오다테 고녀의
세일러복도 옷깃과 소매, 가슴 덮개, 가슴에 하얀 선을 두 줄

---

19   앞의 책.
20   앞의 책.

넣었는데 이는 나비넥타이를 매는 오마가리 고녀와 쌍둥이 같은
디자인이다. 아키타 고녀의 세일러복은 옷깃과 소매, 가슴 덮개,
가슴에 하얀 선 세 줄, 상의의 왼쪽 아래에 틀어 올린 매듭의
휘장을 넣는 것으로 다른 학교와의 차이를 보여 주었다. 이 틀어
올린 매듭의 휘장은 1936년에 왼쪽 팔로 위치가 바뀐다.

아키타 현립 요코테 고녀가 1930년에 제정한 세일러복은 옷깃과
소매, 가슴 덮개에 파란 선 두 줄, 파란색 나비넥타이라는 점에
독자성이 있었지만 1938년에는 선의 색깔을 흰색으로 개정한다.
아키타 고녀와의 차이는 파란색 넥타이 매듭이었다. 또 상의의
좌측 아래와 뒤쪽 옷깃의 좌우에 하얀 실로 은행 자수를 넣어
한눈에 요코테 고녀의 세일러복이라는 것을 알 수 있었다.

사립 세이레이 학원 고등 여학원은 1931년에 옷깃에 하얀 선 두
줄을 넣은 세일러복을 제정했는데, 스커트 자락에 하얀 선 두 줄,
가슴 덮개와 뒤쪽 옷깃에 '지도리가케[ちどりがけ, 실로 지그재그로
홀친 것]'의 하얀 선을 넣은 것이 특징이었다. 더욱이 1936년에는
뒤쪽 옷깃의 '지도리가케'를 별 모양 자수로 바꾸었다. 이 또한 아키타현 내의 고녀에 옷깃과 소매, 가슴 덮개 등에 하얀 선 두 줄을 넣는 세일러복이 많았기 때문에 다른 학교와의 차이를 보여 주는 장치였다.

[그림 71] 아키타 현립 고등 여학교의 동복
『수학 여행 기념』아키타 고등학교, 1939년
(필자 소장)

아키타현에서 세일러복이 아니었던 곳은 하나와 고녀뿐이다. 하나와 고녀는 1927년에 하복으로 회색

원피스를 제정했다. 1933년의 수학여행에서 점퍼 스커트를 본 학생들이 학생 대회에서 이를 교복으로 삼고 싶다고 진정서를 제출하여 1935년경에 교복이 되었다고 한다. 학생들은 도쿄 부립 제1 고녀와 똑같은 교복을 동경했다고 회상하고 있다. 그러나 전쟁 전과 전쟁기의 아키타에서 하나와 고녀를 제외하면 어느 학교도 세일러복 제정과 착용에 불만을 느끼지 않았다.

후쿠시마 현립 후쿠시마 고등 여학교와 아이즈 고등학교의 개량

후쿠시마 현립 후쿠시마 고녀는 1923년 4월에 벨벳의 숄 칼라에 가슴 덮개가 달린 교복을 제정했다. 허리에는 벨트를 매고 동복은 군청색 서지, 하복은 면으로 지었으며 단추로 여미는 형태였다. 그런데 이 옷을 입고 수학여행을 간 학생들이 현지에서 버스 안내양으로 오해를 받고 분개했다. 이 교복은 1929년에 세일러복으로 개정되었는데, 하얀 바탕의 마 혹은 면으로 만들어졌으며 옷깃에 검은 선 두 줄을 달고 검은 나비넥타이를 매는 것이었다. 1935년 4월부터 동복은 군청색 서지로 옷깃과 소매에 검은 선 두 줄이 들어갔으며 넥타이는 검정색 새틴의 나비넥타이, 하복은 하얀 바탕의 7부 소매로 옷깃과 소매에 검은 선 두 줄이 들어가고 검정색 나비넥타이를 맸다.

후쿠시마 고녀와는 대조적으로 아이즈 고녀에서는 1925년 4월에 일본식에서 서양식으로 복식을 바꿀 때부터 세일러복이었다. 동복은 군청색 서지, 하복은 크림색의 포플린, 스커트는 여름과 겨울 겸용의 군청색 서지로 옷깃과 소매에 선은 없었다. 리본은 회색이었지만 다음해 1926년 4월에는 1학년이 진홍색, 2학년이 녹색, 3학년이 갈색, 4학년이 회색으로 색깔을 이용해 학년을 나누었다. 당시의 학생들은 "우리들 하급생은 어른스럽게 보이는 상급생을 리본의 색깔과 함께 동경의 눈길로

바라봤어요"라고 회고한다.[21]

학년에 따라 색상이 다른 리본이 아이즈 고녀의 유일한 특징이었다고 할 수 있다. 리본을 빼면 군청색 하나뿐이었다. 그래서 수학여행으로 간사이에 갔을 때 비가 오는 가운데 검은 우산을 받치고 학생들이 줄을 서 있자니 다른 학교 남학생들이 "새까만, 까만 까만 까만 까마귀"라고 야유한 적도 있었다. 세일러복을 입었다고 수학여행지에서 절대로 창피를 당하지 않는 것은 아니었음을 알 수 있다.

이러한 광경을 보게 된 미술 교사가 "다시 한번 생각해 볼 필요가 있다"라고 느껴 새로운 디자인을 고안했다.[22] 1936년에 개정된 세일러복은 옷깃과 소매, 가슴 덮개에 세 줄의 하얀 선을 넣고 후쿠지견으로 옅은 베이지색의 나비넥타이 리본을 매었다. 또 가슴에는 학년을 표시하는 선을 넣었다. 세일러복의 옷깃과 소매, 가슴 덮개에 선이 들어가는 것은 하카마에 선이 들어갔던 것처럼 인근 학교와의 차이를 보여 주는 의미가 있었다. 그러나 그뿐만 아니라 디자인적으로 선이 들어가 있는 쪽이 보기에도 좋았다. 군청색과 검은색 바탕의 세일러복에 하얀 선이 들어가 있으면 "까만 까마귀" 같은 말을 들을 일이 없었던 것이다.

이 나비넥타이 리본은 전년도에 후쿠시마 고녀가 도입한 것에 영향을 받았는지도 모른다. 학생 모두에게 리본 천과 가는 하얀색 끈이 전달되었고 각자가 고심하여 자신의 리본을 만들었다. 이 개정 이전부터 아이즈 고녀에서는 4학년이 1학년의 겨울 세일러복을 봉제하고 있었다. 입학해서 4학년이 주문을 받으러

---

21 『福島県立会津女子高等学校創立80周年記念誌』, 福島県立会津女子高等学校創立80周年記念誌編集委員会, 1988, 117쪽.
22 앞의 책.

왔을 때 그 상급생이 미인이거나 친절하면 "동경의 대상"이
되었다.[23] 그들은 사이즈를 재거나 가봉을 하는 가운데 친해졌다.

세일러복의 봉제는 4학년의 정규 과목으로 재봉 상태에
따라 점수가 매겨졌기 때문에 매우 섬세하게 작업을 해 주었던
모양이다. 이를 경험한 학생들은 "상급생에 대한 감사와 외경,
하급생에 대한 자애의 기분"을 느끼게 되었다.[24] 리본으로 학년을
구별할 수는 없게 되었지만 교복을 봉제함으로써 생기는 선배와
후배 간의 마음의 유대에는 변화가 없었다.

후쿠시마현의 세일러복과 블레이저

후쿠시마현에서는 1924년에 소마 여학교가 하복으로 세일러복
착용을 허가했고 1926년 6월에는 이와키 고녀가 세일러복을
제정했다. 1929년에 아사카 고녀가 세일러복을 제정하자 1931년에
소마 고녀도 세일러복의 교복화를 단행했다.

후쿠시마현의 특징은 옷깃과 소매에 하얀 선 세 줄이 많은 것과
학년별로 넥타이의 색상과 선의 수를 나누는 학교가 존재하는
것이다. 1937년에 이와키 고녀는 소마 고녀와 마찬가지로 옷깃과
소매에 하얀 선 세 줄을 넣었다. 한편 아사카 고녀의 동복은 옷깃에
연지색 선을 세 줄 넣었지만 1932년부터 33년에 걸쳐 하복의
군청색 옷깃과 소매, 가슴 주머니에 하얀 선 세 줄을 넣게 되었다.

아사카 고녀의 끈 넥타이는 1학년이 연지색, 2학년이
금차색[金茶, 금빛깔이 도는 갈색], 3학년이 파란색, 4학년이
녹색으로 구분되어 있었고, 소마 고녀의 가슴 주머니 연지색 선은
1학년이 한 줄, 4학년이 네 줄로 학년마다 늘어났다. 1934년에

---

23 앞의 책, 118쪽.
24 앞의 책, 117쪽.

제정한 시라카와 고녀의 새틴 넥타이도 1학년은 빨간색, 2학년은 군청색, 3학년은 녹색, 4학년은 금차색으로 나누어져 있었지만 세일러복은 아니었다.

후쿠시마현에서 시라카와 고녀와 기타카타 고녀만은 블레이저와 점퍼 스커트의 조합에 벨트를 매는 교복이었다. 1928년에 교복을 정한 기타카타 고녀 학생의 감상은 모르겠지만 시라카와 고녀의 학생과 같은 기분이 아니었을까? 시라카와 고녀는 1924년에 동복으로 옅은 노란색과 검은색 줄무늬, 하복으로 하늘색과 하얀 줄무늬 기모노에 갈색 하카마, 선 세 줄이 들어간 벨트 교복을 제정했다. 그런데 이 옷을 입고 간사이에 수학여행을 갔을 때 "어디에서 온 여공인가요"라는 질문을 받고 분개하는 일이 적지 않았다.[25] 그래서 학생들은 서양식 교복을 학교 측에 요청했고 1929년에 블레이저와 점퍼 스커트 교복이 제정되었다. 하지만 학생들은 버스 안내양 같은 교복이라고 불평이었다. 세일러복을 입으면 그런 불쾌한 기분을 맛볼 이유가 없었음은 말할 것도 없다.

간토 지방의 교복

이바라키현에서도 통일화의 화제가 부상

이바라키현에서 최초로 양장화를 실시한 것은 1924년에 점퍼 스커트를 교복으로 삼은 쓰치우라 고녀였다. 이듬해 1925년에는 미쓰카이도 고녀도 블레이저와 점퍼 스커트의 조합을 교복으로

---

25 『福島県立白河旭高等学校創立100周年記念誌』, 福島県立白河旭高等学校創立100周年記念事業実行委員会, 2014, 117쪽.

삼았다. 같은 해 10월에 이시오카 실과 고녀(1938년에 이시오카 고녀로 개칭)는 거기에 벨트를 매는 것을 동복, 옷깃에 검은 선 세 줄, 소매에 검은 선 두 줄의 하얀 바탕 세일러복을 하복으로 나누어 입도록 했다.

이시오카 실과 고녀의 하복은 이바라키현에 등장한 최초의 세일러복이 되었다. 그 다음으로 1926년 4월부터 현 내 최초의 현립 고녀인 미토 고녀가 세일러복을 교복으로 정했고, 6월의 하복부터 다쓰가자키 고녀가 세일러복을 제정했다. 다이쇼에서 쇼와로 연호가 바뀌자 1928년에 도카이 고녀, 사립 다이세이 여학교, 도리데 실과 고녀(1940년에 도리데 고녀로 개칭), 1929년에 고가 실과 고녀(1936년에 고가 고녀로 개칭), 1930년에 호코타 고녀가 세일러복을 제정했다.

이바라키현에서도 1932년 1월에 현 내 중등학교 교복을 통일하자는 안이 부상했다. 『이바라키 신문』에 의하면 이는 육군 피복 본창陸軍被服本廠이 산업 경제의 관점에서 제창했다고 한다. 또한 이 신문을 보면 고등 여학교 교장 회의에서 통일안을 협의 중이지만 사립 학교에서는 실시가 불가능할 것으로 관측하고 있음도 알 수 있다. 그러나 어떠한 이유에서인지 통일은 실현되지 않았다.

세일러복의 인기는 이바라키현에서도 다르지 않아서 굳이 통일하지 않아도 세일러복은 점차 확산되어 갔다. 시립 미토 고녀는 1927년에 동복은 군청색, 하복은 하얀 투피스에 벨트 스타일 교복을 제정했지만 1933년에는 세일러복으로 개정되었다.

이바라키현에서 세일러복이 아니었던 곳은 미쓰카이도 고녀, 시모쓰마 실과 고녀(1939년에 시모쓰마 고녀로 개칭), 시모다테 고녀 세 학교밖에 없었다. 미쓰카이도 고녀는 1929년에 종래의 블레이저와 점퍼 스커트를 모두가 입도록 결정하고 그에

[그림 72] 이바라키 현립 다쓰가자키 고등 여학교의 동복 『졸업 기념 사진』 이바라키현 다쓰가자키 고등 여학교, 1928년 3월 (필자 소장)

맞추어 연지색 끈 넥타이를 제정했다. 시모쓰마 실과 고녀는 1929년에, 시모다테 고녀는 1935년에 각각 오픈 칼라를 교복으로 정했다. 이들 학교 모두 쇼와 10년대[1935~1944]에 실과 고녀에서 현립 고녀로 승격했지만 그 이전부터 세일러복과 블레이저 등의 양식 교복을 제정했다는 점에서 고녀 승격과 쇼와 천황 즉위식이 서양식 복장화와는 무관함이 입증된다.

이바라키현의 특징

이바라키현 세일러복의 특징은 ① 하얀 선이 없는 것 ② '①'에 하얀 선을 넣도록 한 것 ③ 연지색 넥타이의 세 가지이다. 현립 미토 고녀, 오타 고녀, 도리데 실과 고녀의 세일러복은 '오사카형'처럼 선이 없는 소박한 디자인이다. 도카이 고녀의 세일러복은 처음부터 군청색 바탕에 하얀 선을 넣었지만 도리데 실과 고녀는 1928년에 '오사카형' 디자인을 채용했다가 1934년에 옷깃과 소매, 가슴 덮개에 하얀 선 세 줄을 넣는 것으로 개정했다. 1933년에 시립 미토 고녀도 동일하게 바꾸고 호코타 고녀는 1936년까지 옷깃과 소매, 가슴 덮개에 하얀 선 두 줄을 넣게 되었다.

검은 선이 특징이었던 후루카와 실과 고녀의 세일러복을 입은 학생은 "기뻤던 것은 복장이 서양식으로 일변한 것이었습니다. 검은 선이 들어간 세일러복이었지요", "모던해진 여학생 모습을 거리의 사람들이 돌아보게 되어 의기양양하게 걸었습니다"라고 회고한다.[26] 그런 세일러복도 1936년에는 옷깃과 소매, 가슴 덮개에 하얀 선 두 줄을 넣게 되었다. 다른 실과 고녀도 하얀 선의 세일러로 바꾸었는데, 고녀로 승격했기 때문에 하얀 선으로 바꾼 것은 아니었다. 이는 무늬가 없는 '오사카형'에서 하얀 선을 넣는 방향으로 인기가 옮겨 갔기 때문일 것이다.

   선의 수가 동일하면 어느 학교 학생인지 판별하기가 어렵다. 그래서 넥타이와 가슴의 휘장이 필요해지는데, 이바라키현에서는 넥타이의 색도 비슷했다. 미토 고녀의 동복은 군청색 서지에 갈색 새틴 넥타이, 하복은 하얀 바탕에 검은색 새틴 넥타이를 매었다.

[그림 73] 이바라키 현립 시모다테 고등 여학교의 동복 『졸업 기념 사진첩』
이바라키 현립 시모다테 고등 여학교, 1940년 3월 (필자 소장)

시립 미토 고녀의 세일러복과 미쓰카이도 고녀의 끈 넥타이가 연지색이었던 것처럼 이바라키현에서는 연지색 넥타이를 사용하는 곳이 많았다. 적갈색과 연지색은 잘 구별되지 않는다. 그 증거로 1935년 4월에 개교한 도키와 고녀에서는 6월에 세일러복 넥타이를 연지색 나비넥타이로 정했지만 8월에는 파란색 나비넥타이로 변경하였다.

---

26   『50周年記念誌』, 茨城県立古河第2高等学校, 1966, 15쪽.

도카이 고녀가 1928년에 동복은 군청색, 하복은 하늘색 넥타이, 1935년에 여름 겨울 모두 군청색 나비넥타이를 맨 것도 연지색 넥타이의 세일러복과 구별하기 위해서였던 것으로 보인다.

그러한 가운데 이시오카 실과 고녀의 세일러복은 특수하다. 동복은 군청색 서지로 옷깃과 가슴 덮개에 갈색 선 두 줄을 넣었고, 하복은 하얀 바탕으로 옷깃과 소매에 검은 선 두 줄을 넣었으며 여름과 겨울 모두 검은 견직물 넥타이를 매었다.

사이타마현의 특징

다른 현에 비해 사이타마현의 서양식 교복 제정은 늦어서, 다이쇼 시대에 서양식 복장을 정한 고녀는 없었다. 그러나 쇼와 시대를 맞이하자 사이타마현에서도 세일러복은 높은 인기를 자랑했고, 가와고에川越 고녀와 마쓰야마 실과 고녀(1942년에 마쓰야마 고녀로 개칭)의 하프코트와 점퍼 스커트를 제외하면 모든 고녀가 세일러복을 채용하고 있었다.

사이타마 현립 마쓰야마 고등학교(1948년 마쓰야마 고녀에서 개칭)의 교복은 옷깃의 뒤쪽 좌우에 학교 휘장 자수가 있으며(권두

[그림 74] 사이타마 현립 지치부 고등 여학교의 동복 『추억おもひで』
사이타마 현립 지치부 고등 여학교, 1939년
(필자 소장)

그림 22 참조), 앞에서 보면 도쿄 여학관의 세일러복과 같은 디자인이지만 그것이 전후에 정해졌다는 점은 재미있다(동복은 1950년(리본형은 이듬해인 1951년), 하복과 중간복은 1983년). 1932년의 직원 회의에서 세일러복과 블라우스 중 어느 것으로 할지 논의한 결과 블라우스에 점퍼 스커트가 채택되었다.

사이타마현에서 최초로 서양식 교복을 제정한 것은 고다마 고녀이다. 1927년에 제정된 세일러복은 동복의 경우 무명 옷감으로 옷깃과 가슴 덮개에 흰 선 두 줄을 넣었고, 하복은 검은 선을 넣은 하얀색 상의에 하늘색 깅엄 스커트였다. 1930년에는 점퍼 스커트에 연지색 넥타이 스타일로 바뀌지만 1934년에는 동복이 세일러복으로 돌아왔다. 1938년에는 세일러복 동복이 옷깃과 소매, 가슴 덮개에 검은 선 두 줄을 넣는 것으로 개정되었다.

이처럼 현란하게 변화한 이유는 분명하지 않으나 학생들 "모두가 세일러복을 동경하고 있었던 것은 분명하다".[27] 점퍼 스커트보다 세일러복을 입고 싶었던 것이다. 세일러복이 확산된 이유의 하나로서 현 내 최초의 고녀인 우라와 고녀가 1931년에 세일러복을 채용한 것도 크다고 생각된다. 왜냐하면 우라와 고녀의 세일러복은 소매에 흰 선을 넣고 넥타이는 검은색이나 군청색 스카프를 묶는 것이었는데 사이타마현의 다른 학교 디자인이 이와 꼭 닮았기 때문이다. 사이타마현의 세일러복은 옷깃과 소매, 가슴 덮개에 하얀 선 세 줄이나 두 줄을 넣는 곳이 많다. 가슴 덮개의 흰 선 유무를 제외하면 넥타이의 색상과 묶는 방법으로 학교의 차이를 표시했다고 할 수 있다.

---

27 『児玉高校50周年誌』, 埼玉県立児玉高等学校, 1976, 22쪽.

지바현의 하얀 선

지바현에서 최초로 교복을 세일러복으로 정한 곳은 사쿠라 고녀이다. 옷깃에 갈색 선이 두 줄, 스커트에는 하얀 선 한 줄을 넣었다. 과거 하카마 자락에 넣었던 산 모양의 하얀 선 한 줄은 직선으로 바꾸어 이어 갔다. 아와安房 고녀는 다음 해인 1925년에 세일러복을 도입했다.

1927년에 이치하라 고녀가 하얀 옷깃에 빨간 선, 노다 고녀가 동복으로 군청색, 하복으로 밝은 회색의 세일러복을 제정한 데 이어 1928년 5월에 지바 고녀가 옷깃과 소매, 스커트에 하얀 선 두 줄이 들어간 세일러복을 제정했다. 현 내 최초의 고녀인 지바 고녀의 양복화는 의외로 뒤처졌다.

조시 고녀는 1929년 5월에 세일러복을 제정했는데, 원래 하카마 자락에 넣었던 도네강利根川을 본뜬 하얀 선 세 줄을 스커트에도 도입했다. 넥타이 색을 1학년은 핑크색, 2학년은 주황색, 3학년은 녹색, 4학년은 군청색으로 구별하고 있는 것도 지바현 내의 다른 학교의 세일러복에서는 볼 수 없는 특징이다.

마쓰도 고녀에서는 1929년도까지 세일러복을 교복으로 제정하고 스커트에는 하카마에 들어 있던 하얀 선 두 줄을 비스듬하게 바느질해 넣었다. 그런데 학생들은 "촌스러우니까 하얀 선을 빼는 게 좋다는 강한 의견을 제출하여" 제외했다고 한다.[28] 오하라 고녀, 모바라시즈와茂原静和 여학교(1939년에 조세이로 개칭)가 스커트 자락에 하얀 선 두 줄을 넣었지만 그 이외의 고녀는 하카마 시대 옷자락의 선을 계승하지 않았다. 이는 홋카이도와 다른 점으로, 현 내 최초의 세일러복인 사쿠라 고녀와 현 최초의 고녀인 지바 고녀가 옷자락 선을 도입하기는 했어도 그

---

28 『創立50周年誌』, 千葉県立松戸高等学校, 1969, 72쪽.

[그림 75] 지바 현립 지바 고등 여학교의 동복
『추억おもひで』
현립 지바 고등 여학교, 1935년 (필자 소장)

선에 매력과 자긍심을 느낀 것 같지는 않다.

후나바시 고녀가 1932년에 제정한 세일러복은 옷깃과 소매, 가슴 덮개에 연지색 선 두 줄이 있었지만 위에 열거한 대부분의 학교의 경우 하얀 선 세 줄이나 두 줄이었다. 기사라즈 고녀는 1924년 4월에 숄 칼라에 버튼 두 개의 블레이저형 교복을 제정했지만 1936년에 세일러복으로 개정했다. 한편 지바현 요카이치 게이아이 고녀는 스탠드 칼라의 상의에서 점퍼 스커트, 호조 실과 고녀(1943년에 다테야마 고녀로 개칭)는 오픈 칼라 상의에서 점퍼 스커트로 변경했는데, 오타키 고녀는 점퍼 스커트, 고노다이 고녀는 블레이저, 가쓰우라 실업 학교(1943년에 가쓰우라 고녀로 개칭)는 하프 코트를 바꾸지 않았다. 이 학교들 모두 세일러복이 아니었기 때문에 어느 학교 학생인지 바로 알 수 있었을 것이다.

주부 지방의 교복

호쿠리쿠 여학교의 세일러복과 이시카와 제1 고녀,

제2 고녀의 교복 개정

 이시카와현에서 최초로 서양식 교복을 마련한 것은 호쿠리쿠 여학교이다. 이 학교는 1922년 4월에 옷깃과 소매에 선이 없는 서지 옷감의 갈색 세일러복을 제정했다(제8장 참조). 교장 나카자와 쇼시치中澤正七는 "공립에 뒤처지지 않는 새로운 방식을 제시하고 싶다"면서 "개량복보다는 완전한 양복으로 정하는 것이 좋다"라고 판단했다고 한다. 세일러복은 "외국인 교사가 있으니 그들의 의견에 따라" "경제와 미적인 면을 고려하여" 선택한 것이었다.[29] 즉, 외국인 교사의 조언에 따라 경제적이고 미적으로도 우수한 디자인으로 정했다는 뜻이다. 실제로 호쿠리쿠 여학교의 세일러복은 주위 여학교의 학생으로부터 선망의 시선을 받게 되었다. 또, 현 내 최초의 고녀인 가나자와 제1 고녀는 1년 늦은 1923년에 서양식 교복을 정했는데, 호쿠리쿠 여학교와는 완전히 다른 디자인을 채용했다. 동복은 군청색 서지, 하복은 하늘색의 무명 옷감으로 옷깃과 소매에 흰색 커버를 붙이고 넥타이는 나비넥타이였다.

 이로써 가나자와의 거리에 참신한 교복 차림이 등장했는데, 교복 간의 화려한 승부는 곧 호쿠리쿠 여학교의 손을 들어 주게 된다. 왜냐하면 가나자와 제1 고녀의 교복이 수학여행지 도쿄에서 "버스 회사 종업원으로 오인당한 학생이 생기는 바람에 촌스럽다고 하여 평판이 신통치 않았"기 때문이다.[30] 이렇게 불만의 목소리가 높아졌기에 1928년에는 세일러복으로 개정되었다.

---

29   『北陸毎日新聞』, 1922년 3월 10일(이시카와 현립 도서관 소장)
30   北国新聞編集局編, 『済美に集う-石川県立金沢第2高等学校・真清水会-』, 1985, 144쪽.

가나자와 제2 고녀에서는 "구미형의 세일러복으로 정할
것인지, 새로운 스타일을 고안할 것인지, 혹은 성급하게 변경하지
말고 일단 개량복을 교복으로 삼아 보는 것은 어떨지" 하는
논의가 활발해졌다.[31] 1923년 4월에 제정된 것은 벨트를 매는
군청색 서지의 스탠드 칼라 상의에 갈색 넥타이, 주름이 없는
스커트였다. 이것을 본 학생은 "모처럼 두 줄 하카마를 동경하며
제2 고녀에 입학했는데 잠깐밖에 입을 수 없어 유감스러웠습니다",
"처음에는 자랑스럽게 교복을 입고 거리를 걷던 학생들도 점차 그
촌스러움에 신경을 쓰게 되었습니다. 세련된 호쿠리쿠 여학교의
옷에 비하면 제2 고녀의 교복은 통짜 허리"로 마치 버스 안내양과
같았다고 탄식하고 있다.[32]

　1925년의 4학년은 수학여행 전에 "세일러복으로 바꾸도록
다 같이 선생님들에게 호소했다."[33] 이에 따라 같은 해에 연지색
넥타이의 세일러복으로 개정되었다. 1931년에서 1934년 사이에는
도쿄에서 온 전학생이 가슴 덮개를 붙이고 있지 않았던 것에
영향을 받아 "어느 틈엔가 모두가 '촌스럽다'며 빼 버렸다"라고
한다.[34]

　결과적으로 가나자와 제1 고녀는 제2 고녀보다도 늦게
세일러복으로 바꾸게 되었다. 이시카와현 내에서도 톱 클래스인
제1 고녀와 제2 고녀가 독자적인 스타일을 그만두고 호쿠리쿠
여학교가 채용했던 세일러복으로 바꾸었던 영향력은 작지 않았던
것으로 보인다. 다음에 살펴볼 이시카와현에 세일러복이 보급된

31　『真清水の心-石川県立金沢第二高女史-』, 石川県立金沢大に高等女学校·真清水会, 1985, 144쪽.
32　앞의 책, 145쪽.
33　앞의 책.
34　앞의 책, 145-6쪽.

[그림 76] 호쿠리쿠 여학교의 동복
(호쿠리쿠 학원 중학·고등학교 소장)

[그림 77] 이시카와 현립 가나자와 제2 고등 여학교의 동복『졸업 기념』
이시카와현 여자 사범 학교, 이시카와 현립 가나자와 제2 고등 여학교, 1930년 3월 (필자 소장)

원인이 여기 있다고 할 수 있다. 오카야마현에서 세일러복을 입는 학교가 늘어났어도 원래의 스퀘어 칼라 점퍼 스커트를 바꾸지 않았던 오카야마 제1 고녀와는 대조적이다.

이시카와현의 교복

이시카와현에서는 호쿠리쿠 여학교의 세일러복을 필두로

이시카와 제1 고녀와 제2 고녀가 이를 모방하는 형태로 확산되어 간다. 고마쓰 고녀는 1924년에 숄 칼라의 상의에 벨트를 매는 교복을 제정했다. 이것을 입은 학생은 "큰 숄 칼라가 가슴까지 내려오는 것이 참으로 촌스러웠고, 이런 양복보다는 차라리 그 녹색 선이 들어간 하카마 모습이 더 멋있었다"라고 술회하고 있다.[35] 게다가 수학여행지에서 버스 안내양으로 오인받은 적도 있어서 학생들의 평판은 좋지 않았다. 1932년에 갈색 선이 들어가고 넥타이를 매는 세일러복으로 개정되었는데 이것은 고마쓰 실과 고녀(1943년에 시립 고마쓰 고녀로 개칭)와 같은 교복이었다.

와지마 고녀는 1926년에 끈 넥타이의 세일러복을 제정하고 1934년에는 옷깃에 하얀 선 세 줄을 넣는 것으로 변경했다. 1927년에 즈바타 고녀가 정한 세일러복은 동복의 경우 군청색 바탕에 옷깃에 적갈색 선 한 줄을 넣고 적갈색 넥타이를 맸으며, 하복은 회색 바탕에 옷깃에 선이 없는 것이었다. 하쿠이 고녀에서도 1930년 3월의 제1회 졸업생 전원이 옷깃과 소매, 가슴 덮개에 하얀 선 두 줄을 넣은 세일러복을 입고 있다. 사립 긴조 고녀는 1933년까지 세일러복을 교복으로 삼고 1941년까지 옷깃과 소매에 하얀 선 두 줄을 넣게 되었다.

이러한 흐름을 따라 나나오 고녀도 1925년에 스탠드 칼라 상의를 제정했지만 1928년에는 세일러복으로 개정하였다.[36]

---

35 『小松高等学校100年史·回想編』, 石川県立小松高等学校創立100周年記念事業実行委員会, 1999, 132쪽.

36 난바 도모코의 『근대 일본 학교 교복 도록近代日本学校制服図録』(創元社, 2016)은 1931년의 나나오 고녀의 졸업 앨범을 게재하고 "현립으로 이관한 1923년에 양복으로 교복이 제정되어 수년 후에는 세일러 옷깃으로 바뀐 것 같다"고 설명하고 있지만 정확하지 않다. 이 도록은 학교의 단추를 "불명(不明)"인 채로 게재하거나 신뢰성이 결여된 기술이 곳곳에서 보인다. 나나오 고녀의 최초의

[그림 78] 이시카와현 하쿠이 고등
여학교의 동복 『추억』
1941년 (이시카와현 하쿠이 고등학교 소장)

이다 고녀도 1926년에 동복은 군청색 서지, 하복은 하얀 무명에 벨트가 붙은 교복을 제정했지만 1928년에는 갈색 넥타이를 매는 세일러복으로 개정했다. 숄 칼라 상의였던 마쓰토 고녀도 1923년까지는 옷깃과 소매에 하얀 선 두 줄을 넣은 세일러복으로 바꾸었다. 나나오 고녀가 세일러복으로 개정한 당시를 기억하는 직원은 "학생들도 매우 기뻐했다고 생각합니다. 도쿄 인근에서 유행하기 시작했던 무렵 같습니다"라고 말한다.[37] 도쿄에서 세일러복이 유행한다는 정보가 퍼져 있었음을 추측할 수 있는 서술이다.

다이쇼지 고녀에서는 1925년 5월에 양복을 교복으로 도입했으며, 1927년까지 옷깃에 하얀 선 두 줄을 넣고 끈 넥타이를 맨 세일러복을 입은 학생들의 모습을 확인할 수 있다. 1941년에 그 수는 더욱 늘어났다.[38] 이 세일러복은 1948년 이후 다이쇼지 고등학교의 교복으로 계승된다. 다이쇼지 고녀가 교복을 개정함에 따라 이시카와현에서는 모든 고녀가 세일러복을 입게 되었다.

교복과 그것이 세일러복으로 바뀐 연대를 정확하게 특정할 수 없었던 것도 그중 하나이다.
37 『母校70年』, 七尾高等学校70周年記念事業実行委員会, 1969, 278쪽.
38 「卒業写真」1928~1972년 (이시카와현 다이쇼지 고등학교 소장).

100퍼센트 세일러복이 된 후쿠이현

후쿠이현에서 최초로 양식 교복을 제정한 곳은 오바마 고녀이다. 1923년에 흑백 격자의 무명 상의와 주름스커트, 허리에 검은색 벨트를 매는 하복을 제정했는데, 이 복장은 한 학생이 입수한 미국의 스타일 북에서 선택한 것이었다. 그러나 "서양 거지" 등으로 불리며 학생의 평판이 나빴기 때문에 1926년에 하복은 세일러복으로 개정되었다.[39] 동복은 테일러 칼라 상의에 벨트를 매고 모자를 쓰는 스타일이었다.

미쿠니 고녀도 세일러복이 아니었기 때문에 수학여행지인 도쿄의 니혼바시에서 "당신네들은 어디 여공인가요?"라는 질문을 받고 학생 중 한 명이 "여공 아닌데요. 이래 봬도 훌륭한 여학생이라고요. 우습게 보지 마세요"라고 받아치기도 했다.[40] 쇼와 초기 미쿠니 고녀의 교복은 검은 바탕의 무명으로 지은 세로 줄무늬 기모노에 하카마였기 때문에 고녀의 학생으로 보이지 않았을지도 모른다. 1928년에 세일러복으로 개정되고 난 후의 옷깃과 소매, 가슴 덮개에 들어간 하얀 선 세 줄은 '미쿠니三國'를 표현한 것이었다.

같은 해에 현 내 최초의 고녀인 후쿠이 고녀와 마루오카 고녀, 뉴 실과 고녀(1941년에 뉴 고녀로 개칭)가 세일러복을 제정했다. 이에 이어 1929년에 다케후 고녀와 쓰루가 고녀, 1932년에 후쿠이 진아이 고녀, 1934년까지 사바에 고녀가 세일러복을 제정했다. 다이쇼 말기에 숄 칼라 블레이저를 도입했던 오노 고녀는 1933년에 옷깃과 소매, 가슴 덮개에 하얀 선을 넣고 군청색이나

---

39 『若狭高校80年のあゆみ』, 福井県立若狭高等学校, 1977, 99쪽.
40 『三高80年の回想』, 福井県立三国高等学校創立80周年記念事業実行委員会, 1988, 9쪽.

검은색 나비넥타이를 매는 세일러복으로 바꾸었다.

다케후 고녀의 세일러복은 옷깃에 금빛이 도는 갈색 선 두 줄, 스커트에 하얀 선 한 줄을 넣고 검은색 넥타이를 매는 식이었지만, 1938년에는 옷깃과 소매, 가슴 덮개에 하얀 선 두 줄을 넣고 가슴 덮개에 닻 마크가 들어간 것으로 바뀌었다. 후쿠이현의 고녀에서는 1935년까지 세일러복의 착용률이 100퍼센트가 되었고 대부분이 하얀 선을 넣는 디자인으로 변경되었다.

세일러복이 보급되지 않은 야마나시현

야마나시현 최초의 고녀인 야마나시 제1 고녀(1924년에 고후 고녀로 개칭)는 1923년에 스리 버튼 블레이저에 벨트를 매고 다이코쿠보시를 쓰는 버스 안내양형의 양복을 허가했다. 이것은 가지마치鍛冶町에 사는 학생과 고운무라甲運村에 사는 학생이 "교칙의 눈치를 보되 몇 번의 질책에도 굴하지 않고 끝까지 입었던" 것이 계기가 되었다.[41] 이 교복은 1930년에 숄 칼라에 나비 리본으로 개정되었다. 정면에서 보면 세일러 옷깃처럼 보이지만 뒤쪽이 세일러 옷깃이 아니라 블레이저의 옷깃처럼 폭이 가늘다.

고후 유다 고녀가 1930년에 제정한 원피스 교복은 "도쿄에서 디자인된" 것이었다. 하지만 학생들은 "어울리는 사람은 극히 일부였던 것 같습니다"라고 말하고 있다.[42] 그것이 세일러복으로 바뀐 것은 1937년이었다. 군청색 바탕의 옷깃과 소매에 하얀 선 두 줄을 넣고 행사가 있는 날에는 하얀 넥타이를 매는, 다른 현에서도 흔히 볼 수 있는 형식이었다.

---

41 『創立60周年記念誌』, 山梨県立甲府第二高等学校創立60周年記念行事委員会, 1961, 86쪽.
42 『70年のあゆみ-創立70周年記念誌-』, 伊藤学園創立70周年記念事業委員会, 1971, 132쪽.

그 밖에 1935년에 야마나시 고녀가 세일러복으로 개정한 것을 제외하면 야마나시현에서는 세일러복으로 개정하는 움직임은 없었다. 현 내 최초인 야마나시 제1 고녀가 블레이저를 채용했고 숄 칼라 등을 제정한 고녀도 있었기 때문에 세일러복의 영향은 적었던 것으로 보인다. 이처럼 세일러복이 잘 보급되지 않았던 것이 야마나시현의 특징이라고 할 수 있다.

기후현에 보급되는 하얀 칼라

기후현 고녀의 양장화는 1922년에 현 내 최초의 고녀인 오가키 고녀가 세일러복을 도입한 데서 시작된다. 오가키 고녀는 1927년에 흰색 옷깃 커버를 붙였고 이것이 기후현의 고녀 세일러복이 되어 점차 확산되었다. 1927년에 가노 고녀와 기후 고녀, 도미타 고녀가 세일러복을 도입했다. 기후 고녀의 학생은 옷자락에 검은 선 두 줄을 넣고 적갈색 하카마를 입은 채 의기양양하게 입학했다. 그러다가 1927년 6월부터 4학년이 봉제해 준 세일러복의 하복으로 바뀌자 "세일러에/꽃잎 바람 춤추는/교정에서/환성을 올리며 우리들은 노닐었네"라는 단가를 읊었다.[43] 기후 고녀 이외에는 무기 고녀에서 4학년이 1학년의, 나카쓰 고녀에서는 3학년이 1학년의 세일러복을 봉제했다.

가노 고녀는 1927년에 버튼식 세일러복을 제정하고 1937년에는 흰색 옷깃 커버를 붙이는 일반적인 형식의 세일러복으로 개정했다. 이 흰색 옷깃 커버는 "가노의 두부 하카마"라는 비방을 듣기도 했던 모양이다.[44] 그러나 기후현 내에서 이미 대부분의 고녀가 세일러복에 흰색 옷깃 커버를 달았다. 1929년 10월에 무기

---

43 『岐阜100年』, 岐阜県立岐阜高等学校, 1973, 57쪽.
44 『記念誌60年の歩み』, 岐阜県立加納高等学校, 1975, 12쪽.

고녀, 1929년에서 30년에 다지미 고녀, 1930년 6월에 하시마 고녀, 1931년 4월에 나카쓰 고녀가 세일러복의 제정과 함께 흰색 옷깃 커버를 도입하고 있다. 기후 실과 고녀(1940년에 가타기리 고녀로 개칭)는 1932년까지 세일러복을 제정했고 1937년까지 흰색 옷깃을 달게 되었다.

모토스 고녀는 1932년 9월에 세일러복을 제정했는데, 이는 앞여밈 버튼 방식으로 벨트를 매고 다이코쿠보시를 쓰는, 버스 안내양형의 자취가 보이는 특이한 타입이었다. 세일러 옷깃에 흰색 옷깃 커버를 달았지만 옷깃 폭은 매우 좁다. 이 학교가 기모노, 하카마에서 세일러복으로 바꾼 이유는 "농촌 불황하의 여성 교육이 화려함과 미의 경쟁이 된다면 학업에 태만해질 것을 우려하고, 학부형의 부담을 어떻게 하면 줄일 수 있을지를 배려"했기 때문이었다.[45]

각 학교에서 자주적으로 하얀 옷깃을 단 이유를 보여 주는 사료는 찾을 수 없지만, 나고야를 중심으로 한 아이치현 내의 영향이라고 생각해도 좋을 것이다. 인접 현에서 세일러복과 하얀 옷깃의 세트가 보급된 곳은 아이치현밖에 없다. 기후현 내에서 번화가로 나오려면 산과 강이 몇 겹이고 이어진 지형을 지나야 한다는 점을 고려하면 도야마나 히코네로 가는 것보다도 나고야로 남하하는 쪽이 편리하다. 실제로 기후는 도야마와 히코네보다도 나고야 쪽에 경제권으로서의 유대가 강했다.

도야마현 내에서는 세일러복의 보급이 늦어졌고 하얀 옷깃의 수도 적다. 후술할 시가현에서 세일러복의 보급은 기후현과 나란히 진행되었는데 하얀 옷깃은 달지 않았다. 그러한

---

45 『岐阜県立本巣高等学校50年史』, 岐阜県立本巣高等学校内50周年校舎落城記念事業部, 1970, 65쪽.

의미에서도 두 현의 영향을 받았다고는 생각하기 어렵다. 지금도 기후현에 세일러복이 많고 그 옷깃의 형태가 나고야 옷깃이나 하얀 옷깃이라는 점에서 보아도 기후현의 세일러복은 아이치현 고녀의 영향을 받아 도입되었다고 볼 수 있다.

긴키 지방의 교복

스커트 자락에 차이가 있는 미에현

　미에현 최초의 세일러복은 1923년에 구와나 고녀가 제정한 것이다. 이 세일러복은 군청색 바탕으로 옷깃과 스커트 자락에 하얀 선 한 줄을 넣고 허리에 벨트를 매는 식이었다. 미에현 최초의 고녀인 쓰 고녀가 세일러복을 교복으로 삼은 것은 구와나 고녀보다도 5년 늦은 1928년이었다. 쓰 고녀는 옷깃과 소매, 가슴 덮개에 하얀 선 세 줄을 넣고 연지색 넥타이를 매었다. 1931년에는 가슴 주머니에도 하얀 선 세 줄을 넣고 행사에는 하얀 나비넥타이를 매도록 개정되었다. 또 1928년에는 나고야 옷깃이었지만 1931년에 간토식 옷깃으로 바뀌어 있다.

　쓰 고녀 다음으로 설립된 구와나 고녀가 세일러복을 제정한 일은 그 이후에 설립된 고녀에 영향을 준 것으로 보인다. 이난 고녀는 현립 고녀가 된 1923년에 군청색 서지의 숄 칼라 상의와 다이코쿠보시를 교복으로 정했지만 1929년과 1933년에 세일러복으로 개정하였다. 1929년의 동복은 군청색 바탕, 하복은 흰색 바탕에 옷깃과 소매, 가슴 덮개에 회색 선 두 줄이었지만 1933년에는 동하복 모두 군청색 옷깃과 소매에 하얀 선 세 줄을 넣게 되었다. 오와세 고녀는 1923년 6월에 블레이저에 벨트를 매고 다이코쿠보시를 쓰는 버스 안내양형을 교복으로 정했으나

1928년 10월에 스탠드 칼라 상의로 변경했고 1933년에는 세일러복이 되었다. 동복은 군청색 서지로 하얀 선 세 줄을 넣고 하복은 흰색 무명 상의에 옷깃과 소매가 군청색 바탕으로 하얀 선이 세 줄 들어가 있었다.

이러한 변화는 1929년에 이난 고녀와 우지야마다 고녀, 1930년에 스즈카 고녀, 1932년에 아야마 고녀와 나바리 고녀가 세일러복을 제정한 일에 영향을 받은 것으로 생각된다. 미에현 내의 고녀는 1924년 4월에 오버코트와 점퍼 스커트를 채택한 욧카이치 고녀를 제외하면 모두 세일러복이 된 것이다.

미에현의 세일러복은 대부분 옷깃과 소매에 하얀 선을 두 줄 혹은 세 줄 넣었다. 우지야마다 고녀의 1929년 세일러복은 옷깃과 소매에 무늬가 없고 나비넥타이를 매는 '오사카형'과 마찬가지로 수수한 것이었지만, 1936년 개정 때에는 옷깃과 소매에 하얀 선 세 줄을 넣고 흰색 나비넥타이를 매는 식으로 화려하게 바뀌었다. 1929년에 최초로 세일러복을 입은 학생은 "입학 당시의 주반[襦袢, 적삼과 같은 역할의 긴 속옷]과 같은 교복에서 세일러복으로 바뀌었을 때 정말로 기뻤습니다. 도쿄 여행(수학여행) 때는 세일러복으로 희희낙락하며 참가했습니다"라고 회고한다.[46]

스즈카 고녀와 아야마 고녀가 스커트 자락에 하얀 선 두 줄을 넣은 것은 최초의 세일러복인 구와나 고녀가 하얀 선 한 줄을 소매에 넣었기 때문인지도 모른다. 하카마 시대부터 넣었던 하얀 선을 계승한 아야마 고녀의 세일러복을 입은 학생은 "처음에는 양복을 입는 것이 너무나 부끄러워서" "새 구두를 신고 갔지만 발이 너무 아팠다"라고 말한다. 세일러복 차림이 신기하여

---

46 『宇治山田高等学校90年史』, 宇治山田高等学校90年史編纂委員会 三重県立宇治山田高等学校, 1989, 604쪽.

여행지에서 길을 가던 사람으로부터 "어디에서 오셨냐"라는 질문도 받았다고 한다.[47]

시가현에 전해지는 정보

시가현 고녀 중에서 처음으로 양복을 도입한 곳은 현 내 최초의 고녀인 히코네 고녀이다. 이 학교는 1923년부터 양복 착용을 장려했고 1925년 4월부터는 특별한 이유가 없는 한 양복으로 통학하도록 했다. 그리고 1928년에 동복은 옷깃에 갈색 선 한 줄, 하복은 흰색 바탕으로 군청색 옷깃에 하얀 선 한 줄을 넣은 세일러복을 제정했다. 하지만 세일러복은 현 내의 두 번째 고녀인 오쓰 고녀가 1927년 2월에 제정한 것이 가장 빨랐다. 이 동복은 옷깃에 하얀 선 두 줄이 들어가 있었는데, 히코네 고녀가 오쓰 고녀와 차이를 두어 구별하려 했음을 엿볼 수 있다.

시가현에서는 현 내에서 최초와 두 번째 고녀가 세일러복을 교복으로 삼은 것이 이후 세일러복의 보급에 영향을 준 것으로 보인다. 1928년에 정립 구사쓰 고녀, 1930년에 현립 나가하마 고녀와 정립 오미조 실과 고녀(1940년에 도주 고녀로 개칭)가 세일러복을 제정했다.

히노 고녀가 세일러복을 제정한 것은 1931년으로 약간 늦었다. 여기에는 다음과 같은 사정이 있었다. 1929년에 졸업한 학생들은 "히코네 여학교와 아이치 여학교도 세일러복으로 정했다잖아요", "그래서 우리도 세일러복으로 바꾸면 좋겠다"라고 학교 측에 요망했다. 그런데 "머리가 굳은 할머니"인 교감이 "그런 옷은 안 된다"라며 인정하지 않았다고 한다.[48] 가까이에 히코네 고녀,

---

47 『上野高等学校は今-上野高等学校創立九 周年記念誌-』, 三重県立上野高等学校, 1989, 98~99쪽.

멀리는 아이치의 여학생들이 세일러복을 입는다는 정보가 전해졌던 것이다. 결국 1931년에 겨울은 군청색, 여름은 옅은 갈색(옷깃과 소매, 가슴 덮개에 하얀 선 세 줄, 하얀 나비넥타이)의 세일러복이 제정되자 4학년이 1학년의 옷을 봉제하는 방식이 실시되었다.

미나구치 고녀가 세일러복이 된 것도 1931년이었다. 3학년 반에서도 열 명이 세일러복을 입고 있었고 그 학생 중 한 사람이 "세일러복 입는 법도 몰라서 거울을 보며 뒤쪽을 앞으로 하고"라는 노래를 불렀다.[49] 다른 학교에 비해서 늦었기 때문에 히노 고녀의 학생과 마찬가지로 세일러복을 입을 수 있게 된 기쁨은 컸던 것 같다.

이처럼 시가현에서 세일러복이 보급된 것은 오쓰 고녀와 히코네 고녀가 세일러복을 제정한 일, 아이치현 내 거의 대부분의 고녀에서 세일러복을 제정했다는 정보를 얻었던 일과 관련이 있는 것으로 보인다.

나라현도 모더니즘에 대응

나라현이라고 하면 호류지法隆寺와 도다이지東大寺 등의 문화 유산이 넘쳐흐르는 고도古都의 이미지가 강할 것이다. 그렇지만 시대의 흐름을 거스르며 계속 잠들어 있지는 않았기에 다이쇼 시대의 복장 개선에 대한 반응은 빨랐다. 고조 고녀는 1920년 12월에 동복은 흰색 곡선 옷깃에 군청색의 투피스, 하복은 흑백 체크 무늬 투피스를 교복으로 삼았다. 고리야마 고녀는 1921년에 스탠드 칼라 상의와 모자, 벨트로 이루어진 교복을 제정했다.

48 『日野高校100年』, 滋賀県立日野高等学校, 2006, 47쪽.
49 『80年記念誌』, 滋賀県立水口高等学校80周年記念誌編集委員会, 1988, 256쪽.

사쿠라이 고녀는 1923년에 구두로 등교하는 것을 허가했고 1940년에 동복은 군청색, 하복은 흰색 교복을 제정했다.

다카다 고녀는 1923년에 테일러 칼라의 상의와 벨트, 다이코쿠보시를 교복으로 정했다. 교장 업무 대행이었던 이와마쓰 시게오岩松繁夫는 "새 시대의 복장은 양복이어야만 한다. 특히 학교의 교복은 활동적이며 화려함과 아름다움華美에 빠질 여지가 없는 양복으로 정해야 한다"라는 식견을 가지고 있었다.[50] 교복은 이와마쓰 부부가 독일에서 옷감을 주문하여 고안했다. 그럼에도 수학여행으로 도쿄에 간 학생들이 버스 안내양으로 오해받아 불쾌한 기분을 맛보게 되었다. 그래서 1926년에는 세일러복으로 개정했다. 1학년의 세일러복은 5학년이 동복을, 4학년이 하복을 봉제했다.

나라현 최초의 세일러복은 1923년부터 1924년에 제정한 고세 고녀였다. 옷깃과 소매, 가슴 덮개에 선 두 줄을 넣고 끈 넥타이를 맨 것이었다. 여기에 자극을 받았는지 1923년에 점퍼 스커트를 교복으로 정한 우다 고녀도 1931년에는 세일러복으로 변경했다. 우다 고녀에서는 보습생[補習生, 보습과의 학생]이 봉제를 맡았다.

쇼와 시대를 맞이하자 고조 고녀, 고리야마 고녀, 사쿠라이 고녀도 세일러복으로 개정하여 나라현은 세일러복 일색이 되었다. 옷깃과 소매, 가슴 덮개 등에 하얀 선 두 줄이나 세 줄을 넣은 곳이 대부분인데, 다카다 고녀와 우다 고녀, 요시노 고녀는 흰색 옷깃 커버를 붙였다. 이 흰색 옷깃과 나비 넥타이의 조합은 오사카의 고녀와 비슷했다.

나라현의 양장화가 빨랐던 것과 세일러복으로 즉시 전환된 것은 나라현이 오사카나 교토와 가까운 거리에 있었기

---

50 『奈良県立高田高等学校50年史』, 奈良県立高田高等学校, 1971, 72쪽.

때문으로 여겨진다. 기차를 타고 두 지역을 방문하면 세일러복
차림의 학생을 쉽게 볼 수 있었을 것이다. 또 인접한 미에현과
와카야마현의 정보가 전해짐으로써 서양식 교복 가운데
세일러복을 선택하게 된 것으로 보인다.

와카야마현의 흰 스커트 선

와카야마현에 세일러복이 보급된 것은 1925년에 히다카 고녀가
현 내에서 최초로 세일러복을 제정했던 일의 영향이 강했기
때문으로 보인다. 1924년 12월에 교장 후루타 요시타로古田由太郎가
학부모회에서 "시대의 물결에는 거스를 수 없다. 학생들에게
가볍고 편리한 양복을" 제안했다[51]. 학부형의 승인을 얻자
교사들은 각지의 학교 및 양복점 등을 시찰하고 옷감과 색깔,
형태 등을 연구했다. 그 결과 동복은 군청색 서지로 옷깃과 소매,
가슴 덮개, 가슴 주머니에 하얀 선 두 줄, 하복은 흰색 상의에 파란
선을 넣은 세일러복으로 정하고 스커트 자락에는 하얀 선 한 줄을
넣었다. 겨울은 군청색 바탕의 펠트 모자, 여름은 군청색 리본이
달린 흰색 밀짚 모자를 썼다. 세일러복은 3학년과 4학년, 보습과
학생이 봉제했다. 학교는 신식 재봉틀을 한 대 구입하고 종래의
재봉틀 열네 대는 페달식으로 개조했다. 1925년 6월 25일의
지구절[52]에 처음으로 세일러복을 착용하자 히다카군 내에서
"귀엽다"라며 큰 호평을 받았다.[53]

고카와 고녀는 1928년에 세일러복을 제정했는데, 동복은 군청색
바탕의 옷깃과 소매, 가슴 덮개에 하얀 선 두 줄, 스커트의 소매에

---

51 『日高高校100年史』, 和歌山県立日高高等学校創立100周年記念事業実行委員会, 2015, 33쪽.
52 地久節. 다이쇼 천황의 부인인 데이메이貞明 황후의 탄생 기념일. — 옮긴이.
53 앞의 책.

[그림 79] 와카야마 현립 와카야마 고등 여학교의 동복 『제39회 졸업 기념』
현립 와카야마 고등 여학교, 1940년 3월 (필자 소장)

하얀 선 한 줄이 들어간 히다카 고녀와 매우 비슷했다. 또 선배가 후배의 세일러복을 봉제하는 것도 마찬가지이다.

와카야마현의 세일러복은 아리타 고녀의 하얀 선 세 줄을 제외하면 대부분이 옷깃과 소매에 하얀 선 두 줄을 넣은 디자인이었다. 슈토쿠 고녀와 분쿄 고녀는 사료가 없기 때문에 확인할 수 없지만, 세일러복이 아닌 것은 히카타 고녀의 스탠드 칼라 상의뿐이다. 뿐만 아니라 현립 와카야마 고녀가 하얀 선 두 줄, 시립 와카야마 고녀가 하얀 선 세 줄을 넣는 등 스커트 자락에 하얀 선을 넣은 고녀를 볼 수 있다.

[그림 80] 와카야마 시립 제일 고등 여학교의 동복 『제18회 졸업 기념』
와카야마 시립 제일 고등 여학교, 1931년 3월 (필자 소장)

주고쿠 지방의 교복

돗토리현에서도 착용률 100퍼센트

돗토리현 고녀의 양장화는 최초의 고녀인 돗토리 고녀와 그 다음에 세워진 요나고 고녀가 빨랐다. 돗토리 고녀는 1922년에 흰색 옷깃의 벤케이 무늬 하복, 이듬해인 1923년에는 블레이저 동복을 제정했다. 그리고 1925년에는 하복을 흰색 무명 포플린의 세일러복으로 개정했다. 또한 하카마 시대의 흔적으로 군청색의 옷깃과 소매, 스커트 자락에 하얀 선 한 줄을 넣었다. 이는 1937년에 반소매에서 긴소매로 개정되었을 때에도 바뀌지 않았다. 1931년에 동복 블레이저의 벨트가 없어지고 투 버튼에서 원 버튼으로 바뀌었다. 동복을 블레이저, 하복을 세일러복으로 나눈 것이다.

야즈 고녀는 1929년에 세일러복을 제정했다. 동복은 군청색으로 옷깃과 소매에 선 두 줄을 넣고 하복은 흰색이었는데 모두 나비넥타이를 맸다. 네우 고녀가 1929년에 제정한 세일러복도 나비넥타이였는데 옷깃과 소매는 군청색이고 가슴 덮개의 선 두 줄이 회색이었다. 학생들은 교토 부립 호리카와 고녀의 세일러복과 비슷해서 "스마트할 것이라 생각"했지만 호리카와와 같은 하얀 선이 아니어서 회색 선을 좋아하지 않았다. 어떤 학생은 "우리 때는 회색을 싫어해서 수학여행 전에 한 사람 두 사람 바꾸기 시작했고, 대부분이 흰색으로 바꾸었을 무렵 교감 선생님이 이를 알고 야단을 쳐서 원래대로 돌렸습니다. 작은 넥타이도 싫어서 크게 매고 싶었지만 교칙이 엄격했기 때문에 야단을 맞고는 그만두었습니다", "우리도 그 가는 회색 선 두 줄이 싫어서 하얗게 만들었지만, 꾸중을 듣고 할 수 없이 잉크를 칠해 회색으로 만들었습니다. 굵은 흰 선으로 바꿨다가 야단을 맞은 사람도 있었습니다. 가늘게 묶은 넥타이를 후크로 묶는 것도 촌스럽다고 하는 사람도 있었지요"라고 회고한다.[54]

네우 고녀와 대조적인 곳이 구라요시 고녀이다. 구라요시 고녀는 1923년부터 양복 착용을 허가하고 1925년에 곡선 옷깃 스리 버튼의 앞여밈 방식에 벨트를 매는 교복을 제정했다. 1936년 6월에 이노우에 히로시井上博 교장이 요나고 고녀에서 전근해 오자 이 교복을 보고 "촌스럽다고 하여 세일러복형으로 개량할 것을 제창"했다.[55] 이에 따라 교복은 1938년에 세일러복으로 개정되었다. 가는 리본에 스커트에는 흰색 물결선을 넣었지만 1941년에 이 흰색 물결선은 없어지고 옷깃과 소매에 하얀 선 두 줄을 넣는 것으로 바뀌었다.

야즈 고녀와 구라요시 고녀에서는 4학년이 1학년의 교복을 봉제(야즈 고녀에서는 3학년이 1학년의 스커트를 봉제)했지만 네우 고녀는 교복을 요나고의 히쓰지야羊屋, 가죽 구두는 한자와判澤에서 구입하게 했다. 네우 고녀 학생은 "구두 안쪽에 금속을 박아서 소리가 나는 것이 즐거웠습니다"라고 하지만,[56] 구라요시 고녀에서는 가죽 구두 착용이 금지되었고 즛쿠를 신어야 했기 때문에 그 소리를 맛볼 수 없었다. 네우 고녀의 학생들은 분명 구라요시 고녀의 하얀 선을 부러워했을 것이다.

구라요시 고녀의 세일러복 제정은 늦었지만 그로 인해 돗토리현 내의 고녀는 모두 세일러복이 되었다. 그 계기는 전근해 온 교장이었다. 그가 이전에 일했던 요나고 고녀는 1922년에 돗토리 고녀와 마찬가지로 흑백 체크무늬 하복을 교복으로 삼았다. 숄

---

54 『創立50周年記念』, 鳥取県立根雨高等学校, 1969, 66~67쪽.
55 『創立50周年記念誌』, 鳥取県立倉吉西高等学校, 1964, 24쪽.
56 『創立50周年記念』, 66쪽.

칼라 부분과 소매가 흰색이었으며 스리 버튼의 앞여밈에 벨트를 매고 검은 스커트를 입는 식이었다. 동복의 경우 1927년에 스퀘어 칼라 상의가 제정되었다. 그리고 1933년에 하복은 세일러복이 되지만 이듬해 1934년에 개정된 동복은 벨트를 매는 블레이저였다. 그러나 1939년에는 동복도 세일러복으로 변경되었다. 하복은 옷깃에만 선이 들어갔지만 동복에는 소매와 가슴 덮개에도 하얀 선 두 줄을 넣었다. 스커트 자락에는 하얀 선 한 줄을 넣었는데, 이것은 돗토리현 고녀의 특징이다. 돗토리현에서는 자연스럽게 세일러복 착용률이 100퍼센트가 되었다.

시마네현에서도 인기였던 디자인

시마네현에서는 1924년에 쓰와노 고녀가 곡선 옷깃에 스리 버튼의 앞여밈, 마쓰에 고녀는 자줏빛을 띤 군청색의 벨벳 옷깃 블레이저, 쇼소 고녀가 마쓰오 고녀와 같은 형식으로 옷깃이 다갈색, 이마이치 고녀가 군청색 서지의 원피스, 오키 고녀가 테일러 칼라 상의에 벨트를 매는 교복을 각각 제정했다. 그중에서도 같은 해에 하마다 고녀가 제정한 것이 현 내의 첫 세일러복이었다.

현 내 최초의 고녀는 마쓰에 고녀였지만 세일러복은 그 다음에 창설된 하마다 고녀가 앞질렀다. 마쓰에 고녀는 1932년에 세일러복으로 개정함으로써 뒤처지고 말았다. 동복은 군청색 서지, 하복은 모직에 하얀 선 두 줄을 넣었고, 보통은 군청색 후지견 넥타이를 맸지만 행사 때는 흰색 끈 넥타이를 맸다. 이 개정에는 하마다 고녀에 이어 다른 지역의 고녀에서 세일러복을 도입한 일의 영향이 있었던 것 같다. 오키 고녀의 교복은 학생들로부터 버스 안내양 같다는 불만이 제기되어 1928년에 세일러복으로 개정된다. 마스다 고녀는 1930년에 군청색 서지에 곡선 깃, 갈색 선이 두 줄 들어간 교복을 제정했지만 1939년에는 붉은 빛을 띤 자주색 넥타이를 매는 세일러복으로 개정했다.

쓰와노 고녀는 1927년에 옷깃과 소매에 하얀 선을 넣은 곡선 옷깃을 거쳐 1937년에 옷깃과 소매에 하얀 선 세 줄을 넣은 세일러복으로 개정했다. 또한 이마이치 고녀도 1939년에 세일러복으로 바꾸었다. 1941년에 히라타 고등 실업 여학교로 바뀐 히라타 고녀는 1933년에 세일러복을 제정했다. 같은 해에 여자 기예 학교, 오타 실과 고녀, 오타 가정 여학교를 거쳐서 고녀가 된 오타 고녀도 1929년에는 옷깃과 소매, 가슴 덮개에 하얀 선 두 줄을 넣은 세일러복을 제정하고 1937년에 흰색 옷깃 커버를 붙였다. 시마네현에서는 쇼소 고녀만 세일러복이 아니었다.

시코쿠 지방의 교복

도쿠시마현의 교복

도쿠시마현에서 양장화가 빨랐던 것은 1921년에 스탠드 칼라 상의를 제정한 도미오카 고녀이다. 현 내 최초의 고녀인 도쿠시마 고녀는 이듬해인 1922년에 블레이저를 교복으로 삼았다. 1923년에 묘자이 고녀가 동복은 흰색 옷깃의 군청색 서지, 하복은 흰색 옷깃의 핑크 바탕 양복을 교복으로 삼았다. 이 핑크 바탕은 너무 화려한 것처럼 보여 이듬해에 하늘색으로 개정되었다.

도쿠시마 고녀는 1930년에 블레이저 디자인을 개정하여 넥타이를 매고 모자를 쓰게 되었다. 그것을 입고 조선이나 만주에 수학여행을 갔더니 다롄[57]에서 "어느 고아원에서 여행을 온 걸까"라고 현지인들이 말하는 것을 듣고 "모두 심통이 나고 말았다"[58]. 학생들이 그런 쓸쓸한 체험을 겪어도 도쿠시마 고녀는 세일러복으로 변경하지 않았다. 현 최초 고녀의 자존심이었는지도 모르겠다.

그러나 도쿠시마현 고녀에 스탠드 칼라 상의와 블레이저는 보급되지 않았다. 미요시 고녀와 미마 고녀가 1924년에 세일러복을 제정하고 고마쓰시마 고녀도 1931년에 이를 따랐다. 묘자이 고녀는 1933년에 하복을 점퍼 스커트로 개정했지만 1936년에 동복을 흰색 옷깃 커버의 세일러복으로 개정했다. 사료를 확인할 수 없는 고녀가 몇 군데 있지만 도쿠시마 고녀와 도미오카 고녀를 제외하면 모두 세일러복을 입었음을 알 수 있다.

가가와현에서도 지지를 받다

가가와현에서 최초로 양식 교복을 제정한 곳은 다카마쓰 고녀이다. 1921년에 제정한 교복은 앞여밈 스리 버튼의 숄 칼라 상의에 벨트를 맸다. 1921년 10월 25일자『가가와신보香川新報』는「학생이 양장화되어 시내의 양복점은 제작으로 분주」라는 제목으로 "다카마쓰 고등 여학교에서는 25일 창립 기념 운동회를 계기로 학생이 일제히 양복을 입을 계획으로, 시내의 양복점은 이를 제작하느라 무척 바쁜 상황이다"라고 보도하고 있다.[59] 이 기사는 가가와현 내 고녀의 양장화에 영향을 주었던 것으로 보인다.

그것은 1922년 1월에 기타 고녀가 제정한 세일러복과 1923년에 사카이데 고녀가 제정한 세일러복이 각기 앞여밈 버튼에 벨트를

---

57 大連. 랴오둥 반도 끝의 항구 도시. 일본의 조차지였던 관동저우의 중심지였다. ─옮긴이.
58 『60周年記念誌』, 徳島県立城東高等学校城東高校渭山同窓会, 1962, 76쪽.
59 『香川新報』1921년 10월 25일(다카마쓰 중앙 도서관 소장)

맺던 점에서도 찾아볼 수 있다. 더욱이 1924년 4월에 제정한 마루가메 고녀의 교복과 이듬해 1925년에 제정한 젠쓰지 고녀의 교복이 스퀘어 칼라 상의에 벨트를 맸는데, 이는 다카마쓰 고녀의 교복을 의식했다고 생각된다. 가가와현에서 최초의 세일러복은 기타 고녀인데 다도코로田所, 미야코宮古, 유아사湯浅의 세 양복점을 지정했고 각 가게의 사이즈와 재단에 차이가 있었기 때문에 옷깃의 크기와 버튼은 통일되지 않았다. 기타 고녀의 세일러복은 1927년에 옷깃과 소매에 하얀 선 두 줄을 넣고 흰색 넥타이를 매는 형태로 통일되었다. 같은 해에 미토요 고녀는 옷깃에 갈색 선 세 줄을 넣는 세일러복을 제정했고 1933년에 하얀 선 세 줄로 개정했다.

다카마쓰 고녀도 1930년에 옷깃과 소매, 스커트에 하얀 선 한 줄이 들어가고 스커트에 흰색 나비넥타이를 매는 세일러복으로 변경했고, 다음해 1931년에 사카이데 고녀도 선이 한 줄 들어간 옷깃에 흰색 옷깃 커버를 붙이고 나비넥타이를 매는 식으로 개정했다. 이를 따라 가가와현의 고녀들은 세일러복을 교복으로 정했다. 옷깃과 소매, 가슴 덮개에 흰 선 두 줄을 넣는 경우가 많았고 스커트 자락에 흰 선 또는 다갈색 선을 넣은 것을 확인할 수 있다. 가가와 고녀는 1942년에 가가와 농업 학교에서 고녀가 되는데, 1934년부터 세일러복을 착용했다. 또한 고토히라 실과 고녀(1943년에 고토히라 고녀로 개칭)도 1937년에 세일러복을 제정한 점에서 세일러복의 대한 가가와현의 높은 인기를 살펴볼 수 있다.

그중에서 다카마쓰 시립 고녀만은 반대 노선으로 나아갔다. 이 학교는 1939년에 다카마쓰 실과 고녀에서 다카마쓰 시립 고녀로 승격하자 세일러복에서 하프코트로 교복을 변경했던 것이다. 인기 있는 세일러복을 폐지한 것은 교장 야스노부

미키타安延三樹太가 규슈에서 하프코트 교복을 입은 여학생의 모습을 보고 그것이 좋다고 생각했기 때문이었다. 그 하프코트 교복은 미션계의 후쿠오카 여자 상업 학교 혹은 나가사키 준신 고녀의 교복이었는지도 모른다. 그러나 이 교복은 1941년에 문부성 표준복으로 바뀌기 때문에 불과 1년밖에 입을 수 없었다.

에히메현에서도 대인기

에히메현에서는 1923년에 현립 마쓰야마 조호쿠 고녀, 야와타하마 고녀, 이듬해 1924년에 사이조 고녀가 흰색 옷깃과 벨트를 매는 세일러복을 제정했다. 사립에서는 1923년에 마쓰야마 여학교(1932년에 마쓰야마 시노노메 고녀로 개칭), 이듬해 1924년에 사이비 고녀가 세일러복을 교복으로 정했다. 현립 마쓰야마 고녀는 이를 따라 1925년에 세일러복을 제정했다. 옷깃과 소매에 흰 선을 넣고 벨트를 매는 식이었다. "최고의 교복이라며 자부심을 가졌다"라는 학생도 있었지만 "겨울 교복은 세일러 옷깃에 벨트가 달렸기 때문에 이상했다. 리본도 너무 작게 만들어졌고. 촌스럽고 뒤쳐졌다"라고 느낀 학생도 있었다.[60] 벨트 탓인지 일반적인 세일러복과 비교해서 못나 보였던 모양이다.

그중 야와타하마 고녀의 동복은 군청색 서지, 하복은 하늘색 깅엄이었지만 동복의 염직 기술이 나빠 2년만 지나면 양갱 색깔로 변색되어 다시 검정색으로 염색해야만 했다. 1930년에 염직이 나쁜 블레이저에서 옷깃에 흰 선 두 줄을 넣고 앞여밈 스리 버튼의 세일러복으로 변경했지만 넥타이가 없었기 때문에 수학여행에서는 "도회지 여학생"처럼 보자기를 세 번

---

60 松井寿, 「愛媛県における高等女学校の洋装制服について」(『愛媛県歴史文化博物館研究紀要』 10, 2005年3月)

접어 사용하는 학생도 있었다.[61] 1942년의 졸업생은 "교복은 촌스러웠지만 우리에게는 자랑이었습니다"라고 말한다.[62]

에히메현의 고녀를 보면 도쿄와 오사카 등으로 떠난 수학여행이 세일러복 제정에 영향을 주었음을 알 수 있다. 오즈 고녀는 1926년에 세일러복을 교복으로 정했지만 "다른 곳으로부터 비판을 받지는 않았어도 도쿄 시내를 돌 때 역시 우리 복장은 촌스럽구나 생각했습니다" 하고 느꼈을 정도이다.[63]

자신의 교복이 세일러복이 아니면 더욱 그렇게 느꼈을 것이다. 1923년에 입학한 니이하마新居浜 실과 고녀 학생은 겐로쿠소데 기모노와 치맛자락에 검은 선 한 줄이 들어간 적갈색 하카마를 입고 있었는데, 오사카에 수학여행을 갔다 온 후 "오사카 여학생의 세일러복 모습을 동경했지요"라고 말한다.[64] 이 학교는 1927년에 정립 니이하마 고녀로 개칭되자 흰색 넥타이의 세일러복에 스물네 줄짜리 주름스커트를 입게 된다.

우와지마 고녀는 1925년에 벨트가 붙은 올리브색 스탠드 칼라 상의와 다이코쿠보시를 교복으로 삼았는데, 1928년 수학여행지 도쿄에서 그 모습을 본 중학생들로부터 야유를 받았다. 그래도 학생들은 의기양양하게 가슴을 펴고 다녔지만 현 내의 타교 학생이 입는 세일러복에는 이길 수 없었다. 1929년에 옷깃과 가슴 덮개에 하얀 선 두 줄이 들어간 세일러복으로 개정된 이후에도 3학년은 종래의 교복을 입어도 괜찮았다. 그러나 교복에 열등감을 느끼고 있던 학생은 "세일러복의 매력에 저항하기 어려워서 너도 나도 순식간에 세일러복 일색으로 물들고 말았지요"[65]라고

61 『愛媛県立八幡浜高等学校沿革誌』, 愛媛県立八幡浜高等学校, 1979, 262쪽.
62 松井寿, 앞의 논문.
63 松井寿, 앞의 논문.
64 『50年のあゆみ』, 愛媛県立新居浜西高等学校, 1968, 96쪽.

회고한다.

이마바리 고녀에서는 1924년에 자주색 무명에 새틴이 들어간 옷감으로 일본 전통 복식의 개량복을 만들었지만 반년도 안 되어 아무도 입지 않게 되었다. "너무 수수하다, 음침하다는 평도 있고 그 소박하고 야무진 느낌은 참으로 시골 취향"이라고 하는 등 평판이 나빴기 때문이다.[66] 1926년에 세일러복으로 바뀌자 이를 입은 학생은 "하나같이 정말로 기뻐하면서 요즘 여학생이 되었다며 가슴을 펴고 학교에 갔습니다"[67]라고 이야기한다.

이마바리 세이카 고녀와 이마바리 메이토쿠 고녀는 사료가 현존하지 않기 때문에 확인할 수 없지만, 이 두 학교를 제외하면 에히메현에서는 모든 고녀가 세일러복을 제정했다.

고치현의 하얀 선과 검은 선

고치현에서 처음으로 양장화를 단행한 것은 1923년 6월 1일에 양복 착용을 허가한 사립 도사土佐 고녀다. 도사 고녀는 현 바깥 각지의 고녀 교복을 조사하고 오사카 제국 약학 전문학교와 야마와키山脇 고녀를 참고했다. 그 결과 동복은 군청색 서지, 하복은 회색의 포플린으로 폭이 넓은 옷깃에 검은 선 두 줄, 스커트 자락에 하얀 선 두 줄을 넣고 허리에는 벨트를 매는 버스 안내양형이 되었다. 이 교복은 1926년 혹은 1927년에 세일러복으로 개정되었다. 옷깃과 소매에 검은 선 두 줄, 스커트 자락에 하얀 선 두 줄을 넣었다. 1935년에는 옷깃과 소매에

---

65 『創立90周年記念誌』, 愛媛県立宇和島南高等学校創立90周年記念事業期成会, 1989, 59쪽.
66 『愛媛県立今治北高等学校創立100周年記念通史』, 愛媛県立今治北高等学校創立100周年記念事業期成会, 1999, 69쪽.
67 『愛媛県立今治北高等学校創立100周年記念写真誌』, 愛媛県立今治北高等学校創立100周年記念事業期成会, 1999, 179쪽.

'오야코선[親子線, 오야코는 부모와 자식이라는 의미]'이라 불리는 흰색의 굵은 선과 가는 선으로 바뀌었고 스커트 자락의 하얀 선이 없어졌다. 더욱이 1926년에 하복은 반소매가 되면서 '오야코선'은 옷깃에만 남았다.

교복을 개정한 이유는 분명하지 않지만 주위 고녀가 세일러복을 제정한 영향을 받은 것으로 생각된다. 첫 교복을 정할 때 도사 고녀는 고치현 사범 학교 여자부, 고치 고녀, 다카사 고녀로부터 현 외 고녀에 대한 조사를 의뢰받았다. 그러나 어느 고녀도 도사 고녀와 같은 교복을 제정하지는 않았다. 특히 이듬해부터 현 내 으뜸인 고치 고녀에서 세일러복을 입게 된 영향이 컸을 것이다.

고치현의 세일러복은 1924년에 현립 고치 고녀가 자율 착용으로 도입한 것이 최초였고, 1926년에 고치 제2 고녀가 설치되면서 고치

[그림 81] 고치 현립 고치 제2 고등 여학교의 동복 『졸업생』
고치 현립 고치 제2 고등 여학교, 1939년 3월 (필자 소장)

[그림 82] 고치 현립 다카사 고등 여학교의 동복 『제43회 본과 졸업 기념 사진첩』, 1943년 3월 (오테피아 고치 도서관 소장)

제1 고녀로 명칭을 바꿈과 동시에 착용을 의무화했다. 세일러복을 처음으로 입은 학생은 "'세일러복에 다이코쿠보시'를 쓴 모습은 별로 멋있지 않아 길을 가던 사람이 발길을 멈추고 돌아보는 상황이었다"라고 회상한다.[68] 그때까지 본 적 없는 모습이었기 때문에 길을 가던 사람들의 눈에도 신기했던 것이다.

이러한 점은 지금까지 거듭 살펴본 다른 현의 광경과 마찬가지다. 다만 도사 고녀와 같은 버스 안내양형과 달리 세일러복은 일단 익숙해지기만 하면 인기의 과녁이 되었다. 고치현의 세일러복 보급에는 현 내 최초의 고녀인 고치 제1 고녀가 세일러복을 도입한 것이 크게 영향을 미쳤다고 생각된다. 그 증거로 1928년부터 1929년까지 나카무라 고녀, 아키 고녀, 사가와 고녀가 세일러복을 제정했고, 다카사 고녀도 1923년까지 세일러복을 제정함으로써 고치현의 모든 고녀가 세일러복을 입었다. 옷깃과 소매, 가슴 덮개에 하얀 선을 두 줄이나 세 줄 넣는 것도 유사하다. 또 스커트 자락에 하얀 선 한 줄을 넣었던 사가와 고녀는 고치 제1 고녀의 세일러복과 똑같았다.

이는 고치현 톱클래스인 고치 제1 고녀에 대한 동경이 각 고녀의 세일러복에 드러난 것으로 보인다. 작가 미야오 도미코[宮尾登美子, NHK 대하드라마 「아쓰히메」의 원작 소설가]는 "거리에 스쳐 지나가는 제1 고녀 학생을 보면 이유도 없이 가슴이 두근거렸고, 이제 곧 교복을 입는 생활을 하게 될 것을 기대했다. 제1 고녀의 교복은 세일러복 칼라에 작은 선 세 줄이 들어갔고 주름이 스물네 개였던 스커트는 앞자락에만 하얀 선 하나가 들어간 것이었다. 길을 걸으면 그 하나의 선을 발로 차서 물결을 일으켰고, 이렇게 참으로 싱그러운 모습은 고치 최고의 우수 여자 학교 학생과 잘

---

68 吉永豊実, 『螢雪80年』, 高知県立高知丸の内高等学校同窓会, 1967, 31쪽.

어울렸다. 아야코綾子는 깊은 동경을 담아 거리에서 스쳐 지나가는 상대를 바라보았다"라며 고치 제1 고녀의 교복에 대한 생각을 적고 있다.[69]

그러나 수험에 실패하여 고치현 여자 사범 학교 부속 고등 소학교에 진학한 미야오는 "몸이 움츠러드는 듯한 기분"을 맛보았다.[70] 고치현 여자 사범 학교도 세일러복이었지만 검은 선 두 줄이 들어간 옷깃은 미야오가 "검은 고양이"라고 멸시했던 것처럼 매력이 결여되어 있었다. 1941년 4월에 다카사 고녀에 진학하여 하얀 선 두 줄의 세일러복을 입게 되자 "이로써 염원하던 여학생이 되어 다른 사람들의 모멸적인 시선을 의식하지 않아도 괜찮아, 현 내의 중등학교 모임에도 당당하게 참가할 수 있어"라고 말한다.[71] 고치현에서는 하얀 선 한 줄, 두 줄, 세 줄의 세일러복은 고녀 진학을 바라는 이에게 있어 동경의 상징이었다.

규슈 지방의 교복

사가현에서는 자연스럽게 착용률 100퍼센트

사가현에서 최초로 세일러복을 제정한 곳은 1923년의 다케오武雄 고녀이다. 1935년에 옷깃과 가슴 덮개에 하얀 선 두 줄을 넣고 가슴 덮개에 미후네의 문양[三船の印, 가문家紋의 일종]을 넣거나 1926년에는 옷깃에 하얀 선 세 줄을 넣고 나비 리본을

---

69 宮尾登美子, 『春燈』, 新潮文庫, 1991, 214쪽.
70 앞의 책, 266쪽.
71 앞의 책, 397쪽.

다는 등 조금씩 디자인을 진화시켰다. 가시마 고녀는 1924년에 세일러복을 교복으로 삼았다.

현 내 최초의 고녀인 사가 고녀는 1923년 1월에 흰색 옷깃 양복을 제정했지만 후에 세일러복으로 개정했다. 가라쓰 고녀도 1923년 7월에 양복 착용을 허가하고 1928년에 세일러복을 교복으로 제정했다. 이러한 흐름을 타고 1927년 4월에 개교한 고난 고녀와 1929년 4월에 개교한 간자키 고녀도 세일러복으로 정했다. 이마리 고녀는 1928년에 검은 선 세 줄, 1932년에 하얀 선 두 줄, 1937년에는 하얀 선 세 줄로 변경했다. 1937년에는 사가현 피복 연맹이 규정한 옷감을 공동으로 구매했기 때문에 이 옷감에 맞추어 교복 디자인을 개정한 것으로 보인다.

오기 고녀는 1929년까지 옷깃과 소매, 가슴 덮개에 하얀 선을 넣은 세일러복을 교복으로 정했고, 시립 세이비 고녀는 1926년에

[그림 83] 사가 세이비 고등 여학교의 동복
『제8회 졸업 기념첩』
사가 세이비 고등 여학교, 1928년 3월
(필자 소장)

[그림 84] 사가 현립 가라쓰 고등 여학교의 동복 『제21회 졸업 기념첩』
사가 현립 가라쓰 고등 여학교, 1930년 3월
(필자 소장)

양복과 다이코쿠보시를 제정했지만 그 후에 옷깃과 소매, 가슴 덮개에 하얀 선 두 줄을 넣은 세일러복으로 바꾸었다. 사립 세이카 고녀는 1931년에 세일러복을 제정했지만 1934~35년에 선을 세 줄에서 흰색 두 줄로 바꾸고 나비넥타이를 매는 식으로 디자인을 변경했다. 사가현에서는 자연스럽게 세일러복의 착용률이 100퍼센트가 되었다.

구마모토 최초의 세일러복과 란도셀

구마모토 시립 구마모토 고녀는 1922년 6월의 하복부터 세일러복을 교복으로 정했는데 이것이 현 내 고녀에서의 첫 세일러복이었다. 하복은 옅은 하늘색의 깅엄 옷감, 동복은 군청색 서지로 옷깃에는 하얀 선 두 줄을 넣고 적갈색 넥타이를 나비넥타이식으로 맸다. 다이코쿠보시를 쓰고 휘장이 들어간

[그림 85] 구마모토 현립 와이후 고등 여학교의 동복 『졸업 기념첩』 구마모토 현립 와이후 고등 여학교, 1928년 3월 (필자 소장)

[그림 86] 구마모토 현립 와이후 고등 여학교의 동복 『졸업 기념첩』 구마모토 현립 와이후 고등 여학교, 1930년 3월 (필자 소장)

[그림 87] 구마모토 현립 기쿠치 고등 여학교의 동복 『졸업 기념첩』
구마모토 현립 기쿠치 고등 여학교, 1934년 3월 (필자 소장)

버클의 벨트를 매는 식이었다. 이 디자인은 1927년에 쇄신되었다. 하얀 선과 버클이 제거되고 무릎 아래 10센티미터의 주름스커트가 된 것이었다. 이는 무릎 아래 3, 4센티미터의 짧은 스커트를 입는 학생이 많아 그것을 방지하기 위함이었다. 1931년에는 옷깃과 소매, 가슴 주머니에 하얀 선 세 줄을 넣고 뒤쪽 옷깃의 좌우에 은행 자수를 넣었다. 이것은 다음 항에서 다루는 것처럼 구마모토현 내에 세일러복이 보급되면서 다른 학교와 구별이 어려워졌기 때문이었던 것으로 보인다. 긴 소매의 동복에 하늘색 넥타이, 반소매의 하복에 나비넥타이를 맨 것도 이를 위한 고려 때문인 것 같다.

다른 학교와의 차이는 1937년 4월부터 분명해진다. 종래와 같이 손에 드는 가방에서 란도셀로 변경한 것이었다. 한 손에 교과서와 재봉 용구, 조리 용구, 도시락 등 무게가 있는 것을 들게 하는 것은 건강의 측면에서 문제가 있음은 물론이요, 비가 오면 우산을 써야 하므로 양손을 쓸 수 없어 위험했다. 그러나 세일러복과는 대조적으로 란도셀은 보급되지 않았다. 란도셀을 맨 곳은 시립 구마마토 고녀 이외에 제4장에서 언급한 시즈오카현의 도요하시 고녀 정도였을 것이다.

구마모토현에 확산되는 세일러복

구마모토 제1 고녀의 교복화는 늦어졌다. 제1 고녀는 양복 착용을 자유롭게 실시했기에 학생들은 세일러복과 접는 옷깃식의 양복을 혼용하고 있었다. 1929년에 구마모토 제2 고녀가 세일러복을 교복으로 정했고, 구마모토 제1 고녀는 1932년이 되자 세일러복을 교복으로 지정했다. 구마모토 제1 고녀는 하얀 선 한 줄, 구마모토 제2 고녀는 하얀 선 두 줄을 넣는 것으로 차이를 두었다.

이 무렵이 되면 이미 구마모토현 대부분의 고녀가 세일러복을 교복으로 삼고 있었다. 마쓰바세 고녀는 1923년 여름부터 학생 스스로가 제작한 흑백 줄무늬 세일러복을 제정했고, 이듬해인 1924년에는 군청색 서지에 벨트를 매는 숄 칼라의 교복으로 바꾸었지만 1931년에는 하얀 선이 들어간 세일러복으로 다시 개정했다(제2장 참조). 와이후 고녀(1933년에 기쿠치 고녀로 개칭)는 1924년에 양복 착용을 허가하고 1926년에는 세일러복을 제정했다. 야쓰시로 고녀는 서양식 교복을 도입한 것이 1922년으로 비교적 빨랐는데, 1930년이 되면서 검은 선 세 줄을 넣은 세일러복으로 바뀌었다. 그해 입학한 학생은 "올해부터 교복이 세일러복이 되어 상급생들이 부러워했습니다"라고 회상한다.[72]

오이타현의 보급 과정

오이타현에서 최초로 양식 교복을 제정한 곳은 구니사키 고녀이다. 1922년에 군립으로 창설된 구니사키 고녀에서는 1학년부터 스퀘어 칼라의 스리 버튼 상의에 벨트를 매는 교복을

---

72 『創立90周年記念誌 白鷺』, 熊本県立八代高等学校, 1987, 246쪽.

[그림 88] 오이타 현립 제1 고등 여학교의
동복『제37회』
오이타 현립 제1 고등 여학교, 1940년 3월
(필자 소장)

입었다. 이 옷을 입었던 학생은 "지금 생각하면 별로 좋은 스타일이 아니었던 느낌이지만 당시에는 무척 기쁘고 자랑스럽게 여겼습니다"라고 회상한다.[73] 그에 비해 1933년에 입학한 학생은 "새로 만든 세일러복을 입고 뚜벅뚜벅 소리를 내면서 걸어보던 때의 감격은 바로 어제 일만 같아서 지금도 잊을 수 없습니다"라고 말한다.[74]

오이타현에 세일러복이 등장하는 것은 1927년이다. 현 내 첫 고녀인 오이타 제1 고녀를 비롯하여 기쓰키 고녀, 욧카이치 고녀, 히타 고녀가 각각 세일러복을 제정했다. 다만 다카다 고녀는 제정 시기가 확실하지 않은데, 1927년보다 전에 세일러복을 입고 있었을 가능성이 있다. 다카다 고녀의 세일러복은 옷깃에 검은 선 두 줄을 넣고 검은색 나비넥타이를 매는 '오사카형'이었다. 이것을 입은 학생은 "까만 줄, 까만 넥타이라 검소함 그 자체였습니다"라고 회상한다.[75] 히타 고녀의 세일러복도 옷깃에 검은 선이 들어가 있었는데, 옷자락에 검은 선이 들어간 적갈색 하카마 차림으로 입학했던 학생은

---

73 『創立70周年記念誌』, 大分縣立国東高等学校創立70周年実行委員会, 1992, 64쪽.
74 앞의 책, 73쪽.
75 『創立90周年記念館』, 大分縣立高田高等学校, 2000, 14쪽.

"6월쯤 이르러 마침내 경쾌한 반소매 세일러복으로 바뀌었을 때는 기뻤다"라고 회고한다.[76]

검은 선이 들어간 두 학교에 반해 오이타 제1 고녀는 옷깃과 가슴 덮개에 하얀 선 두 줄, 스커트 자락에 검은 선 한 줄을 넣었다. 기쓰키 고녀는 옷깃과 소매, 가슴 주머니에 하얀 선 두 줄, 욧카이치 고녀는 옷깃과 가슴 덮개, 가슴 주머니에 하얀 선 두 줄, 구니사키 고녀는 옷깃과 소매, 가슴 덮개, 가슴 주머니 모두에 하얀 선 세 줄이 들어가 있었다. 오이타 제1 고녀에서는 학생들이 교장에게 "폭이 넓은 넥타이"를 희망했지만 수수한 스타일의 나비넥타이가 채택되었다.[77]

이어서 1928년에는 우스키 고녀, 사이키 고녀, 1929년에 나카쓰 고녀, 다케타 고녀, 1930년에 벳부 고녀가 세일러복을 교복으로 정했다. 우스키 고녀에서는 1923년 무렵부터 양복을 입고 통학하는 학생을 볼 수 있었지만 세일러복을 입었던 학생은 1927년 4월 시점에서 두 사람밖에 없었다. 그랬던 것이 같은 해 말이 되자 대부분의 학생이 세일러복을 입고 통학하게 되었기 때문에 1928년에 세일러복을 교복으로 정했다.

1928년, 즉 쇼와 3년에 세일러복을 입고 있음은 세일러복의 제정이 쇼와 천황의 즉위식과는 관계없음을 보여 주는 좋은 사례이다. 동복은 군청색 서지로 검은 선이 두 줄 들어간 옷깃에 가는 벨트와 새틴 넥타이를 맸으며, 하복은 7부 소매의 하얀 상의에 하얀 선이 두 줄 들어간 하늘색 옷깃이었다. 여름과 겨울 모두 스커트 주름이 열두 개였다. 1935년에는 동복의 상의 기장이 짧아지고 옷깃의 선 두 줄이 갈색으로, 스커트의 박스

---

76 『陽柳-大分県立日田高等学校五十周年記念誌-』, 日田高等学校, 1971, 101쪽.
77 『創立90周年誌』, 大分県立大分上野丘高等学校, 1975, 235쪽.

플리츠가 열여섯 개로 변경되었다. 이렇게 단기간에 디자인이 변경된 이유는 분명하지 않지만, 갈색 선이 된 것은 다른 학교 세일러복과의 차이를 명확히 하기 위해서였던 것 같다.

오이타 제1 고녀에서는 1938년부터 흰색 옷깃을 달게 되는데, 그 이유는 중일 전쟁에 있었던 것으로 보인다. 하지만 오이타현에서 흰색 옷깃은 널리 보급되지 않았다. 오이타 제2 고녀는 세일러복 인기에 거스르듯이 1931년부터 1933년 사이에 오이타현 여자 사범 학교와 똑같은 블레이저를 교복으로 제정했지만 이를 따르는 고녀는 나타나지 않았다.

미야자키 현립 미야자키 고등 여학교 세일러복의 진화

미야자키현에서 최초로 서양식 교복과 세일러복을 제정한 것은 현 내 첫 고녀인 미야자키 고녀였다. 서양식 교복 도입을 둘러싼 논의가 1920년부터 나왔지만 시기상조라는 의견이 있어서 바로 결정되지는 않았다. 그 후 오사카와 사카이堺의 섬유 회사로부터 옷감을 구입할 수 있게 되어 상급생 각자가 봉제할 수 있는, 일본식 복장에 가까운 서양풍 디자인의 시작품을 만들었다. 1935년 7월 14일자의 『미야자키 신문』은 "학부형 유지의 간담회를 열고 의견을 모은 결과, 드디어 이 학교 학생의 복장도 양복에 구두를 교복으로 삼을 것을 거의 내정하고 그 교복의 형태를 일정하게 하기 위해 다른 부현의 학교에서 현재 쓰이고 있는 것에 대하여 직접 조사할 터"라고 보도하고 있다.[78]

이렇게 해서 1922년의 하복부터 서양식 교복이 제정되었다. 가쿠란식으로 목을 조이는 깃과 단추가 달린 무명 체크무늬 상의에 큰 버클이 달린 벨트를 매고 상의와 똑같은 디자인의

78　『宮崎新聞』, 1921년 7월 14일 조간 (미야자키 현립 도서관 소장).

주름스커트를 입는, 빈말로도 좋은 디자인이라고는 할 수 없는 것이었다. 사실 학생들의 평판도 나빴다. 동복은 군청색 서지로 된 하얀 옷깃의 세일러복이었지만 단추로 앞부분을 여미고 벨트를 맨다는 점에서는 하복과 마찬가지였다.

  1923년에 하복은 동복에 맞춰서 목을 조이는 깃에서 하얀 옷깃의 세일러로 바뀌지만 그 점을 제외하면 이전과 마찬가지였다. 같은 해에는 군청색 서지의 다이코쿠보시가 채택되었다. 이듬해 1925년에는 체크무늬에서 회색 무지로 바뀌고 한여름용으로는 하얀 무명의 반소매 세일러복도 마련되었다. 그러나 이 세일러복 동복을 처음 착용한 학생은 "하얀 세일러 옷깃이 달린 촌스러운 형태의 교복이었습니다", "결코 스마트한 패션이라고는 할 수 없었습니다"라는 감상을 남겼다.[79] 세일러복이라고 해도 앞여밈 버튼식에다가 버스 안내양의 특징인 다이코쿠보시와 벨트라는 점이 부정적인 평가로 이어진 것으로 보인다.

  학생들의 이러한 불만의 목소리가 학교 안에서 터져 나온 것은 상상하기 어렵지 않다. 실제로 동복은 1927년에 앞여밈 벨트가 없어지고 나비넥타이로 바뀌었다. 모자도 여름에는 밀짚모자, 겨울에는 회색 모자로 변경되었다. 1932년에는 더욱 진화한다. 동복은 군청색 서지, 하복 상의는 하얀 바탕에 깃이 군청색 서지가 되었고 옷깃과 소매, 가슴 덮개, 가슴 주머니에 하얀 선 한 줄을 넣게 된다. 넥타이 중앙에는 'M' 자를 넣었고 학생이 직접 이를 수놓았다. 이 '화이트 칼라 세일러복'은 '미야자키 고녀 학생'의 대명사가 되었다.

  그리고 1922년에는 학년을 표시하는 완장이 제정되었다. 연지색

---

[79] 『宮崎高校100年史』, 宮崎県立宮崎大宮高等学校弦月同窓会, 1991, 292쪽.

바탕 천에 벚꽃 휘장을 자수해서 넣고 그 밑에 학년을 표시하는 하얀 선이 들어갔다. 이는 이후 펠트 옷감에 흰색으로 휘장과 선을 넣는 식으로 개정되었다. 이듬해 1923년에는 여름 모자가 흰색 피케로 바뀌었다.

간토 대지진 이전에 복장 개선의 움직임이 있었으며 그것을 실천했지만 학생들로부터 높은 평가를 얻지 못하고 개정을 반복하면서 인기 있는 세일러복이 탄생했음을 미야자키 고녀의 변화에서 잘 알 수 있다. 이것이야말로 지금까지 이 책에서 설명해 온 것을 잘 보여 주는 좋은 사례라고 하겠다.

미야자키현의 낯선 교복에서 인기 있는 교복으로

1923년, 사립 노베오카 고녀에서는 서양식 교복을 입는다는 소문이 돌기 시작했고 그것은 이듬해에 현실이 되었다. 1924년에 제정된 교복은 하복이 계란색의 알파카 상의에 군청색 스커트, 동복이 스퀘어 칼라 상의로 스리 버튼에 허리에 벨트를 매는 식이다. 교복은 각자의 몸에 맞는 것을 양복점에 찾으러 갔다고 한다. 처음으로 서양식 복장을 입은 학생은 "그렇게 기쁠 수가 없었다"라고 했지만 "버스 안내양"이라는 야유를 받았다고도 증언한다.[80] 이 복장은 1929년에 세일러복으로 개정되었다. 옷깃과 소매에 검은 선이 두 줄 들어가고 검은색 후지견 넥타이에 짙은 군청색 모자를 쓰는 수수한 형식이었다. 이것을 입은 학생은 역에서 "까마귀떼"로 불렸다고 회상한다.[81]

1925년에는 미야코노조 고녀는 동복은 옷깃에 검은색이나 군청색 선 두 줄과 나비넥타이, 하복은 군청색 옷깃에 하얀

---

80 『延岡高校100年史』, 宮崎県立延岡高等学校同窓会, 2000, 487쪽.
81 앞의 책, 527쪽.

선이 들어간 세일러복을 제정했다. 이것은 1931년, 옷깃에 하얀 선과 뒤쪽 좌우에 벚꽃 자수를 넣는 것으로 개정되었다. 최초의 세일러복을 입은 학생은 "교복이 만들어졌을 때 두근두근 펄쩍펄쩍 뛰면서 더없이 기쁜 마음으로 가지고 돌아갔습니다. 들뜬 기분으로 등교했지만 가는 길에도 하교할 때도 멈춰 서서 '어느 학교 학생이지?' '○○ 학교 아닌가?' '아니, ○○ 학교야'라는 말을 듣고 실망"했다고 한다.[82]

고바야시 고녀는 1924년에 바둑판 줄무늬 기모노와 소매에 하얀 선 두 줄을 넣은 군청색 하카마를 교복으로 삼았다. 1929년에는 이 교복을 입고 4학년이 도쿄에 수학여행을 가자 "당신들 외국에서 왔습니까"라는 말을 듣고 학생들이 분개했다.[83] 미야자키의 방언을 잘 알아듣지 못했고 또 이미 대부분의 고녀가 서양식 교복을 채택했기 때문에 외지 사람으로 오해를 받은 것이다. 같은 해 1학년부터 세일러복으로 개정되면서 새로운 교복을 입은 한 3학년생은 "무척 기뻤던 기억이 납니다. 세상도 점점 바뀌고 있었던 것이겠죠"라고 회상한다.[84] 이 사례에서 고녀의 대명사였던 기모노에 하카마 차림이 고녀 학생이 아닌 다른 이로 오해받는 계기가 되고 있었음을 알 수 있다.

가고시마현의 복장 개선 운동

가고시마현의 고녀에서는 1922년부터 복장 개선의 움직임이 나타났다. 같은 해 5월 3일자의 『가고시마 신문』에 따르면 가고시마현 지사 나카가와 노조무中川望가 「학생 복장 개정의

---

82 『都城泉ヶ丘高校100年史』, 宮崎県立都城泉ヶ丘高等学校, 2001, 547쪽.
83 『記念誌-創立60周年記念号-』, 宮崎県立小林高等学校, 1982, 101쪽.
84 앞의 책, 103쪽.

건을 허가한다」라는 지령을 내렸다.[85] 이는 다이코쿠보시를 쓰고 하얀색 테일러 칼라가 달린 단추 네 개짜리 앞여밈 상의에 옷자락을 동여맨 군청색 서지제 하카마라는, 일견 서양식과 일본식이 절충된和洋折衷 양복이었다. 하복은 가스 옷감으로 된 바둑판 줄무늬로 약 3엔 40센, 군청색 서지 하카마는 5엔 50센을 상정했다. 5월 3일자의 『가고시마 신문』에는 "가고시마시의 여자 중등학교 여자 사범, 제1 고녀, 제2 고녀, 여자 흥업[女子興業, 가고시마 여자 흥업 학교], 쓰루가네 고녀, 여자 기예 같은 여러 학교에서 드디어 이번 여름부터 학생이 기존에 입던 상의를 폐지하고 양복제로 개정하게 되었다"라고 실려 있다.[86]

가고시마 여자 사범 학교 교장 오타 도이치로太田藤一郎는 "이번 교복은 체육 위생적이며 경제적으로 생각해서 충분한 조사와 연구를 거듭한 다음에 선정한 것으로, 무엇보다 이상에 가까운 것이라고 생각하고 있습니다. 여자 흥업과 쓰루가네, 일고녀一高女는 이미 메이지야 오복점[明治屋吳服店, '오복점'은 기모노 전문 판매점]에 주문을 끝냈고, 우리 학교도 근일 중에 주문하려고 합니다"라고 말했다.[87] 이는 위의 여러 학교가 체육과 위생, 경제적인 사정을 고려하여 가고시마현 지사에게 서양식 교복으로의 개정을 신청하고 그에 대해 지사가 인가를 부여했음을 보여 주고 있다.

가고시마 현립의 제1 고녀와 제2 고녀, 쓰루가네 고녀는 『가고시마 신문』이 전달하는 대로 다이코쿠보시에 바둑판 무늬와 군청색 서지의 교복을 채용했다. 이 바둑판 무늬의 교복은 그

85　『鹿児島新聞』1922년 5월 3일 조간(가고시마 현립 도서관 소장).
86　앞의 신문.
87　앞의 신문.

후에도 신설되는 고녀 등에 영향을 주었다. 1923년에 다카야마 고녀, 1924년 고쿠부 고녀, 1925년에 이자쿠 고녀, 1926년에 이부스키 고녀가 바둑판 무늬 교복을 제정하고 있다. 이와 같이 양장화 초기 단계에 똑같은 교복을 도입해 나가는 것은 다른 현에서는 볼 수 없는 특징이다.

가고시마현의 교복 변화

그런데 이 바둑판 무늬 교복은 학생들이 좋아하지 않았던 것 같다. 1922년 6월 1일부『가고시마 신문』은「가고시마 여자 기예 학교 학생의 스타일」이라는 제목으로 세트로 된 모자와 세일러복 모습의 사진을 소개하고 있다.[88] 하얗고 긴 소매에 나비넥타이를 매고 하얀 선 두 줄이 들어간 옷깃과 가슴 덮개에 스커트를 입고 있다. 이유는 분명하지 않으나 가고시마 여자 기예 학교는 5월 3일자의『가고시마 신문』에서 보도한 테일러 칼라 상의가 아니라 세일러복을 선택했다. 각 고녀보다도 기예 학교가 먼저 세일러복을 채용한 것이었다.

다른 학교의 학생들은 세일러복을 제정한 기예 학교를 부러워했다. 가고시마 제1 고녀는 1927년에 흰색 옷깃의 블레이저가 되었고 1929년에 이르러 흰색 옷깃의 세일러복으로 개정했다. 또 가고시마 제2 고녀도 1930년에 흰색 옷깃의 세일러복으로 바뀌었다. 현 내 최고인 제1 고녀와 제2 고녀가 세일러복으로 변경했다면 바둑판 무늬는 버림받은 것이나 마찬가지였다. 바둑판 무늬를 교복으로 삼았던 고야마 고녀는 1926년, 이부스키 고녀는 1930년에 세일러복으로 바꾸었다. 고쿠부 고녀는 바둑판 무늬 하복에 동복은 블레이저였지만

---

[88] 『鹿兒島新聞』, 1922년 6월 1일 조간.

1928년에 세일러복으로 개정했다. 그 밖에 블레이저를 제정한 가지키 고녀, 스탠드 칼라 상의를 제정한 아쿠네 고녀, 마쿠라자키 실과 고녀(1943년에 마쿠라자키 고녀로 개칭)도 세일러복으로 개정했다.

 가고시마현의 고녀가 세일러복이 된 것은 주위 학교의 교복에 반응했기 때문이다. 또 가고시마 제1 고녀, 가고시마 제2 고녀, 가세다 고녀, 고쿠부 고녀, 오구치 고녀, 이즈미 고녀, 아마미 고녀, 아쿠네 고녀에서는 흰색 옷깃 커버를 사용했다. 1930년에 아마미 고녀가 제정한 세일러복은 흰색 옷깃 커버가 달린 것으로 군청색 옷깃과 소매, 가슴 덮개에 흰 선 두 줄을 넣은 것이다. 1936년에 입학한 학생은 "여학생이 된 기쁨을 가슴 가득히 안고, 흰색 옷깃 커버가 달린 말쑥한 새 교복을 입고 입학했습니다"라고 말한다.[89] 가고시마에서는 흰색 옷깃이 고녀의 증표와 마찬가지였던 것이다.

---

89 『鹿児島県立奄美高等学校創立80周年記念誌』, 鹿児島県立奄美高等学校, 1997, 104쪽.

제7장
개성이 강한 미션 계열

자매교가 아닌, 교복의 연관

빨간 옷깃과 소매: 교리쓰 여학교와 호쿠리쿠 여학교

가나가와현 요코하마의 교리쓰 여학교는 1920년 무렵부터 세일러복을 체조복으로 사용했다. 흰색 세일러로 군청색 옷깃에 하얀 선 두 줄을 붙이고 군청색에 주름이 있는 스커트를 입었다. 통학용 교복은 1923년 9월의 간토 대지진보다도 전에 지정되었는데, 동복을 세일러복으로 삼을 예정이었지만 지진의 영향으로 인해 중단할 수밖에 없었다.

빨간 옷깃과 소매가 특징인 세일러복의 디자인은 교장 루미스Clara D. Loomis와 1926년 3월 졸업생, 그리고 고토 소베이後藤惣兵衛상점이 협의해서 결정했다. 1927년에 제정된 동복은 군청색 세일러복으로 빨간 바탕의 옷깃과 소매에 검은 선 세 줄을 넣는, 다른 학교에서는 볼 수 없는 참신한 디자인이다. 1927년도 학생은 착용이 자유였기 때문에 기모노와 세일러복이 반반이었지만 1928년부터 전원이 세일러복을 입게 되었다. 동시에 그 전까지 체조복이었던 흰색 세일러복은 하복으로 제정되었다.

교리쓰 여학교의 교복은 이시카와현 가나자와의 호쿠리쿠 여학교에 영향을 주었다. 두 학교 모두 미션 계열이지만 자매 학교는 아니었다. 1922년에 호쿠리쿠 여학교는 4년제에서 5년제로 변경되었고 그해 신입생부터 교복을 착용했다. 1921년 가을부터 교사들이 연구를 시작하여 운동과 위생, 경제적 조건에 적합하다고 판단된 다갈색 세일러복을 제정했다(제6장 참조).

위 아래가 모두 무지에 다갈색인 세일러복은 보기 드물었는데(권두 그림 5 참조) 가나자와 시내의 소학교에서도 똑같은 양복을 입는 학생이 나타났다고 한다. 이 참신한 세일러복은 10년 넘게 착용되었지만 1935년에 빨간 옷깃과 소매에 검은 선 세 줄을 넣은 군청색 바탕의 세일러복으로 개정되었다(권두 그림 6 참조). 그 이유는 교장 나카자와 쇼시치中沢正七가 요코하마에 출장을 갔을 때 교리쓰 여학교 학생들이 입고 있는 세일러복에 감동을 받았고, 출장에서 돌아온 후 그것을 본떠 시험 삼아 만들어 보았더니 평판이 좋았기 때문이었다. 1935년에 개정된 세일러복 또한 보기 드문 디자인이었기에 이를 입고 가나자와 시내를 걷노라면 무척 눈에 띄었다.

교리쓰와 호쿠리쿠는 자매 학교는 아니었지만 세일러복으로만 따지자면 부모 자식 관계라고 할 수 있다. 오늘날에도 학생들이 자랑스럽게 느끼며 시민들도 친숙하게 여기는 이 세일러복은 이와 같은 흐름에서 탄생했다.

후루 여학교와 교아이 여학교의 하얀 칼라 세일러복

1925년 12월, 군마현 마에바시前橋시에 있는 교아이 여학교는 양복을 교복으로 삼고 그 형태는 학교가 지정한다고 학생들에게 고지했다. 1926년의 하복은 하늘색의 점퍼 스커트, 이듬해 1927년의 하복은 오렌지색 점퍼 스커트였다. 동복은 벨트가 있는 테일러 칼라 상의에 모자를 썼다.

교아이 여학교는 당초에 점퍼 스커트를 교복으로 지정했지만 1928년의 동복부터 세일러복으로 바꾸었다. 그 이유는 이 해 오사카의 후루 여학교[1]가 수학여행으로 닛코日光에 가는 도중 마에바시를 방문한 일과 관계가 있다. 그때 교아이 여학교 교장은 후루 여학교의 학생들이 입은 하얀 옷깃의 세일러복을 아름답다고 느끼고 후루 여학교에 하얀 옷깃의 견본을 보내 달라고 요청했다. 후루 여학교가 하얀 옷깃을 보내자 교아이 여학교는 그것을 견본으로 세일러복을 제정했다. 두 학교의 세일러복이 비슷한 것은 이 때문이다. 제3장에서도 조금 다루었지만, 후루 여학교의 그것은 오사카 최초의 세일러복이었다. 1922년에 제정된 세일러복은 군청색 바탕에 옷깃과 소매에 연지색 선 세 줄이 들어가고 넥타이도 연지색이었다. 겨울은 군청색 펠트 모자, 여름은 파나마 모자를 썼다.

후루 여학교의 기념지에 따르면 하얀 옷깃을 제정한 것은 1930년도 졸업생부터라고 하지만, 그보다 전인 1928년에도 옷깃을 달았던 학생이 있었던 것으로 보인다. 여름 세일러복은 옷깃과 소매에 선이 없는 흰색 바탕의 상의에 연지색 넥타이였는데, 1922년에 하늘색 세일러 옷깃에 하얀 선 세 줄을 넣은 원피스와 벨트를 매는 것으로 바뀌었다.

---

1   普溜女學校. 성공회 계열의 미션 스쿨로, 교명은 영국에서 오사카로 파견된 풀A. W. Poole 주교를 기념한 것에서 유래했다. 주교의 이름을 한자로 음차한 것이 '普溜'로, 외래어 표기규정에 따르자면 '풀'이 더 가깝겠지만 이 책에서는 일본에서 불리는 대로 표기했다. — 옮긴이.

후쿠오카 여학원의 영향력?

홋카이도의 이아이遺愛 여학교에서는 1930년 3월에 복장에 관하여 부모들에게 의견을 구했다. 제1안은 "전교생이 일정한 교복을 착용하는 것", 제2안은 "전교생이 양복을 착용하는 것, 다만 옷감의 질을 일정하게 하고 형태 및 색깔은 각자 편한 대로 하는 것", 제3안은 "종전대로 일본식 복장이나 서양식 복장 중 하나를 선택하여 입는 것"이었다.[2] 제1안과 제2안은 같은 해 4월 신입생부터 적용하기로 하고 찬반을 조사했더니 제1안이 다수였다. 그렇게 교복을 정하고 5월 6일의 직원 회의에서 1학년은 10월 1일까지 마련하기로 결정했다. 5월 17일 방과 후에는 학부형에게 보내는 교복 통지문을 전교생에게 건네고 체조장에서 직원과 학생이 집합하여 교복에 관해 설명했다. 이 교복은 세일러복으로, 겨울은 군청색 서지로 옷깃과 소매에 하얀 선 세 줄, 여름은 하얀 린넨이며 깃은 군청색 포플린이었다. 스커트는 군청색 서지로 겨울과 여름 겸용이었다. 스커트 아래에는 검은 새틴으로 된 블루머를 입었다. 넥타이는 평일에 연지색 후지견, 기념일에는 시로하부타에[白羽二重, 궁정에 헌상되던 최상급의 비단 옷감]를 사용했다. 모자는 겨울은 군청색 펠트이고 여름은 하얀 피케였지만 쓰는 것은 자유였다. 구두는 검은 가죽, 양말은 밴드가 달린 검은 무명으로 지정되었다.

이아이 학원 100년사에는 "이아이의 75년사에 따르면 1930년에 동복은 세일러형으로 옷감은 군청색 서지, 소매와 옷깃에 하얀 선 세 줄을 넣었다고 적혀 있습니다. 이것이 후쿠오카 여학원으로부터 전수받은 디자인이라고는 적혀 있지는 않지만 아마도 그럴 것이라고 생각됩니다"[3]라고 기술되어 있다. 75년사에

---

2 『恩寵のあと-遺愛学院の歩み-』, 学校法人遺愛学院, 1987, 110쪽.

적혀 있지 않은데도 왜 후쿠오카 여학원으로부터 "전수받은 디자인"이라고 여긴 것일까?

그 근거는 이를 쓴 사람이 『후쿠오카 여학원 95년사』에서 "각지의 미션 스쿨로부터 견본을 보내 달라는 요청이 있어 여학생의 교복으로 전국에 보급되었다"라는 기사를 읽고[4] 자기 학교도 그럴 것이라고 믿어 버렸기 때문이다. 이 기사의 근거가 된 것은 1936년에 간행된 『후쿠오카 여학교 50년사』인데 세일러복 견본 송부 요청과 그것에 답하는 왕복 서류 등은 후쿠오카 여학원에 남아 있지 않다.

『후쿠오카 여학교 50년사』의 "멀리는 도쿄, 오사카 등의 미션 스쿨에서 견본을 보내 달라고 말해서 (견본을) 보냈고, 본교의 스타일을 취하여 교복을 정한 학교가 적지 않다. 그 후 다른 현의 현립, 사립 여학교도 이러한 풍토에 이끌려 모두 이 스타일을 모방하게 되었다"라는 기술을 그대로 의심 없이 받아들일 수는 없다.[5] 실제로 호쿠리쿠 여학교는 교리쓰 여학교, 교아이 여학교는 후루 여학교로부터 각각 영향을 받았다. 미션 계열 이외에도 고베 제1 고녀는 야마와키 고녀, 시모노세키 고녀와 스기야마 고녀는 여자 가쿠슈인의 영향을 받아 교복을 제정했음은 앞에서 논했다.

필자가 아는 범위 안에서 후쿠오카 여학원의 영향을 받았을 가능성이 있다고 쓴 것은 이아이 학원의 100년사뿐이다. 게다가 75년사에는 명기되어 있지 않고 100년사에서도 추측의 영역을 벗어나지 않는다. 후쿠오카 여학원의 교복이 전국에 세일러복을 보급하는 데 큰 역할을 했다는 것은 과대평가이다. 실제로는 그런

3   앞의 책, 241쪽.
4   앞의 책.
5   『福岡女学校50年史』, 福岡女学校, 1936, 74쪽.

것이 아니라 전국 각지에서 세일러복이 등장했고 서로 자극을
받으며 지역마다 점차 늘어 갔던 것이다.

세일러복을 입고 싶어 하는 학생들

학생들 사이에서 확산되는 세일러복: 오에 고등 여학교

구마모토현의 오에 고녀는 양복 통학을 이른 시기에 인정했다.
교장 와타제 슈이치로渡瀬主一郎가 1921년에 양복 착용을 장려했고,
1923년 9월에 교장 다케자키 야소오竹崎八十雄가 부임하면서 양복을
교복으로 지정했다. 다케자키가 일본식에서 양복으로 변경한
이유는 양복이 운동에 적합하거나 경제적이었기 때문만은 아니다.
그는 "일본식 복장 재봉은 모방적"으로 틀에 박히기 쉽지만 양복은
"디자인에 따라 여러 가지로 변화"하기 때문에 "독창적이고 연구의
가치가 있으며 개성적이다"라고 말하였다. 따라서 여성 해방의
첫걸음이 양복에 있다고 생각했다.[6]

그러나 다케자키는 틀에 박히는 것을 싫어했기 때문에 양복을
교복으로 삼기는 했지만 일정한 형태는 정하지 않았다. 학생
개개인의 개성과 취미, 각 가정의 경제 상황 등을 배려하면서 그
차이 속에서 새로운 것이 생겨나고, 거기에서 교육적 효과를 취할
수 있다는 생각이었다. 일정한 틀에 맞출 경우 명령이 없으면
움직일 수 없는 인간을 양성하게 된다고 보았다.

그로부터 1년 뒤인 1924년의 여름 방학이 지나도 학생의 3분의
1은 일본식 차림으로 등교하고 있었다. 이 상황을 본 다케자키는

---

6   『「愛と誠」の教育-123年の軌跡-』, 熊本フェイス学院高等学校閉校事業実行委員会,
    2011, 49쪽.

동복으로 갈아입을 때는 양복이 아니면 등교를 금지한다고 학생들에게 전했다. 그때까지 일본식 복장을 입고 있던 학생도 양복을 입어야 하는 처지가 되었는데 등하교 때 "하이 칼라"[7]라는 말을 듣는 것이 싫다는 학생도 있었다. 그러한 학생들은 재봉 담당 교사에게 세일러복을 교복으로 삼았으면 한다고 의견을 냈다. 세일러복 교복은 학생 모두의 뜻이 되었고, 다케자키도 이를 받아들여 군청색에 하얀 선 세 줄의 세일러복과 스커트를 교복으로 삼는 일을 허가했다.

별 모양 자수가 빛나는 호쿠세이 여학교

홋카이도의 호쿠세이 여학교가 교복을 제정한 시기는 다소 늦었다. 1932년 3월에 호쿠세이 여학교 본과를 호쿠세이 여학교 고등 여학과로 개칭하고 이듬해 1933년 4월부터 세일러복 교복을 착용하게 되었다. 그것은 3학년들이 "다른 학교의 교복을 보니 하나같이 아름다워서 우리도 어떻게든 교복을 갖고 싶다"라고 느껴 교사에게 부탁했기 때문이다.[8]

그녀들이 부러워했던 교복은 세일러복이었다. 교사에게 교복을 요청했던 학생은 "세일러복 교복은 당시의 삿포로에서 일반적이었습니다. 스커트에 위의 속옷이 연결되어 붙어 있었지요"라고 증언한다.[9] 제6장에서 홋카이도의 교복은 세일러복이 대부분이었고 스커트 자락에 선이 들어 있는 것이 특징이라고 이미 설명했다.

---

7   원문은 "ハイカラ". 영어의 'high collar(높은 깃)'에서 온 말로, 서양 스타일을 흉내 내거나 최신 유행을 추구하는 이를 가리키는 의미로 사용한다. 약간 오래된 표현으로 최근에는 잘 사용하지 않는다. ― 옮긴이.
8   『北星学園女子中学・高等学校の110年』, 北星学園女子中学高等学校, 1997, 100쪽.
9   앞의 책.

호쿠세이 여학교의 세일러복은 겨울에는 군청색 바탕의 옷깃과 소매, 가슴 덮개에 하얀 선 한 줄을 넣었고, 여름에는 하얀 바탕인데 하얀 선이 들어가는 옷깃과 소매, 가슴 덮개만이 군청색 바탕이다. 겨울은 군청색, 여름은 흰색 챙이 달린 모자를 썼다. 그리고 뒤쪽 옷깃의 좌우에 붙이는 별 모양의 휘장이 특징적이다. 별 모양의 휘장은 다누키코지[狸小路, 삿포로 중심의 상점가]의 '고미야마야こみやまや'라는 가게에서 판매했다.

이 별을 가슴 덮개에 붙였는데 "멋쟁이는 가슴 덮개를 접어서 숨겼지요"라고 한다. 기념지의 사진을 보면 접어서 숨겼다기보다는 별을 붙이지 않은 학생이 많다. "수학여행으로 혼슈에 갔을 때 삿포로 맥주 마크라는 말을 들었다"라고 한다.[10] 하지만 메이지 시대[1868~1912]에 홋카이도를 관할한 개척사의

[그림 89] 호쿠세이 여학교에서 계승되고 있는 호쿠세이 학원 여자 중고등학교의 세일러복 뒤쪽 옷깃의 별 휘장(HAJ 주식회사 홋카이도 아르바이트 정보사)

10   앞의 책.

마크도 별이었을 만큼 홋카이도와 별은 관계가 깊었기 때문에
버스 안내양과는 달리 기분이 나쁘지는 않았던 것 같다.
　이는 염원하던 세일러복을 입은 학생들이 자신의 교복을
자랑스럽게 여겼다는 증거이기도 하다. 그렇지만 기모노에
하카마 차림으로 통학하던 선배로부터 "우리가 모처럼 마음에
드는 복장을 입었는데 너희가 그런 말을 하는 바람에"라는 불평을
듣기도 했다.[11] 여기에서 치맛자락에 검은 선을 넣은 하카마를
좋아하는 선배와 그보다는 세일러복이 좋다고 느끼는 후배의
경계선을 볼 수 있다.

자유를 중시하는 교풍과 화려함의 억제를 요구하는 목소리

현립 고녀보다 늦었던 미션 계열

　아오모리 현립 아오모리 제1 고녀는 1922년에 세일러복을
채용했지만, 사립 히로사키 여학교에서 세일러복 교복을
착용한 것은 1931년 4월부터였다. 약 10년이나 늦었던 데에는
히로사키시의 방침이 컸다. 1920년에 히로사키시 학무과는 「아동
학생의 교복에 관한 건」이라는 통지를 보내 물가가 급등하는
상황에서 학부형의 부담이 되는 교복 제정은 보류해야 할
것이라고 지시했다. 이에 따라 히로사키 여학교는 교복을 정하지
않았지만 학생은 화려한 복장을 포기하지 않았다. 히로사키
여학교의 세일러복은 교장인 나카가와 마사코中川まさこ와 교사
야마사키 노부山崎のぶ, 후루카와 다케古川たけ, 바일러[12]가 고안했다.

11　앞의 책.
12　Gertrude M. Byler. 미국인 선교사 겸 영어 교사로 히로사키 여학교에서

[그림 90] 세이레이 학원 고등 여학원의 뒤쪽 옷깃의 '지도리 문양'
『추억의 고등 여학교』, ノーベル書房株式会社, 1987년.

동복은 군청색 서지로 옷깃과 소매에 갈색 선 두 줄, 하복은 흰 개버딘[Gabardine, 능직 직물]으로 군청색 옷깃과 소매에 하얀 선 두 줄을 넣었다. 하복은 반소매도 있었는데 보통 연지색 후지견 넥타이를 맸으며, 행사용 넥타이는 옅은 오렌지색 새틴으로 구분해서 사용했다.

아키다 현립 아키타 고녀는 1923년에 양복 착용을 허가하고 1928년에 세일러복을 채용했는데, 현 내의 사립 학교인 세이레이 학원 고등 여학원이 세일러복을 제정한 것은 1931년이었다. 옷깃에는 하얀 선 두 줄과 '지도리 문양[13]'을 재봉했지만 1936년 혹은 1937년경에 지도리 문양에서 별로 바꾸었다. 1937년 또는 1938년경부터 은제 버클을 작게 만든 휘장을 가슴에 달았다. 이로써 미션 계열은 공립 고녀에 비해 양식 교복화가 늦었음을 알 수 있다.

마쓰야마 고등 여학교로 보는 학교와 학생의 의식 차이

에히메현의 마쓰야마松山 고녀에서는 1923년 7월부터 세일러복을 통학복으로 삼자는 논의가 일어났다. 학교 측이

근무하다가 태평양 전쟁 개전으로 귀국, 전후 다시 히로사키 여학교에 부임하여 근무했다. — 옮긴이.
13 ちどり模樣, 물떼새의 발자취 같은 지그재그 문양 — 옮긴이.

"점차 양복으로 바꾸었으면 한다. 단, 이른바 '교복'을 제정하지는 않는다"라는 방침을 제시하자 찬성한 학부형이 열 명, '획일적 교복주의'를 희망하는 학부형이 스물여섯 명이었다.[14] 하복은 하얀 세일러복에 청색 깅엄 스커트, 동복은 군청색의 세일러복, 넥타이와 양말은 검은색이었지만 기모노에 하카마도 괜찮았기 때문에 모두가 세일러복을 입을 때까지는 8년이 걸렸다. 기모노에 하카마보다 세일러복을 선택하는 학생이 서서히 늘어났음을 알 수 있다.

학교 측은 학생의 기호에 맞는 복장을 허용했던 셈이지만 학생들은 오히려 획일화된 세일러복 착용을 바랐다. 이는 세일러복 디자인의 아름다움이나 고녀로서의 자부심을 보여 줄 수 있다는 당시 고녀 학생들의 의식을 반영한 것으로 보인다. 학생에게 인기 있는 세일러복은 화려한 복장을 억제하는 교복으로서 안성맞춤이었다.

간사이의 여자 가쿠슈인 바이카 고등 여학교

이에 대해서는 1928년 4월에 세일러복을 교복으로 정한 오사카의 바이카 고녀를 보면 잘 알 수 있다. 바이카 고녀의 교복은 군청색 펠트 모자와 군청색 서지 옷감, 옷깃과 소매에 하얀 선 세 줄을 넣고 옅은 군청색 새틴 넥타이를 매는 스타일이었다. 이 학교의 여자 전문생은 원피스 드레스를 입어 고녀와의 차이를 바로 알 수 있었다.

바이카 고녀는 미션 계열 학교였지만 "간사이의 여자 가쿠슈인"으로 불릴 만큼 유복한 가정의 자녀가 많았던 것으로 보인다. 세일러복을 제정한 이유는 "세상 일반의 사치스러운

---

14 『松山東雲学園100年史·通史編』, 学校法人松山東雲学園, 1994, 280쪽.

기풍에 따라 학생의 복장이 자연히 화려함과 아름다움으로 흘러가 풍기와 규율상에도 악영향"이 있기 때문이라고 한다.[15] 1928년은 쇼와 천황의 즉위식이 거행된 해였지만 그것이 이유는 아니었다. 바이카 고녀는 경제 상황과 풍기라는 점에서 세일러복을 교복으로 마련한 것이었다.

규슈 여학원과 가미바야시 고등학교

구마모토현의 규슈 여학원은 1926년 4월에 개교할 때 세일러복을 표준복으로 지정했다. 그리고 "옷은 일본식이나 서양식 무엇을 선택해도 자유이지만 양복을 새롭게 맞추는 경우는 형태 및 옷감을 본교의 규정에 따르도록 한다. 다만 신발은 구두에 한한다"라고 하여 일본식 복장에 하카마를 착용하는 경우에도 구두를 신는 것을 의무로 삼고 있다.[16] 구두의 가격이 6엔 50센이라는 점에서 볼 때 유복한 학생이 다니고 있었음을 알 수 있다. 1929년 1월의 『규슈 신문』에서 규슈 여학원 교장 애커드Martha B. Akard는 "우리 학교의 교복이 매우 사치스럽게 보일 수도 있지만 5년은 버틸 것이므로 비싸다고만 할 수는 없습니다"라고 말했다.[17] 사람들이 보기에 구두는 물론이요 학교의 세일러복이 사치품으로 여겨지고 있었던 것이다. 그러한 편견에 대해 교장은 기모노를 바꿔 입으며 통학하는 것보다 한 벌로 5년간 지낼 수 있음을 생각하면 싼 것이라고 해명하고 있다.

규슈 여학원의 세일러복 동복은 군청색 옷감으로, 옷깃과 소매에 선은 없고 넥타이는 끈으로 묶는 식이었다. 하복은 하얀

15　『梅花学園90年小史』, 梅花学園, 1968, 44쪽.
16　『九州女学院の50年』, 九州女学院, 1976, 44쪽.
17　앞의 책.

원피스로 허리에 벨트가 있었지만 1929년부터 하얀 세일러복으로 개정되었다. 여름 세일러복의 넥타이는 삼각 타이를 묶는 것이었다. 여름은 다이코쿠보시나 밀짚모자 비슷한 것을 썼다.

규슈 여학원이 개교와 동시에 세일러복을 표준복으로 정한 것에 비해 가미바야시 고녀(현재의 구마모토 신아이 여학원)는 같은 구마모토현에 있으면서도 서양식 교복을 제정하는 것이 늦어졌다. 교장 다나카 세이시田中淸司는 일본인에게 일본식 복장이 어울린다고 생각하여 양복을 좋아하지 않았다. 그는 복장을 서양화하는 일에는 신중하였으며 또 유행을 좇지도 않았다. 따라서 가미바야시 고녀는 적갈색 하카마에 하얀 버선과 하얀 옷깃이라는 모습을 계속 유지했다. 그러나 개중에는 검은 구두에 검은 양말을 신는 학생도 있었다. 발만이라도 다른 학교 학생처럼 바꾸고 싶었는지도 모른다. 구마모토현은 현립 제1 고녀가 세일러복을 제정한 것이 1932년[쇼와 7년]으로 비교적 늦었지만, 쇼와 시대를 맞이하면서 많은 고녀가 세일러복을 제정했음은 제6장에서 확인했다. 하카마에서 세일러복으로 변경하는 고녀가 늘어나자 학교 측도 하카마 차림이 시대의 흐름에 맞지 않다고 느끼게 된 것으로 보인다. 따라서 가미바야시 고녀 또한 1929년 11월에 옷깃과 소매에 크고 작은 하얀 선 두 줄을 넣은 세일러복을 제정했다.

사람들의 오해를 두려워한 아오야마 여학원

미션 계열에서도 도쿄의 아오야마 여학원은 소박한 면 재질 교복綿服을 주로 입었으며, 나중에 서지와 모슬린이 겨우 허락되었지만 비단과 화려한 무늬의 기모노는 엄격하게 금지되었다. 뿐만 아니라 학교는 옅은 화장은 물론이고 4학년과 5학년의 땋은 머리도 금지했다. 학생들은 적갈색과 군청색의 하카마를 가슴 높이까지 올리고 하얀 옷깃과 하얀 버선을 신었다. 맨발은 엄금이었으며 옷자락에서 발목이 보이지 않아야만 했다.

이러한 교풍이었음에도 화려함을 억제하는 의미도 있는 교복을 제정하는 것은 늦었다. 외국인 교사 스프롤즈Alberta B. Sprowles와 동료들은 미국에서는 특수한 단체만 교복을 입으며 복장을 자유로이 함으로써 학생이 복식에 관한 심미안을 기를 수 있다는 이유를 들며 반대했다. 그렇지만 도쿄에서는 대부분의 학교가 교복과 표준복을 제정하고 있었고 개성적인 형형색색의 기모노는 너무 화려해 보여서 사람들의 오해를 살 위험이 있었다.

아오야마 여학원 고등 여학부에서는 1932년의 1학년부터 세일러복을 입었다. 동복은 진한 군청색의 서지로 세 줄의 녹색 선이 있었으며 넥타이를 맸고, 넥타이를 매는 곳에 아오야마 여학원을 표시하는 'A·J·G' 문자가 녹색으로 수놓아져 있었다. 하복 상의는 반소매라도 무관했으며 하얀 삼베나 하얀 포플린을 사용했다. 겨울은 펠트로 만든 솥 모양의 중산모お釜帽였는데, 여름은 챙이 넓은 밀짚모자(후에 하얀 피케로 바뀌었다)로 모두 녹색 리본을 달았다.

학생들은 학교가 지정한 양복점이 재단한 세일러복의 윗도리를 줄이거나 스커트를 길게 수선했다. 이 스타일이 당시의 옷맵시로서 유행했던 것으로 보인다. 그런데 "복장 검사 때는 즉시 적발되어 '세일러복은 원래 수병의 옷이니 상의는 헐렁해서 늘어뜨린 팔의 소매 끝까지 닿는 길이여야 한다'라고 주의를 받았다"고 한다.[18] 하카마를 가슴 높이까지 입었던 것과 마찬가지로 학생들은 상의를 줄이고 스커트를 늘이는 것을 선호했던 것이다. 복장 검사에서는 교복 본래의 모습과 다른

---

18 『青山女学院史』, 青山さゆり会, 1973, 404-405쪽.

매무새를 그냥 두고 보지 않았다. 교사로부터 주의를 받은 학생이 교복을 원래대로 고쳤는지, 또는 다음날에도 그대로 통학했는지는 분명하지 않지만, 아오야마 여학원은 복장의 화려함과 사치를 억제하고 이를 검사함으로써 올바른 매무새를 실천하려 했다.

갓스이 여학교의 넥타이가 다른 세일러복

나가사키현에는 이국적 정서가 넘치는 장소가 많이 남아 있는데, 갓스이 여학교는 그중 하나인 오란다[19] 언덕을 바라보고 서 있다. 1930년의 나가사키에서는 고녀의 서양식 교복이 눈에 띄기 시작했고, 갓스이 여학교에서도 그 필요성에 대해 이야기하기 시작했다. 그러나 교장인 안나 로라 화이트Anna L. White는 교복을 입으면 개성을 잃기 쉬운 데다가 단벌이므로 위생적으로도 좋지 않다고 반대했다. 고등 여학부와 전문부, 전문 학교에서는 화복, 양복, 예복에 대해 "검소함을 취지로 하여 꾸밈을 삼간다"라는 마음가짐이 정해져 있었다.[20] 1930년 5월, 학교는 학생의 가정에 교복은 제정하지 않고 종래의 마음가짐을 지키도록 이해를 구한다는 통신문을 보냈다.

그러나 1934년의 고등 여학부 3학년 단체 사진에서는 많은 학생들이 세일러복을 입고 있다. 이는 학생이 세일러복을 좋아했음을 드러내 주는 사진인 셈이다. 학교는 시대의 변화에 저항하지 못하고 1935년 5월, 고등 여학부에 한하여 세일러복을 교복으로 삼기로 했다. 동복은 옷깃과 소매에 하얀 선을 세 줄 넣고 옷깃 뒤쪽 좌우에 별 모양 자수가 들어갔으며, 하복은 하얀 바탕에 옷깃이 하늘색이었다. 다른 학교보다 늦게 세일러복을

---

19 홀랜드Holland에서 유래한 네덜란드의 일본식 표기 — 옮긴이.
20 『活水学院100年史』, 活水学院, 1980, 150~151쪽.

제정했기 때문에 이는 다른 학교의 세일러복과 구별할 수 있도록
한 것이었다. 그러한 노력은 별 모양 자수뿐만 아니라 넥타이
색에서도 볼 수 있다. 1학년이 빨간색이고 2학년이 연지색,
3학년이 하늘색, 4학년이 군청색, 5학년이 검은색, 예식용이
흰색으로 평상시와 예식의 차이에 더하여 학년까지 구별하였다.
학생들은 다음 학년의 넥타이를 사는 일을 무척 좋아했고,
종업식이 끝나면 매점으로 날듯이 뛰어갔다. 학생들은 새로운
넥타이를 손에 넣었을 때의 기쁨을 잊을 수 없었다고 한다.

소신 여학교의 우월감

요코하마의 소신 여학교가 1933년에 세일러복을 제정한
것은 교복이 없어 화려한 복장을 입고 다니는 학생이 늘어났기
때문이다. 교복 디자인은 멜린Agnes S. Meline 외에 일본인 교사
다섯 명이 맡았다. 세일러복 스커트의 주름은 서른여섯 개였으며,
넥타이는 예식용의 흰색과 평시용의 군청색으로 구분하여
사용했는데 부활절 예배와 수료식 때 넥타이를 잘못 착용하고
오는 학생도 있었다. 이 교복을 처음으로 입은 학생은 "현 내에서
가장 스마트한 세일러복이었고 당시 도쿄의 요시자와라고 하는
유명한 가게에서 재단한 것이었습니다. 교복이 정해질 때까지는
찬반양론으로 학생들도 꽤나 의견을 겨루었지만, 그런 만큼
결정되었을 때의 감격은 대단했습니다"라고 회상한다.[21]

이 교복이 가나가와현 내에서 가장 "스마트"했는지 어떤지는
모르겠지만 그녀들이 그만큼 자랑스럽게 생각했던 것은 틀림없다.
제3장에서 언급한 도쿄의 교복점 요시자와에서 옷을 지었다는
점에도 우월감을 가지고 있었다. 무엇보다도 학생 사이에서

---

21 『搜真』42, 搜真女学校, 1967, 141쪽.

교복을 제정하기 전에 떠들썩하게 의견을 교환했다는 점에서
세일러복에 대한 뜨거운 마음을 엿볼 수 있다.

여자 학원의 개성적인 교복

여자 학원[22]이 세일러복 교복을 착용한 것은 1934년의
입학생부터였다. 도쿄에서는 거의 모든 학교가 서양식 교복을
입었기 때문에 이 시기에 기모노에 하카마 차림의 여학생은 보기
드물었다고 할 수 있다. 동복은 군청색 서지로 옷깃과 소매에
하얀 선 세 줄, 넥타이를 매는 곳에는 'JG[여자학원을 일본어로
읽으면 Joshi Gakuin]'라고 쓰인 자수와 완장, 하복은 하얀 천에
옷깃과 소매가 하늘색이었으며 'JG' 자수와 완장은 하늘색이었다.
특이한 점은 넥타이의 색깔을 1학년부터 3학년은 빨간색, 4학년과
5학년은 검은색, 예식용은 흰색으로 구분한다는 것과 홀시 Lila S.
Halsey 등 여러 외국인 교사가 낸 "검정색 양말은 메이드만 신는
것"이라는 의견에 따라 다른 학교에서는 볼 수 없는 갈색 양말을
채용한 것이다.[23]

다른 곳에 비해서 교복의 제정이 늦어지게 된 것은 교내에
"교복 부정론자였던 개성 존중파" 학생이 적지 않았기 때문인지도
모른다. 그렇게 생각하던 학생 중 한 사람은 "자기 취미, 자기
개성을 가장 자연스럽고 눈에 띄기 쉽게 표현하는 옷이 타인에
의해서 정해진다니, 어째서 인격을 무시하고 어째서 개성을
존중하지 않느냐… 라면서 제멋대로 기세를 올렸고, 교복의
찬반에 대해 물어봤을 때도 언제나 '반대'한다고 적었습니다"라고
말한다.[24] 여기에서 학교 측이 교복을 제정하기 위해 학생들에게

---

22 女子學院. 오늘날에도 도쿄 3대 여자 명문교 중의 하나 — 옮긴이.
23 『女子学院の歴史』, 学校法人女子学院, 1985, 410쪽.

설문 조사를 벌였음을 알 수 있다. 그 결과 '반대'가 많았던 것이 교복 제정이 늦어진 이유로 보인다.

하지만 그런 그녀들도 세일러복이 제정되자 "교복은 매우 소중합니다. 무엇보다, 여태껏 그랬던 것처럼 '자, 무엇을 입을까' 하고 생각하는 번잡함이 없어졌습니다. 통학은 물론 교회를 갈 때나 쇼핑, 산책, 음악회에도 대체로 교복으로 다니고 있습니다. 교복을 입고 걸을 때 무언가 자랑스러움을 느끼지 않을 수 없습니다"라며 손바닥을 뒤집듯이 복장관을 바꾸어 버렸다.

또한 그때까지 "아오야마 여학원과 여자 가쿠슈인 등으로 오인당해서 자존심에 큰 상처를 입고 분개한 적도 몇 번" 있었다고 한다. 교복에 대해 높은 평가를 내리게 된 것은 그와 같은 오인이 없어졌음은 물론이요, 세일러복에 자부심을 가진 덕이 컸던 듯 보인다. 무엇보다도 "선명한 전향의 태도를 보이지 않을 수 없을 만한 매력을, 우리 여자 학원의 교복이 가지고 있었다"라고 회고하는 것처럼[25] 교복 디자인이 매력적이었다는 점도 놓칠 수 없다.

교복화가 늦은 고베 여학원

소신 여학교와 마찬가지로 효고현의 고베 여학원도 복장이 화려했지만 서양식 교복의 도입은 매우 늦었다. 고베 여학원에서는 1933년부터 고등 여학부 전원이 양복을 입게 되었고 머리 스타일도 댕기 머리에서 단발머리가 되었다. 전문부는 양복과 일본식이 반반이었고 대부분이 댕기 머리를 하고 있었다. 이 무렵 세간에는 "비상시非常時"란 말이 유행어가 되어 있었고

---

24 앞의 책, 411~413쪽.
25 앞의 책.

학부형이 화려한 의복을 억제하기 위해 교복 제정을 요청하게 되었다.

그러나 여학원은 "검소함과 자유를 으뜸으로 여기기에 가정에서 입는 옷 그대로 마음 편하고 가볍게 등교할 수 있으며 교복을 제정하는 것은 경제적이지 않다"라고 회답했다. 학교 측은 딱히 화려하다고 판단하지 않았지만 어떤 학부형은 부학원장과 직접 담판하여 교복을 제정할 것을 요청했다. 담판을 지을 때 학부형은 "미국주의"라고는 하지만 "일본인의 자녀를 교육"한다면 "일본의 분위기, 정서 내지 국민성"을 고려해 달라고 전제한 다음 "물욕이 많고 한창 다른 사람 흉내를 내고 싶을 때이며" "화려함을 경계하고 검소함을 으뜸으로 삼으라고 말해 봤자 진정될 일이 아닙니다" "한창 나이의 자녀에게 자유를 주는 것만큼 위험한 일은 없을 것입니다"라고 비판했다.[26]

이 비판은 메이지 시대의 고녀에서 무명 통소매를 채용할 때와도 마찬가지인데, 적령기의 여학생은 주위의 유행에 민감해서 친구가 화려한 옷을 입고 있으면 똑같이 차려 입고 싶다고 생각하는 것이다. 따라서 자유롭게 맡겨 두면 화려함을 억제하고 검소해질 리가 없다. 그렇지만 고베 여학원은 이러한 요청을 받아도 바로 움직이지 않고 1936년 5월이 되어서야 교복을 제정했다. 전쟁 전 사진을 통해 군청색 바탕의 칼라, 소매에는 하얀 선 두 줄이 들어간 세일러복에 흰색 넥타이를 매고 원팔에 휘장을 붙였음을 알 수 있다.

자매교의 관계성

---

26   『神戸女学院100年史·総説』, 神戸女学院, 1976, 265~266쪽.

도요 에이와 여학원의 가넷과 골드

도요 에이와 여학원은 『빨간 머리 앤』의 번역자인 무라오카 하나코村岡花子와 쇼와 시대의 대여배우 다카미네 사에코高峰三枝子가 졸업한 학교로 잘 알려져 있다. 도요 에이와는 1927년에 교복을 양복으로 정했는데, 세부적인 디자인이 정해질 때까지 동복은 군청색 옷감에 빨간 선 세 줄을 넣었고 보통은 군청색 넥타이를 맸지만 행사일에는 빨간 넥타이를 맸다. 하복의 경우 기본적으로 흰색 바탕이었지만 회색 옷깃에 하얀 선 세 줄을 넣은 세일러복을 입고 등교하는 학생도 있었다.[27] 이 세일러복은 1929년부터 현재까지 이어지고 있다.

이 세일러복은 학생 자신이 봉제하는 것이 아니라 지정 양복점인 후란세 양장점[28]에 주문했다. 1935년에 긴자와 니혼바시에 후란세를 개업한 사카쿠라 아쓰미坂倉厚積는 1912년부터 워싱턴주 시애틀에서 재봉과 경영을 배웠다. 그가 처음 받은 학교 교복 의뢰가 도요 에이와의 세일러복이었다.

도요 에이와 세일러복의 특징은 옷깃과 소매에 넣은 금색 선과 가넷색[석류와 같은 빨간색] 넥타이일 것이다. 이 두 색깔은 당시 교장 해밀턴Frances G. Hamilton이 졸업한 캐나다 남동부 마운트 앨리슨 대학의 스쿨 컬러였다. 1928년 12월경에는 금색 선을 붙인 학생이 나타났고, 이듬해인 1929년에는 고등 여학과의 선이 세 줄에서 두 줄이 되었다. 가슴에는 캐나다의 단풍나무를 디자인한 학교 엠블럼, 왼쪽 팔에는 '단풍에 TE[학교명인 Toyo Eiwa의

---

27 『小羊』14, 東洋英和女学院小学部, 1955, 16쪽.
28 France 洋装店, 유명 양장점으로 4대를 이어 지금도 롯폰기에서 영업 중이다. ― 옮긴이.

이니셜]'의 휘장을 붙이게 된다.

하복 세일러복은 하얀 옷깃에 하얀 선 두 줄을 넣은 흰색 바탕 상의에 가넷색 넥타이를 매는 디자인이다. 군청색 바탕에 흰 선을 넣은 일반적인 세일러복에 비해 "세련되지 않다"거나 "촌스럽다"라며 투덜대던 학생들은 이 교복이 생김으로써 "일본 전국의 교복 중에서 가장 '멋지다'"라고 느끼게 되었다. "교복을 입고 어깨에 대각선으로 가방을 걸치고 통학하는 것은 정말 자랑스러웠습니다."[29] 전국적으로 세일러복은 군청색의 무지나 군청색 바탕에 하얀 선을 넣었기에 도요 에이와의 교복은 도쿄에서도 눈에 띄는 존재였다.

시즈오카 에이와 여학교와 야마나시 에이와 여학교

도요 에이와 여학교의 자매교이던 시즈오카 에이와 여학교는 캐나다의 C. G. i. T(Canadian Girls in Training)의 세일러복('네이비 블루' 옷깃에 하얀 선 세 줄, 검은 넥타이)을 참고로 했다. 'C. G. i. T'란 1915년에 캐나다 YWCA가 중심이 되어 기독교의 가르침에 따라 10대 소녀들을 육성할 목적으로 조직된 소녀단이다. 교장인 올리비아 C. 린지Olivia C. Lindsay가 지향했던 교육은 'C. G. i. T'의 교육 목적과 합치했다.

시즈오카 에이와의 세일러복은 도요 에이와보다도 빨라 1920년에 기획하여 이듬해인 1921년부터 준비하였다. 그리고 1922년 9월 11일 직원 회의에서 "동복의 견적을 만들어 학부형과 상담할 것"이 결정되었다.[30] 그 이듬해인 1923년 4월부터 세일러복을 교복으로 삼아 동복은 군청색 바탕, 하복은 흰색

---

29 東洋英和女学院東光会, 『東光』第5号, 1966.12., 5쪽.
30 『静岡英和女学院100年史』, 学校法人静岡英和女学院, 1990, 467쪽.

바탕이었는데 둘 다 군청색의 옷깃과 소매에 하얀 선이 세 줄 들어가 있었다. 여름에는 세일러복과 점퍼 스커트의 조합을 체조복으로 삼았다.

넥타이는 겨울에는 연지색, 여름에는 검은색의 넥타이 두 개를 앞에서 묶어 '우정'을 표현했다. 1925년부터 흰색 옷깃과 흰색 커프스를 달아서 더러움을 방지했다. 옷감은 요코하마에서 수입한 것을 사용했다. 시즈오카의 거리에서는 일본식 복장을 입더라도 미션 계열 학교라면 사치스럽다는 비판이 있었다. 그러한 지역성을 생각하면 옷깃과 소매의 커버는 옷을 오래 입을 수 있게 하는 배려로서 검소함과 검약을 보여 주는 것이었는지도 모른다. 왼쪽 팔에 다는 완장은 1941년에 세이료 고녀로 교명을 변경[31]했을 때 마련되었다. 당시의 교가 "후지산의 눈은 깨끗하고 벚꽃 고우니"에서 착안하여 후지산과 벚꽃 꽃잎을 조합했다. 종전 후에 시즈오카 에이와로 교명이 돌아온 다음에도 이 완장은 계승되었다.

야마나시 에이와 여학교에서는 1929년부터 세일러복을 교복으로 삼았다. 1926년 9월에 시즈오카에서 린지의 지도를 받은 그린뱅크Katherine Greenbank가 교장이 되면서 세일러복도 그 영향을 받은 것으로 보인다. 하복은 흰색 바탕에 네이비 블루 옷깃과 반소매에 하얀 선 세 줄이 들어갔으며 네이비 블루 넥타이를 맸다. 동복은 군청색 옷깃에 밝은 감색 선 세 줄, 연지색 넥타이를 매는 세일러복을 교복으로 채용했다. 1935년부터는 빨간 단풍나무 잎에 '에이와英和'라는 자수를 놓고 그 밑에 군청색의 산 모양 선 세 줄이 들어간 완장을 오른쪽 팔에 찼다. 1940년에 에이와의 자수는

---

31 적국의 이름인 영국의 英(영)이 들어간 교명을 쓸 수 없게 되었다고 한다. ― 옮긴이.

'榮和'[32]로 개정되었다. 1956년에는 단풍나무 잎사귀의 홈을 다섯 개로 하고 중심에 학교 이름의 로마자 이니셜 Y·E, 그 아래에 고등학교는 산 모양 선을 세 줄, 중학교는 두 줄을 넣는 것으로 변경했다.

후타바 고등학교의 자매교

후타바 학원 계열은 5개교가 있는데, 그 교복에서는 재미있는 공통점과 차이가 부각된다. 후타바에서는 1924년 입학생부터 세일러복 교복을 입었다. 동복은 군청색 바탕에 옷깃과 소매에 검은 선 세 줄, 가슴 덮개와 옷깃의 좌우에 빨간 실로 닻을 자수해 넣었다. 하복은 흰색 바탕 반소매로 옷깃만 군청색 바탕에 하얀 선 세 줄, 가슴 덮개와 옷깃의 좌우에 하얀 실로 닻을 자수했고, 하복을 긴소매로 바꾼 중간복은 소매에도 군청색 바탕에 하얀 선 세 줄을 붙였다. 여름과 겨울 모두 넥타이는 검은색이었다. 전후에는 없어졌지만 겨울은 벨벳(2년 후부터 펠트) 모자, 여름은 밀짚모자를 썼다. 1935년경에는 코트도 지정되었다.

이러한 움직임에 비해 후지 고녀(현 시즈오카 후타바 고교)에서는 같은 시즈오카현의 현립 시즈오카 고녀가 1921년 4월부터 일본식 개량복을 도입했어도 메르 생 페르난도Mères St. Fernando 교장의 방침으로 서양식 교복을 채택하지 않았다. 교장은 "본교는 교복을 제정하지 않습니다. 그 이유는 소녀 시절을 일정한 교복으로 결정해 버리면 심미적으로 눈을 뜨기 시작한 시절의 윤택함과 아름다움이 손실될까 봐 걱정"이라고 논하며 일본의 생활 양식은 양복을 받아들이는 단계에 이르지 않았기 때문에 "부인은 역시 일본식 복장에 하카마가 좋다"라고 말한다.[33]

---

32   발음은 '에이와'로 같다. ─ 옮긴이.

요코하마 고란 고등 여학교(현재의 요코하마 후타바)는 1926년 10월 11일에 세일러복을 제정하고 1929년부터 모든 학생이 입게 되었다. 이에 비해 후지 고녀는 교장이 학교를 떠나자 1927년 10월에 넥타이가 딸린 점퍼 스커트를 교복으로 정했다. 후지 고녀는 1926년 가을에 학생들에게 일본식 복장에서 서양식 교복으로 바뀐다고 설명했다는 점에서, 자매교였지만 두 학교 간에 상담과 연락이 이루어지지 않았음을 살펴볼 수 있다. 이 점은 1933년 4월에 개교한 후쿠오카 여자 상업 학교(1945년에 후쿠오카 후타바 고녀로 개칭)를 보면 분명해진다. 후쿠오카현 내에는 이미 후쿠오카 여학교와 세이난 여학원 등 미션 계열 사립 학교가 있었기 때문에 상업 학교로 출발할 수밖에 없었다. 개교 당시부터 군청색 하프코트 상의와 점퍼 스커트에 하얀 블라우스를 입었고 넥타이와 리본을 하지 않았다. 후타바에서는 도쿄와 요코하마의 세일러복, 그리고 후지 고녀와 후쿠오카의 점퍼 스커트로 양분되었다. 태평양 전쟁 후에 창설된 덴엔초후 후타바田園調布雙葉는 도쿄의 후타바를 따라 세일러복을 채용했다.

부쓰에이와 고등 여학교의 세일러복

부쓰에이와(현재의 시라유리 학원)에서 교복이 제정된 것은 1925년이었다. 그때까지는 소매가 긴 후리소데振袖 기모노에 적갈색 하카마를 입고 허리에는 백합 모양이 들어간 버클이 달린 벨트를 맸다. 공립 고녀에서는 대부분이 겐로쿠 소매나 통소매 등의 소매길이가 짧은 기모노를 입었지만 부쓰에이와 고녀에서는 소매길이가 길었다. 화사한 맵시로 등교를 하는 풍경이 이어지자 학교측도 화려함을 억제할 필요성을 느끼게 되었다. 이에 따라

---

33 『創立80周年記念誌』, 静岡雙葉学園, 1983, 177쪽.

학부형 중 한 명이었던 추밀원[34] 의장 이쓰키 기토쿠로一木喜徳郎가 서양식 교복 제정을 제안한 것으로 보인다. 그러한 의견을 감안하여 학교는 다이쇼 천황 탄생일인 1925년 10월 30일 천장절에 처음으로 서양식 교복을 착용했다.

동복은 군청색의 옷깃과 소매, 가슴 덮개에 하얀 선 세 줄을 넣고 산 모양의 하얀 선 세 줄이 들어간 나비넥타이를 두 장 겹쳤다. 하복 상의는 흰색 바탕으로 옷깃과 소매, 가슴 덮개만 군청색 바탕이었다. 여름 겨울 모두 오른팔에 학교 엠블럼인 흰 백합[시라유리白百合]이 들어간 와펜을 붙였다. 겨울은 군청색, 여름은 하얀 모자를 썼으며, 검은 가죽 구두에 검은 양말을 신고 다리는 보이지 않도록 했다. 이 교복이 현재 시라유리 학원의 세일러복과 크게 다른 점은 가슴 덮개에 시라유리 자매교 공통의 표식이 없고 하얀 선 세 줄이 들어가 있다는 점과 지금은 볼 수 없게 된 와펜을 오른팔에 붙이고 모자를 썼던 점이다.

세일러복이 제정된 전후 사정을 아는 관계자는 "옛날에 부쓰에이와는 꽤 화려한 학교로서 알려져 있었지만 지금은 교복과 모자가 제정되어 참으로 검소한 학교가 되었습니다"라고 말했다.[35] 현재와는 다소 디자인이 다른 세일러복이 시라유리 학원 서양식 교복의 원점인데, 이 교복이 마련됨으로써 학생의 화려한 복장이 억제되었다.

부쓰에이와 고녀 자매교의 교복

---

34 樞密院, 메이지기에 헌법 제정을 위해 만들어진 기관으로 헌정 출범 이후에도 천황 직속의 법안 심사와 칙령 제정을 담당하는 강력한 기관으로 존속했다. 전후 일본국 헌법 시행으로 폐지되었다. — 옮긴이.
35 『100周年記念誌』, 白百合学園, 1982, 95쪽.

구마모토의 야시로 세이비 고녀(현재의 야시로 시라유리)는 부쓰에이와 고녀보다 1년 늦은 1926년에 서양식 교복을 제정했다. 이 교복은 흰색 옷깃 블레이저에 다이코쿠보시를 쓰는 스타일이었지만 1929년 이후 다이코쿠보시는 사라졌다. 스커트의 길이는 무릎 밑 8센티미터로 정하였고 양말은 검은 무명, 구두는 가죽 구두나 즛쿠 구두여야만 했으며 다리가 보이지 않도록 했다.

야시로 세이비 고녀는 1931년에 야시로 세이비 가정 여학교와 보습과가 증설되었다. 그 학교들의 졸업 사진을 보면 블레이저에 섞인 세일러복을 확인할 수 있다. 세일러복은 오른팔에 와펜이 없는 것 이외에는 부쓰에이와 고녀와 마찬가지이다. 야시로 고녀의 교복은 1938년에 세일러복으로 개정되는데, 군청색 바탕의 옷깃과 소매, 가슴 덮개에 하얀 선 세 줄은 부쓰에이와 고녀와 마찬가지이지만 시라유리의 와펜이 왼팔에 붙는 점과 나비넥타이가 아닌 점, 그리고 묶지 않는 흰색 넥타이였다는 점이 다르다.

야시로 고녀에서는 10년에 걸쳐 블레이저가 세일러복으로 변경되었지만 모리오카盛岡의 도호쿠 고녀(현재의 모리오카 시라유리)에서는 교복을 바꾸지 않았다. 1929년 도호쿠 고녀에서는 프랑스인 수도사가 디자인한 교복이 제정되었다. 동복은 곡선형 테일러 칼라로 소매에 하얀 선 세 줄을 넣었고 나비넥타이에 비스듬한 하얀 선 세 줄이 들어갔으며 하복은 흰색 바탕에 군청색 선이었다. 도호쿠 고녀는 세일러복을 입지는 않았다.

부쓰에이와 고녀의 자매교로 맨 처음 창설된 학교는 1886년에 개교한 삿포로의 세이호로['Saint Paul'의 한자 음차] 여학교이다. 1929년에 세이호로 고녀(현재의 하코다테 시라유리)로 승격되자 세일러복을 교복으로 삼았다. 다만 "진바오리[陣羽織, 사무라이가 전투 시 착용하던 윗옷]"로 불렸던 것처럼 양쪽 옷깃과 가슴 덮개 사이가 열려 있고 양쪽 옷깃 아래를 좌우 단추로 잠그게 되어 있었다. 하얀 옷깃에 선 세 줄, 가슴 덮개에 하얀 선 세 줄과 수놓은 닻이 들어가 있는 부쓰에이와 고녀의 세일러복과는 닮지 않았다. 이 세일러복은 1939년, 동복은 군청색 바탕에 옷깃과 소매에 하얀 선 세 줄, 하복은 흰색 바탕에 옷깃과 소매에 군청색 선 세 줄로 개정되었다. 넥타이는 나비넥타이가 아니라 삼각 타이를 묶는 방식을 채용했다. 종래에는 나고야 옷깃처럼 컸지만 가슴 덮개가 없는 폭이 좁은 옷깃으로 바뀌었다. 이 개정의 목적은 복잡한 디자인과 옷감 낭비를 없애기 위해서였다.

센다이 고녀(현재 센다이 시라유리)는 1930년에 세일러복을 교복으로 정했다. 동복은 군청색 바탕에 옷깃과 소매, 가슴 덮개, 가슴 주머니에 하얀 선 세 줄, 하복은 하얀 바탕에 하얀 선이 들어가는 부분만 군청색 바탕이었다. 이는 부쓰에이와 고녀와 닮았지만 가슴 주머니에 선이 있는 점과 스커트 자락에 하얀 선 한 줄이 들어가는 점, 나비넥타이가 아니며 하얀 선도 들어가지 않았다는 점은 다르다. 이 옷깃의 뒤쪽에는 백합이 아니라 매화를 수놓았다는 것도 특징이다. 이것은 학교 건물 앞에 있던 큰 매화나무가 센다이 고녀의 상징이었기 때문이다. 1940년에 스커트의 하얀 선이 사라졌는데, 다음 장에서 거론할 중일 전쟁이 장기화됨에 따라 낭비라는 이유로 하얀 선을 생략한 것으로 보인다. 또 이해까지 동하복의 넥타이가 나비넥타이로 바뀐 것도 제4장에서 말한 것처럼 1935년에 미야기현 내에서 세일러복이 통일화됨에 따라 다른 학교와의 차이를 명확히 하고자 개정되었다고 생각된다.

노기乃木 고녀(현재의 쇼난 시라유리)의 개교는 1938년으로 늦은 편이다. 그 당시에 일본은 이미 중일 전쟁에 돌입해 있었고 또한 기모노에 하카마의 시대도 아니었다. 전해에는 가타세노기片瀨乃木 유치원과 소학교가 개교하여 세일러복을 교복으로 삼았다. 이 유치원과 소학교는 부쓰에이와 고녀와 똑같은 군청색 바탕 동복을 입었으며, 하복은 하얀 바탕에 군청색 옷깃과 소매, 가슴 덮개에 하얀 선 세 줄을 넣고 왼쪽 팔에는 백합이 들어간 와펜을 붙였다. 겨울에는 군청색 모자를 썼다. 다른 점은 나비넥타이 대신 유치원은 빨간색, 소학교는 파란색 나비 리본을 맸다는 점이다.

노기 고녀의 세일러복은 부쓰에이와 고녀와 넥타이까지 똑같다. 두 학교는 구단자카[九段坂, 도쿄 한복판의 지명]와 쇼난[湘南, 가나가와현의 해안에 위치]에 위치하여 서로 떨어져 있기 때문에 통학 시에 마주칠 일은 없었지만 두 학교 학생이 섞이면 차이를 알아보기 힘들었을 것이다. 1943년도의 사진에는 하얀 선 세 줄이 들어간 나비넥타이와 흰색 넥타이가 혼재되어 있으며 가슴 덮개의 세 줄 선이 흰 백합 마크로 바뀌었음을 알 수 있다. 전후, 자매교에 공통적으로 도입되는 흰 백합 마크를 이른 시기에 도입했다는 점이 주목할 만하다.

전국 공통 자매교의 시라유리 세일러복

태평양 전쟁이 끝날 때까지는 각 학교에서 다른 디자인이었지만 오늘날 시라유리 학원 자매교의 세일러복에는 큰 차이가 보이지 않는다(권두 그림 15, 19 참조). 이 장을 마무리하며 자매 학교 공통의 세일러복 탄생에 대해서 설명하도록 한다.

먼저 시라유리 계열 학교 전체에서 교명이 정비되었다. 세이호로 고녀는 1942년에 모토마치元町 고녀, 1946년에 하코다테 시라유리 고녀, 1948년에 하코다테 시라유리 고등학교로 교명이 변경되었다. 노기 고녀는 1946년에 쇼난 고녀, 1947년에 쇼난 시라유리 학원 고등학교로 개칭했다. 1948년에 센다이 고녀는 센다이 시라유리 고등학교, 도호쿠 고녀는 도호쿠 여자 고등학교를 거쳐 모리오카 시라유리 고등학교, 야시로 세이비 고녀는 야시로 시라유리 고등학교로 이름을 바꾸었다.

1949년에 하코다테 시라유리 고등학교가 신설되면서 이 학교는 시라유리 고등학교와 동일한 세일러복을 교복으로 삼았다. 1951년에 하코다테 시라유리와 야시로 시라유리, 1954년에 모리오카 시라유리가 세일러복을 입게 되었다. 센다이 시라유리는 1955년 중학교에, 이듬해인 1956년 고등학교에 세일러복을 도입했다. 쇼난 시라유리는 특정하기 어렵지만 1949년 수학여행 사진에서 가슴 덮개에 흰 백합을 수놓은 세일러복을 입은 학생의 모습을 확인할 수 있다. 이처럼 고녀에서 고등학교로 교육 제도가 바뀌고 전후 부흥의 새로운 시대 속에서 시라유리의 세일러복 디자인이 통일되었다. 거기에는 똑같은 세일러복을 입음으로써 자매교의 유대를 강화하려는 생각이 있었는지도 모른다.

그러나 일견 똑같아 보이지만 실물을 비교해 보면 옷깃과 소매의 하얀 선 폭과 가슴 덮개의 흰 백합의 자수 방식에 차이가 있다. 도쿄 시라유리 학원의 세일러복을 기준으로 삼는다면 야시로 시라유리의 하얀 선은 폭이 가늘고 흰 백합의 자수가 작다. 여기에는 이유가 있다. 시라유리, 쇼난 시라유리, 센다이 시라유리, 모리오카 시라유리, 하코다테 시라유리(현재는 대기업 교복 회사의 기성복)는 1927년에 창업한 도쿄 구단시타의 학생복 전문점 프란시스코에서 옷을 재단했지만 야시로 시라유리는 지역의 양복점에서 옷을 재단했다. 이 제조업자의 차이가 선과 자수의 미묘한 차이로 나타난 것이다. 그렇지만 가까운 거리에서 비교해 보지 않으면 그 차이는 알 수 없다.

미션 계열의 세일러복

미션 계열 학교의 세일러복은 공립 고녀와 비교하면 대단히 개성이 강한 디자인을 갖고 있다. 학년에 따라 넥타이의 색깔을 바꾸는 학교가 여럿 존재하는 점도 이를 잘 보여 주고 있다. 이는 일본 전체에서 여학생이 세일러복을 입게 되었기에 사립이었던 미션 계열이 조금이라도 특색을 드러내려 했던 것으로 보인다. 따라서 인기 있던 세일러복이 아니라 점퍼 스커트와 블레이저 조합과 하프코트 등을 교복으로 삼은 학교가 존재했던 것은 그러한 차이를 보여 주기 위해서였다.

미션계에서는 복장 개선 운동에 일찍 대응한 학교와 교복 제정이 매우 느렸던 학교로 나누어진다. 공립 고녀가 교복을 제정해도 의연하게 자유로운 복장으로 통학을 허가했던 것은 학생의 독자성을 존중하려는 사고방식 때문이었다. 그러던 학교들도 쇼와 초기의 경제 불황과 중일 전쟁 발발 등의 영향을 받고 학생과 학부형의 요망에 따라 교복화를 결정했다. 이 점은 교복화가 늦었던 나가노현의 고녀와 마찬가지이다.

교복을 제정함에 있어 긴조 여학교에서는 로건의 딸이 입었던 옷, 후쿠오카 여학교에서는 엘리자베스 리의 세일러복, 시즈오카 에이와에서는 캐나다의 'C. G. i. T' 세일러복 등 외국에서 쓰이고 있던 옷을 참고로 한 경우가 많았다. 제1장에서 설명했지만 영국과 미국을 비롯하여 구미권 여러 나라에서는 여학생 복장으로 세일러복이 많이 사용되고 있었다. 미션계 학교는 외국 교회와 관련된 외국인이 창설자이거나 교직원 중에도 외국인 선교사가 포함되어 있는 경우가 적지 않았다. 일본 국내에서 복장 개선 운동이 일어나면서 서양식 교복 및 양복의 착용이 요청되자 학교와 관계가 깊은 나라와 인물이 입고 있던 옷의 디자인을 참고로 한 것이었다. 그러한 움직임은 각 학교의 독자적인 판단이었으며 딱히 병렬적으로 통일이 추진된 것은 아니었다. 이 점은 후타바와 시라유리의 자매교에서 확인한 바와 같다.

<표 3> 미션계 여학교의 교복.

학교명	계통	소재지	제정년월	교복구분	내용
헤이안 고녀	성	교토	1920년 11월	원피스	세일러복
긴조 여학교 →긴조 여자 전문학교 부속 고등 여학부	프	아이치	1920년 4월 1921년 9월	양복 착용 세일러복	옷깃과 가슴 덮개에 하얀 선 두 줄, 소매에 하얀 선 두 줄을 2단으로
세이신 여자 학원 고녀	가	도쿄	1920년 1923년	점퍼 스커트 점퍼 스커트	
페리스 에이와 여학교	프	가나가와	1921년 11월 1925년 6월	세일러복 세일러복	(표준복) (교복화)
후쿠오카 여학교	프	후쿠오카	1921년 12월	세일러복	(동복)옷깃과 소매에 연지색 선 세 줄, 연지색의 넥타이, 가슴 덮개에 하얀 닻, (하복) 하늘색 킹엄 반소매에 검은 넥타이
오에 고녀	프	구마모토	1921년 ~1924년	양복장려 양복을 교복 (세일러복)	군청색 바탕에 하얀 선 세 줄
세이난 여학원	프	후쿠오카	1922년 4월	세일러복	
후루 여학교 → 후루 고녀 → 세이센 고녀	성	오사카	1922년 4월	세일러복	군청색 옷깃과 소매에 연지색 선 세 줄, 연지색 넥타이, 하얀 옷깃, 겨울은 군청색의 펠트 모자, 여름은 파나마 모자
오사카 신아이 고녀	가	오사카	1922년 4월 1938년 4월	세일러복	
호쿠리쿠 여학교 →호쿠리쿠 여학원 고등 여학부	프	이시카와	1922년 1935년	세일러복 세일러복	(동복)갈색 (하복)흰색 빨간 바탕의 옷깃 소매에 검은 선 세 줄, (동복)군청색 (하복)흰색

제7장 개성이 강한 미션 계열   357

학교명	계통	소재지	제정년월	교복구분	내용
쇼에이 고녀	프	도쿄	1922년 9월 1928년 4월	블레이저, 점퍼 스커트 세일러복	(표준복) 옷깃과 소매에 하얀 선 세 줄, 검정 넥타이를 작은 매듭으로 항상 묶은 상태
시즈오카 에이와 여학교 →세이료 고녀	프	시즈오카	1922년 1923년 4월 1941년	양복 세일러복, 점퍼 스커트 세일러복, 점퍼 스커트	(동복)군청색 바탕 (하복)하얀 바탕, 군청색 옷깃 소매에 하얀 선 세 줄 왼쪽 팔에 후지산과 벚꽃 휘장
마쓰야마 여학교 →마쓰야마 시노노메 고녀	프	에히메	1922년 7월	세일러복	
스미요시 세이신 여자학원 →고바야시 세이신 여자학원고녀	가	효고	1923년	점퍼 스커트	
우이루미나 여학교→오사카 여학원 고등 여학부	프	오사카	1923년	세일러복	(동복)군청색 옷깃과 소매에 하얀 선 세줄, (하복) 하얀 바탕, 옷깃과 소매에 하얀 선 3줄
세이보 여학원 →세이보 여학원 고녀	가	오사카	1923년	점퍼 스커트	
히노모토 여학교	프	효고	1924년 1926년	양복 착용 임의 세일러복	(동복)군청색, (하복)흰색
요코하마 에이와 여학교 →세이비 학원	프	가나가와	1923년 1924년 1924년 1930년 1939년 4월	서양식 교복 원피스 원피스 백견 포플린 상의 세일러복	군청색 서지 (하복)

학교명	계통	소재지	제정년월	교복구분	내용
후타바 고녀	가	도쿄	1924년	세일러복	(동복)군청색 바탕 옷깃과 소매에 검은 선 세 줄, 가슴 덮개와 옷깃 좌우에 빨간 실로 닻 자수, (하복)하얀 바탕 반소매, 군청색 옷깃에 하얀 선 세 줄, 가슴 덮개와 옷깃의 좌우에 하얀 실로 닻 자수, (중간복)하얀색 긴팔에, 군청색 소매에 하얀 선 세 줄, 넥타이는 검은색, 겨울은 벨벳(2년 후부터 펠트) 모자, 여름은 밀짚모자
히로시마 여학원 고등 여학부	프	히로시마	1924년	세일러복, 점퍼 스커트	(동복)옷깃과 소매, 가슴 덮개에 하얀 선 두 줄, 하얀 넥타이, (하복)점퍼 스커트
쇼인 고녀	성	효고	1925년	원피스	흰색 옷깃, 군청색 바탕
삿포로 후지 고녀	가	홋카이도	(1925년)	세일러복	
규슈 여학원	프	구마모토	(1926년 4월)	세일러복	(동복)군청색 바탕, 끈 넥타이, (하복)하얀 원피스, 벨트
			1929년	세일러복	(하복)하얀 바탕 삼각 타이, 겨울은 다이코 쿠보시, 여름은 밀짚모자
요코하마 고란 여학교	가	가나가와	1924년	원피스	
			1926년 10월	세일러복	
부쓰에이와 고녀	가	도쿄	1926년 10월	세일러복	(동복)군청색 옷깃과 소매, 가슴 덮개에 흰 선 세 줄, 산 모양의 흰 선 세 줄이 들어간 나비넥타이, (하복)하얀 바탕에 군청색 옷깃, 소매와 가슴 덮개, 오른쪽 팔에 시라유리의 엠블럼이 들어간 휘장, 겨울은 군청색, 여름은 하얀 모자

학교명	계통	소재지	제정년월	교복구분	내용
세이신 고녀	가	오카야마	~1925년 1931년 1940년	세일러복 숄 칼라 상의 오픈 칼라 상의	(동복)옷깃과 소매에 하얀 선 두 줄 곡선 옷깃 블라우스, 하얀 넥타이
도요 에이와 여학교	프	도쿄	1927년 1929년	세일러복 세일러복	(동복)군청색 바탕에 빨간 선 세 줄, 보통은 군청색, 행사일은 빨간 넥타이 (하복)하얀 바탕에 회색 옷깃과 소매에 하얀 선 세 줄 (동복)군청색 바탕, 소매에 금색 선 세 줄(이후에 두 줄), 가넷색의 넥타이, 왼쪽 팔에 '단풍모양 TE' 휘장 (하복)하얀 바탕 옷깃에 하얀 선 두 줄, 가넷색의 넥타이
교리쓰 여학교	프	가나가와	1927년	세일러복	(동복)빨간 바탕의 옷깃, 소매에 검은 선 세 줄, (하복)흰색 상의, 군청색 스커트
후지 고녀	가	시즈오카	1927년 4월	점퍼 스커트	벨트에 '不二', 학년 식별을 위한 가슴 휘장, 학생모
야시로 세이비 고녀 →야시로 고녀	가	구마모토	1927년 1931년 1938년	블레이저 세일러복 세일러복	군청색 바탕 옷깃과 소매, 가슴 덮개에 하얀 선 세 줄, 왼쪽 팔에 시라유리 휘장, 하얀 넥타이
시모노세키 바이코 여학원	프	야마구치	~1927년	세일러복	(동복)군청색 서지, 옷깃과 소매에 하얀 선 두 줄 (하복) 하얀색 옷깃에 검은 선 두 줄, 검은색 넥타이

학교명	계통	소재지	제정년월	교복구분	내용
야마나시 에이와 여학교	프	야마나시	1929년	세일러복	(동복)군청색 옷깃, 소매, 가슴 주머니에 밝은 군청색 선 세 줄, 연지색 넥타이, (하복) 흰색에 네이비 블루 옷깃과 소매에 하얀 선 세 줄, 네이비 블루색 넥타이 왼쪽 팔의 빨간색 단풍에 '英和', 군청색의 산 모양 선 세 줄과 휘장, 왼쪽 팔의 빨간색 단풍에 '英和', 군청색의 산 모양 선 세 줄과 휘장.
			1935년	세일러복	
			1940년	세일러복	
고란 여학교	성	도쿄	1928년 3월	점퍼 스커트	군청색 서지 옷깃과 소매에 하얀 선 세줄, 옅은 군청색 새틴 넥타이, 군청색 펠트 모자
바이카 여학교	프	오사카	1928년 4월	세일러복	
후렌도普連土여학교	프	도쿄	1928년	세일러복	
			1937년	점퍼 스커트	
센다이 고녀	가	미야기	1928년	세일러복	
도시샤 여학교 고등여학부	프	교토	1924년	원피스, 스탠드 칼라	옷깃과 소매에 하얀 선 세 줄, 하얀 색 나비 매듭
			1928년 4월	상의, 세일러복 세일러복	
구마모토시 가미바야시 고녀	가	구마모토	1929년 4월	세일러복	옷깃과 소매에 크고 작은 하얀 선 두 줄
세이호로 고녀	가	홋카이도	1929년	세일러복	흰색 옷깃에 선 세 줄, 가슴 덮개에 하얀 선 세 줄, 닻 모양 자수, 나비넥타이
			1939년	세일러복	(동복)군청색 옷깃, 소매에 하얀 선 세 줄, (하복)하얀 바탕에 옷깃과 소매에 군청색 선 세 줄, 넥타이

학교명	계통	소재지	제정년월	교복구분	내용
도호쿠 고녀	가	이와테	1929년	흰색 옷깃, 군청색 바탕의 원피스	
이아이 여학교	프	홋카이도	1930년 4월	세일러복	(동복)군청색 서지, 소매에 하얀 선 세 줄 (하복)하얀 린네르에 군청색 포플린, 후지견 연지색 넥타이, 행사일의 경우 하얀 명주 넥타이
쇼케이 여학원	프	미야기	1923년 1930년 1934년	양복 착용 허가 세일러복 세일러복	옷깃에 백선 두 줄 (동복) 옷깃에 어두운 군청색 선 세 줄, 어두운 군청색 넥타이, (하복)하얀 색 상의, 옷깃은 군청색에 하얀 선 세 줄
히로사키 여학교	프	아오모리	1931년 4월	세일러복	(동복)군청색 서지, 옷깃과 소매에 갈색 선 두 줄 (하복)흰색 개버딘, 군청색 옷깃과 소매에 하얀 선 두 줄, 후지견 연지색 넥타이 (의식용)옅은 오렌지색 새틴
고엔 고녀	가	도쿄	1931년	세일러복	
세이레이 학원 고등 여학원	가	아키타	1931년 1936년 12월	세일러복 세일러복	옷깃에 하얀 선 두 줄, 옷깃 앞뒤로 지도리 모양 옷깃에 하얀 선 두 줄, 옷깃 앞에 지도리 모양, 뒤에 별, 가슴에 휘장
미야기 여학교	프	미야기	1931년	블레이저	

학교명	계통	소재지	제정년월	교복구분	내용
아오야마 학원 고등여학부	프	도쿄	1932년	세일러복	(동복)짙은 군청색 서지에 녹색 선 세 줄, 넥타이 매듭에 'A·J·G'를 녹색으로 자수, (하복) 하얀색 마 혹은 포플린, 겨울은 펠트 다이코쿠보시, 여름은 챙이 넓은 밀짚모자(후에 흰색 피케로 바뀌었다), 녹색 리본
호쿠세이 여학교	프	홋카이도	1933년 4월	세일러복	(동복)군청색 바탕의 옷깃과 소매, 가슴 덮개에 하얀 선 한 줄, (하복) 하얀 바탕에 군청색 옷깃, 소매와 가슴 덮개에 하얀 선 한 줄, 뒤쪽 옷깃에 별 휘장, 겨울은 군청색, 여름은 하얀 챙이 붙은 모자
후쿠오카 여자 상업 학교	가	후쿠오카	(1933년4월)	하프코트, 점퍼 스커트	
여자 성(聖)학원	프	도쿄	1933년	세일러복	
소신 여학교	프	가나가와	1933년	세일러복	(통상)군청색 넥타이, (의식용)흰 넥타이
교아이 여학교	프	군마	1926년	점퍼 스커트	(하복)하늘색
			1927년	테일러 칼라 상의	(동복)벨트 (하복)오렌지
			1928년	점퍼 스커트	
			1929년	세일러복	(동복)
			1933년	세일러복	(하복)
				세일러복	흰색 옷깃
고베 여학원	프	효고	1933년	양복 착용	
			1936년 5월	세일러복	군청색 옷깃, 소매에 하얀 선 두 줄, 하얀 넥타이, 왼쪽 팔에 휘장
세이메이 고녀	가	가고시마	(1933년 4월)	투피스	황색 옷깃 검은 바탕

학교명	계통	소재지	제정년월	교복구분	내용
여자 학원	프	도쿄	1934년	세일러복	(동복)군청색 서지, 옷깃과 소매에 하얀 선 세 줄, 넥타이 묶는 곳에 'JG' 하얀 자수, 완장 (하복)하얀 옷깃, 소매 끝과 JG, 완장이 하늘색
준신 여학원 →나가사키 준신 고녀	가	나가사키	(1935년 4월)	점퍼 스커트 하프코트	
갓스이 여학교 고등 여학부	프	나가사키	1935년 5월	세일러복	(동복)옷깃과 소매에 하얀 선 세 줄, 옷깃 뒤쪽 좌우에 별 모양 자수, (하복)흰색 바탕에 하늘색 옷깃, 넥타이는 1학년이 빨강, 2학년이 연지색, 3학년이 하늘색, 4학년이 군청색, 5학년이 검정, 예식용은 하얀색
세이와 여학교	프	고치	(1936년)	점퍼 스커트 하프코트	
노기 고녀	가	가나가와	(1938년)	세일러복	(동복)군청색 바탕, (하복)하얀 바탕, 군청색 옷깃, 소매와 가슴 덮개에 하얀 선 세줄, 왼쪽 팔에 백합이 들어간 휘장

주) 계통의 '가'는 가톨릭계, '프'는 프로테스탄트계, '성'은 성공회계를 말한다. 엄밀하게는 고녀가 아닌 여학교도 포함되어 있다. 제정연월의 ( )는 개교와 동시라는 점을 나타낸다. 각 고등학교의 기념지 및 고등학교의 소장 사료를 바탕으로 작성했다.

제8장
중일 전쟁과 아시아-태평양 전쟁하의 세일러복

중일 전쟁의 장기화에 따른 영향

1937년 7월 7일에 중일 전쟁이 발발했다. 전쟁에 대한 정부와 군부의 전망은 불충분했고 12월에 난징[南京, 당시 중화민국의 수도]이 함락된 다음에도 끝나지 않았다. 국가 총력전을 수행하기 위하여 다음해 1938년 4월 1일에 국가 총동원법이 제정되었다. 이에 따라 전쟁의 조기 해결을 도모하기 위하여 군사 우선의 경제 정책이 이루어지게 되었다. 이에 따라 문부성은 1937년 10월에 선택적 소비 절약 통첩, 다음해 1938년 1월에 대용품 지시 통첩을 발포했고, 같은 해 7월에는 소학교와 중학교, 여학교를 대상으로 새로운 교복과 모자, 피혁류 제품의 제작 금지를 결정했다. 두 번의 통첩을 받자 1938년도부터 불필요한 제작을 금지하고 대용품을 이용하는 학교가 나타났다.

히로시마 현립 마쓰나가 고녀는 1938년도부터 스커트의 길이를 짧게 하도록 지도했다. 지바 현립 기사라즈 고녀에서는 1938년 4월부터 비가 오는 날을 제외하고 레인 코트의 착용을 금지했고,

12월에는 스커트를 대신해서 몸뻬 착용을 인정했다. 후쿠오카 현립 오무타大牟田 고녀에서는 1938년 여름부터 긴 양말을 금지하고 구두를 대신해 나막신 착용을 허가했다.

중일 전쟁의 장기화는 세일러복의 옷감에도 영향을 주었다. 스후[スフ, 단섬유Staple fiber의 준말]가 등장했다. 스후란 펄프를 원료로 하며 장섬유Filament fiber 레이온에 비해서 짧은 섬유이다. 천연 재료에 비해 내구성이 떨어지고 물에 약한 것이 단점이었지만 미국, 영국과의 관계 악화에 따라 수입이 어려워진 면과 양모의 대용품으로서 주목받았다.

도쿠시마 현립 고마쓰 고녀에서는 1938년 7월 11일의 직원 회의에서 소비 절약과 자원 애호에 관한 지시가 결정되었다. 그 내용은 하복과 동복 모두 스후를 사용할 것, 의전용 흰색 넥타이는 물론이요 평상시의 넥타이를 폐지하고 가능한 한 옷깃을 짧게 할 것, 스커트는 여름과 겨울 겸용으로 하고 품을 줄일 것, 외투와 장갑, 목도리 사용을 금지할 것, 통학 구두는 즛쿠 신발을 인정하고 우천 시에는 나막신을 신어도 좋다는 것 등이었다.

이 모두가 태평양 전쟁 중의 전국 고녀에서 볼 수 있었던 모습이다. 학교 측이 나막신 신기를 장려했지만 초반에 여학생 대부분은 구두와 긴 양말을 신었다. 또 그것을 자유롭게 구입할 수도 있었다. 그러나 가죽 구두가 닳거나 긴 양말에 구멍이 나서 사용할 수 없게 되면 점차 교체하기가 어려워졌다.

국방색 세일러복은 존재했는가?

피복 협회에서는 국방색 옷감을 목 여밈식 교복에 도입함으로써 군복과 교복의 유사화를 도모했다. 그 성과는 전쟁 전부터 나타나고 있었지만 중일 전쟁에 따라 다시 주목받게 된다. 그런 상황에서 여학생 세일러복에 국방색 옷감을 사용하자는 의견이 대두되어도 이상하지는 않다. 1938년 3월 20일자의 『부녀 신문』에는 「여학생 교복도 국방색으로」라는 제목의 기사가 실려 있다. 이 기사에는 "야마구치와 아이치, 히로시마 각 현의 여자 중등학교에서 국방색 교복을 채용하고 좋은 평가를 받았음을 감안하여, 남자 중등학교에 이어 여자 중등학교 학생에게도 채용하게 되었다"라고 소개하고 있다. 그러나 기자는 이 국방색 교복이 실제로 현 내에서 채용되었는지 확인하는 검증 조사를 진행하지 않았다.[1] 앞서 야마구치와 아이치, 히로시마 각 현 고녀의 교복 변천에 대해 제4장에서 서술했지만, 어느 기념지에도 국방색 교복을 채용했다는 서술은 없고 또 그런 교복을 입고 있는 사진도 발견할 수 없었다.

『부녀 신문』의 기술은 이해하기 힘들지만, 목 여밈식 교복에 국방색을 도입하는 중학교가 있었기에 이를 고녀에도 넓힐 필요가 있다고 주장했던 것으로 볼 수 있을 것이다. 피복 협회의 잡지인 『피복』을 통독해도 전국의 여자 중등학교에서 국방색 옷감을 도입했다는 보고는 실려 있지 않았다. 이는 대부분의 현에서 남자 중등학교가 목 여밈식 교복으로 통일되고 있었던 것에 비해 여자 중등학교에서는 세일러복으로 통일되지 않았던 것과 마찬가지다. "여학생의 교복도 국방색으로"는 구상에 머물렀고, 고녀의 국방색 교복은 실현되지 않았던 것으로 보인다.

'복장 교육'의 단절

중일 전쟁의 장기화는 "일석삼조"였던 '복장 교육'도 박탈했다. 미야기 제3 고녀에서는 블레이저를 입었는데 1935년에 현 내에서 통일된 세일러복이 제정되자 이를 계기로 4학년이 1학년의

1 　『読売新聞』1938년 11월 21일 조간.

하복을 봉제하게 되었다. 그러나 1938년에 견사 배급 쿠폰
제도絹糸配給切符制度가 실시되자 이듬해인 1939년부터 학교 안에서
봉제를 할 수 없게 되었다.[2]

히로시마 현립 미요시 고녀도 마찬가지였다. 4학년이 1학년의
세일러복을 봉제하는 것은 "1937, 38년 무렵까지 계속되었다."
'복장 교육'이 중단된 이유에 대해 "중일 전쟁이 시작된 후부터는"
"자재가 없어졌기 때문이겠지요"라고 말한다.[3]

현에서 세일러복을 통일한 미야기현과 히로시마현에서도
'복장 교육'이 어려워졌다. 그렇게 되자 자주적으로 세일러복
100퍼센트를 달성한 니가타현에서도 학생들이 스스로 재봉할 수
없게 된 것은 당연한 결과다. 니가타현 마키 고녀에서는 4학년이
세일러복 동복을 졸업 작품으로 제작해서 1학년에게 건네고
1학년은 하복을 봉제했다. 그러나 "1940년 무렵에는 그만두게 된
것 같다."[4]

전시 체제의 교복을 찾아서

국민 정신 총동원 중앙 연맹은 후생성[5]을 중심으로 "복장에
관한 위원회"를 편성하고 전국 여자 중등학교 교복의 규격 통일을
검토했다. 후생 차관 히로세 히사타다廣瀨久忠를 위원장으로
삼고 위원으로는 일본 연합 여자 청년단 이사장인 요시오카
야요이吉岡彌生, 도쿄 부립 제1 고등 여학교 교장 사쿠라이
겐조櫻井賢三, 도쿄 여자 고등 사범 학교 교수 겸 문부성 독학관

---

2 『50年のあゆみ』, 宮城県第三女子高等学校, 1974, 10쪽.
3 『巴峽100年』下, 広島県立三次高等学校同窓会, 『巴峽100年』刊行会, 2002, 968쪽.
4 「白楊100年」, 新潟県立田立巻高等学校創立100周年記念事業実行委員会, 2007, 126쪽.
5 厚生省, 보건복지부에 상당하는 정부 부처. 현재의 후생노동성. — 옮긴이

나리타 준成田順, 오쓰마 고등 여학교 교장 오쓰마 고타카, 일본 부인 단체 연맹의 이치카와 후사에市川房江 등 55명이 뽑혔다.

오쓰마 고타카는 "현재의 세일러복을 기조로 삼는 것이 적당하겠지만 막연하게 정할 것이 아니라 여학생의 희망과 의견을 널리 듣는 일이 무엇보다도 필요합니다. 현재의 세일러복은 위생과 우아함의 두 가지 측면에서 거의 문제 삼을 바가 없습니다"라고 말했다.[6] 분카 학원 교사 가와사키 나쓰河崎なつ는 위원은 아니었지만 전국적으로 세일러복을 착용하고 있기 때문에 교복의 통일은 어렵지 않다고 생각했다. 1938년 11월에 '전문가의 비평을 경청하는 모임'이 제시한 '가네보鐘紡 보국복'도 세일러복을 가공한 것이었다. 본서의 각 장에서 실증해 온 바와 같이 세일러복은 전국적으로 보급되어 고녀 학생들에게도 인기가 높았다. 따라서 세일러복을 기본으로 생각하는 지식인도 적지 않았다.

전국 고등 여학교 교장 회의에서도 여자 중학교의 교복

[그림 91] 문부성 표준복을 입은 구마모토 현립 제1 고등 여학교 학생
구마모토 현립 제일 고등학교, 1945년 3월 (필자 소장)

---

6 『読売新聞』 1938년 11월 21일 조간.

통일 규격에 대해 논의했다. 그러나 행정직인 교장들이 스스로 교복을 고안할 수 있을 리 없다. 따라서 1939년에 교장 회의의 연구부는 "국책에 따른 여학생복"을 모집했다. 같은 해 4월, 114점의 응모 작품에서 14점이 당선되어 그중 7점이 니혼바시에 있는 미쓰코시 백화점 본점에 전시되었다. 1등은 도쿄 여자 고등 사범 학교 부속 고녀가 고안한 세일러복, 2등은 짓센 고녀가 고안한 점퍼 스커트였다.

당선작은 대체로 점퍼 스커트가 많았다. 그 이유는 상의인 블레이저를 제외하면 세일러복보다 사용하는 옷감이 적었기 때문인 것으로 보인다. 그러나 1등은 역시 인기 있던 세일러복이었다.

문부성 표준복의 제정

1941년 1월 10일에 문부성 표준복이 발표되었다. 동복은 군청색, 하복은 흰색, 세일러 칼라를 폐지하고 수세미 옷깃(숄 칼라)을 적용했다. 동복은 흰색 옷깃을 붙였고 상의 스리 버튼은 남성과 마찬가지로 오른쪽이 앞으로 올라오게 달았다. 스커트 주름은 없애고 한랭지 등에서는 블루머를 착용하기로 했다. 접어 꺾은 옷깃에 스리 버튼의 군청색 외투도 준비되었다. 표준복인 동복은 아래위로 20엔 20센, 하복은 아래위로 16엔 90센이었다.

이 해의 4월부터 여학생이 교복을 새로 만드는 경우에는 문부성 표준복으로 해야만 했다. 제4장에서 소개한 것처럼 교복의 디자인과 옷감 규격을 통일한 현을 제외하면 세일러복의 가격에는 차이가 있었다. 점퍼 스커트와 블레이저, 하프 코트 등 디자인이 다른 교복에 사용하는 옷감과 가격에 차이가 생기는 것은 당연했다. 그것을 문부성 표준복을 제정함으로써 전국적으로 통일했다. 이에 따라 세일러복을 양복점에서 새로 맞추기가 어려워졌다.

그러나 2학년 이상의 학생은 종래의 교복을 그대로 사용하여 그것을 사용할 수 없게 될 때까지 새로 맞출 필요가 없도록 하였다. 새로운 교복이 필요한 신입생이라도 중고 교복을 소지하고 있으면 그것을 사용하도록 장려했다. 1940년 5월까지의 입학자가 입고 있던 교복의 사용을 인정하고 1941년 4월 입학자여도 소학교 시절 세일러복을 입을 수 있었던 것이다. 문부성 표준복은 새롭게 옷을 지어야만 하는 학생에 한정되었다. 이렇게 강제력이 약해진 이유는 모든 학생에게 문부성 표준복을 보급할 만한 옷감이 부족했기 때문이다.

세일러복이 표준복이 되지 않았던 이유

문부성 표준복이 제정될 때까지 관련자는 수차례 논의를 거듭했다. 국민 정신 총동원 중앙 연맹이 설치한 복장에 관한 위원회는 1938년 11월 15일 제1회 위원회를 개최했다. 나리타 준은 문부성 표준복에 대해서 "우리 나라 고래의 복장 문화의 특징을 살려, 진정으로 우리 국가의 정세를 기조로 하여 정리 개선을 합리화하고 보건과 활동, 경제, 국방 그리고 외관이 미적"인 것이라고 평가하고 있다.[7] 오쓰마 고타카도 세일러복을 지지했지만 1940년에는 "양복도 이번 기회에 반드시 일본화"하자고 발언하게 되었다.[8] 문부성 표준복의 흰색 옷깃과 단추 여밈에서 오른쪽 깃이 위로 올라오게 한 점 등은 일본의 기모노를 양복에 도입한 것이라고 볼 수 있겠다.

---

7 成田順, 『文部省新制定の師範学校および中等学校女生徒の制服について』(文部省編, 『文部時報』第740号, 1941年10月〔『文部時報』六八 日本図書センター, 1998年所収〕.

8 『東京日日新聞』 1940년 1월 25일 조간.

문부성 표준복으로 세일러복이 선정되지 않았던 이유는 "우리나라 고래의 복장 문화의 특징"과 "일본화"라는 점이 중시되었기 때문이다. 옷깃이 작은 숄 칼라는 옷깃이 큰 세일러복에 비해 사용하는 옷감이 적다. 경제적인 면에 있어서도 세일러복은 채용되지 않은 것으로 생각된다. 다만 숄 칼라 디자인에 대해 걱정하는 의견도 있었다. 오사카부 여학생 교복 연구 위원회 위원장으로 이즈오 고녀의 교장이었던 요나이 세쓰지로米内節次郎는 문부성의 표준복 발표를 보고 "상의가 세일러형이 아닌 점, 스커트에 주름이 없는 점은 오사카의 안과 근본적으로 다르며, 새로운 교복에서는 여학생다운 귀여움이 희박해지지 않을지 걱정이 됩니다"라고 말했다.[9] 이후 요나이의 걱정은 현실이 된다.

여학생들의 감상

에히메 현립 사이조 고녀 학생은 "동경하던 세일러형 교복은 우리 때부터 스후[단섬유]가 들어가서 펄럭이는 국민복 을형乙型이라는 숄 칼라 교복으로 바뀌어 실망했다"라고 회상한다.[10] 도쿄 부립 제3 고녀 학생도 "선배들의 세일러복 모습은 아름다웠지만 우리들은 신교복이라는 이름의 숄 칼라 상의에 주름도 없는 스커트로 통일되어 세일러복을 만들지 못하게 되었기에 정말로 유감이었다. 게다가 옷감이 스후여서 군청색도 맑고 깨끗하지 않았기 때문에 언니에게 물려받은 세일러를 입고 있는 친구가 부러웠다"라고 말한다.[11]

---

9 『大阪毎日新聞』1941년 11월 11일 조간.
10 『最上高校70周年記念誌』, 西条高校70周年記念事業推進委員会, 1968, 304쪽.
11 『移りゆく時をすごして』, 都立第三高女46回生都立駒場高校2回生, 2000, 31쪽.

니가타 현립 니가타 고녀에서는 "엘레강트한 교복이라고 여겨서 아껴 온 세일러복을 버리고 촌스러운 전국 일률의 옷을 입어야만 하는 것은 쇼크였다. 평소에는 어찌 되었든 행사일이 되면 모두 소중히 간직해 둔 세일러복에 다림질을 해서 입고 오는 것이 그나마 멋을 내 보겠다는 의지였다"라고 하는 학생이 적지 않았다.[12]

헌 세일러복을 찾아라

구마모토 현립 미나마타 고녀는 1941년 4월에 미나마타 실과 고녀에서 고녀로 승격되었다. 그런데 실과 고녀 시대에는 세일러복이었지만 고녀 승격과 동시에 문부성 표준복이 도입되었다. 이해에 3학년이었던 학생은 "수세미 옷깃의 교복이 전체적으로 여학교 교복으로 결정되었던 모양입니다. 다른 여학교도 모두 그 교복으로 통일되었던 것 같습니다. 세일러복을 가지고 있는 사람은 세일러복을 입어도 되지만 세일러복이 없어서 새로 만드는 사람은 표준복을 만들라는 말을 들었습니다"[13]라고 증언한다.

일본 여자 대학 부속 고녀는 세일러복이 표준복이었고 학생들이 이 교복을 즐겨 입었음은 제3장에서 설명했다. 그러나 이제는 동경하던 세일러복을 입기 어려워졌다. 1941년 4월에 입학하고 1945년 3월에 졸업한 학생들은 "우리 학년부터 여학생 교복은 숄 칼라 국민복이 되었다. 실망이다", "선배가 물려준 세일러복을

---

12 『われらの80年』, 新潟県立新潟中央高等学校, 1980,
    「セーラー袴からヘチマ袴へ」의 페이지.
13 『水俣高校創立80周年記念誌-はちのじ坂-』,
    水俣高校創立80周年記念事業実行委員会校史編集委員会, 1998, 21, 45쪽.

받아 입었을 때의 기쁨은 잊을 수 없다"라고 말한다.[14] 그러한 가운데 한 학생은 「수세미 옷깃 교복의 비애」라는 제목의 회상을 남기고 있다.

> 숄 칼라 버스 안내양 옷은 쇼크였습니다. 학교 엠블럼을 붙이든 학생 교통 정기권ㅜ-ㅋ을 넣든 간에 폼이 나지 않았습니다. 그러다가 1941년 12월 8일 전쟁에 돌입했습니다. 숄 칼라 교복이 싫어서 세일러복을 입는 분들이 늘어났습니다. 다행히 저는 시골에 옷감이 있어서 세일러복을 주문하여 겨우 여학생다운 복장이 되었습니다. 그런데 기쁘게 통학했던 것도 잠시였습니다. 스후가 들어간 옷감이었기 때문에 매일 입는 동안 구깃구깃해지고 말았던 것입니다. 그렇게 슬플 수가 없었지요.[15]

숄 칼라의 문부성 표준복은 다이쇼 시대에 버스 안내양으로 오해를 사 불편한 기분을 맛보게 했던 초기의 교복과 유사했다. 따라서 문부성 표준복을 입고 싶지 않은 학생은 여러 수단을 사용하여 세일러복을 입수했다. 그러나 전쟁 전의 순모로 만든 세일러복은 구할 수 없었고, 그나마 구할 수 있던 것은 스테이플 파이버 혼합 직물이었기 때문에 학생들은 비참한 기분을 맛보았다. 그래도 1940년도까지 입학한 상급생이 입던 세일러복에 주름스커트가 수세미 옷깃의 문부성 표준복보다 훨씬 좋았다. 이바라키현 미토 시립 고녀 학생은 "촌스러운 디자인이었잖아요.

---

14 『百合樹の蔭に過ぎた日』, 日本女子大学附属高等女学校45回生西組記録の会, 1997, 21, 45쪽.
15 앞의 책, 66쪽.

저는 결국 국민복을 입지 않았어요. 언니가 입던 헌 세일러복을 소중히 손질해 가며 졸업 때까지 입었지요. 주름이 누렇게 되어 벤젠으로 닦기도 했어요. 국민복은 버스 안내양 같다고 친구와 욕하면서 웃었지요"라고 말한다.[16]

문부성 표준복의 한계

태평양 전쟁이 발발하고 4개월 후인 1942년도에는 의복 재료의 유통마저 어려워졌다. 그것은 도쿄도 예외가 아니어서, 도쿄 사립 도시마 고녀 학생은 "그 스마트했던 도시마의 교복이, 온 일본과 똑같은 형태, 숄 칼라 국민복이 되고 말았던 것입니다. 배급이었지요. 구두도, 코트도, 게다가 추첨으로요. 교복이 당첨되면 다른 사람들은 다음 순번을 기다렸지요. 당첨이 되면 오쓰카大塚의 시세이도資生堂까지 받으러 갔습니다. 1학년 전체에 배급될 때까지 꽤나 오랜 시간이 걸렸던 것 같습니다. 여학생 생활의 시작이었지만 비참했어요"라고 회상한다.[17]

현실적으로 전국 고녀에 문부성 표준복을 널리 퍼뜨릴 수는 없었다. 1943년 3월 3일의 『요미우리 신문』은 「교복을 새로 만드는 것은 보류하라」라는 제목으로 "교복 등은 가능한 한 국민학교 시대에 입던 것을 사용하고, 어쩔 수 없는 경우에만 교장의 허가를 얻어 새로 만들게 되어 있습니다"라고 말한다.[18] 소학교 때 입던 세일러복을 그대로 계속 입는 것을 장려하고 반드시 필요한 때에는 문부성 표준복을 만들라고 하고 있다.

문부성 표준복에 대해서는 제정 당초부터 모순된 지시가

---

16 『茨城県立水戸第三高等学校創立50周年記念誌』, 茨城県立水戸第三高等学校, 1976, 22쪽.
17 『豊島高等女学校記念誌』, 豊島高等女学校同窓会, 1983, 298쪽.
18 『読売新聞』 1943년 3월 3일 조간.

내려졌다. 게다가 평판도 나빴기 때문에 여학생들도 헌 옷으로
버티려고 했다. 또 배급품인 옷감을 입수해도 순순히 문부성
표준복을 지어 입었다고는 할 수 없었다. 요시자와 교복점에
의하면 태평양 전쟁 중에는 학생이 가져온 조악한 옷감으로
세일러복을 만들었다고 한다. 양복점에 따라서는 국가의 명령이
아니라 학생의 희망에 응하는 곳도 있었던 것이다. 문부성
표준복을 입었던 학생은 그것 말고는 선택지가 없었기 때문으로
보인다.

여학생과 바지

홋카이도 도청립 네무로 고녀에서는 1940년 겨울부터 교장
아오야나기 겐지靑柳賢治가 고안한 '네이비 블루의 수병복 상하'라는
해군 수병과 똑같은 바지를 입혔다. 이는 한랭지에서의 방한
대책으로 채용한 것이지만 여학생의 "결전 태세의 모범"이라고
소개되었다.[19]

작가이자 여성사 연구자인 무라카미 노부히코村上信彦는
1942년에 네무로 고녀에서 학생들에게 몸뻬 바지, 스커트,
기모노에 관한 비교 앙케트 조사를 실시하고 그 결과를 『복장의
역사 3: 바지와 스커트』에 게재했다. 바지 교복을 어떻게 보는가
하는 물음에 편리하고 따뜻하며 활동적이라는 의견에는 이견이
적다. 집에서도 입고 싶다(258명)는 학생도 많지만 집에서는
입고 싶지 않다(176명), 어쩔 수 없으니 입는다(18명) 등도 꽤
숫자가 있다. 입는 것은 부끄럽지만 익숙해지면 괜찮다(208명)는
사람이 많은 것도 특징이다. 그리고 미적인 관점에서 비교하면
스커트(276명), 기모노(233명), 바지(195명), 몸뻬(16명)의 순이며

---

19 『読売新聞』1941년 11월 20일 조간.

[그림 92] 여자 가쿠슈인 초등과와 중등과의 단체 사진 (1945년)
『가쿠슈인 여자 중등과 여자 고등과 125년사(개정판)』, 가쿠슈인 여자 중등과 여자 고등과, 2014년

"볼썽사납다"라고 생각하는 것은 몸뻬(158명), 바지(52명), 스커트(2명), 기모노(1명) 순이다.

바지 그 자체로 한정하자면 입는 데에 저항이 없지만, 그것은 어디까지나 몸뻬와 비교해서라는 것을 간과해서는 안 됨을 이 통계에서 알 수 있다. 바지의 경우 미적으로는, 학생들이 활동적이지 않다고 인식하는 기모노보다도 평가가 낮다. 학생들의 의식에는 네무로의 동네 사람들과 학부형, 타 학교 사람들의 평가도 영향을 미치고 있을 것이다. "따뜻할 것 같다", "경제적이다", "움직이기 좋을 것 같다", "반듯하다"라는 실용적인 관점에서 높은 평가가 있는 한편 "남자 같다, 여자답지 않다", "추하다, 멋있지 않다", "경제적이지 않다", "말괄량이 같다, 말괄량이가 될 것이다"와 같은 부정적인 의견도 적지 않았다. 바지를 착용하는 학생들의 이러한 미의식과 주위로부터의 평가가 겹치면 바지는 스커트의 매력에 이길 수 없었던 것이다. 스커트를 선택할 수 있으면 굳이 바지를 입는 학생은 없었을 것으로 보인다. 태평양 전쟁 후에도 이시카와현의 호쿠리쿠 학원 고등학교에서는 겨울 방한 대책으로 바지 착용을 인정했지만 스커트 차림의 학생이 대부분이었고 쇼와 30년대 후반[1960년대 중반]으로 가면 바지 차림이 사라져 버린다.

네무로 고녀를 대상으로 실시한 무라카미의 통계 조사는 물론 귀중한 자료이지만 "이와 같은 실례(바지를 채용한 것)는 내가 아는 한 전국의 여학교에서 이곳 외에는 한 건의 사례도 없다"라고 단언한 것은 문제다.[20] 이를테면 여자 가쿠슈인의 1945년부터 1948년까지의 단체 사진에는 고등과에서 초등과까지 두 다리에 딱 붙는 바지를 입고 있음을 알 수 있다. 이바라키 현립 스케가와 고녀 학생은 "1941년 무렵부터 종래의 스커트는 폐지되고 호조北條 선생이 고안한 승마 바지형의 바지를 입게 되었습니다. 그 무렵에는 옷의 맵시가 나빠서 다들 싫어했지요"라고 말한다.[21] 야마가타 현립 요네자와 고녀의 학생은 "교복은 세일러에 주름이 있는 스커트로 결정되어 있었지만 요네자와 고녀가 솔선하여 여자에게 바지를 입히게 되어 동네의 화제가 되었습니다. 지금의 슬랙스와는 달리 아버지나 오빠의 헌 옷을 고쳐 입는 것이라서 엉덩이 크기가 눈에 띄어 어떻게 하면 멋있게 입을 수 있을지 고심했지요"라고 회상한다.[22]

세일러복과 몸뻬

오늘날의 독자가 보면 바지나 몸뻬나 같은 것 아니냐고

20　村上信彦, 『服装の歴史・3-ズボンとスカート-』, 理論社, 1956, 240쪽.
21　『40年の回想』, 茨城県立日立第二高等学校, 1967, 56쪽.
22　『山形県立米沢東高等学校創立70周年記念誌生徒会誌』第1号,
　　山形県立米沢高等学校, 1969, 9~30쪽.

생각할지도 모르지만, 실제로 바지와 몸뻬는 비슷하지만 다르다. 몸뻬는 농사일을 할 때 여성도 입었지만 바지는 메이지 시대부터 남성이 입는 것으로 여겨지고 있었다. 따라서 1942년부터 시가 현립 히코네 고녀에서는 "바지형이 금지되고 몸뻬가 된 이듬해에는 방공 두건을 들고 몸뻬 차림으로 딸각딸각 나막신 소리를 울리면서 통학하"게 되었다.[23] 바지가 양다리에 밀착하는 것에 비해 몸뻬는 하카마처럼 여유가 있다. 양복 옷감을 사용하는 바지와 기모노를 재활용할 수 있는 몸뻬라는 점에 피복 구조의 차이가 있다.

몸뻬는 전국 고녀에 확산되었다. 그 이유는 기존의 기모노를 재활용할 수 있었기 때문이다. 전국적으로 몸뻬가 여성의 결전복이 되었고 공장에서의 근로를 비롯해 농사일을 할 때도 착용했다. 히코네 고녀의 학생은 "물자 부족으로 교복을 새로 만들 수 없어 언니로부터 물려받거나 버리는 오빠 옷을 이용하거나 했어요. 저도 할머니의 하오리로 세일러복을 만들었고 스커트는 아버지의 메리야스 끈으로 만들었습니다. 겨우 만든 그 스커트도 반년 정도만 입었고 그 후에 몸뻬로 전환되었습니다"라고 말한다.[24]

전시 체제에 의한 개방

1942년에 홋카이도 도청립 도마코마이 고녀에 입학한 학생은 소학교 시절부터 입던 세일러복을 재이용했는데 "스커트 길이가 무릎 아래 5센티미터여서 예절お作法 선생님이

---

23 『彦根西高100年史』, 滋賀県立彦根西高等学校創立100周年記念事業実行委員会, 1987, 221쪽.
24 앞의 책, 95쪽.

한사람씩 점검했다"라고 말한다.²⁵ 제2장의 복장 검사에서 무릎 아래 10센티미터와 15센티미터를 기준으로 삼았던 것에 비해 10센티미터나 길이가 짧아졌음을 알 수 있다. 이는 태평양 전쟁에 돌입하여 옷감을 절약할 수밖에 없게 된 결과였다.

중일 전쟁기부터 가죽 구두의 대용으로서 나막신을 신었고 긴 양말의 폐지를 부르짖었다. 가죽 구두와 긴 양말은 물론이고 교복의 옷감도 자유롭게 구입할 수 있었던 때에는 학생들은 그러한 방침을 따르지 않았다. 그러나 1942년도부터 옷감 쿠폰제衣料切符制가 실시되자 옷감을 손에 넣기가 어려워졌다. 게다가 스커트 길이가 짧아지면 여학생들의 다리가 드러나게 된다. 이는 일상 생활에서는 상스러운 행위로 여겨지고 있었지만 전시하라는 비일상적 생활에서는 어쩔 수가 없었다. 절박한 상황 속에서 어쩔 수 없는 선택지였고 학교 측도 그것이 좋다고는 생각하지 않았다. 따라서 많은 학교에서 스커트 착용을 금지하고 몸뻬를 채용한 것이다. 몸뻬라면 양다리를 숨길 수 있었다.

적대시당하는 미션 스쿨

기독교를 믿는 미션 스쿨에게 태평양 전쟁 시기만큼 고난을 무릅썼던 시절은 없었을 것이다. 개전에 앞서 미국과 영국 출신의 수녀들이 귀국했고, 개전 후에는 적성어敵性語라는 이유로 교명을 변경할 수밖에 없었던 학교도 있다. 그들이 숭배하는 성모상은 현인신²⁶인 쇼와 천황의 초상화御真影보다 격하하여 다루어야만 했다.

---

25 『創立60周年記念誌-60年の歩み-』,
    北海道苫小牧西高等学校創立60周年記念事業協賛会, 1981, 28쪽.
26 現人神, 아라히토가미. 즉, 살아 있는 신으로 여겨졌던 천황을 말함 — 옮긴이.

주위의 싸늘한 시선은 교복으로도 향했다. 아오야마 학원 고등 여학부의 세일러복 넥타이 매듭에는 심볼인 'A·J·G'가 녹색으로 수놓여 있었다. 이것이 적국인 미국과 영국의 문자라고 하여 문제가 되었던 것이다. 그런데 학교 측은 이것은 적국의 문자가 아니라 군사 동맹국인 이탈리아의 로마자라고 설명함으로써 난국을 타개했다. 다만 1942년 1월에 1학년 전원이 문부성 표준복을 입게 되었기 때문에 종래의 세일러복을 입기가 상당히 어려워졌다.

그런데 갓스이 여학교가 교복에 사용하던 별 문양은 동맹국의 것이라고 주장할 수 없었다. 1943년에 갓스이 가정과에 입학한 학생은 "전시 체제가 더욱 강화되어 학교령이 강행되면서 사립 학교, 특히 기독교주의 학교는 거센 비난을 받게 되었고, 여학부 학생이 교복을 입고 통학하는 중에 성조기의 별을 달았다고 비국민이라든지 세일러복의 별을 떼라든지, 갓스이는 스파이일 것이다 같은 말들을 전차 안이나 하마노마치浜の町[나가사키의 중심 번화가]의 인파 사이에서 들었습니다. 여자 전문 학교[女專, 고등 여학교 졸업자가 진학하던 학교] 사람도 우리가 갓스이 학생이라는 것을 알게 되면 머리가 기니 묶으라, 몸뻬 단을 제대로 묶으라는 둥 원수 취급을 했고, 세간 사람들이 매우 싸늘한 눈으로 쳐다봐서 괴로웠습니다"라고 말한다.[27]

문부성 표준복이 아니라 세일러복을 입는 경우에도 그러한 괴로운 기분을 맛보아야만 했다. 그래도 세일러복을 계속 착용하는 학생들이 적지 않았다는 점에 유의해야 한다. 세일러복의 발상지인 긴조 여자 전문 학교 부속 고등 여학부에서 1943년에 촬영된 단체 사진을 보면 예순 명이 세일러복을 입고

---

27 『活水学院100年史』, 活水学院, 1980, 61쪽.

[그림 93] 오카야마현 야카게 고등 여학교의 1943년도 졸업 사진
『졸업 기념』 오카야마현 야카게 고등 여학교,. 1944년 (오카야마 현립 야카게 고등학교 소장)
졸업 기념 사진이기에 특별히 스커트를 착용한 것으로 생각된다

[그림 94] 후지미 고등 여학교의 1944년 졸업 사진
(학교 법인 야마자키 학원 후지미 중학교 고등학교 소장)

있고 문부성 표준복 차림은 네 명밖에 없다. 그 정도로 그녀들에게 세일러복은 동경의 대상이었으며 문부성 표준복은 청춘을 빼앗은 전쟁의 상징일 뿐이었다.

전황이 악화되어도 사라지지 않았다

세일러복 차림이 사라지지 않았던 것이 긴조 여자 전문 학교 부속 고등 여학부만의 일은 아니었다. 도쿄 부립 제5 고녀의 1944년 3월 졸업생은 257명 전원이 세일러복을 입고 있다. 그녀들은 1940년에 입학했기에 문부성 표준복을 새로 만들지 않고 종래의 세일러복을 졸업할 때까지 입고 있었던 것이다. 그러나 1949년경의 단체 사진을 보아도 전원이 세일러복을 입고 있다는 점에서 어떻게든 동경하던 세일러복을 사수하려는 마음을 볼 수 있다.

그러나 모든 고녀가 그러한 자세를 유지하기는 어려웠다. 1944년 3월의 오카야마현 야카게 고녀의 졸업생은 세일러복이 51명, 문부성 표준복이 46명, 오카야마현 표준복이 4명이었고, 오쿠 고녀의 졸업생은 세일러복이 51명, 문부성 표준복이 18명, 오카야마현 표준복이 31명이었다. 세토 고녀의 졸업생은 세일러복이 44명, 문부성 표준복이 61명, 오카야마현 표준복이 44명이었다. 표준복의 착용률에는 차이가 있지만 세일러복의 수는 비슷한 정도이며, 세 학교를 합하면 세일러복이 가장 많다.

시마네 현립 다이샤 고녀의 졸업 단체 사진을 보면 1941년부터 1945년까지의 입학 연도에 세일러복을 확보하기가 곤란해졌음을 살펴볼 수 있다. 1944년의 졸업생은 세일러복이 68명, 표준복이 39명이었고 1945년은 세일러복이 23명, 표준복이 78명, 1946년은 세일러복이 33명, 표준복이 80명, 1947년은 세일러복이 23명, 표준복이 93명, 1948년에는 세일러복이 38명, 표준복이 81명,

1949년은 세일러복이 42명, 표준복이 56명이다. 이를 통해 1942년도부터 1944년도의 입학생에 걸쳐 문부성 표준복이 증가하고 있음을 알 수 있다. 이는 전국적으로 볼 수 있던 경향이었다. 그러나 헌 세일러복을 찾아내기 어려워진 다음에도 그 모습이 완전히 사라지지는 않았다.

이와테 현립 다카다 고녀의 학생은 "대동아 전쟁['아시아-태평양 전쟁'으로 불러야 하나 사료 인용인 관계로 원문대로 표기]의 발발과 함께 학교 교육의 모든 것이 군국주의 일색으로 덧칠되어 버렸습니다. 먼저 복장은 위에는 세일러복이라도 아래는 바지, 그것도 지금처럼 '멋있는' 것이 아니었습니다. 할아버지와 할머니의 무명 기모노를 풀어서 헐렁한 몸뻬를 자기가 재봉했지요"라고 회상한다.[28] 여기서는 몸뻬와 바지를 동일시하고 있지만 어찌 되었든 "군국주의"라고 받아들이고 있다는 점에는 주목할 만하다.

세일러복에 스커트는 전쟁이 시작되기 전 평화로운 시대의 여학생이 동경하던 모습이었다. 숄 칼라에 바지와 몸뻬 차림은 세일러복 대신에 전시하의 결전복으로 착용을 강요당한 것이나 다름없다. 여학생들은 스커트를 입을 수 없다면 하다못해 상의만이라도 세일러복으로 입고 싶어 했다. 그러한 마음에서 세일러복 상의에 바지 또는 몸뻬라는 절충된 모습이 나타났던 것이다.

---

28 『高田高校50年史』, 岩手県立高田高等学校, 1980, 108쪽.

마지막 장
: 세일러복이 탄생한 의미

여기까지 8장에 걸쳐 각 학교의 특징을 설명해 왔다. 마지막 장에서는 전체적으로 세일러복이 보급된 이유와 그 통계 분석을 정리해 제시함과 더불어 세일러복이 탄생한 의미에 대해 역사적인 위상을 검토해 보도록 한다.

고녀의 양장화는 복장 개선 운동의 산물
필자는 전국의 세일러복을 조사하고 각각의 부현 중 어디가 최초로 서양식 교복을 도입했는가, 그리고 어떻게 세일러복이 확산되었는가에 대해 상세히 서술해 왔다. 이를 통해 알 수 있듯이, 어느 한 학교의 세일러복이 전국으로 전파되었던 것은 아니었다. 실제로는 각각의 부현에서 세일러복을 제정하는 고녀가 등장했고 그 모습에 촉발되어 지속적으로 세일러복으로 바뀌어 갔다고 해도 좋을 것이다. 이때 현의 첫 번째 고녀가 중심이 되어 타 학교에 영향을 준 경우가 있으며, 반대로 오카야마현과 같이 주위 고녀가 세일러복을 제정해도 현의 첫 고녀만은 바꾸지 않았던 경우가 있었다. 각 학교는 독자적으로 조사를 실시하여 세일러복을 도입했다. 그러한 조사가 필요하게 되었던 것은 1919년부터 일어난 복장 개선 운동의 영향 때문이다. 문부성이 중심이 된 운동에 공립 고녀가 반응한 것이다.

다만 서양식 교복 디자인은 세일러복뿐만이 아니라 점퍼 스커트나 블레이저, 하프 코트 등 선택지가 여럿 있었다. 초기의 디자인은 원피스, 스퀘어 칼라 상의, 테일러 칼라 상의, 스탠드 칼라 상의 등으로 다이코쿠보시를 쓰고 벨트를 매는 것이 많았다. 그것이 단명으로 끝난 것은 세일러복에 비해 디자인적으로 미흡했기 때문이다. 세일러복을 입고 있으면 버스 안내양이나 여공 등으로 오해받지 않았다. 실제로 세일러복을 입는 학생들은 아름다운 디자인에 이끌린 것이었다.

세일러복은 양복점이나 백화점에 주문해도 다른 디자인의 옷에 비해 저렴하게 만들 수 있었다. 부모 입장에서 보면 경제적으로 도움이 되었던 것이다. 또한 학생들도 재단해서 만들 수 있었다. 양복점에 맡기지 않으면 공임이 들지 않기 때문에 옷감을 사는 비용만으로 학생들은 간단한 서양식 재봉 기술을 익힐 수 있을 뿐 아니라 제작자인 상급생과 착용자인 신입생 사이에 자매와 같은 심적 유대가 생겨났다. 학교 측은 이러한 '복장 교육'의 관점에서 세일러복을 중시했다.

세일러복이 보급된 것은 우연이 아니라 ① 학생이 지지하는 디자인 ② 부모의 경제적 부담 경감 ③ 학교 측의 '복장 교육'이라는 세 요소가 겹쳐 있었다. 세일러복에는 이러한 '일석삼조'의 역할이 존재했다.

전국 고녀의 세일러복 보급률

전국 고녀의 세일러복 보급률을 계산해 보면 홋카이도를 포함한

20개 현이 100퍼센트, 8개 현이 90퍼센트 이상, 9개 부현이
80퍼센트 이상, 전국 평균은 88.9퍼센트로 매우 높았음을 알 수
있다. 사료를 확인할 수 없어 판명되지 않은 학교는 통계로부터
배제했지만 이는 분명 지금까지 알려지지 않았던 실증적인
수치이다.

세 개 부府를 비교하면 도쿄가 63.7퍼센트, 교토가 59퍼센트로
비교적 낮았던 것에 비해 오사카는 86퍼센트로 높았다. 이는
도쿄와 교토에서는 세일러복이 아닌 디자인의 교복을 제정하는
학교가 눈에 띄었던 것에 비해서 오사카에서는 세일러복을
지지하는 학교가 많았음을 보여 준다. 야마나시현은 57.1퍼센트로
보급률이 낮았지만 세일러복에 대항하는 개성적인 교복을
제정함으로써 타교와의 차이를 보여 주었다. 그러나 전국적으로
고찰하면 앞선 항에서 제시한 세 가지 관점에서 세일러복을
지지하는 곳이 압도적으로 많았다.

전국 조사를 통해 고녀의 양복 도입 과정에 대해서도 밝혀낼
수 있었다.[1] 전체적으로 1921년(다이쇼 10)년부터 1933년(쇼와
8) 사이에 포물선을 그리듯이 일본식에서 서양식으로 전환되고
있음을 알 수 있다. ① 양복 착용의 허가 및 서양식 교복의
제정은 세일러복 이외의 디자인이기는 하지만 1919년의
1개교에서 숫자가 늘어나 1923년의 54개교를 정점으로 감소해
간다. ② 세일러복의 제정은 1926년에 35개교로 ①의 20개교를

---

1   종래의 통계 분석은 구와타 나오코(桑田直子,
    1920年代 1930年代高等女學校における洋裁制服の普及過程
    洋服化志向および制服化志向の学校間差異に注目して)『日本の教育史学』39,
    1996年10月)의 성과에 한정되어 있었다. 이는 252개교의 제정 연도와 교복화의
    타입을 분석하고 서양식 교복은 1923년부터 1928년까지가 피크라는 점을
    지적하고 있다. 이에 비해서 본서에서는 이보다 세 배의 분량을 분석하고
    1922년부터 1929년까지가 피크라는 것과 세일러복의 증가 경향의 실태를 밝혔다.

능가하고 그 후로도 다른 디자인을 밑돌지 않았다. 1926년부터는
③ 세일러복으로 개정하는 학교 수가 늘어나고 있지만
세일러복에서 다른 디자인으로 개정하는 고녀는 거의 없다.

<표 4> 세일러복의 보급률

순서	부현명	%	순서	부현명	%
1	홋카이도	100	25	시가	100
2	아오모리	100	26	교토	59
3	이와테	69.2	27	오사카	86
4	미야기	100	28	효고	89.1
5	아키타	90.9	29	나라	100
6	야마가타	100	30	와카야마	92.8
7	후쿠시마	81.8	31	돗토리	100
8	이바라기	77.7	32	시마네	92.8
9	도치기	90	33	오카야마	80.6
10	군마	100	34	히로시마	100
11	사이타마	89.4	35	야마구치	100
12	지바	71.4	36	도쿠시마	71.4
13	도쿄	63.7	37	가가와	91.6
14	가나가와	62	38	에히메	100
15	니가타	100	39	고치	100
16	도야마	70	40	후쿠오카	97.5
17	이시카와	100	41	사가	100
18	후쿠이	100	42	나가사키	66.6
19	야마나시	57.1	43	구마모토	90
20	나가노	88.8	44	오이타	87.5
21	기후	100	45	미야자키	100
22	시즈오카	100	46	가고시마	88.2
23	아이치	100	47	오키나와	85.7
24	미에	91.6	48	평균	88.9

출처: 권말의 전국 고녀 교복 일람으로 작성

<표 5> 전국 고녀의 교복 제정 과정

	①양복 착용의 허가 및 서양식 교복의 제정	②세일러복의 제정	③세일러복으로 개정	④ 세일러복에서 다른 디자인으로의 개정	①+②
1919년(大8)	1				1
1920년	13				13
1921년	20	3			23
1922년	42	14			56
1923년	54	17	3		71
1924년	52	31	4		83
1925년	38	26	7		64
1926년(大15)	20	35	10		55
1927년(昭2)	11	50	14		61
1928년	11	50	19		61
1929년	17	37	13		54
1930년	13	25	8	1	38
1931년	5	20	9	1	25
1932년	3	21	17		24
1933년	5	20	21		25
1934년	4	11	5		15
1935년	2	6	8	1	8
1936년	2	13	4		15
1937년	2	6	4		8
1938년	1	1		1	2
1939년		5	4		5
1940년	2	8	3		10
1941년		4			4
1942년		4			4
1943년		3			3
합계	318	410	153	4	728

　①과 ②의 합계 수를 표시하면 <표 5>와 같다. 1922년부터 1929년까지 50개교 이상, 1930년부터 1933년까지도 20개교에서 30개교가 양장으로 전환하고 있다. 이 수치의 추이에서도 1923년의 군제郡制 폐지, 간토 대지진의 발생, 쇼와 천황의 즉위 기념이 서양식 교복을 도입한 계기가 아님은 분명해진다.[2] 그러한

것이 직접적인 기회가 아님은 각 장에서 실증했다. 따라서 1919년부터 포물선을 그리듯이 증가하는 서양식 교복은 복장 개선 운동의 영향에 의한 것으로 생각해야만 할 것이다. 그중에서 가장 많은 디자인이 세일러복이었다.

강제도 '군국주의'의 상징도 아니었다

학교 교복이라고 하면 학교 측이 학생들을 관리하기 위해 강제적으로 입히는 것이라는 이미지를 가진 사람도 있을 것이다. 그러나 쇼와 시대 전쟁 전의 고녀에 다녔던 학생들의 이야기를 보면 세일러복을 동경했다는 의견이 다수 보이며 세일러복을 입기 싫었다는 의견은 확인되지 않는다. 그녀들이 교복에 불만을 가졌던 것은 다이쇼 말기의 버스 안내양으로 착각하게 만든 스퀘어 칼라와 스탠드 칼라 상의에 벨트를 매는 것, 그리고 아시아-태평양 전쟁 중에 문부성이 추천하고 장려하여 '수세미 옷깃[숄 칼라]'이라 불렸던 표준복이었다.

전쟁이 격렬해지자 스커트가 금지되고 바지와 몸뻬의 착용이 강제된다. 그러나 세일러복을 입는 학생의 모습은 사라지지 않았다. 전쟁을 체험한 학생의 입장에서 본다면 숄 칼라와 바지,

---

2 난바 도모코는 "실제로 양복 착용이 실시되었던 것에는 여론과 사회적 풍조의 영향과 같은 추상적인 요인뿐만이 아니라 구체적인 계기와 사건이 각각의 학교에서 있었다고 생각된다. 전체적인 경향으로서는 1923(다이쇼 12)년에 군제가 폐지됨으로써 군립 여학교가 현립으로 이관되어 그것을 기념하여 양복을 제정하는 학교가 보인다. 그 밖에도 교사 이전과 신축 기념으로 양복을 제정하는 곳도 있었다. 또 같은 해에는 간토 대지진에 휩쓸려 일본식 복장을 착용한 사람이 도망치는 것이 늦어 화재의 피해에 당하는 일도 있었기에 도시의 부흥과 함께 양복을 착용하자는 주장이 등장한다. 또 1928(쇼와 3)년의 쇼와 천황의 즉위와 황족의 방문을 기념하여 교복을 제정하는 학교도 있었다. 이와 같이 양장의 실시는 공통된 사건이나 이벤트를 계기로 실현된 사례가 많았던 것을 알 수 있다(難波智子, 『学校制服の文化史』, 267~268쪽)"라고 설명하고 있지만 전혀 실증되어 있지 않으며 근거가 없는 추론을 제시하고 있는 것에 불과하다.

몸뻬야말로 "군국주의"의 상징이었다. 세일러복과 스커트 조합은 전쟁 전의 평화로운 시대를 느끼게 했다.

종전 후에는 세일러복에서 블레이저 교복으로 변경하는 고등학교가 늘어난다. 그 이유로 세일러복은 군복을 이미지화한 것이라든가 "군국주의"의 흔적이라는 주장도 볼 수 있다. 하지만 그것이 역사적 사실을 무시한 지적임은 말할 것도 없다. 세일러복은 문부성과 학교 측이 학생에게 강제한 것이 아니라 오히려 학생이 즐겨 입었던 것이다.

유럽화 정책에서 생겨난 '삼중고'를 극복하다

일본 여성들이 양복 착용의 필요성에 쫓기게 된 최초의 계기는 1883년부터 1887년까지의 '로쿠메이칸 시대'라고 불리는 시기에 있었다. 일본은 막부 말기에 외국과 체결한 불평등 조약을 개정하기 위하여 헌법과 의회를 가진 서양 여러 나라와 동일한 근대적 법제 정비를 서둘렀다. 이에 따라 유럽화 정책의 세태를 반영하여 부인 자선회의 바자회가 개최되었고 로마자 학회와 연극 개량회가 발족하거나 법률 학교가 설립되었다.

유럽화 정책의 상징적 존재가 된 것이 외국인 귀빈을 초대하는 장으로 건설된 로쿠메이칸이었다. 여기에는 정치가와 관료뿐만이 아니라 그 부인과 딸 또는 여성 학교 교사 등이 참가했다. 이는 부부 동반으로 출석하는 외국의 친목 모임을 모방한 것이다. 이때 여성의 양장이란 궁중과 로쿠메이칸 등에 참가할 권리가 있는 자에 한정되어 있었다.[3] 하지만 그러한 명예롭고 영광스러운

---

3   졸고「鹿鳴館時代の女子華族と洋装化」(『風俗史学』37, 2007年 3月) 참조.
    여기에서 지적하고 있음에도 불구하고 난바 도모코 씨는 궁중과 로쿠메이칸에 참가하는 여성의 양복과 도쿄 여자 고등 사범 학교 등 일부 학교에서 도입되었던 여학생의 양복을 똑같이 고찰하고 있다. 그리고 양복을 도입하지 않았던 학교와의

장소의 초대장을 받아도 여성들은 병을 이유로 출석하지 않았다. 여성들은 만찬회와 무도회에서 로브 데콜테Robe décolletée라는 가슴이 드러나고 소매가 짧은 중례복中禮服을 입었다. 남성이 행사에서 입는 대례복大禮服과 마찬가지로 중례복의 가격은 고가였으며 날마다 입을 수 있도록 여러 벌을 준비할 수 없었다. 특히 중례복을 입을 때 허리가 가늘어 보이게 하기 위해서 코르셋으로 압박했는데, 이것을 입은 여성들은 갑갑하여 숨 쉬기도 힘들었고 만찬회의 호화로운 요리를 앞에 두고도 먹을 수 없었던 데다가 춤을 추기도 쉽지 않았다. 더욱이 일본에 와 있던 독일인 의사 밸츠Erwin von Bälz를 비롯한 전문가들은 코르셋으로 압박하는 양복이 건강에 해가 되고 미성년 여성의 성장에 영향을 준다고 경종을 울리기도 했다. 스커트 끝자락이 마루에 닿는 커다랗게 부푼 스커트도 활동적이지 않았다.

여성의 양복에는 ① 가격이 비싸다 ② 착용감이 나빠서 건강을 해친다 ③ 활동적이지 않다라는 '삼중고'가 따랐다. 이를 극복하지 않는 이상 전국의 여성에게 양복을 입힐 수는 없었다. 경제적이고 활동적인 세일러복은 건강을 해치지 않고 착용감도 나쁘지 않았다. 미성년 여성의 양복이라는 제한은 있지만 오랜 과제였던 '삼중고'를 극복한 것이었다.

비교 검토도 없이 일본식 복장으로 회귀했다고 표현하고 그 이유를 양장화의 실패와 유럽화 정책에서 국수주의 풍조 등과 같이 근거가 없는 통설에서 찾고 있다. 그러나 유럽화 정책에서 도입된 여성의 양복은 메이지 20년대(1887~1897) 이후에도 궁중과 제국 호텔 등의 참가자 사이에서 사용되고 있었으며, 일반 여성에 대한 보급이라는 과제도 의복 개량 운동과 복장 개선 운동에 인계되어 결코 후퇴했던 셈은 아니다. 이 문제는 위에서 쓴 것처럼 착용 대상자를 이분하고 연속성에서 생각할 필요가 있다. 난바 씨와 같이 착용 대상자를 동일시하고 단절의 관점에서 생각하면 역사적 의의와 그 위상을 파악할 수 없다.

쇼켄 황태후의 뜻이 향한 곳

메이지 20년대[1887~1896]부터 교육자와 의학자 등 전문가 사이에서 유럽화 정책으로 출현한 여성 양복의 '삼중고'를 극복하기 위한 논의가 거듭되었다. 그 과정에서 개량복이 잇달아 발표되었는데, 이는 의복 개량 운동이라고 불린다. 그중에서 압도적인 지지를 얻은 것이 화족 여학교의 간사 겸 교수인 시모다 우타코가 고안한 기모노와 적갈색 하카마 조합이었다. 시모다가 고안한 여성용 하카마는 남성용 바지와 같이 가랑이가 갈라지는 부분이 없고 스커트처럼 되어 있었다. 이것이 메이지 30년대[1897~1906]에 전국의 고녀에 도입되어 갔다.[4]

시모다가 이 조합을 고안한 것은 쇼켄 황태후[메이지 천황의 황후]가 화족 여학교에 행차했을 때 학생들의 기모노 옷자락이 말려 올라가 다리가 보이는 것을 막기 위한 목적이었다. 뿐만 아니라 이 기모노 상의와 하카마 하의를 조합하는 것은 쇼켄 황태후의「의향의 글思食書」에 들어맞았다.[5] 쇼켄 황태후는 궁중과 로쿠메이칸 등에 참가하는 여성을 대상으로 1887년 1월에 「부녀 복제에 대한 황후 폐하 의견의 글」을 게시했다.[6] 거기에서 황태후는 중세로부터 이어진 하나의 기모노에 두꺼운 띠를 감는 복장을 부정하고 고대의 저고리와 치마로 나누어진 여성 복장으로 돌아갈 것을 요청했다. 일본의 역사에 기초해서 설명했기에 서양

---

4   졸고「明治時代の高等女学校と服装論議-女子生徒の着袴-」『大山倉論集』64, 2018年 3月 참조.
5   앞의 논문.
6   「의향의 글」은 인쇄물이 관료들에게 배포되었을 뿐만 아니라『유빈 호치 신문郵便報知新聞』과『여학 잡지女学雑誌』등에도 게재되었다. 때문에 당시 「의향의 글」은 궁중과 로쿠메이칸에 출석하는 여성에 한하고 있었지만 그 이외의 여성의 양장화에도 영향을 주게 된다.

여성과 똑같은 복장이 되는 것이라는 반론을 막는 의미도 있었다.[7] 그러나 이 황후의 의견을 받들어도 '삼중고'를 극복하기는 쉽지 않았고, 궁중과 로쿠메이칸 등에 참가하는 여성 사이에서도 양장은 보급되지 않았다. 하물며 고녀의 학생들이 그것을 실천할 수 있을 리 없다. 시모다가 고안한 하카마는 여학교에서도 사용되었지만 활동적이기 때문에 여공과 전화 교환수 등 일하는 여성 사이에서도 확산되었다. 하카마는 '삼중고'를 극복하기까지의 대용품이라고 할 만한 존재였다.

이로써 기모노에 하카마가 학생의 상징이 되었지만 다이쇼 말기부터 쇼와 시대 전쟁 전까지 세일러복이 이를 대신하게 된다. 이러한 흐름에서 생각하면 여성의 양장화를 촉구한 쇼켄 황태후의 의견은 의복 개량 운동에 따른 통소매와 여성용 하카마를 거쳐 복장 개선 운동에 따른 세일러복으로 결실을 이루었다고 할 수 있을 것이다.

'양장 재봉 붐'의 출발점

점퍼 스커트 또한 그 위에 블레이저와 하프 코트를 조합했기 때문에 상하로 나누어졌다고 할 수 있다. 따라서 여성 양장의 출발점은 세일러복이 아니라 고녀의 서양식 교복이라는 넓은 시점에서 파악해야만 한다. 다만 보급률로 보아도 세일러복의 존재가 첫 번째였다는 것은 틀림없다. 앞서 언급했듯이 세일러복은 쇼켄 황태후의 의견에 합치했으며 의복 개량 운동의 과제였던 '삼중고'를 극복했다. 그러나 복장 개선 운동은 세일러복을 출현하게 했지만 미성년 여성의 양장이라는 한계가

---

7 졸저 『洋服·散髮·脫刀-服制の明治維新-』, 講談社選書メチエ, 2010, 180~182쪽 참조.

있었다. 고녀를 졸업하면 세일러복을 벗고 기모노로 갈아입게
되고 만다. 성인 여성의 양장화는 여전히 진척되지 않았다.

　다만 아시아-태평양 전쟁 후에 성인 여성에게 양복을 보급한
'양장 재봉 붐'이 다이쇼 시대의 복장 개선 운동으로부터
이어진다고 볼 수 있다. 여기에는 특히 고녀에서 세일러복을
교복으로 정하고 그것을 학생에게 봉제시켰던 덕이 크다.
고녀에서 4년~5년간이었지만 양복을 입고 생활한 이들의
복장관은 평생 일본식 복장을 입고 지낸 여성들의 그것과 분명히
달랐을 것이다. 또한 세일러복을 봉제하는 '복장 교육'에 따라
간단한 서양식 재봉에 관한 기술과 지식을 몸에 익혔다. 고녀 졸업
후에 세일러복과 같이 손쉽게 만들 수 있는 성인 여성의 양복이
있다면 스스로 봉제해서 입어 보자는 의식이 갖추어진 것이다.

　복장 개선 운동 속에서 1923년에 창설된 문화 재봉文化裁縫
여학교는 1922년에 문화 복장 학원文化服裝學院으로 개칭했다.
이 학원은 1939년 2월에 '전국 고등 여학교 교장 협회복協會服
연구부'의 이벤트에 협력한다. 학원의 입학 자격은 고녀
졸업이었지만 1939년의 입학생이 1,180명으로 재학생을
합치면 2,000명이나 됐다. 이 학교는 1941년에 재학생이
3,000명을 넘게 된다.[8] 문화 복장 학원은 1926년에 창설한
드레스 메이커ドレスメーカー 여학원과 어깨를 나란히 하는 양대
학교였으며, 이러한 점에서 볼 때 전쟁 후의 '양장 재봉 붐'은
하루아침에 생긴 현상이 아니었다.

　1927년부터 1945년까지 전국 고녀의 졸업생 수는 195만
7,987명이며 1945년 시점에서 1927년의 졸업생은 36세, 1945년

8　『文化服装学院40年のあゆみ』, 文化服装学院, 1963, 104~105, 122쪽.

졸업생은 17세가 되었다.[9] 그녀들이 '양장 재봉 붐'을 짊어진 사람들이 되었던 것이다. 1948년의 교육 개혁에 의해 고녀가 폐지되고 고등학교가 창설된다. 고녀 시대에 세일러복을 입은 졸업생들은 자신의 딸이 다시 그것을 입고 중학교와 고등학교에 다니는 데에 저항이 없었다.

전쟁 시기의 양장은 의료 부족에 따라 군복이나 일본식 복장을 재이용한 갱생복更生服 등에 한정되었지만(물자로서의 복장 개선 운동의 단절) 양장 재봉이라는 작업은 단절되지 않았다. 따라서 전후에 배급 제도가 계속되었어도 양장을 자유로이 재봉할 수 있게 되자 뒷전으로 밀려나 있던 성인 여성의 양장을 추구하는 복장 개선 운동이 다시 시동을 걸었다(양장 재봉으로서의 복장 개선 운동의 연속). 종래의 복식사 연구에서는 '양장 재봉 붐'의 도래를 맥아더의 민주화 정책으로부터의 영향과 미국에 대한 동경에서 찾는 경우가 많았다. 그렇지만 그것은 전쟁 이전과의 연속성을 고려하지 않는 연구라고 할 수 있다.[10] 전쟁 전에 미성년 여학생들의 동경의 대상이었던 세일러복은 전후 성인 여성의 양장화를 가져오는 원인이 된 것이다.

---

9 高等女学校研究会編, 『高等女学校の研究-制度的遠隔と設立家庭-』(太空社, 1994年)의 권말표에서 통계를 취했다.
10 이 문제점에 대해서는 井上雅人, 『要塞文化と日本のファッション』, 青弓社, 2017, 24~26쪽도 지적하고 있다.

끝으로

 필자가 학교 교복의 역사에 흥미를 가진 것은 중학교 1학년 등교 첫날로, 그날 배포된 학생 수첩에 교복에 관한 마음가짐이 적혀 있는 것을 본 다음부터였다. 필자의 중학교는 남녀 모두 블레이저였지만 선로를 끼고 마주한 중학교는 남자가 가쿠란, 여자가 세일러복을 입고 있었다. 중학생 무렵부터 후루세키 유지[古関裕而(1909~1989), 후쿠시마 출생의 유명 작곡가]가 작곡한 유행가를 듣거나 전쟁 전에 크게 히트했던 영화 <아이젠 가쓰라[愛染かつら, 가와구치 마쓰타로川口松太郎의 동명 소설을 1938년에 영화화]>를 보거나 하면서 옛날 젊은이들 사이에 유행했던 것을 무척 좋아했다. 오자키 고요尾崎紅葉의 『곤지키 야샤[金色夜叉, 한국에도 『이수일과 심순애』로 번안되어 소개된 유명한 작품]』에 나오는 간이치와 같은 가쿠란 차림의 중학생이 부러웠다. 그러나 학군이 정해져 있어서 선로 반대편에 있는 중학교를 다닐 수는 없었다.
 그런 마음으로 블레이저를 입고 다니면서 학생 수첩을

보고 있을 때 왜 우리 학교는 블레이저인데 저쪽의 중학교는 가쿠란일까? 도쿄도와 교육 위원회의 지시가 있었다면 두 가지 디자인이 생겨날 리가 없다. 학교 측이 결정하는 것인가? 그렇다면 도쿄의 학교를 전부 조사해 보면 여러 차이를 볼 수 있을 것이다. 아니다, 일본 전국을 조사해 보면 재미있는 것을 알 수 있지 않을까 하고 느꼈다. 그와 동시에 중학생이었던 필자가 다른 학교에 문의를 해 봤자 문전 박대를 당할 것 같았다. 이를 언젠가 밝혀 보고 싶다는 순수한 마음을 계속 가져 왔던 것이 필자가 학교 교복의 역사를 규명하는 데에 강한 원동력이 되었다. 그러나 그 사이에 실증적이지 않은 어중간한 서적이 등장했고, 이 책의 처음에도 제시한 '세일러복 야마타이국 논쟁'과 같이 해결되지 않는 소모적 논의가 일어났는데 미디어도 재미있어하며 그 화제를 반복해서 보도했다. 필자는 그러한 서적과 보도 기사를 읽을 때마다 학교 교복사를 모독하고 있는 것 같아 분노를 느꼈다.

  근거도 없는 도시 전설과 같은 역사 인식을 정착시켜서는 안 된다. 필자는 이를 간과할 수 없다고 생각하고 논전에 참전할 것을 결의했다. 본격적으로 연구에 착수한 것은 10년 전, 현재의 니혼 대학 상학부에 취직한 다음부터이다. 마침 일본의 정치를 주도한 정치가와 관료들이 의례에서 입던 대례복의 연구가 일단락되어 여성 양장화의 발전 단계론을 검토하기 시작한 시기였다. 그러나 연구에 착수한 즉시 이 정도로 연구자를 눈물짓게 하는 과제는 없을 것이라 생각했다. 전국에 900교 이상 존재했던 고녀를 계승한 고등학교의 기념지를 보기는 쉽지 않았다. 일본사 연구는 연구 기관 곳곳을 다니면서 공문서와 고문서를 차근차근 읽어 나가는 것이 기본이지만 이 방법으로는 전혀 성과를 거둘 수가 없었다. 고등학교 기념지가 대학 도서관에 소장되어 있을 리도 없고 국립 국회 도서관에서 열람한다고 해도 한계가 있다. 따라서 전국의 도서관에 가서 기념지를 열람해야만 했다.

다음으로 문제인 것이, 기념지를 봐도 교복에 관한 서술이 없거나 기념지를 발행하지 않은 학교도 있다는 것이다. 그러한 경우는 일본 전국의 고교를 직접 찾아가 남아 있는 사료를 보여 달라고 할 수밖에 없다. 그러나 간단하게 일이 진행된다는 보장은 없다. 전화를 하면 "어떤 목적입니까?", "어디에 사용합니까?"라는 벽에 충돌한다. 그때마다 경위를 설명하고 열람 신청서 등을 작성해야만 한다. 또한 교장과 교감, 행정실장 등 창구가 된 사람의 사고방식에 따라 협력 여부가 갈린다. 다시 한번 필자가 중학교 1학년일 때는 물론이요 대학생과 대학원생 무렵에도 불가능한 과제임을 느꼈다. 일본 전국을 돌아다니는 데 막대한 출장 비용이 필요하기 때문에 학생 입장에서는 무리이며, 가령 자금이 있어도 프리랜서 입장이라면 더욱 고생만 하지 않았을까? 국가의 관료들이 입는 대례복과 남성의 양장화를 추적하는 것만으로는 체감할 수 없던 것을 배웠다.

학교 기념지를 300교에서 400교 정도 조사했을 무렵이 가장 힘들었다. 아직도 이런 작업을 두 배 이상 계속해야 한다고 생각하니 정신이 아득해졌다. 그래도 그만두지 않았던 것은 중학생 때부터의 생각과 목숨을 걸고 일본 근대 복식사를 연구해 밝혀 보겠다는 강한 신념을 가지고 있었기 때문이다. 아시아-태평양 전쟁에서는 일본군과 미군 사이에서 과달카날섬을 중심으로 솔로몬 제도를 둘러싼 공방전이 전개되었지만, 나에게 있어 세일러복을 중심으로 한 학생복 제도를 둘러싼 전투는 가정학의 학교 교복 연구자와의 결전과 다름없었다. 힘들어졌을 때는 <결전의 노래>를 듣고 "힘내라! 적도 필사적이다", "싸워 내자 세일러복 전쟁", "오늘도 결전 내일도 결전"이라면서 자신을 타일렀다.

이 괴로운 작업을 극복할 수 있었던 것은 역시 필자가 납득할 수 없는 학교 교복사에 관한 학술서와 도감류가 계속 등장했기 때문이다. 이러한 저작물은 충분한 조사를 하지 않으면 어중간한 결과밖에 생산할 수 없음을 증명한다. 예를 들면 모 연구자의 도감을 보면 단추가 어느 학교의 것인지 불명확하다는 자료 설명이 군데군데서 발견된다. 이것은 백과사전과 사전을 펴고 내가 알고자 하는 것을 찾고 싶어서 페이지에 도달해도 '불명'이라고 적혀 있는 것과 마찬가지다. 독자에게 정확한 정보를 전달하지 않는 도감이란 것이 존재할 수 있을까? 그리고 실증적이지도 않고 근거가 없는 설도 적혀 있었다.

또 이 학교의 교복은 인기가 있어서 빼놓을 수가 없는데도 소개를 하지 않는다거나 거꾸로 왜 이 학교의 교복 사진을 소개하는지 의문이 산처럼 쌓인다. 이는 학교 교복의 흥미로운 점과 특징, 나아가 인기 있는 디자인과 인기 없는 디자인 등을 숙지하고 있지 않은 결과나 마찬가지다. 이래서는 단순하게 손에 넣을 수 있었던 기념지와 졸업 기념 사진첩을 열거했을 뿐이라고 여겨도 불평할 수 없을 것이다.

당연하게도 자신이 추구하는 연구 과제에는 최대한의 애정을 기울이는 것이 중요하다. 필자의 연구 성과를 본 직장의 선배 교원들로부터 "연구 대상을 좋아하는 것이 좋은 연구의 조건이군요"라는 말을 들었다. 또 이전에 모 문고본의 편집장을 지냈던 분으로부터 "싫어하는 테마에 대해서 쓰면 좋은 결과를 얻을 수 없습니다. 자기가 좋아하는 테마를 쓰는 것이 성공의 비결이지요"라는 말을 들은 적도 있다. 양쪽 모두 칭찬이라 생각하고 감사히 여기고 있다.

물론 필자 자신도 그렇게 생각한다. 대례복도 세일러복도 그리고 쇼와 가요도 좋아하니까 연구 테마로 삼고 있는 것이다.

싫어한다면 조사할 의욕은 솟아나지도 않으며, 아무리 애를 쓰고 대항해 보아도 그것을 좋아하는 사람 앞에서는 지식에서 뒤지고 만다. 가정학의 학교 교복사 연구자가 써도 설득력이 모자란 것은 애초에 교복 애호가와 대치할 수 있을 만한 지식이 없기 때문이다. 전국 900교 이상의 고녀를 조사하며 느낀 것은, 세 끼 밥보다 교복을 더 생각하는 필자조차 몇 번이나 도중에 조사를 포기하고 싶었으니 이 가혹한 작업을 종래의 복식 연구자가 해낼 수 있을 리 없다는 점이었다.

　가혹한 작업이었지만 즐거운 일도 많았다. 관광으로는 결코 방문하지 못할 곳에도 갈 수 있었고, 아직 쇼와 시기와 다르지 않은 풍경이 남아 있는 것도 느낄 수 있었다. 각 학교의 다이쇼부터 쇼와 시대 전쟁 전의 졸업 사진첩은 시간이 흐르는 것도 잊고 열중해서 보았다. 목조 교사와 버스, 전차, 거리 풍경을 보고는 하루나 이틀이라도 좋으니 타임 슬립 유학을 해 보고 싶다고 생각했다. 그리고 어느 페이지에서나 보이는 세일러복 차림의 그녀들이라면 틀림없이 시간을 잊고 즐겁게 이야기할 수 있을 것 같았다. 의견이 맞지 않아도 필자가 "쇼지 타로東海林太郎가 좋아"라고 하면 "후지야마 이치로藤山一郎가 더 나아"라고 했을지 모른다[쇼지와 후지야마 모두 쇼와 초기의 유명 대중 가수]. 그녀들과 동시대에 살아 보고 싶기는 하지만 만약 그 시대에 있었다면 일본사 연구로서의 『세일러복의 탄생』은 쓰지 못했을 것이다.

　교복사라는 산맥을 계속 걸어오다 보니 꽤나 시간이 흘렀다. 대례복의 고개를 넘고 잠깐 쉬다가 다시 세일러복의 고개를 넘었다. 여기까지 왔으니 이번에는 가쿠란 고개, 블레이저 고개로 돌진해 나갈 생각이다. 긴 여정이지만 나카자토 가이잔中里介山의 『대보살 고개[大菩薩峠, 1913년부터 1941년까지 신문에 연재된 소설로 41권에 이르렀지만 미완]』처럼 미완으로 끝나지 않도록 하고 싶다.

  끝으로 『세일러복의 탄생』이 탄생할 수 있었던 것은 호세이 대학 출판국의 오쿠다 노조미奧田のぞみ 씨가 있었기 때문이다. 조사에 대한 필자의 비타협적인 자세를 이해하고 원고를 독촉하지도 조급해하지도 않고 기다려 주셨다. 당초에는 표지와 뒤표지에 필자가 수집한 세일러복을 사진으로 찍어서 사용하려고 생각했다. 그러나 그것을 그만두고 여학생이 세일러복을 입은 컬러 그림으로 하면 어떠냐는 제안도 쾌히 승낙해 주셨다. 필자의 요망에 맞춘 그림을 그려 주신 무라카미 후토시村上太 씨, 장정을 맡아 주신 오쿠사다 야스유키奧定泰之 씨, 필자의 연구 취지를 이해하고 사료 열람과 사용을 흔쾌히 승낙해 주신 학교 관계자, 그리고 본서의 간행까지 이끌어 주신 오쿠다 씨에게 이 자리를 빌려서 감사의 말씀을 드린다.

레이와 3년(2021) 11월

오사카베 요시노리

전국 고등 여학교 서양식 교복 일람

1948년에 고등 여학교에서 고등학교가 된 학교의 기념지와 고등학교에 현존하는 사료 등을 통해 작성했다. 제정 연월의 ( )는 개교를 가리킨다.

학교명	구분	제정 연월	교복 구분	내용
홋카이도				
구시로釧路 고녀	정립	사료를 확인할 수 없음		
나요로名寄 고녀	정립	~1933	세일러복	(동복) 짙은 군청색 (하복) 흰색 무명
네무로根室 고녀	정립	1936	세일러복	스커트에 흰 선 한 줄
노쓰케우시野付牛정 여자 직업 학교 →노쓰케우시 고등 가정 여학교 →노쓰케우시 고녀	정립	1929.7. 1933	점퍼 스커트(하복) 세일러복(동복)	
다키가와滝川 고녀	정립 →청립	(1929) ~1935	세일러복 세일러복	(동복) 깃에 검은 선 두 줄 (동복) 군청 또는 검은 서지 (하복) 흰색 포플린. 깃과 소매, 가슴 덮개에 흰 선 두 줄
도마코마이苫小牧 고녀	청립	1926 1939	군청색 서지 양복 무명 벨트 세일러복	
루모이留萌 여자 직업학교 →홋카이도 루모이 고녀	정립 →청립	~1932	세일러복	(동복) 군청색. 흰색 긴 소매. 깃과 소매, 가슴 덮개에 흰 선 두 줄. 스커트에 파도모양 선 한 줄 (하복) 흰색 긴소매. 깃과 소매, 가슴 덮개에 흰 선 두 줄. 스커트에 파도 모양 선 한 줄

학교명	구분	제정 연월	교복 구분	내용
무로란室蘭 고녀	청립	불명 ~1936	세일러복 세일러복	(동복) 스커트에 흰 선 한 줄 (하복) 깃과 소매, 가슴 덮개에 흰 선 세 줄. 넥타이
삿포로 후지藤 고녀	사립	~1925	세일러복	
삿포로札幌 고녀	청립	1924.4. ~1931	세일러복(표준복) 세일러복	군청색 깃과 소매에 흰 선 두 줄 스커트에 산 모양 선. 주름 열여섯 개
삿포로札幌 고녀	구립 →시립	1923.1. 1931 1938	접은 깃 형태의 벨트 양복 세일러복 세일러복(개정)	검은 리본
세이호로聖保祿 고녀	사립	1929 1939	세일러복 세일러복	흰 깃에 선 세 줄. 가슴 덮개에 선 세 줄. 닻 자수. 넥타이 (동복) 군청색 깃과 소매에 선 세 줄 (하복) 흰 천에 깃과 소매에 군청색 선 세 줄. 넥타이
스나가와砂川 고등 가정 여학교 →스나가와 고녀	정립	사료를 확인할 수 없음		
시마이姉妹 고녀 →오비히로산조 帶広三条 고녀	정립 →청립	1928 1932	점퍼 스커트 세일러복	
시베쓰標津 실천 여학교 →시베쓰 실과 고녀 →시베쓰 고녀	촌립 →공립	~1934	세일러복	가슴과 스커트에 선 두 줄
아바시리網走고녀	청립	1925 1933	점퍼 스커트 세일러복	더블 여섯 개 버튼. 벨트
아사히카와 공립共立 실과 고녀 →아사히카와 공립 고녀	사립	사료를 확인할 수 없음		
아사히카와旭川 고녀	시립	사료를 확인할 수 없음		
아사히카와旭川 고녀	청립	1924.2.	세일러복	

학교명	구분	제정 연월	교복 구분	내용
야쿠모八雲 가정 여학교 →야쿠모 실과 고녀 →야쿠모 고녀	정립 →청립	불명	세일러복	
에베쓰江別 고녀	청립	1933.4.	세일러복	(동복) 군청색. 깃과 소매, 가슴 덮개에 흰 선 두 줄 (하복) 흰색. 군청색 깃과 소매, 가슴 덮개에 흰 선 두 줄. 스커트에 크고 작은 흰 선 두 줄
에사시江差 실과 여학교 →에사시 실과 고녀 →에사시 고녀	청립	~1933	세일러복	깃과 소매에 흰 선 두 줄. 스커트에 요철선
오비히로 오타니帯広大谷 고녀	사립	1926	세일러복	스커트에 선 한 줄
오타루 료큐小樽緑丘 고녀	사립	사료를 확인할 수 없음		
오타루 후타바小樽双葉 고녀	사립	1934.6.	세일러복	깃과 소매. 가슴 덮개. 넥타이에 흰 선 세 줄. 모자
오타루小樽 고녀	청립	1921.6. 1927.4.	양복 착용 허가 세일러복	스커트에 검은 선 두 줄
오타루小樽 고녀	시립	사료를 확인할 수 없음		
왓카나이稚内 실과 고녀 →왓카나이 고녀	정립 →청립	1930.4. 1930.6. 1932.5.	세일러복 운동형 세일러복	스커트에 흰 선 한 줄 (하복) 베이지색 포플린 (하복) 흰 무명 포플린. 군청색 깃에 흰 선 한 줄
요이치余市 실과 고녀 →요이치 고녀	청립	불명 ~1935	세일러복 세일러복	스커트에 흰 선 한 줄 (동복) 군청색 깃과 소매, 가슴 덮개에 흰 선 두 줄 (하복) 흰 긴소매. 군청색 깃과 소매, 가슴 덮개에 흰 선 두 줄

학교명	구분	제정 연월	교복 구분	내용
우라카와浦河 실천 여학교 →우라카와 실과 고녀 →우라카와 고녀	정립 →청립	~1932	세일러복	
유바리夕張 고등 가정 여학교 →유바리 고녀	정립	1936.4.	세일러복	
이와나이岩內 고녀	청립	~1937	세일러복	(동복) 군청색. 깃과 소매, 가슴에 흰 선 두 줄 (하복) 흰색. 군청색 깃에 흰 선 두 줄
이와미자와岩見沢 고녀	청립	사료를 확인할 수 없음		
이케다池田 고녀	정립 →청립	1931	세일러복	깃과 스커트에 흰 선 두 줄
하코다테 오타니大谷 고녀	사립	1925 1934	스탠드 칼라 상의 세일러복	흰색 깃. 앞트임. 벨트 깃과 소매, 가슴 주머니에 회색 선 세 줄 넥타이는 1학년 적색, 2학년 녹색, 3학년 청색, 4학년 군청색, 보습과 흑색
하코다테函館 고녀	청립	1922 1935	흰 숄 칼라 상의, 벨트 세일러복	
호쿠세이北星 여학교	사립	1933.4.	세일러복	(동복) 군청색 천의 깃과 소매, 가슴 덮개에 흰 선 한 줄 (하복) 흰 천에 군청색 깃과 소매, 가슴 덮개에 흰 선 한 줄. 뒷깃에 별 휘장. 겨울은 군청색, 여름은 흰 챙의 모자
홋카이北海 여학교 →홋카이 고녀	사립	1922 1924 1927.4. 1934.6.	스탠드 칼라 상의 곡선 옷깃 벨트 세일러복 세일러복	포 버튼. 벨트 스커트에 선 두 줄 깃과 스커트에 선 두 줄
후라노富良野 실과 고녀 →후라노 고녀	정립 →청립	1931	세일러복	깃에 검은 선 두 줄. 스커트에 흰 선
후카가와深川 고녀	정립 →청립	~1929	세일러복	

학교명	구분	제정 연월	교복 구분	내용
아오모리현				
고쇼가와라五所川原 고녀	현립	~1928 1938	세일러복 세일러복	군청색 천. 깃과 가슴 덮개에 흰 선 두 줄
나미오카浪岡 여자 실무 학교 →나미오카 고녀	촌립	불명	세일러복	
다나부田名部 실과 고녀 →다나부 고녀	현립	1933	세일러복	깃과 소매, 가슴에 흰 선 두 줄
산본기三本木 고녀	정립 →현립	1933 ~1940	하프 코트 점퍼 스커트 세일러복 점퍼 스커트	깃과 소매에 흰 선 두 줄. 넥타이
아오모리 실과 고녀 →아오모리 고녀	시립	~1931 1935	블레이저 세일러복	
아오모리 제1 고녀 →히로사키弘前 고녀	현립	1922	세일러복	(동복) 군청색 천. 깃과 소매에 흰 선 두 줄. 검은 밀짚모자에 흰 리본 (하복) 흰 천
아오모리 제2 고녀 →하치노헤八戸 고녀	현립	1926	세일러복	(동복) 군청색 (하복) 흰색. 깃과 가슴 덮개에 연지색 선 두 줄. 검은 넥타이
아오모리 제3 고녀 →아오모리 고녀	현립	1925 1933	스탠드 칼라 상의 세일러복	스리 버튼. 벨트 스커트 주름 24개
아지가사와鰺ヶ沢 고녀	공립	~1943	문부성 표준복	
쓰쓰미바시堤橋 고녀	사립	사료를 확인할 수 없음		
히로사키弘前 여학교	사립	1931	세일러복	(동복) 군청색 서지. 깃과 소매에 갈색 선 두 줄 (하복) 흰색 개버딘. 남색 천 깃과 소매에 흰 선 두 줄. 연지색 후지견 넥타이 (행사) 옅은 오렌지색 새틴

학교명	구분	제정 연월	교복 구분	내용
이와테현				
가마이시釜石 실과 고녀 →가마이시 고녀	정립 →시립 →현립	1930	세일러복	(동복) 군청색 깃과 소매, 가슴 덮개에 흰 선 두 줄 (하복) 흰색 깃과 소매, 가슴 덮개에 선. 검은 새틴 나비넥타이
구로사와지리黒沢尻 실과 고녀 →구로사와지리 고녀	정립 →현립	1927 1930	세일러복 스탠드 칼라 상의 점퍼 스커트	(동복) 군청색. 흰 깃과 커프스 (하복) 흰색. 군청색 깃과 소매, 가슴에 흰 선 두 줄 (동복) 검은색 넥타이 (하복)
구지久慈 고녀	현립	~1943	문부성 표준복	
다카다高田 실과 고녀 →다카다 고녀	조합립 →현립	1930	세일러복	(동복) 군청색 깃, 소매, 가슴 덮개, 가슴에 흰 선 두 줄. 넥타이 (하복) 흰색. 검은 깃과 소매에 흰 선 두 줄
도노遠野 실과 고녀 →도노 고녀	현립	1923.7. 1929 1938	숄 칼라 상의 스퀘어 칼라 상의 세일러복 세일러복	(동복) 비로드 숄 칼라 상의. 벨트 (하복) 스퀘어 칼라 줄무늬 긴소매 (동복) 군청색 천의 깃과 소매에 짙은 군청색 선. 검은 리본 (하복) 크림색 포플린 천의 깃에 검은 선 (동복) 깃과 소매, 가슴 덮개, 가슴 주머니에 흰 선 두 줄 (하복) 흰 천에 짙은 군청색 선 세 줄
도호쿠東北 고녀	사립	1929	흰 깃에 군청색 투피스	
모리오카盛岡 제1 고녀	시립	사료를 확인할 수 없음		
모리오카盛岡 고녀	현립	1928	스탠드 칼라 상의	넥타이. 스리 버튼
미야코宮古 고녀	현립	1933	스탠드 칼라 상의	끈 넥타이
미즈사와水沢 실과 고녀 →미즈사와 고녀	현립	1923 1934	스퀘어 칼라 상의 세일러복 스탠드 칼라 상의	(동복) 벨트 (하복)

학교명	구분	제정 연월	교복 구분	내용
이와야도岩谷堂 고녀	현립	1928 1929	스탠드 칼라 상의 접은 깃 셔츠	(동복) 스리 버튼 (하복) 검붉은색 포플린. 넥타이
이와테岩手 고녀	사립	1930 1932	블레이저 세일러복	깃과 소매에 흰 선 두 줄. 스커트에 선 한 줄
이치노세키―関 고녀	현립	1922 1924 1927 1929 1933	테일러 칼라 원피스 숄 칼라 원피스 숄 칼라 투피스 오픈 칼라 상의 세일러복	(동복) 군청색 무명 (하복) 하늘색 무명 넥타이 (동복) 군청색 서지 (하복) 크림색 포플린. 검고 가는 끈넥타이 (동복) 군청색 서지 (하복) 흰색 포플린. 깃에 흰 선 세 줄. 갈색 넥타이
이치노헤―戸 고녀	현립	~1936	세일러복	깃과 소매, 가슴에 흰 선 세 줄
하나마키花巻 고녀	현립	1923 1940	테일러 칼라 원피스 세일러복	(하복)
미야기현				
가쿠다角田 고녀	현립	1932.6. 1936	세일러복 세일러복	(동복) 군청색 서지. 검은 선 세 줄 (하복) 흰색 포플린. 흰색 깃. 흰색 선 세 줄. 흰색 넥타이 (하복) 군청색 깃. 흰 선 세 줄
기타고반초北五番町 고녀	시립	1943	문부성 표준복	
도메登米 고녀	현립	1930	세일러복	(동복) 적갈색 (하복) 흰색
도키와기常盤木 학원 고녀	사립	(1928.4.)	세일러복	깃과 소매에 흰 선 세 줄
미야기 고녀	시립	1943	문부성 표준복	
미야기 고녀 →미야기 제1 고녀	현립	1922 1923.4. 1925	양장 장려 양장 착용 세일러복	군청색 서지
미야기 여학교	사립	1931	블레이저	
미야기 제2 고녀	현립	1926	세일러복	검은 선. 검은 넥타이. 스커트 주름 16개

학교명	구분	제정 연월	교복 구분	내용
미야기현 제3 고녀	현립	1924 1929 1930 1935	점퍼 스커트 곡선형 깃 블레이저 세일러복	벨트 단추
센다이仙台 고녀	사립	1928	세일러복	
쇼와昭和 고녀	시립	1943	문부성 표준복	
쇼케이尚絅 여학원	사립	1923 1930 1934	양복 착용 허가 세일러복 세일러복	깃에 흰 선 두 줄 (동복) 깃에 군청색 선 세 줄. 군청색 넥타이 (하복) 흰색 상의. 군청색 깃에 흰 선 세 줄
시로이시白石 고녀	현립	1930	세일러복	(동복) 깃과 소매, 가슴 덮개에 흰 선 세 줄 (하복) 흰색 천
시로이시白石 고녀	시립	1943	문부성 표준복	
와카야나기若柳 고녀	정립	1929 ~1938	스탠드 칼라 상의 세일러복	(동복) 짙은 군청색 (하복) 크림색, 검은 넥타이
와쿠야涌谷 고녀	현립	1929 1935	숄 칼라 상의 세일러복	리본
요시다吉田 고녀	사립	1930 1940	블레이저 세일러복	투 버튼 깃과 소매에 흰 선 두 줄. 동복은 군청색 서지. 하복은 흰색 포플린. 스커트 주름 16개
이시노마키石卷 고녀	현립	1929	세일러복	(동복) 서지 (하복) 포플린, 넥타이
이쓰쓰바시五橋 고녀	시립	1943	문부성 표준복	
후루카와古川 고녀	사립	1930 1940	블레이저 세일러복	투 버튼 깃과 소매에 흰 선 두 줄. 동복은 군청색 서지. 하복은 흰색 포플린. 스커트 주름 열여섯 개
아키타현				
가쿠노다테角館 고녀	현립	1928	세일러복	(동복) 군청색 천. 깃과 소매, 가슴 덮개에 흰 선 세 줄. 검은 넥타이 (하복) 아이보리색 천. 하늘색 깃과 가슴 덮개에 흰 선 세 줄. 검은 넥타이. 흰색 피케 모자

학교명	구분	제정 연월	교복 구분	내용
노시로能代 고녀	현립	1923 1924 1927 1929	앞치마 식의 양복 단추 다섯 개 숄 칼라 세일러복 세일러복	스커트에 흰 선 한 줄 군청색 깃과 소매, 가슴 덮개에 선 세 줄
세이레이聖靈 학원 고등 여학원	사립	1931 1936.12.	세일러복 세일러복	깃에 흰 선 두 줄. 깃 전후로 물떼새 모양 깃에 흰 선 두 줄. 깃 앞으로 물떼새 모양. 뒤로는 별. 가슴에는 학교 휘장
쓰치자키土崎 고녀 →아키타 고녀	시립	1934 ~1940	하프코트 세일러복	깃과 소매, 가슴 덮개, 가슴에 흰 선 세 줄. 나비매듭
아키타 고녀	현립	1923 1928 1936 1937	양복 착용 허가 세일러복 세일러복 세일러복	깃과 소매, 가슴 덮개에 흰 선 세 줄. 군청색 후지견 리본. 왼팔에 아게마키あげまき(쌍상투) 휘장. 모자는 지정품 왼팔에 아게마키 휘장 모자 착용 의무화
오다테大館 고녀	현립	1929 1938	세일러복 세일러복	(동복) 깃과 소매, 가슴 덮개, 가슴에 흰 선 두 줄. 넥타이 나비넥타이
오마가리大曲 고녀	현립	1927.5.	세일러복	(동복) 군청색 천. 깃과 소매, 가슴 덮개에 흰 선 두 줄 (하복) 흰색 블라우스. 리본
요코테橫手 고녀	현립	1930.4. 1938	세일러복 세일러복	깃과 소매, 가슴 덮개에 청색 선 두 줄. 청색 넥타이 깃과 소매, 가슴 덮개에 흰 선 세 줄. 묶음식 청색 넥타이. 상의 왼쪽 아래와 뒷깃 좌우에 흰 실로 은행잎 자수

학교명	구분	제정 연월	교복 구분	내용
유자와湯沢 고녀	현립	1928.4.	세일러복	(동복) 군청색 서지의 깃과 소매, 스커트에 검은 선 한 줄 (하복) 크림색 깃과 소매에 검은 선 한 줄
하나와花輪 고녀	현립	1928 1935	스탠드 칼라 원피스 점퍼 스커트	회색
혼조本荘 고녀	현립	1928.4.	세일러복	(동복) 깃과 소매, 가슴 덮개, 가슴에 흰 선 두 줄. 스커트에 흰 선 한 줄
야마가타현				
나가이長井 고녀	현립	1932.4.	세일러복	(동복) 군청색 (하복) 흰색. 깃에 갈색 선 세 줄. 옆은 녹색 넥타이
다테오카楯岡 고녀	현립	1929.6. 1930 1931 1934.4.	플랫 칼라 상의 세일러복 세일러복 세일러복	(표준복) (하복) 달걀색 포플린. 가는 넥타이 묶음 (동복) 군청색 깃과 소매, 가슴 덮개에 연지색 선 두 줄. 후지견 또는 크레이프 드 신 넥타이. 벨트. 스커트 주름 열여섯 개 (하복) 베이지색 서지. 깃과 가슴에 흰 선 두 줄 (동복) 벨트가 없어짐 (하복) 흰색 포플린, 군청색 서지의 깃과 소매에 흰 선 세 줄. 넥타이는 후지견 나비매듭
미야우치宮内 고녀	현립	~1929	세일러복	군청색 깃에 흰 선 두 줄
사카타酒田 고녀	현립	1926.6. 1927.4.	세일러복 세일러복	(하복) 아마색 면마직. 넥타이는 나비매듭 (동복) 군청색 서지
신조新荘 고녀	현립	1930 1938 1940	플랫 칼라 상의 플랫 칼라 상의 세일러복	나비넥타이

학교명	구분	제정 연월	교복 구분	내용
야마가타 고녀 →야마가타 제1 고녀	현립	1928 1939	세일러복 세일러복	(동복) 군청색, 깃과 소매. 가슴 덮개에 흰색 선 세 줄. 적갈색 넥타이 (하복) 붉은 빛이 도는 흰색과 검은색 넥타이 (동복) 군청색 깃과 소매. 가슴 덮개에 흰 선 세 줄. 야마가타의 흰 선 세 줄이 들어간 넥타이
야치숑地 고녀	현립	~1932	세일러복	(동복) 군청색 서지. 깃과 소매, 가슴 주머니에 흰 선 세 줄. 검은색 넥타이 (하복) 흰 천. 군청색 깃
요네자와米沢 고녀	현립	1924.6. 1929	스탠드 칼라 상의 세일러복	(동복) 군청색 서지. 다이코쿠보시 (하복) 무명. 검은 밀짚모자 넥타이
쓰루오카鶴岡 고녀	현립	1925 1927	스탠드 칼라 상의 세일러복	(동복) 군청색 서지 깃에 선 두 줄. 넥타이 (하복) 흰색 깃에 하늘색 선 두 줄. 스커트 주름 12개
후쿠시마현				
고리야마 슈쿠도쿠 郡山淑徳 여학교 →고리야마 고녀	시립 →현립	1930 1933	스탠드 칼라 상의 세일러복	넥타이. 1학년 연지, 2학년은 갈색, 3학년은 청색, 4학년은 흑색 (동복) 군청색 깃과 소매에 흰 선 세 줄 (하복) 흰 상의. 군청색 깃과 소매에 흰 선 세 줄
기타가타喜多方 고녀	현립	1928 1932	점퍼 스커트 망토, 오버코트 추가	(동복) 군청색 서지 신사복형. 벨트 (하복) 블라우스와 스커트. 벨트 (동복) 녹색 또는 갈색 망토 착용. 오버코트는 특별허가가 필요
다이라平 고녀	시립	~1942	세일러복	

학교명	구분	제정 연월	교복 구분	내용
소마相馬 고녀	현립	1924 1931 1933	세일러복 세일러복 세일러복	(하복) 착용 허가 깃과 소매에 흰 선 세 줄. 가슴 주머니에 학년별로 1~4줄 (하복) 코발트색 깅엄천
시라카와白河 고녀	현립	1929 1934	블레이저, 점퍼 스커트 블레이저, 점퍼 스커트	가는 넥타이. 1학년 적색, 2학년 군청색, 3학년 녹색, 4학년 금갈색
아사카安積 고녀	현립	1929 1932~ 1933 1934	세일러복 세일러복 세일러복	(동복) 군청색 서지, 깃에 연지색 선 세 줄. 가는 넥타이(1학년 연지, 2학년 금갈색, 3학년 청색, 4학년 녹색) (하복) 크림색 포플린, 군청색 깃과 소매, 가슴 주머니에 흰 선 세 줄 (하복) 흰색 포플린. 군청색 깃과 소매. 가슴 주머니에 흰색 선 세 줄 깃과 가슴 덮개에 연지색 선 세 줄. 가슴에 연지색 선 (1학년 1줄~4학년 4줄). 검고 가는 묶음 넥타이. 스커트 주름은 열 개
아이즈会津 고녀	현립	1925.4. 1936	세일러복 세일러복	깃과 소매, 가슴 덮개에 흰 선 세 줄. 가슴의 선 수로 학년을 표시. 모든 학년이 베이지색 리본
와카마쓰시若松市 실업 여자 청년 학교 →와카마쓰 고녀	현립	1935 1940	세일러복 세일러복	(동복) 군청색 (하복) 흰색. 넥타이 (동복) 군청색. 흰 넥타이 (하복) 흰색. 군청색 넥타이. 깃과 소매에 흰 선 두 줄

학교명	구분	제정 연월	교복 구분	내용
이와키磐城 고녀	현립	1926.6. 1937.4.	세일러복 세일러복	깃과 소매에 흰 선 세 줄. 검고 가는 넥타이. 스커트 주름 수는 열여섯 개
호바라保原 실과 고녀 →호바라 고녀	정립	1931	세일러복	
후쿠시마 고녀	현립	1923.4. 1929 1935	숄 칼라 상의 세일러복 세일러복	비로드 깃. 벨트 흰색 마 또는 면. 깃에 검은 선 두 줄. 검은 넥타이 (동복) 짙은 군청색 서지. 깃과 소매에 검은 선 두 줄. 가늘고 검은 넥타이 (하복) 흰색 천의 칠부 소매. 깃과 소매에 검은 선 두 줄. 검은 넥타이
후쿠시마 제2 고녀	현립	~1941	사료를 확인할 수 없음	
이바라키현				
고가古河 실과 고녀 →고가 고녀	정립 →현립	1929 1936.4.	세일러복 세일러복	(동복) 군청색 깃에 검은 선 두 줄 (하복) 군청색 깃에 흰 선 두 줄 깃과 소매, 가슴 덮개에 흰 선 두 줄
나카미나토那珂湊 실과 고녀 →나카미나토 고녀	정립 →현립	1941.4.	세일러복	(소학교 때 입던 것)
다이세이大成 여학교	사립	1928.5.	세일러복	(동복) 군청색 (하복) 흰색. 넥타이 묶음 부분에 흰 선 두 줄
도리데取手 실과 고녀 →도리데 고녀	조합립 →현립	1928 1934	세일러복 세일러복	선 없음. 넥타이 깃과 소매, 가슴 덮개에 흰 선 세 줄. 넥타이

전국 고등 여학교 서양식 교복 일람

학교명	구분	제정 연월	교복 구분	내용
도카이東海 고녀 →스케가와助川 고녀	사립 →조합립 →현립	1928.6. 1933~ 1934 1935	세일러복 세일러복 세일러복	(동복) 군청색에 흰색 선 세 줄. 군청색 넥타이 (하복) 흰 천에 하늘색 깃. 흰 선 한 줄. 하늘색 넥타이. 흰색 피케로 하늘색 천을 두른 모자 여름용 모자가 검은색 바탕에 하늘색으로 바뀜 (동복) 군청색에 군청색 선 두 줄. 군청색 나비매듭 넥타이 (하복) 흰 천에 군청색 나비매듭 넥타이. 스커트 주름 20개
도키와常磐 고녀	사립	(1935) 6월 (1935) 9월	세일러복 세일러복	연지색 나비매듭 푸른색 넥타이
류가사키竜ヶ崎 고녀	현립	1926.6.	세일러복	
미쓰카이도水海道 고녀	현립	1925 1929	블레이저 점퍼 스커트 블레이저 점퍼 스커트	연지색 넥타이
미토水戸 고녀	현립	1926	세일러복	(동복) 군청색 서지. 짙은 적갈색의 가는 넥타이 (하복) 흰 천. 가는 흑색 넥타이
미토 고녀	시립	1927 1933	투피스 세일러복	흰색. 군청색. 벨트. 연지색 가는 넥타이 깃과 소매, 가슴 덮개에 흰 선 세 줄. 연지색 넥타이
미토 제2 고녀	현립	사료를 확인할 수 없음		
시모다테下館 고녀	현립	~1935	오픈 칼라 상의	깃과 소매, 가슴 덮개에 흰 선 두 줄. 넥타이
시모쓰마下妻 실과 고녀 →시모쓰마 고녀	정립 →현립	1929	오픈 칼라 상의	(동복) 군청색 (하복) 흰색. 넥타이
오타太田 고녀	현립	~1931	세일러복	(동복) 군청색 (하복) 흰색. 선 없음

학교명	구분	제정 연월	교복 구분	내용
유키結城 실과 고녀 →유키 고녀	정립	1932	세일러복	넥타이
이시오카石岡 실과 고녀 →이시오카 고녀	정립 →현립	1925.10. 1932	블레이저 점퍼 스커트 세일러복 점퍼 스커트 세일러복	(동복) 벨트 (하복) 깃과 소매에 검은 선 세 줄. 가슴 덮개에 검은 선 두 줄. 벨트 (동복) 군청색 서지. 깃과 가슴 덮개에 갈색 선 두 줄 (하복) 흰 천. 깃과 소매에 검은 선 두 줄. 검은 비단 넥타이
이타코潮来 여자 기예 학교 →이타코 고녀	정립	1936	세일러복	흰 선 세 줄
호코타鉾田 고녀	현립	1930 ~1936	세일러복 세일러복	깃과 소매, 가슴 덮개에 흰 선 두 줄
도치기현				
가누마鹿沼 고녀	현립	1926 1931 1934	블레이저 세일러복 세일러복	(동복) 스리 버튼. 가슴 덮개에 흰 선 두 줄 (하복) 흰색. 리본 타이. 벨트. 모자 (동복) 군청색 깃과 소매, 가슴 덮개에 흰 선 세 줄 (하복) 흰색. 군청색 깃과 소매, 가슴 덮개에 흰 선 세 줄 깃 끝에 벚꽃과 닻의 휘장
닛코日光 고녀	현립	1927 1935 1941	세일러복 세일러복 세일러복	(동복) 군청색 깃과 소매에 선 세 줄. 학교 휘장이 붙은 넥타이 (하복) 흰색 바탕. 군청색 깃과 소매에 흰 선 세 줄 (동복) 군청색 깃과 소매 흰 선 세 줄. 학교 휘장이 붙은 넥타이 (동복) 군청색 깃과 소매, 가슴 덮개에 흰 선 세 줄. 학교 휘장이 붙은 넥타이

학교명	구분	제정 연월	교복 구분	내용
도치기 고녀	현립	1924 1930 1935	점퍼 스커트 블레이저 세일러복	(동복) 군청색 깃과 소매, 가슴 덮개에 흰 선 세 줄 (하복) 흰색, 깃과 소매에 흰 선 세 줄. 넥타이는 나비매듭. 1938년부터 흰 깃
도치기 고녀	시립	1941	문부성 표준복	
모오카真岡 고녀	현립	1923.6. 1928 1937	오픈 칼라 상의 세일러복 세일러복	(표준복) 스리버튼 학교 휘장 벨트 → 팔의 휘장 흰 깃에 넥타이. 소매 커프스. 흰색 즛쿠 란도셀. 우쓰노미야 제1 고녀에서 전근을 온 교사가 전의 학교의 교복으로 변경
사노佐野 고녀	현립	1924 1934	점퍼 스커트 하프 코트	학교 휘장이 있는 벨트
사쿠신칸作新館 고녀	사립	1941	문부성 표준복	
아시카가足利 고녀	현립	1926.4. 1932.5. 1939.7.	세일러복 세일러복 세일러복	벨트, 깃에 검은 선 세 줄 흰 선 세 줄. 가슴에 학교 휘장 (하복) 군청색 깃에 흰 선 세 줄. 군청색 넥타이. 전공과는 흰 넥타이. 검은색 양말 착용이 필수 깃에 별 두 개를 자수
오타와라大田原 고녀	현립	1925.4. 1930 1932	양복 착용 허가 블레이저 점퍼 스커트 세일러복	(하복) 벨트 깃에 선 두 줄
우지이에氏家 고녀	현립	1924.9. 1928.11. 1935	블레이저 세일러복 세일러복	벨트 (동복) 리본, 깃에 선 두 줄 나비매듭 (하복) 흰 포플린 (넥타이는 겨울과 동일)

학교명	구분	제정 연월	교복 구분	내용
우쓰노미야宇都宮 고녀 →우쓰노미야 제1 고녀	현립	1925.2. 1932.4.	블레이저 세일러복	(동복, 표준복) (하복) 셔츠 깃의 선: 전공부는 흰색, 본과는 군청색(도쿄에서 유행하던 교복을 학생들이 요망, 수학여행에서 교장이 타교의 교복을 보고 청초하다고 느꼈기 때문)
우쓰노미야 제2 고녀	현립	1928 1931 1933	스탠드 칼라 상의 세일러복 세일러복 세일러복	(동복) 군청색 서지. 깃과 소매에 군청색 선 세 줄. 연지색 넥타이. 스커트 주름은 열여섯 개 (하복) 옅은 회색의 면 포플린. 깃과 소매, 가슴 덮개, 가슴에 흰 선 세 줄 (하복) 깃과 소매, 가슴 덮개, 가슴에 흰 선 두 줄, 넥타이는 군청색 후지견 (동복) 깃과 소매, 가슴 덮개에 흰 선 두 줄, 넥타이는 흰색 후지견으로 나비넥타이형
우쓰노미야 고녀	시립	1941	문부성 표준복	
군마현				
교아이共愛 여학교	사립	1926 1927 1928 1929 1933	점퍼 스커트 테일러 칼라 상의, 점퍼 스커트 세일러복 세일러복 세일러복	(하복) 하늘색 (동복) 벨트, (하복) 오렌지 (동복) (하복) 흰색 깃
기류桐生고녀	현립	1923.4. 1928	양복 착용 허가 세일러복	(동복) 군청색 서지. 깃과 소매에 검은 선 두 줄 (하복) 하늘색 깅엄. 깃과 소매에 흰 선

학교명	구분	제정 연월	교복 구분	내용
누마타沼田 고녀	현립	1923	세일러복	
다카사키高崎 고녀	현립	1929.4.	세일러복	
다카사키 고녀	시립	1943.4.	문부성 표준복	
다테바야시館林 고녀	현립	1926 1933 1939	블레이저 점퍼 스커트 세일러복 세일러복	스커트에 흰 선 한 줄 (동복) 깃과 소매, 가슴 덮개에 흰 선 두 줄. 넥타이는 나비매듭 (하복) 흰색 반팔. 넥타이. 스커트에 흰 선 한 줄 (동복) 깃과 소매, 가슴 덮개에 흰 선 두 줄. 넥타이 (하복) 흰색 반팔. 깃에 흰 선 두 줄. 넥타이. 스커트에 흰 선 한 줄.
도미오카富岡 고녀	현립	1924 1932	블레이저 점퍼 스커트 세일러복	(동복) 군청색 서지. 깃과 소매에 흰 선 두 줄 (하복) 흰색 포플린. 깃에 갈색 선 두 줄
마에바시前橋 고녀	현립	1925.4. 1925.9.	양복 착용 허가 원피스, 세일러복	
마에바시前橋 고녀	시립	1943.4.	문부성 표준복	
사카이초境町 실과 고녀 →사카이境 고녀	정립	~1927	세일러복	
시부카와渋川 고녀	현립	1927 1933 1935	세일러복 세일러복 검은색 스커트와 상하 다른 색을 허가	깃과 소매에 흰 선 세 줄
아가쓰마吾妻 고녀	현립	1931 ~1934	하프 코트 세일러복	스커트에 흰 선 깃과 소매, 가슴 덮개, 스커트에 흰 선 두 줄
안나카安中 고녀	현립	1929.6.	세일러복	(동복) 깃과 소매, 가슴 덮개, 스커트에 흰 선 두 줄
오타太田 고녀	현립	1925.4. 1932	점퍼 스커트 세일러복	(동복) 군청색 깃, 소매, 가슴 덮개에 흰 선 세 줄. 넥타이는 1, 2학년은 연지색, 3, 4학년은 하늘색

학교명	구분	제정 연월	교복 구분	내용
이세사키伊勢崎 고녀	현립	~1929 1931	원피스 세일러복	(동복) 군청색 서지 (하복) 하늘색 무명 (동복) 스커트에 흰 선 한 줄
후지오카藤岡 고녀	현립	1932	세일러복	

사이타마현

학교명	구분	제정 연월	교복 구분	내용
가스가베粕壁 고녀	현립	1932	세일러복	깃과 가슴 덮개에 선 세 줄. 후지견으로 만든 군청색 넥타이
가와고에川越 고녀	현립	1929	점퍼 스커트 하프 코트	
가와고에 고녀	시립	사료를 확인할 수 없음		
가와구치川口 실과 고녀 →가와구치 고녀	정립 →시립 →공립	1929~ 1931	세일러복	
고노스鴻巣 실과 고녀 →고노스 고녀	정립	~1936	세일러복	
고다마児玉 고녀	조합립 →현립	1927 1930 1933 1938	세일러복 스탠드 칼라 상의 점퍼 스커트 세일러복 세일러복	(동복) 군청색 면 서지. 깃과 가슴 덮개에 흰 선 두 줄 (하복) 흰색 캘리코. 깃과 소매, 가슴 덮개에 검은 선 두 줄. 하늘색 깅엄 스커트 (동복) 군청색 천에 연지색 넥타이 (동복) (동복) 군청색 서지. 깃과 소매, 가슴 덮개에 흰 선 세 줄 (하복) 깃과 소매, 가슴 덮개에 검은 선 두 줄, 스커트 주름은 16개
고시가야越ヶ谷 고녀	현립	1931	세일러복	

학교명	구분	제정 연월	교복 구분	내용
구마가야熊谷 고녀	현립	1928	세일러복	(동복) 군청색 천. 깃과 소매, 가슴 덮개에 흰 선 세 줄 (하복) 흰 천. 깃과 소매, 가슴 덮개에 흰 선 세 줄. 흑색 또는 청색 넥타이, 스커트 주름 스물네 개 넥타이: 1학년 연지색, 2학년 녹색, 3학년 청색, 4학년 검은색
		1938	세일러복	
구키久喜 고녀	현립	1931	세일러복	
마쓰야마松山 실과 고녀 →마쓰야마 고녀	공립	1932	점퍼 스커트 블레이저	
오가와小川 고녀	현립	~1929 ~1932	세일러복 블레이저	
오미야大宮 고녀	정립	1934	세일러복	군청색 깃과 소매에 흰 선 세 줄
오시忍 고녀	현립	1933	세일러복	(동복) 깃과 소매, 가슴 덮개에 흰 선 세 줄 (하복) 깃과 가슴 덮개에 흰 선 세 줄
오운桜雲 고녀	공립	사료를 확인할 수 없음		
우라와浦和 고녀	현립	1931	세일러복	(표준복) 깃과 소매에 흰 선 세 줄. 검은색 또는 군청색 넥타이
우라와 고녀	시립	1940	세일러복	
우라와 제2 고녀	현립	1934	세일러복	(표준복)
지치부秩父 고녀	현립	~1935	세일러복	깃과 소매, 가슴 덮개에 흰 선 세 줄
한노飯能 고녀	현립	~1932	세일러복	(동복) 깃과 소매, 가슴 덮개에 흰 선 두 줄
혼조本庄 고녀	정립	~1943	세일러복	
후카야深谷 실과 고녀 →후카야 고녀	공립	1932	세일러복	군청색 서지. 깃과 소매에 흰 선 두 줄
지바현				
가쓰우라勝浦 실업학교 →가쓰우라 고녀	정립	~1939	하프코트	
고노다이国府台 고녀	사립	1933	블레이저	투 버튼

학교명	구분	제정 연월	교복 구분	내용
기사라즈木更津 고녀	현립	1923.7. 1924 1936.4.	양복 착용 허가 블레이저 세일러복	(가슴 덮개가 있다). 다이코쿠보시 깃과 소매, 가슴 덮개에 두 줄 선
나가사長狹 고녀	사립	사료를 확인할 수 없음		
나리타成田 고녀	사립	1933.6.	세일러복	
노다野田 고녀	정립	1927.7.	세일러복	(동복) 군청색 (하복) 은회색
도가네東金 고녀	현립	1922.4. 1926.10.	양복 착용 허가 블레이저 점퍼 스커트	갈색
마쓰도松戶 고녀	현립	~1929	세일러복	(동복) 깃과 소매, 가슴 덮개에 흰 선 두 줄
사와라佐原 고녀	현립	1926.4. 1933.9.	블레이저 점퍼 스커트 세일러복	흰 선 세 줄
사쿠라佐倉 고녀	현립	1924	세일러복	깃에 갈색 선 두 줄. 스커트에 흰 선 한 줄
사쿠라 고녀	정립	사료를 확인할 수 없음		
산부山武 실과 고녀 →마쓰오松尾 고녀	현립	1929 ~1932 1936	세일러복 오픈 칼라 상의 세일러복	(동복) 군청색 (하복) 흰색 (동복) 깃과 소매, 가슴 덮개에 선 세 줄
아와安房 고녀	현립	1925.6. 1925.10.	양복 착용 허가 세일러복	(이후 흰색 선으로 바꾸었다)
오타키大多喜 고녀	정립	1930	점퍼 스커트	
오하라大原 고녀	정립	1929	세일러복	(동복) 깃과 소매에 흰 선 두 줄 (하복) 흰색 블라우스 (겨울과 여름 모두) 스커트에 흰 선 두 줄. 연지색 넥타이
이치하라市原 고녀	현립	1927 1927	원피스 세일러복	(하복) 크림색 포플린 (동복) 군청색 서지. 흰색 깃. 적색 선
조시銚子 고녀	현립	1929.5.	세일러복	(동복) 군청색 서지 (하복) 흰색 포플린. 스커트에 흰 선 세 줄

학교명	구분	제정 연월	교복 구분	내용
지바 고녀	현립	1928.5.	세일러복	(동복) 군청색 깃과 소매, 가슴 덮개에 흰 선 세 줄. 스커트에 흰 선 두 줄 (하복) 흰색
지바 고녀	시립	사료를 확인할 수 없음		
지바현 슈쿠토쿠淑徳 고녀	사립	~1940	세일러복	깃과 소매에 흰 선 두 줄
지바현 시즈와静和 고녀 →조세이長生 고녀	사립 →현립	1932	세일러복	(동복) 군청색. 깃과 소매에 흰 선 세 줄. 스커트 자락에 흰 선 두 줄 (하복) 흰색. 스커트 자락에 흰 선 두 줄
지바현 요카이치게이 아이八日市敬愛 고녀	사립	1929 1931	스탠드 칼라 상의 점퍼 스커트	(동복) (하복)
호조北条 실과 고녀 →다테야마館山 고녀	정립 →시립	1929 1934	오픈 칼라 상의 점퍼 스커트	
후나바시船橋 고녀	사립	1931	세일러복	(동복) 깃과 소매, 가슴 덮개에 연지색 선 두 줄
도쿄부				
가마타蒲田 고녀	사립	사료를 확인할 수 없음		
가와무라川村 고녀	사립	1924.5.	세일러복	깃과 소매에 '천川'자 흰 선
간다神田 고녀	사립	~1932 1933	점퍼 스커트, 곡선형 플랫 칼라 세일러복	(동복) 군청색 서지 (하복) 흰색 포플린 깃과 소매에 흰 선 세 줄. 검은색 후지견 넥타이 (행사) 흰색 넥타이
간토関東 고녀	사립	~1932	블레이저	스커트에 흰 선 한 줄
게이센恵泉 여학원 고등 여학부	사립	제복이 없음		
게이카京華 고녀	사립	~1932	점퍼 스커트	넥타이
고란香蘭 여학교	사립	1928.3.	점퍼 스커트	
고마자와駒沢 고녀	사립	사료를 확인할 수 없음		
고엔光塩 고녀	사립	1931	세일러복	

학교명	구분	제정 연월	교복 구분	내용
고이시카와小石川 고녀	사립	1928.4. 1936	블레이저 세일러복	넥타이, 군청색 모자 (동복) 군청색 (하복) 흰색. 깃과 소매에 흰 선 세 줄, 연지색 넥타이
고지마치麴町 고녀	사립	1926 ~1932	원피스 오픈 칼라 상의	깃, 가슴 덮개에 자수
교리쓰共立 고녀	사립	~1936	세일러복	군청색 서지. 깃과 소매에 흰 선 세 줄. 흰 넥타이
구니모토国本 고녀	사립	사료를 확인할 수 없음		
구단세이카九段精華 고녀	사립	~1932	세일러복	깃과 소매에 흰 선 세 줄. 왼팔에 와펜. 넥타이
기타토시마北豊島 고녀	사립	사료를 확인할 수 없음		
긴슈錦秋 고녀	사립	~1932	테일러 칼라	가는 넥타이
나카노中野 고녀	사립	~1932	스탠드 칼라 상의	흰 깃. 넥타이
나카무라中村 고녀	사립	1927	하프 코트	가는 넥타이
니혼바시日本橋 여학관 고녀	사립	1933.4.	세일러복	흰색 포플린. 깃과 소매에 갈색 선 두 줄. 갈색 넥타이
다마가와玉川 고녀	사립	사료를 확인할 수 없음		
다이토大東 고녀	사립	사료를 확인할 수 없음		
다치카와立川 여학교 →다치카와 고녀	사립	1925.6.	하프코트	파이브 버튼
도시마豊島 고녀	사립	~1932	세일러복	흰 깃. 넥타이
도요東洋 여학교 →도요 고녀	사립	1926	상의, 점퍼 스커트	모자

학교명	구분	제정 연월	교복 구분	내용
도요에이와東洋英和 여학교	사립	1927	세일러복	(동복) 군청색 천에 적색 선 세 줄. 보통은 군청색, 행사일에는 적색 넥타이 (하복) 흰색 천에 회색 깃과 소매에 흰 선 세 줄
		1929	세일러복	(동복)군청색 깃과 소매에 금색 선 세 줄(후에 두 줄이 됨). 가넷색 넥타이. 왼쪽 팔에 '단풍과 TE' 와펜 (하복)흰 천에 깃에 흰 선 두 줄, 가넷색 넥타이
도이타戸板 고녀	사립	1937.4.	세일러복	황토색 선 세 줄
도쿄 고녀	사립	~1933.4.	점퍼 스커트	(동복) 얇은 울로 된 회색 블라우스. 군청색 점퍼 스커트 (하복) 흰색 포플린 블라우스
도쿄 제10 고녀	부립	1936.2.	세일러복	(동복) 군청색 깃과 소매에 흰 선 세 줄 (하복) 흰색. 군청색 깃과 소매에 흰 선 세 줄
도쿄 제15 고녀	부립	1940	세일러복	(동복) 군청색 깃과 소매에 흰 선 세 줄 (하복) 흰색. 군청색 깃과 소매에 흰 선 세 줄
도쿄 제1 고녀	부립	1924	하프 코트 점퍼 스커트	묶음 넥타이
도쿄 제2 고녀	부립	1921 1929.10. (1930년 4월부터 시행)	양복착용 허가 세일러복	(동복) 군청색 서지. 깃과 소매에 흰 선 세 줄 (하복) 흰색 바지
도쿄 제3 고녀	부립	1922 1925.9. ~1932	테일러 칼라 상의 점퍼 스커트 세일러복	군청색 서지. 벨트 (표준복) 깃과 소매에 흰 선 세 줄. 넥타이
도쿄 제4 고녀	부립	1930	점퍼 스커트	검붉은 색 블라우스. 벨트
도쿄 제5 고녀	부립	1922	세일러복	(표준복) 깃과 소매, 가슴 덮개, 가슴 주머니에 선 세 줄

학교명	구분	제정 연월	교복 구분	내용
도쿄 제6 고녀	부립	1924	점퍼 스커트 블레이저	
도쿄 제7 고녀	부립	1926 1935	세일러복 세일러복	(동복) 검은 천. 깃과 소매에 흰 선 세 줄 (하복) 옅은 하늘색 반팔 (하복) 흰색. 검은 깃과 소매
도쿄 제8 고녀	부립	1932.4.	세일러복	깃과 소매, 가슴 덮개에 흰 선 세 줄
도쿄 가정 학원 고녀	사립	사료를 확인할 수 없음		
도쿄 세이케이成蹊 고녀	사립	사료를 확인할 수 없음		
도쿄 세이토쿠成德 고녀	사립	1931 1935 1940	원피스, 투피스 세일러복 점퍼 스커트	겨울은 갈색 테이프 선 두 줄의 하프 코트
도쿄 여자 고등 사범 학교 부속 고녀	관립	1930.3. 1932.4.	세일러복 점퍼 스커트 세일러복 점퍼 스커트	표준복 5종 표준복 2종
도쿄 여학관	사립	1928	세일러복 점퍼 스커트	(표준복)
도쿄 제1 고녀 →후카가와深川 고녀	시립	1928.10.	점퍼 스커트 블레이저	
도키와마쓰常盤松 고녀	사립	1929 ~1942	세일러복 세일러복	(동복) 군청색 깃과 소매, 가슴 덮개에 붉은 선 세 줄. 넥타이. 모자 (하복) 흰색. 군청색 깃과 소매에 붉은 선 세 줄. 넥타이. 흰 모자 (동복) 군청색 (하복) 흰색. 깃과 소매에 흰 선 세 줄. 검은색 넥타이 나비매듭
릿쇼立正 고녀	사립	~1927	하프 코트 점퍼 스커트	
릿쇼 학원 고녀	사립	사료를 확인할 수 없음		
릿쿄立教 고녀	사립	교복이 없음		
마치다町田 여학교 →마치다 고녀	사립	1929.6.	블레이저	

전국 고등 여학교 서양식 교복 일람

학교명	구분	제정 연월	교복 구분	내용
메구로目黒 고녀	정립	~1929	세일러복	(동복) 군청색 천의 깃과 소매, 가슴 덮개, 가슴에 흰 선 세 줄 (하복) 하얀 천. 깃과 소매는 깅엄
묘조明星학원 고녀	사립	사료를 확인할 수 없음		
무사시노武蔵野 여자 학원	사립	~1932	하프 코트	
무사시武蔵 고녀	사립	사료를 확인할 수 없음		
무코지마向島 고녀	사립	~1932	세일러복	깃과 소매에 흰 선 세 줄. 넥타이
미와다三輪田 고녀	사립	1926	블레이저	(동복) 군청색 서지 (하복) 흰색 포플린, 마 (춘추) 흰색 후지견 블라우스, 알파카 스커트
부쓰에이와仏英和 고녀	사립	1926.10.	세일러복	(동복) 군청색 깃과 소매, 가슴 덮개에 흰 세 줄. 산 모양의 흰 선 세 줄이 들어간 넥타이 (하복) 흰 천에 군청색 깃과 소매, 가슴 덮개, 왼팔에 시라유리의 학교 휘장이 들어간 와펜. 겨울은 군청색, 여름은 흰색 모자
사토佐藤 고녀	사립	1926 1930	세일러복 하프 코트 점퍼 스커트	(하복) 가는 넥타이
세이란青蘭 고녀	사립	1940	세일러복	깃과 소매, 가슴에 흰 선 세 줄. 검은 나비 리본
세이신聖心여자 학원 고녀	사립	1920 1923	점퍼 스커트	
세이유城右 고녀	사립	~1932	세일러복	깃과 소매, 가슴 덮개에 선 세 줄. 넥타이
세이조成女 고녀	사립	1922.4. ~1932	스탠드 칼라 투피스 세일러복	흰색 깃. 깃과 소매, 가슴 덮개에 선 세 줄. 묶음 넥타이

학교명	구분	제정 연월	교복 구분	내용
세이조成城 고녀	사립	자료를 확인할 수 없음		
세이카精華 고녀	사립	~1932	점퍼 스커트	넥타이, 벨트
센조쿠洗足 고녀	사립	~1932	세일러복	깃과소매, 가슴 덮개에 흰 선 세 줄. 흰 선 세 줄이 들어간 넥타이, 흉장 (행사) 흰색 커버
쇼에이頌栄 고녀	사립	1922.9. 1928.4.	블레이저 점퍼 스커트 세일러복	(표준복) 깃과 소매에 흰 선 세 줄. 넥타이 묶음이 작다
쇼와昭和 고녀	사립	~1932	세일러복	깃과 소매, 가슴 덮개에 흰 선 세 줄. 묶음 넥타이
슈쿠토쿠淑徳 고녀	사립	1926 1934.4.	사이드웨이 칼라 상의 세일러복	깃과 소매에 적색 선 세 줄
시나가와品川 고녀	사립	1929	블레이저	연지색 넥타이
시노부가오카忍岡 고녀	시립	자료를 확인할 수 없음		
아라카와荒川 고녀	사립	자료를 확인할 수 없음		
아오바青葉 고녀	사립	자료를 확인할 수 없음		
아오야마青山 학원 고등 여학부	사립	1932	세일러복	(동복) 짙은 군청색 서지에 녹색 선 세 줄 넥타이 묶음에 'A·J·G'를 녹색으로 자수 (하복) 흰색 마 또는 포플린. 겨울은 펠트로 된 '솥뚜껑 모자', 여름은 챙이 넓은 밀짚모자(후에 흰색 피케로 변경). 녹색 리본
아토미跡見 여학교	사립	1930.2.	블레이저	상의, 검은색 가죽구두, 검은색 양말
야마와키山脇 고녀	사립	1920	원피스	
여자 가쿠슈인 女子学習院	관립	1925.6.	세일러복 짐 드레스	(표준복)
여자 경제 전문학교 부속고녀 女子経済専門学校 附属高女	사립	~1932	세일러복	깃과 소매에 선 세 줄. 묶음 넥타이

학교명	구분	제정 연월	교복 구분	내용
여자 성 학원 女子聖学院	사립	1933	세일러복	
여자 학원 女子学院	사립	1933	세일러복	(동복) 군청색 서지. 깃과 소매에 흰 선 세 줄. 넥타이 묶음에 JG 흰색 사주. 완장 (하복) 흰 깃과 소매, JG, 완장이 하늘색
오메青梅 실과 고녀 →도쿄 제9 고녀	부립	1929 1935	블레이저 블레이저	
오모리大森 고녀	사립	사료를 확인할 수 없음		
오유鷗友 학원 고녀	사립	사료를 확인할 수 없음		
오인桜蔭 여학교 →오인 고녀	사립	1925.9.	점퍼 스커트	
오츠마大妻 고녀	사립	1929.3.	세일러복	깃에 삼각형. 흰 선 두 줄. 모자
와타나베渡辺 고녀	사립	사료를 확인할 수 없음		
우시고메牛込 고녀	사립	1930 1932	점퍼 스커트 세일러복	깃과 가슴 주머니, 소매에 흰 선 세 줄
우에노上野 고녀	사립	1928 ~1932	셔츠 블레이저 점퍼 스커트	(하복) 하얀 셔츠에 검은 리본. 모자 곡선 깃. 하얀색 블라우스. 하프 코트. 모자
이노카시라井之頭 학원 고녀	사립	사료를 확인할 수 없음		
이와사岩佐 고녀	사립	~1932	세일러복	깃과 소매, 가슴 덮개에 흰 선 세 줄
일본 여자 대학 부속고녀	사립	~1935	세일러복	
제11 고녀 →사쿠라마치桜町 고녀	부립	~1938	하프 코트 점퍼 스커트	
제12 고녀	부립	1942.4.	문부성 표준복	
제12 고녀 →기타노北野 고녀	부립	1939	세일러복	(동복) 군청색 깃과 소매에 흰 선 세 줄 (하복) 흰 천. 군청색 깃과 소매에 흰 선 두 줄
제13 고녀 →무사시노武蔵野 고녀	부립	(1940.4.)	세일러복	

학교명	구분	제정 연월	교복 구분	내용
제14 고녀 →조호쿠城北 고녀	부립 →군립	1940.4.	점퍼 스커트	
제15 고녀 →진다이神代 고녀	부립 →군립	1940.4.	세일러복	
제16 고녀 →가츠시카葛飾 고녀	부립 →군립	1940.4.	세일러복	(동복)
제18 고녀 →이구사井草 고녀	부립	사료를 확인할 수 없음		
제19 고녀 →지토세千歳 소녀	부립	사료를 확인할 수 없음		
제1 도쿄 고녀 第一東京高女	시립	1927	세일러복	(동복) 군청색 서지 (하복) 흰색. 깃과 소매, 가슴 덮개에 흰 선 세 줄
제21 고녀	도립	사료를 확인할 수 없음		
제22 고녀	도립	사료를 확인할 수 없음		
제4 고녀 →다케노다이竹台 고녀	시립→ 도립	1940.4.	세일러복	군청색 깃에 흰 선 두 줄
제국 여자 전문학교 부속 니혼日本 고녀	사립	사료를 확인할 수 없음		
주몬지분카十文字 文華 고녀	사립	1928.4.	세일러복	(동복) 군청색 서지 (하복) 흰색 포플린. 깃과 소매에 흰 선 세 줄
준신順心 고녀	사립	~1929 ~1932	세일러복 세일러복	깃과 소매, 가슴 덮개에 흰 선 두 줄, 넥타이 깃과 소매, 가슴 덮개에 흰 선 세 줄, 넥타이
준토쿠潤徳 고녀	사립	1934.4.	세일러복	
지요다千代田 고녀	사립	1931	블레이저 점퍼 스커트	벨트, 겨울은 하프 코트
지유自由 학원 고등과	사립	1921	양복	(교복이 아님)
짓센実践 여학교 →짓센 고녀	사립	1923 1931 1939	원피스 투피스 세일러복	(동복) 군청색 서지 (하복) 흰색 포플린 (공용) 검은색 리본, 검은 양말 깃과 소매에 흰 선 세 줄, 검은색 리본 넥타이 (동복) 군청색 울 재질 (하복) 흰색 브로드

학교명	구분	제정 연월	교복 구분	내용
짓센 제2 고녀	사립	1939	세일러복	깃과 소매에 흰 선 두 줄
호리코시堀越 고녀	사립	~1932	세일러복	깃과 소매, 가슴 덮개에 흰 선 세 줄. 넥타이
후렌도普連土 여학교	사립	1928 1937	세일러복 점퍼 스커트	
후미조노文園 고녀	사립	사료를 확인할 수 없음		
후지미富士見 고녀	사립	~1929 1934	세일러복 세일러복	깃과 소매에 흰 선 세 줄. 산 모양 흰 선 세 줄이 들어간 넥타이 깃과 소매에 흰 선 세 줄. 넥타이는 나비매듭
후타바雙葉 고녀	사립	1924	세일러복	(동복) 군청색 천에 깃과 소매에 검은 선 세 줄. 가슴 덮개와 깃 좌우에 적색 실로 닻 자수 (하복) 흰 천에 반팔. 군청색 깃에 흰 선 세 줄. 가슴 덮개와 깃 좌우에 흰 실로 닻 자수 (중간복) 흰색 긴팔. 군청색 소매에 흰 선 세 줄. 넥타이는 흑색, 겨울은 비로드(2학년 후부터 펠트) 모자, 여름은 밀짚모자
히가시초후東調布 고녀	사립	~1932	세일러복	넥타이
히노데日出 고녀	사립	1925	세일러복	(동복) 군청색 (하복) 흰색. 군청색 깃과 소매에 흰 선 두 줄. 넥타이
가나가와현				
가나가와神奈川 고녀	사립	1926	세일러복	연갈색
가마쿠라鎌倉 고녀	사립	1934.6.	세일러복	
가미미조上溝 고녀	현립	1933	점퍼 스커트, 블레이저	

학교명	구분	제정 연월	교복 구분	내용
가와사키川崎 고녀	시립	1931.9.	세일러복	깃과 소매에 흰 선 세 줄. 흰 선 세 줄이 들어간 두 종류의 넥타이
게이큐京浜 고녀	사립	~1940	사료를 확인할 수 없음	
교리쓰共立 여학교	사립	1927	세일러복	(동복) 붉은색 깃과 소매에 검은 선 세 줄 (하복) 흰 상의. 군청색 스커트
군항 재봉軍港裁縫 여학원 →쇼난湘南 여학교 →쇼난 고녀	사립	1932.4.	세일러복	
기타가마쿠라北鎌倉 고녀	사립	1941.4.	세일러복	군청색 천. 연지색 넥타이
나카하라中原 고녀	사립	사료를 확인할 수 없음		
다이와大和 고녀	사립	~1930	세일러복	
다카쓰高津 고녀	정립 →시립	1932	세일러복	(동복) 군청색 (하복) 흰색. 깃, 소매, 가슴 흰 선 세 줄. 넥타이
도아東亞 고녀	사립	사료를 확인할 수 없음		
메이린明倫 고녀	사립	~1930	세일러복	
소신搜真 여학교	사립	1933	세일러복	(통상) 군청색 넥타이 (행사) 흰색 넥타이
아쓰기厚木 고녀	현립	1930.4.	세일러복	깃과 가슴에 흰 선 두 줄. 회색 넥타이
오다와라小田原 고녀	현립	1928	세일러복	
오쿠라야마大倉山 고녀	사립	사료를 확인할 수 없음		
요코스카 제1 고녀	시립	사료를 확인할 수 없음		
요코스카 제2 고녀	시립	사료를 확인할 수 없음		
요코스카橫須賀 고녀	현립	1926	테일러 칼라 상의	(동복) 군청색 서지. 갈색 넥타이 (하복) 흰색 포플린. 검은 넥타이
요코하마 고녀	시립	1931	블레이저	군청색. 군청색 모자. 자주색 넥타이
요코하마 고란紅蘭 여학교	사립	1924 1926.10.	원피스 세일러복	

전국 고등 여학교 서양식 교복 일람

학교명	구분	제정 연월	교복 구분	내용
요코하마 에이와英和 여학교 →세이비成美 학원	사립	1923 1924 1930 1939.4.	서양식 교복 원피스 흰색 포플린 상의 세일러복	군청색 서지 (하복)
요코하마 제1 고녀	현립	1930	점퍼 스커트	
요코하마 제2 고녀	현립	1936.2.	하프 코트	벨트
우루미潤光 고녀	사립	~1940	세일러복	
이세하라伊勢原 고녀	정립	1930	테일러 칼라 상의	스커트 주름 열여섯 개
이즈逗子 구즈하楠葉 고녀	사립	~1943	문부성 표준복	
쓰루미鶴見 고녀	사립	1936.4.	숄 칼라 상의	
하다노秦野 고녀	정립	1929 1931 1934	세일러복 세일러복 세일러복	변형 깃 하복 넥타이가 변경 깃과 소매, 가슴 덮개에 선 세 줄
호도가야程谷 실과 고녀 →요코하마 고녀	시립	1927.5.	세일러복	군청색 깃에 베이지 선 세 줄. 베이지색 넥타이
후지미가오카富士見 丘 고녀	사립	사료를 확인할 수 없음		
후지사와藤沢 고녀	정립	~1931	점퍼 스커트 블레이저	
페리스 에이와フェリス和英 여학교	사립	1921.11. 1925.6.	세일러복 세일러복	(표준복) (교복화)
히라쓰카平塚 고녀	현립	1924.6.	서양식 제복	(하복) 흰 상의. 군청색 서지 스커트. 검은 모자
니가타현				
가모加茂 고녀	정립	~1940	세일러복	
가시와자키柏崎 고녀	현립	1923 1925 1929	벤케이 줄무늬 곡선 깃 상의 세일러복	(하복) (하복)
가와라다河原田 고녀	현립	1926 1931 1933	곡선 깃 상의 세일러복 세일러복	무명. 군청색 서지 스커트 깃이 사각으로 변형 흰 선 두 줄
나가오카長岡 고녀	현립	1923.5. 1926.5.	세일러복 세일러복	(하복) 군청색 서지. 벨트 (동복) 모직 서지 (하복) 흰색 캘리코

학교명	구분	제정 연월	교복 구분	내용
나오에쓰直江津 실과 고녀 →나오에쓰 고녀	정립	불명	세일러복	흰색 깃
니가타 고녀	현립	1923.4. 1926.4.	세일러복 세일러복	
니가타 고녀	시립	1926	세일러복	
니이쓰新津 고녀	현립	1924.4. 1930.10. 1931.6.	스퀘어 칼라 상의 세일러복 세일러복	가는 넥타이. 벨트. 스커트 주름 열다섯 개 (동복) (하복) 흰색 포플린. 하늘색 깅엄 깃에 흰 선 두 줄
다카다高田 고녀	현립	1923.4. 1925.4.	세일러복 세일러복	(시착기간)
마키巻 고녀	현립	1922.7. 1926	세일러복 세일러복	검은 깃과 소매, 가슴에 붉은 선 세 줄. 가는 넥타이. 스커트 앞주름에 선 두 줄, 뒷면에 선 두 줄 흰색 깃. 가슴 주머니에 연지색 선 세 줄. 넥타이. 스커트 주름 14줄
무라마쓰村松 고녀	정립	1927 1934	세일러복 세일러복	 군청색 깃과 소매에 흰 선 두 줄
무라카미村上 고녀	현립	1927	세일러복	흰색 깃
사도佐渡 고녀	조합립	1925	세일러복	깃에 선 세 줄. 스커트에 흰 선 한 줄
산조三条 고녀	정립	1924	세일러복	
시바타新発田 고녀	현립	~1927 1934.4.	세일러복 세일러복	흰색 깃 깃과 소매에 흰 선 두 줄
오지야小千谷 고녀	정립	1924	세일러복	(동복) 군청색 서지 깃에 검은 선 두 줄. 흰색 깃 (하복) 흰색 캘리코. 가는 넥타이. 스커트 주름 열여섯 개
이토이가와糸魚川 고녀	현립	1922.4.	세일러복	(동복) 흰색 깃. 넥타이에 흰 선 세 줄 (하복) 깃과 가슴 덮개에 선. 색 넥타이

학교명	구분	제정 연월	교복 구분	내용
도야마현				
나메리카와滑川 고녀	현립	1923.4.	테일러 칼라 상의	(하복) 깅엄. 흰 천에 하늘색 격자 (동복) 군청색 서지
다카오카高岡 고녀	현립	1924 1930년대 중반	스탠드 칼라 상의 세일러복	(하복) 하얀 깃. 벨트 깃과 소매에 흰 선 두 줄
다카오카 고녀	시립	사료를 확인할 수 없음		
도나미砺波 고녀	현립	1923 1924 1936 1937	세일러복 세일러복 세일러복 세일러복	흰 깃 나비매듭 넥타이 소매에 흰 선 두 줄
도야마 고녀	현립	1924	스탠드 칼라 블레이저	흰색 깃
도야마 고녀	시립	사료를 확인할 수 없음		
도야마 실과 여학교 →도엔藤園 고녀	사립	(1936.4.)	세일러복	깃과 소매에 흰 선 세 줄. 흰 넥타이
도이데戸出 실과 고녀 →도이데 고녀	정립	1926 1928	세일러복 세일러복	(하복) 흰 선 세 줄 (동복) 군청색 천에 파란 선 세 줄 (동복) 파란 선 세 줄
신미나토新湊 고녀	현립	(1940.4.)		
오타니大谷 고녀	사립	사료를 확인할 수 없음		
우오즈魚津 고녀	정립 →현립	1922 1929 1935	테일러 칼라 상의 점퍼 스커트 세일러복 세일러복	벨트 (동복) 군청색 선 세 줄. 군청색 넥타이 (하복) 흰색 포플린. 흰 선. 검은 넥타이 군청색 넥타이→리본형
이스루기石動 실과 고녀 →이스루기 고녀	정립 →현립	1925 1937	테일러 칼라 상의 세일러복	깃과 소매, 가슴 덮개에 흰 선 두 줄, 흰색 넥타이
후쿠미츠福光 고녀	정립 →현립	1924 ~1934 1938	스탠드 칼라 상의 테일러 칼라 상의 더블 버튼 상의	벨트 흰 깃. 벨트 흰 깃
히미氷見 고녀	현립	~1930 1933	스탠드 칼라 상의 세일러복	흰 깃 깃과 소매에 흰 선 두 세 줄

학교명	구분	제정 연월	교복 구분	내용
이시카와현				
가나자와金沢 여자 직업 학교 →가나자와 제1 고녀	시립	사료를 확인할 수 없음		
가나자와 제1 고녀	현립	1923	서양식 교복	(동복) 군청색 서지
		1928	세일러복	(하복) 하늘색 무명. 깃과 소매가 흰색. 넥타이는 나비매듭
가나자와 제2 고녀	현립	1923	스탠드 칼라 상의	(동복) 군청색 서지. 갈색 넥타이
		1940	세일러복	(하복) 하늘색 넥타이
		1929	세일러복	연지색 넥타이 연지색 넥타이
가나자와 제2 고녀	시립	사료를 확인할 수 없음		
고마쓰小松 고녀	현립	1924	숄 칼라 상의	(동복) 군청색 서지
		1932	세일러복	(하복) 모직 멜란지. 벨트
		1935	세일러복	갈색 선 두 줄 (하복) 흰색 포플린, 군청색 깃에 흰 선 두 줄
고마쓰小松 실과 고녀 →고마쓰 고녀	시립	~1928	세일러복	갈색 넥타이
긴조錦城 고녀	정립	사료를 확인할 수 없음		
긴조金城 고녀	사립	~1933	세일러복	
		~1941	세일러복	깃과 소매에 흰 선 두 줄
나나오七尾 고녀	현립	1925	스탠드 칼라 상의	
		1928	세일러복	
다이쇼지大聖寺 고녀	현립	1925.5.	서양식 교복	(하복)
		~1927	숄 칼라 상의	앞트임 투 버튼. 벨트 깃에 흰 선 두 줄. 가는 넥타이
		1939	세일러복	
마쓰토松任 고녀	현립	불명	숄 칼라 상의	(동복) 군청색 (하복) 흰색. 흰 깃 커버
		~1933	세일러복	(동복) 군청색 깃과 소매에 흰 선 두 줄 (하복) 흰색 천. 군청색 깃과 소매에 흰 천 두 줄, 금갈색 넥타이

학교명	구분	제정 연월	교복 구분	내용
와지마輪島 고녀	정립	1926.4.	세일러복	가는 넥타이
		1934	세일러복	깃에 선 세 줄. 가는 넥타이
이다飯田 고녀	현립	1926.4.	숄 칼라 상의	(동복) 군청색 서지. 벨트 (하복) 흰 무명
		1928	세일러복	갈색 넥타이
쓰루기鶴来 고녀	정립	~1943	문부성 표준복	
쓰바타津幡 고녀	현립	(1927) 5월	세일러복	(동복) 군청색 깃에 짙은 적갈색 선 한 줄. 짙은 적갈색 넥타이 (하복) 회색
하쿠이羽咋 고녀	현립	~1929	세일러복	깃과 소매, 가슴 덮개에 흰 선 두 줄
호쿠리쿠北陸 여학교 →호쿠리쿠 여학원 고등 여학부	사립	1922	세일러복	(동복) 갈색 (하복) 흰색
		1935	세일러복	붉은 천의 깃과 소매에 검은 선 세 줄 (동복) 군청색 (하복) 흰색
후지하나藤花 고녀	사립	~1930	테일러 칼라 상의	
		~1940	세일러복	군청색 깃에 흰 선 두 줄
후쿠이현				
후쿠이 고녀	현립	1928	세일러복	
다케후武生 고녀	현립	1929	세일러복	(동복) 군청색. 스커트에 흰 선 한 줄. 깃에 금차색 선 두 줄. 검은 넥타이 (하복) 흰색 포플린, 회색 깃에 금차색 선 두 줄
		1938	세일러복	깃과 소매, 가슴 덮개에 흰 선 두 줄. 가슴 덮개에 닻 마크(여름은 검은색, 겨울은 흰색 자수)
오노大野 고녀	현립	1920년대 중반	숄 칼라 상의	
		1933	세일러복	(동복) 깃과 소매, 가슴에 흰 선 두 줄 (하복) 흰색 세일러복에 넥타이
쓰루가敦賀 고녀	현립	1929. 4.	세일러복	깃과 소매에 흰 선 두 줄

학교명	구분	제정 연월	교복 구분	내용
오바마小浜 고녀	현립	1923 1926 1935	흑백 격자 무명 상의 테일러 칼라 상의 세일러복 세일러복	검은색 벨트 (동복) 벨트 (하복) (동복) 깃과 소매, 가슴 덮개에 흰 선. 군청색 또는 흑색 넥타이(행사 시에는 흰색). (하복) 흰색
미쿠니三国 고녀	현립	1928~ 1929	세일러복	깃과 소매, 가슴 덮개에 흰 선 세 줄. 검은 새틴 넥타이
사바에鯖江 고녀	현립	~1934	세일러복	(동복) 군청색 천에 연지 넥타이
마루오카丸岡 고녀	정립	1928.4.	세일러복	
후쿠이 진아이福井仁愛 고녀	사립	1932	세일러복	깃과 소매에 흰 선 두 줄. 스커트에 한 줄
뉴丹生 실과 고녀 →뉴 고녀	촌립	1928	세일러복	군청색 서지. 깃과 소매, 가슴 덮개에 흰 선 두 줄. 검은 넥타이
후쿠이福井 실과 고녀 →후쿠이 고녀	시립	~1939	세일러복	흰 깃 커버. 소매에 흰 선 두 줄
가쓰야마 세이카 勝山精華 고녀	사립	~1942	문부성 표준복	
야마나시현				
가쿠로쿠岳麓 고녀	현립	~1942	문부성 표준복	
고마巨摩 고녀	현립	1930	세일러복	(동복) 군청색 깃과 소매, 가슴 덮개에 흰 선 세 줄 넥타이. 스커트 주름 8줄 (하복) 흰색. 넥타이
고후 유다甲府湯田 고녀	사립	1930 1937	(동복) 원피스 (하복) 세일러복 세일러복	군청색 서지. 벨트 옅은 크림색 깃과 소매에 흰 선 두 줄 (행사) 흰색 넥타이

전국 고등 여학교 서양식 교복 일람

학교명	구분	제정 연월	교복 구분	내용
야마나시 에이와 山梨英和 고녀	사립	1929 1935 1940	세일러복 세일러복 세일러복	(동복) 군청색 깃과 소매, 가슴 주머니에 밝은 군청색 선 세 줄. 연지색 넥타이 (하복) 흰색. 네이비 블루 깃과 소매에 흰 선 세 줄. 네이비 블루 넥타이 왼팔에 붉은 단풍에 에이와, 군청색 산 모양 세 줄 선의 와펜 왼팔에 붉은 단풍에 에이와, 군청색 산 모양 세 줄 선의 와펜
야마나시 제1 고녀 →고후甲府 고녀	현립	1923.4. 1924 1930	블레이저 군청색 비로드 깃 상의 숄 칼라 상의	다이코쿠보시. 벨트. 스리 버튼 벨트. 모자 흰 선 두 줄. 나비 리본
야마나시 제2 고녀 야마나시 고녀	현립	1923.4. 1927.4. 1935.4.	숄 칼라 상의 테일러 칼라 상의 세일러복	 (동복) 군청색 깃과 소매에 흰 선 두 줄 (하복) 흰색. 군청색 깃과 소매에 흰 선 두 줄
야무라谷村 고녀	야마나시	불명	블레이저	스리 버튼
즈루都留 고녀	야마나시	1932	숄 칼라 상의	(동복) 군청색 서지. 코발트색 넥타이 (하복) 흰색 포플린. 검은 넥타이
나가노현				
가루이자와軽井沢 고녀	정립	~1943	문부성 표준복	
고모로小諸 고녀	정립 →현립	1922	세일러복	깃과 소매, 가슴 덮개에 흰 선 두 줄

학교명	구분	제정 연월	교복 구분	내용
기소木曾 고녀	현립	1932	세일러복	(동복) 군청색 깃과 소매, 가슴 덮개, 가슴 주머니에 흰 선 세 줄 (하복) 흰색 깃과 소매, 가슴에 군청색 선 세 줄, 스커트 주름은 스물네 개 (하복) 흰 천. 군청색 깃과 소매, 가슴 덮개, 가슴 주머니에 흰 선 세 줄
		1933	세일러복	
나가노 고녀	현립	1925 1926 1933	스탠드 칼라 상의 스탠드 칼라 상의 세일러복	비로드 깃 줄무늬 여섯 (동복) 군청색 깃과 소매에 흰 선 세 줄. 가슴 주머니에 흰 선 한 줄. 검은색 나비형 넥타이. 도가쿠戸隱 국화 브로치 (행사) 흰 바탕 천. 군청색 깃, 소매에 흰 선 세 줄. 군청색 나비매듭
나가노 고녀	현립	1929	세일러복	스커트 자락에 흰 선, 주름은 열여섯 개
나가노 실과 고녀 →나가노 고녀	시립	1933	세일러복	(하복) 흰색. 군청색 깃과 소매, 가슴 덮개에 흰 선 세 줄. 넥타이
나가노 제2 고녀	시립	사료를 확인할 수 없음		
노자와野沢 고녀	현립	1937.6.	오픈 칼라 상의 오픈 칼라 상의 세일러복	(하복) 연갈색 깅엄. 리본 (동복) 군청색 서지. 넥타이 군청색 깃과 소매에 흰 선 세 줄. 넥타이
도요시나豊科 고녀	현립	1934	세일러복 점퍼 스커트	
마쓰모토松本 고녀	현립	1933 ~1932	점퍼 스커트	
마쓰모토松本 여자 직업 학교 →마쓰모토 고등 가정 여학교 →마쓰모토 고녀	시립	1933	세일러복	깃과 소매에 흰 선

전국 고등 여학교 서양식 교복 일람

학교명	구분	제정 연월	교복 구분	내용
마쓰모토 제2 고녀	현립	1927	세일러복	가슴과 소매, 가슴 덮개에 흰 선 두 줄
마쓰시로松代 고녀	정립	1928	점퍼 스커트	
모치즈키望月 실과 고녀 →모치즈키 고녀	조합립	1926 1931	세일러복 세일러복	넥타이. 오사카형 깃과 소매, 가슴 덮개, 가슴 주머니에 흰 선 두 줄. 넥타이. 스커트에 흰색 톱니 모양 선 한 줄
미노치水内 실과 고녀 →미노치 고녀	촌립	1928	세일러복	
사라시나更科 고녀 →시노노이篠ノ井 고녀	현립	1924.5. ~1927	스탠드 칼라 상의 세일러복	벨트 군청색 깃과 소매에 연갈색 선 세 줄. 연갈색 넥타이
스와諏訪 고녀	현립	1925	세일러복	깃과 소매에 흰 선 세 줄, 가슴에 두 줄
스와 고녀	시립	1941	세일러복	
스자카須坂 고녀	현립	1925 1936	세일러복 세일러복	깃에 검은 선 두 줄. 넥타이 깃과 소매, 가슴 덮개, 가슴에 흰 선 두 줄
시노이篠井 제2 고녀	공립	사료를 확인할 수 없음		
시모스와마치下諏訪 실과 고녀 →시모스와마치 고녀	정립 →시립	1941.4.	세일러복	(동복) 군청색 (하복) 흰색. 군청색 깃과 소매에 흰 선 세 줄
시오지리塩尻 실과 고녀 →시오지리 고녀	정립	1932	세일러복	(동복) 군청색 깃, 소매, 가슴 덮개에 흰 선 두 줄. 넥타이 (하복) 흰 천에 군청색 깃, 소매, 가슴 덮개에 흰 선 두 줄. 넥타이
아카호赤穂 여자 실업 →아카호 고녀	촌립	1941	세일러복	몸뻬
야시로屋代 고녀	조합립	불명	세일러복	
에이메이永明 고등 가정 여학교 →에이메이 고녀	정립 →조합립	~1942	문부성 표준복	
오마치大町 고녀	현립	1937	세일러복	

학교명	구분	제정 연월	교복 구분	내용
오카야岡谷 고녀	현립	1927.5	블레이저 점퍼 스커트	
오카야 고녀	시립	사료를 확인할 수 없음		
우에다上田 고녀	시립	사료를 확인할 수 없음		
우에다 실과 고녀 →우에다 고녀	공립 →시립	1927.4.	세일러복, 점퍼 스커트	
이나伊那 고녀	현립	1937	세일러복	
이나 고녀	정립	사료를 확인할 수 없음		
이다飯田 고녀	현립	1937.6.	세일러복 점퍼 스커트	(동복) 스커트에 흰 선 한 줄 (하복) 블라우스에 점퍼 스커트
이다 실과 고녀 →이다 고녀	시립	1937 1938	점퍼 스커트 블레이저	스커트 주름 열여섯 개 더블 단추 네 개
이야마飯山 고녀	현립	1927 1931 1936	세일러복 세일러복 세일러복	(하복) 하늘색 깅엄. 깃에 흰 선 두 줄 (동복) 군청색 서지. 깃에 연갈색 선 두 줄 (동복) 군청색 깃, 소매, 가슴 주머니에 흰 선 세 줄
이와무라다岩村田 고녀	정립	1932.9.	세일러복	깃과 소매, 가슴 덮개에 흰 선 두 줄
기후현				
오가키大垣 고녀	현립	1922 1927.4.	세일러복 숄 칼라 상의 세일러복	(동복) 깃과 소매에 검은 비로드 선의 군청색 서지. 리본(1학년 적색, 2학년 자주색, 3학년 하늘색, 4학년 올리브) (하복) 얇은 울 재질 반팔 흰색 깃 커버
기후 고녀	현립	1927.6.	세일러복	군청색 서지. 깃에 흰 선 두 줄
나카쓰中津 고녀	현립	1931.4. 1935.12.	세일러복 세일러복	흰색 깃 커버. 가슴 덮개에 청록색 선 두 줄 흰색 깃 커버. 칠보七宝 학교 휘장 뱃지

학교명	구분	제정 연월	교복 구분	내용
가노加納 고녀	현립	1927.4.	세일러복	
		1937	세일러복	흰색 깃 커버
다카야마高山 고녀	현립	1931.10.	세일러복	흰색 깃 커버
하치만八幡 고녀	현립	1928	세일러복	(동복) 군청색 깃과 소매에 흰 선 두 줄 (하복) 흰색. 군청색 깃에 흰 선 두 줄. 넥타이
모토스本巣 고녀	현립	1931.9.	세일러복	흰색 깃. 다이코쿠보시. 벨트
가이즈海津 고녀	현립	1930	세일러복	(동복) 군청색 깃에 흰 선 두 줄 (하복) 흰색 긴팔, 소매에 검은 선 두 줄. 넥타이
하시마羽島 고녀	현립	1930.6.	세일러복	흰색 깃 커버. 깃과 소매, 가슴 덮개, 스커트에 흰 선 한 줄
무기武儀 고녀	현립	1929.10.	세일러복	흰색 깃 커버. 넥타이
다지미多治見 고녀	현립	1929~1930	세일러복	흰색 깃 커버
도미타富田 고녀	사립	1927	세일러복	깃과 소매에 선 두 줄.
		1930	세일러복	리본 넥타이
사사키佐々木 고녀	사립	1933	세일러복	깃과 소매에 선 세 줄. 리본 넥타이
다지미 고녀	시립	1929년경~1931	세일러복 세일러복	흰색 깃 커버. 넥타이. 앞트임. 벨트 흰색 깃 커버. 가는 넥타이
기후 실과 고녀 →가타기리片桐 고녀	사립	~1932 ~1937	세일러복 세일러복	흰색 깃 커버
나가라長良 실과여학교 →나가라 실과 고녀 →기후 고녀	시립	사료를 확인할 수 없음		
후나쓰船津 실과 고녀 →후나쓰 고녀	정립	사료를 확인할 수 없음		
야오쓰八百津 고녀	정립	1943. 4.	문부성 표준복	
시즈오카현				
가케가와掛川 고녀	→현립	1925 1927 1931	스퀘어 칼라 상의 세일러복 세일러복	벨트 군청색 깃과 소매에 흰 선 두 줄

학교명	구분	제정 연월	교복 구분	내용
기타하마北浜 고녀	조합립	1933	세일러복	(동복) 군청색 깃과 소매에 흰 선 세 줄. 가슴에 흰 선 두 줄. 옅은 갈색의 나비매듭 (하복) 흰색 천
나리이에徳室 학원 여학교 → 나리이에 고녀	사립	사료를 확인할 수 없음		
나카이즈미中泉 고녀	사립	~1929 1933 1935	세일러복 세일러복 세일러복	흰색 깃. 넥타이. 오사카형 흰색 깃. 깃과 소매, 가슴 덮개, 가슴에 흰색 선 두 줄. 넥타이 넥타이에 흰색의 비스듬한 선 두 줄
누마즈 세이카 沼津精華 고녀	사립	1930 1937	테일러 칼라 상의 세일러복	(하복) 점퍼 스커트 (동복) 군청색 깃과 소매에 흰 선 세 줄 (하복) 흰색. 군청색 깃과 소매에 흰 선 세 줄. 좌측 팔에 학교 휘장 자수
누마즈沼津 고녀	현립	1922.9. 1924.8.	양복 착용 세일러복	
누마즈 학원 고녀	사립	1942	세일러복	군청색 깃, 소매, 가슴 덮개에 흰 선 두 줄. 넥타이
도모에巴 고녀 →시미즈清水 고녀	현립	1932 1936	세일러복 세일러복	(동복) 깃과 소매, 가슴 덮개, 가슴에 청색 선 두 줄. 넥타이 (동복) 깃과 소매에 흰 선 두 줄 (하복) 흰색 천. 군청색 깃과 소매에 흰 선 두 줄. 폭이 넓은 리본
모리마치森町 고녀	정립	~1930	점퍼 스커트	

전국 고등 여학교 서양식 교복 일람

학교명	구분	제정 연월	교복 구분	내용
미시마三島 고녀	군립 →현립	1921 1923 1925 1934 1935	흑백 격자형 상의 세일러복 세일러복 세일러복 세일러복	갈색에 흰 선 두 줄의 스커트. 벨트 (동복) 스탠드 칼라. 벨트 (하복) 흰색 천에 줄무늬 (동복) 흰색 깃, 벨트 (하복) 하늘색 세일러. 군청색 스커트 흰색 깃 커버 별 문양 휘장
미시마 실과 고녀 →기타마메北豆 고녀	사립	1934	세일러복	군청색 깃과 소매에 흰 선 두 줄
미쓰케見付 고녀	현립	1924.1. 1924.6. ~1931 ~1936	세일러복 세일러복 세일러복 세일러복	(동복) 군청색 깃과 소매, 가슴 덮개, 가슴 주머니에 흰 선 세 줄 (하복) 흰색 흰색 깃 나비 리본
세이신誠心 고녀	사립	1924	세일러복	군청색 깃에 연지색 선 한 줄. 넥타이
세이엔西遠 고녀	사립	1923 1928 1932	원피스 투피스 세일러복	벨트 깃에 황금색 선. 검은 비단 넥타이
시마다島田 고녀	현립	~1933	세일러복	(동복) 군청색 깃과 소매, 가슴 덮개, 가슴에 흰 선 두 줄. 흰색 깃 (하복) 흰 깃과 소매, 가슴 덮개, 가슴에 군청색 선 세 줄. 군청색 넥타이
시모다下田 고녀	현립	사료를 확인할 수 없음		
시즈오카 고녀	현립	1926	세일러복	
시즈오카 세이카 静岡精華 고녀	사립	1926 1927.10.	세일러복 세일러복	(표준복)
시즈오카 에이와 静岡英和 여학원 →세이료静陵 고녀	사립	1922 1923.4. 1940	양복 세일러복 점퍼 스커트 세일러복 점퍼 스커트	(동복) 군청색 천 (하복) 흰 천. 군청색 깃, 소매에 흰 선 세 줄 왼쪽 팔에 후지와 벚꽃 와펜
아타미熱海 고녀	사립	~1942	문부성 표준복	

학교명	구분	제정 연월	교복 구분	내용
오미야大宮 고녀	조합립 →현립	1924 1932 1934 1936 1939	세일러 깃 블레이저 세일러복 세일러복 세일러복 세일러복	벨트. 스리버튼 (동복) 군청색 (하복) 옅은 하늘색에 흰색 가는 줄 무늬 (행사) 흰색 넥타이 나비매듭 (동복) 군청색 깃과 소매, 가슴 덮개, 가슴에 흰 선 한 줄, 넥타이, 깃 뒤로 격자선 (하복) 하늘색과 흰색 깅엄 천 깃과 소매에 흰색 커버
오히토大仁 실과 고녀 →오히토 고녀	현립	1926 1934 1936	스탠드 칼라 상의 세일러복 세일러복	벨트 흰색 깃 깃. 선 세 줄
이토伊東 고녀	조합립	~1934	세일러복	(동복) 깃에 흰 선 두 줄. 군청색 넥타이 나비매듭. (하복) 흰 천. 군청색 깃과 소매에 흰 선 두 줄. 군청색 넥타이 나비매듭
조나이城内 고녀	사립	사료를 확인할 수 없음		
하마마쓰浜松 고녀	시립	1924 1933.10.	스퀘어 칼라 상의 세일러복	가는 넥타이 군청색 깃에 흰 선 두 줄. 흰색 삼각 타이
하이바라榛原 실과 고녀 →하이바라 고녀	조합립 →현립	1921.9. 1922 1923 1926	투피스 투피스 세일러복과 유사 형태 세일러복	(하복) (동복) 흰색 깃. 넥타이 깃과 소매, 가슴 덮개, 가슴에 흰 선 두 줄. 가는 넥타이
후지미富士見 고녀	사립	1928 ~1933	세일러복 세일러복	(동복) 깃과 소매, 가슴 덮개, 가슴에 흰 선 세 줄. 넥타이 (하복) 흰색. 깃과 소매에 선 세 줄. 넥타이 (하복) 나비 리본

학교명	구분	제정 연월	교복 구분	내용
후지富士 고녀	현립	1924	세일러복	(동복) 서지, 캐시미어 개더 스커트, 검은 줄무늬 깃 커버. 길고 가는 넥타이. (하복) 백무명 캘리코. 포플린. 브로드. 스커트는 흑색 또는 군청색 서지 깃을 둘러싼 검은 줄무늬 선. 넥타이는 군청색 줄무늬. 주름 8개의 플리츠스커트 (동복) 군청색 깃과 소매, 가슴 덮개, 가슴 주머니에 흰 선 두 줄. 군청색 넥타이. 흰색 깃 (하복) 흰색. 하늘색 깃과 소매, 가슴 덮개, 가슴 주머니에 흰 선 두 줄. 하늘색 넥타이 흰색 깃 커버
		1927	세일러복	
		1936	세일러복	
		1940	세일러복	
후지不二 고녀	사립	1927.4.	점퍼 스커트	벨트에 '후지不二'. 학년 직별로 흉장. 학생모
후지에다藤枝 고녀	현립	1924	세일러복	
		1925	세일러복	
		1926	세일러복	
후타마타二俣 고녀	조합립 →현립	1923	스탠드 칼라 상의	앞단추 잠금식. 리본 (동복) 군청색 (하복) 흰색. 깃과 소매, 가슴 덮개, 넥타이는 하늘색 천에 흰 선 두 줄 (동복) 깃과 소매, 가슴 덮개에 흰 선 두 줄. 흰색 넥타이 나비매듭 (하복) 군청색 선, 군청색 넥타이
		1931	스탠드 칼라 상의	
		1934	세일러복	
아이치현				
가리야刈谷 고녀	현립	~1932	세일러복	깃과 소매, 가슴 덮개에 흰 선 두 줄. 흰 깃. 스커트에 흰 선 한 줄
가마고리蒲郡 실과여고 →가마고오리 고녀	정립	1931.4.	세일러복	흰색 커버. 검고 가는 넥타이

학교명	구분	제정 연월	교복 구분	내용
고노国府 고녀	현립	1926.10.	세일러복	깃에 흰 선 한 줄
고마키小牧 고녀	정립	~1942	문부성 표준복	
긴조金城 여학교 →긴조 여자 전문 학교 부속 고등 여학부	사립	1920 1921.9.	양복 착용 장려 세일러복	
나고야 고녀	사립	1919.6. 1928 1931 1934	원피스 세일러복 세일러복 세일러복	(동복) 군청색 (하복) 흰 무명 (동복) 군청색. 깃과 소매, 가슴 주머니에 연지색 선 세 줄 (하복) 흰색. 깃과 소매, 가슴 주머니에 회색 선 세 줄. 검은 리본 (동복) 군청색 깃에 흰 선 세 줄. 흰 스커트. 흰 깃 (하복) 흰색 (동복) 군청색. 깃과 소매, 가슴 주머니에 흰 선. 뒷깃에 격자선 (하복) 흰색. 깃과 소매, 가슴 주머니 회색 선 세 줄. 검은 리본
나고야 여자 상업 학교	사립	1927	스탠드 칼라 상의	넥타이. (동복) 군청색 (하복) 로즈
나고야 제1 고녀	시립	1922 1925	세일러복 세일러복	흰 깃. 넥타이. 오사카형
나고야 제2 고녀	시립	불명	세일러복	흰 깃. 스커트에 흰 선 한 줄
나고야 제3 고녀	시립	1924.4.	세일러복	흰 깃
니시오西尾 고녀	현립	~1936	세일러복	흰색 깃. 넥타이
니와丹羽 고녀	현립	1929	세일러복	흰색 깃
도요카와豊川 고녀	시립	~1933	세일러복	(동복) 군청색 (하복) 흰색. 흰 깃. 넥타이
도요하시豊橋 고녀	시립	1922.11. 1932.6.	스탠드 칼라 상의, 숄 칼라 상의 세일러복	(동복) 군청색 모자 (하복) 흰 모자 깃과 소매에 흰 선 두 줄. 모자. (행사) 흰색 커버

학교명	구분	제정 연월	교복 구분	내용
도요하시豊橋 실천 여학교 →도요하시 고등 실천 여학교 →도요하시 사쿠라가오카桜ヶ丘 고녀	사립	~1930 ~1933	세일러복 세일러복	군청색 깃과 소매에 흰 선 두 줄. 가는 넥타이 군청색 깃과 소매에 흰 선 세 줄. 하복은 흰 상의에 대형 나비매듭
미즈호瑞穗 고녀	사립	1940.4.	세일러복	흰 깃
세토瀬戶 고녀	정립 →현립	1927	세일러복	흰색 깃. 가는 리본. 둥근 모자
스기야마椙山 고녀 →스기야마 제1 고녀	사립	1920 1926	양복 착용 장려 세일러복, 점퍼 스커트	
스기야마 제2 고녀 →스기야마 여자 전문학교 부속 고녀	사립	불명	세일러복, 점퍼 스커트	
신시로新城 고녀	현립	1924.6.	세일러복, 벨트	흰색 깃 커버
아이치 슈쿠토쿠愛知淑德 고녀	사립	1920 1921 1928	군청색 원피스 군청색 원피스, 벨트 세일러복	흰 깃. 군청 넥타이 (동복) 군청색 (하복) 흰색
아이치 제1 고녀	현립	1922.4. 1924~1925 1932 1936	세일러복 세일러복 세일러복 세일러복	흰색 커버. 깃과 소매 흰 선. 스커트에 검은 선. 검은 펠트 모자 흰색 커버. 깃과 소매에 검은 선. 스커트에 검은 선. 검은 펠트 모자 (하복) 흰색 포플린 긴 소매 (하복) 군청색 서지 깃에 흰 선 한 줄. 칠부 소매
아이치 제2 고녀	현립	1925	세일러복	흰색 깃. 가는 넥타이. 스커트에 흰 선 한 줄. 오사카형
안조安城 고녀	현립	~1928 1932.4.	세일러복 세일러복	스커트에 흰 선 세 줄 흰색 깃. 넥타이에 흰 선 세 줄
오카桜花 고녀	사립	자료를 확인할 수 없음		

학교명	구분	제정 연월	교복 구분	내용
오카자키岡崎 고녀	시립	1923.4. 1925	군청색 투피스 세일러복	흰 깃. 넥타이(겨울은 짙은 갈색, 여름은 군청). 오사카형
요모誉母 고녀	정립 →현립	~1928	세일러복	흰색 깃. 깃에 흰 선 두 줄. 가는 리본. 둥근 모자(동복). 흰 천(하복)
요코스카橫須賀 고녀	정립 →현립	1924 1940	세일러복 세일러복	스커트 주름 열여섯 개. 흰 선 한 줄 스커트에 흰 선이 사라진다
이나자와稲沢 고녀	사립	1927	세일러복	흰 깃
이누야마犬山 고녀	정립 →현립	1928	세일러복	흰 깃. 가는 리본
이치노미야一宮 고녀	시립	1924 1925	세일러복 스리 버튼, 벨트 세일러복	흰 깃 흰 깃
주쿄中京 고녀	사립	~1936	세일러복	흰 깃
지타知多 고녀 →한다半田 고녀	군립 →현립	1923 1925	양복(세일러복) 세일러복	
쓰시마津島 고녀	현립	1923 ~1931	양복 세일러복	(하복) 깃에 흰 선 두 줄. 흰색 깃
한다半田 고녀	시립	사료를 확인할 수 없음		
호라이지鳳来寺 여자 고등 학원	사립	1935	세일러복	흰색 커버
미에현				
가와게河芸 고녀	현립	~1927 ~1931 ~1936	블레이저 스랜드 칼라 상의 세일러복	깃과 가슴 덮개, 가슴 주머니에 흰 선 한 줄. 넥타이
구와나桑名 고녀	현립	1923.5.	세일러복	깃과 스커트에 흰 선 한 줄. 벨트
나바리名張 고녀	현립	1932	세일러복	
마쓰사카松坂 실과 고녀 →마쓰사카 고녀	시립	1936	세일러복	
미나미무로南牟婁 고녀	현립	1928.9. ~1939	스탠드 칼라 상의 세일러복	(동복) 군청색. 모자 (하복) 흰색. 깃과 소매에 군청색 선. 모자
스즈카鈴鹿 고녀	현립	1930	세일러복	깃과 소매, 가슴 주머니에 흰 선 두 줄

학교명	구분	제정 연월	교복 구분	내용
아야마阿山 고녀	현립	1932	세일러복	(동복) 군청색 깃, 가슴 덮개, 가슴 주머니, 스커트에 흰 선 두 줄. 넥타이는 나비매듭 (하복) 흰색. 넥타이는 나비매듭. 스커트에 흰 선 두 줄
오와세尾鷲 고녀	현립	1923.6. 1928.10. 1933	블레이저 스탠드 칼라 상의 세일러복	벨트, 다이코쿠보시 (동복) 군청색 서지. 흰 선 세 줄. 스커트 주름 24개. (하복) 백무명. 군청색 깃과 소매에 흰 선 세 줄
욧카이치四日市 고녀	시립	1924.4.	오버코트 점퍼 스커트	
우지야마다宇治山田 고녀	시립	1929.4. 1936.3.	세일러복 세일러복	(동복) 검은색. 검고 가는 리본 (하복) 흰색. 깃과 가슴 덮개, 소매에 검은 선 한 줄. 모자 깃과 소매에 흰 선 세 줄. 흰색 나비 리본
이난飯南 고녀	현립	1923.6. 1929 1933	숄 칼라 상의 세일러복 세일러복	(동복) 회색 선. 소매에 두 줄 (하복) 깃과 소매에 회색 선 두 줄 (동복) 군청색 깃과 소매에 흰 선 세 줄 (하복) 흰색 포플린. 군청색 깃과 소매에 흰 선 세 줄
쓰津 고녀	현립	1928 1931	세일러복 세일러복	깃과 소매, 가슴 덮개에 흰 선 세 줄. 연지색 리본 깃과 소매, 가슴 덮개, 가슴 주머니에 흰 선 세 줄 (행사) 흰색 나비매듭
쓰 고녀	시립	사료를 확인할 수 없음		

학교명	구분	제정 연월	교복 구분	내용
시가현				
히코네彦根 고녀	현립	1923	양복 장려	(동복) 깃에 갈색 선 한 줄 (하복) 군청색 깃에 흰 선 한 줄 (동복) 깃에 흰 선 두 줄
		1925.4.	양복 착용	
		1928	세일러복	
		1935~15	세일러복	
오쓰 고녀	현립	1927.2.	세일러복	깃에 흰 선 두 줄
나가하마長浜 고녀	현립	1930	세일러복	깃과 소매에 흰 선 두 줄. 넥타이
에치愛知 고녀	현립	사료를 확인할 수 없음		
히노日野 고녀	현립	1931	세일러복	(동복) 군청색 깃과 소매, 가슴 덮개, 가슴에 흰 선 세 줄. 흰색 넥타이 (하복) 연갈색. 넥타이
하치만八幡 고녀	정립	1938	세일러복	(하복) 흰색 천. 넥타이
오츠大津 고녀	시립	사료를 확인할 수 없음		
미나구치水口 고녀	정립	1931	세일러복	
오미조大溝 실과 고녀 →도주藤樹 고녀	정립	1930	세일러복	(동복) 군청색 깃에 검은 선. 넥타이 (하복) 흰색 천. 넥타이
구사쓰草津 고녀	정립	1928	세일러복	
단카이淡海 고녀	사립	사료를 확인할 수 없음		
오미近江 고녀	사립	~1942	문부성 표준복	
교토부				
가메오카龜岡 고녀	부립	~1932	세일러복	
가초華頂 학원	사립	1928.11.	점퍼 스커트	군청색 서지 하프 코트
		1931.4.	점퍼 스커트	
가테이家政 고녀	사립	1934	블레이저	
고카光華 고녀	사립	1940.4.	블라우스	적색 넥타이
교토 고녀	사립	사료를 확인할 수 없음		
교토 세이안成安 기예 학원 →교토 세이안 여자 학원 →교토 세이안 고녀	사립	1921	깅엄 수트	
		1922	원피스	
		1927	점퍼 스커트	
		1930	블레이저	
교토 슈쿠조淑女 고녀	사립	1924.6. ~1929	원피스 세일러복	깃과 소매에 선 세 줄

전국 고등 여학교 서양식 교복 일람

학교명	구분	제정 연월	교복 구분	내용
교토 제1 고녀	부립	1922.5. 1924 1925 1930.3.	양복 허가 원피스 세일러복 블레이저	
교토 제2 고녀	부립	1922.4. ~1930	원피스 세일러복	깃과 소매에 흰 선 세 줄
기쿠카菊花 고녀	사립	사료를 확인할 수 없음		
니시야마西山 고녀	사립	1927 ~1931	세일러복 세일러복	(동복) 군청색 깃과 소매에 흰 선 세 줄 (하복) 흰색
니조二条 고녀	시립	불명	블레이저 점퍼 스커트	
도시샤同志社 여학교 고등 여학부	사립	1924 1928.4.	원피스, 스탠드 칼라 상의, 세일러복 세일러복	깃과 소매에 흰 선 세 줄. 흰 나비매듭
마이즈루舞鶴 고녀	부립	1926	군청색 서지 상의	솥 모양 모자
메이토쿠明徳 고녀	사립	1928.9.	세일러복	깃과 소매에 흰 선 두 줄. 흰색 넥타이
모모야마桃山 고녀	부립	1924 1932	숄 칼라 상의 세일러복	벨트 깃과 소매에 흰 선 두 줄. 흰색 넥타이
미야즈宮津 고녀	부립	1928	세일러복	깃에 갈색 선 두 줄
사가노嵯峨野 고녀	부립	~1941	문부성 표준복	
세이카精華 고녀	사립	불명	세일러복	흰색 넥타이
아야베綾部 고녀	부립	1923 ~1931	서양식 교복 세일러복	스커트에 흰 선 한 줄 (동복) 군청색 서지 깃에 흰 선 두 줄. 흰색 깃 (하복) 흰색 포플린 깃에 검은 선 두 줄. 검은 새틴 넥타이
조난城南 고녀	부립	1943.4.	문부성 표준복	세일러복
헤이안平安 고녀	사립	1920.11.	원피스	세일러 깃
호리카와堀川 고녀	시립	1928	세일러복	(하복) 흰색 (동복) 군청색 깃과 소매에 흰 선 세 줄. 흰색 넥타이
후쿠치야마福知山 고녀	부립	1926년경	세일러복	깃과 소매, 가슴에 흰 선 두 줄. 흰 깃. 넥타이. 스커트 주름 24개

학교명 오사카부	구분	제정 연월	교복 구분	내용
가난河南 고녀 →돈다바야시富田林 고녀	부립	1922.4. 1924 1925 1928	양복 점퍼 점퍼 스커트 세일러복	(하복) (동복) 흰색 깃 (춘추복) 깃과 소매, 가슴 덮개에 흰 선 두 줄
고등 히가시東 여학원 →히가시東 고녀	시립	~1936	세일러복	깃과 소매, 가슴 덮개, 가슴 주머니에 선 두 줄
곤다誉田 고녀	공립	~1943	문부성 표준복	
구로야마黒山 고등 실천 여학교 →구로야마 고녀	부립	1928	세일러복	(동복) 군청색 서지. 깃과 소매에 검은 선 두 줄. 군청색 넥타이. 군청색 모자 (행사) 흰색 깃에 검은 선 두 줄. 흰 넥타이 (하복) 흰색 포플린 7부 소매. 밀짚모자
군에이薰英 고녀	사립	~1933	세일러복	깃과 소매에 선 세 줄. 넥타이
긴란카이金蘭会 고녀	사립	1921 1924	투피스 세일러복	(하복) 흰색 천에 검은색 격자무늬. 모자
다마테야마玉手山 고녀	사립	~1942	문부성 표준복	
데이고쿠帝国 고녀	사립	1929	세일러복	(하복) 흰색 블라우스. 리본 나비매듭
데즈카야마帝塚山 학원 고녀	사립	1928	블레이저	넥타이, 모자
덴노지天王寺 고녀	사립	1929	세일러복	깃 커버. 가슴 덮개에 선 두 줄. 넥타이
도요나카豊中 고녀	부립	~1939	세일러복	
메이조明浄 고녀	사립	1922.4.	세일러복	(동복) 군청색. 회색 깃에 군청색 선 세 줄. 소매에 군청색 선 세 줄. 회색 너비 리본 (하복) 흰색. 회색 깃과 소매에 흰 선 세 줄. 회색 나비 리본
모즈百舌鳥 고녀	시립	~1943	문부성 표준복	
미나미南 고녀	시립	~1937	세일러복	(동복) 군청색. 깃 커버와 소매에 흰 선 세 줄 (하복) 흰색 반팔. 삼각 타이 묶음

학교명	구분	제정 연월	교복 구분	내용
바이카梅花 고녀	사립	1928.4.	세일러복	깃과 소매에 흰 선 세 줄. 옅은 남색 새틴 넥타이. 군청색 펠트 모자
사노佐野 실과 고녀 →사노 고등 실천 여학교 →사노 고녀	부립	1930 1932	점퍼 스커트 세일러복	군청색 깃에 흰 선 두 줄. 연남색 깃
사카이 아이센堺愛泉 고녀	사립	불명	세일러복	
사카이堺 고녀	부립	1925.9.	세일러복	선 두 줄. 스커트 주름 열여섯 개
사쿠라노미야桜宮 고녀	시립	불명	세일러복	
세이보聖母 여학원 →세이보 여학원 고녀	사립	1923	점퍼 스커트	
세이유清友 학원 고녀	사립	1941	문부성 표준복	
세이카西華 고녀	시립	~1924	세일러복	
세이토쿠静徳 고녀 →나니와浪花 고녀	사립	불명	세일러복	
센난泉南 고녀 →기시와다岸和田 고녀	부립	1920 1927 1929.9. 1930.4.	블레이저 투피스 세일러복 세일러복	벨트 (동복) 금빛이 도는 갈색 깃 (하복) 금빛이 도는 갈색 깃
센바船場 고녀	시립	사료를 확인할 수 없음		
센신宣真 고녀	사립	1925 1934	블레이저 세일러복	
소아이相愛 고녀	사립	1924	블레이저	
소아이相愛 제2 고녀 →후지이데라藤井寺 고녀	사립	~1941	사료를 확인할 수 없음	
쇼인樟蔭 고녀	사립	1925	세일러복	
쇼인히가시樟蔭東 고녀	사립	(1936.12.)	세일러복	
시모후쿠시마下福島 고녀	시립	사료를 확인할 수 없음		

학교명	구분	제정 연월	교복 구분	내용
시미즈다니清水谷 고녀	부립	1920 1921 1923	통소매, 하카마 양복 허가 블레이저 세일러복	(동복) 군청색 또는 흑색 서지. 깃과 소매, 가슴 덮개, 가슴 주머니에 흰 선 세 줄 (하복) 흰색 마. 깃과 소모, 가슴 덮개, 가슴 주머니에 검은 선 세 줄. 넥타이는 검은색 새틴, 행사는 동복에 한해 흰색 후지견. 스커트 주름은 열여섯 개. 짙은 하늘색 깃 커버
시조나와테四条畷 고녀	사립	1926 1935	세일러복 점퍼 스커트	
신슈進修 고녀	사립	~1943	문부성 표준복	
아베노阿部野 고녀	부립	1923년 여름 1928	블레이저 점퍼 스커트 블레이저 점퍼 스커트	
야오八尾 고녀	부립	1927	세일러복	군청색 깃에 흰 선 한 줄. 흰색 넥타이. 모자
오기마치扇町 고녀	시립	1934	점퍼 스커트	
오사카 고녀	시립	사료를 확인할 수 없음		
오사카 신아이信愛 고녀	사립	1922.4. 1938.4.	세일러복 세일러복	
오쓰 大津 고녀	부립	~1941	문부성 표준복	
오타니大谷 고녀	사립	1926.11.	세일러복	
오테마에大手前 고녀	사립	1929 1935	세일러복 세일러복	가슴 덮개 없음
요도노미즈淀之水 고녀	사립	1927	세일러복	
위르미나ウヰルミナ 여학교 →오사카 여학원 고등 여학부	사립	1923	세일러복	(동복) 군청색 깃과 소매에 흰 선 세 줄 (하복) 흰색 천. 깃과 소매에 흰 선 세 줄
유히가오카夕陽丘 고녀	부립	1923.4.	세일러복	(동복) 군청색 천 (하복) 흰 천. 연두색 깃 커버

학교명	구분	제정 연월	교복 구분	내용
이바라키茨木 고녀	부립	1924 1928	점퍼 스커트 세일러복	(동복) 흰 점퍼. 회색 모자 (하복) 청회색 스탠드 칼라 블라우스 (동복) 흰 깃. 군청색 리본. 군청색 펠트 모자 (하복) 파나마 모자
이즈오泉尾 고녀	부립	1923 1928.4. 1931.4. 1937	흰 스퀘어 칼라 점퍼 스커트 세일러복 세일러복 세일러복	다이코쿠보시 (하복) 모자 (동복) 군청색 서지. 깃과 소매에 흰 선 두 줄. 모자 (하복) 흰색 포플린. 깃과 소매에 군청색 선 두 줄. 모자. 흰색 삼각 타이 묶음 (하복) 넥타이는 나비 매듭. 모자
이치오카市岡 고녀	부립	1925.4. 1930.4.	점퍼 스커트 세일러복	
이쿠노生野 고녀	부립	1924	세일러복	군청색 깃에 흰 선 두 줄
제2 오타니 고녀	사립	1937	세일러복	
하고로모羽衣 고녀	사립	1928 1929 1932	세일러복 블라우스 세일러복	(동복) (하복) (하복) 동복을 흰색으로 한 것
가와키타河北 고녀 →네야가와寝屋川 고녀	부립	1925.6. 1935	세일러복 세일러복	(동복) 군청색 서지. 깃에 군청색 선 두 줄 (하복) 흰색 포플린, 깃에 검은 선 두 줄 (하복) 가슴 덮개 없음. 깃과 소매, 가슴 주머니에 흰 선 두 줄. 옅은 남색 깃 커버에 선 세 줄
후루普溜 여학원 →후루 고녀 →세이센聖泉 고녀	사립	1922.4.	세일러복	군청색 깃과 소매에 연지색 선 세 줄. 연지색 넥타이. 흰색 깃. 겨울은 군청색 펠트 모자, 하복은 파나마 모자
후세布施 고녀	사립	~1941	문부성 표준복	

학교명	구분	제정 연월	교복 구분	내용
후타바双葉 고녀	사립	~1941	사료를 확인할 수 없음	
효고현				
가미고리上郡 고녀	현립	~1929	세일러복	깃과 소매에 흰 선 두 줄
가이바라柏原 고녀	군립→현립	1921.5. ~1926	스퀘어 칼라 상의 세일러복	(동복) 군청색 깃에 선 두 줄. 넥타이 (하복) 흰색. 모자
가코가와加古川 고녀	군립→현립	1920.9. 1924.4.	숄 칼라 상의 세일러복	벨트. 다이코쿠보시
고난甲南 고녀	사립	1924.4. 1926 1929 1929	세일러복 원피스 세일러복 세일러복	(동복) (하복) 흰 천 (동복) 깃과 소매, 가슴 덮개에 흰 선 세 줄 (하복)
고베 노다野田 고녀	사립	사료를 확인할 수 없음		
고베 세이토쿠成德 고녀	사립	~1930	세일러복	넥타이
고베 실천 여학교	사립	1929.10.	세일러복	(표준복) 흰색 선 한 줄
고베 야마테山手 고녀	사립	~1928	세일러복	
고베 여학원	사립	1933 1936.5.	양복 착용 세일러복	군청색 깃과 소매에 흰 선 두 줄. 흰 넥타이. 왼쪽 팔에 와펜
고베 제1 고녀	시립	1927.4. 1936	스탠드 칼라 상의 블레이저, 점퍼 스커트	(표준복) 동복) 군청색 서지. 벨트. 모자 (하복) 흰색
고베 제2 고녀	현립	1925 쇼와 불명	세일러복 세일러복	
고베 제2 고녀	시립	사료를 확인할 수 없음		
고베 고녀→제1 고베 고녀	현립	1920	스탠드 칼라 상의	모자
고시엔甲子園 고녀	사립	~1941	사료를 확인할 수 없음	

학교명	구분	제정 연월	교복 구분	내용
기노사키城崎 고녀 →도요오카豊岡 고녀	군립 →현립	1929	세일러복	(동복) 군청색 서지. 깃에 군청색 선 세 줄 (하복) 흰 긴소매. 깃에 흰 선 세 줄. 검은색 새틴 넥타이. 스커트에 흰 선 한 줄
니시노미야西宮 고녀	시립	1926.4.	세일러복	깃에 선 두 줄. 넥타이는 나비매듭
마스타니增谷 고등 가정 여학교 →마스타니 고녀	사립	1934.4. 1937	세일러복 점퍼 스커트	군청색 서지. 깃과 소매에 흰 선 두 줄 가슴에 나비 문양 그림을 붉은 실로 자수. 버클은 흰색
모리森 고녀	사립	1925.6.	세일러복	
무코가와武庫川 고녀	사립	사료를 확인할 수 없음		
미나토가와湊川 고녀	사립	사료를 확인할 수 없음		
미키三木 고녀	현립	~1936	세일러복	
사사야마篠山 고녀	현립	1923 1924	블레이저, 원피스 세일러복	(동복) 블레이저. 벨트 (하복) 원피스
산다三田 고녀	현립	쇼와 불명 쇼와 불명	플랫 칼라 상의 세일러복	깃과 소매에 흰 선 세 줄
소노다園田 고녀	사립	쇼와 불명	세일러복	
쇼인松陰 고녀	사립	1925	원피스	흰색 깃. 군청색 천
스미요시 세이신 住吉聖心 여자 학원 →고바야시 세이신 小林聖心 학원 고녀	사립	1923	점퍼 스커트	
스미요시 고녀	촌립	(1943.4.)	사료를 확인할 수 없음	
스와야마諏訪山 고녀	현립	사료를 확인할 수 없음		
시즈키志筑 실과 고녀 →시즈키 고녀	정립	~1930	세일러복	깃과 소매에 흰 선 두 줄. 흰 넥타이
시카마飾磨 고녀	공립	~1942	사료를 확인할 수 없음	
신와親和 고녀	사립	~1930	세일러복	깃과 소매에 선 두 줄
아마가사키尼崎 고녀	시립	1869	세일러복	겨울은 군청색 서지. 여름은 흰색 포플린. 가슴 덮개에 군청색 선 두 줄. 넥타이

학교명	구분	제정 연월	교복 구분	내용
아마가사키 제2 고녀	시립	사료를 확인할 수 없음		
아와지淡路 고녀	현립	1927.4.	세일러복	
아이오이相生 고녀	시립	(1943.4.)	세일러복	
아카시明石 고녀	시립	1924 1925	숄 칼라 상의 세일러복	흰색 깃 깃과 소매에 흰 선 두 줄
아코赤穗 고녀	조합립	~1926	세일러복	깃과 소매에 흰 선 두 줄. 가는 넥타이. 다이코쿠보시
야마사키山崎 고녀	현립	1926	세일러복	
야시로社 고녀	현립	1924 ~1931	스탠드 칼라 상의 세일러복	흰색 깃. 벨트. 다이코쿠보시 깃에 흰 선 두 줄
오노小野 고녀	정립	1928	세일러복	쇼와 3년에 실과 고녀에서 고녀로 승격
이보揖保 고녀 →다쓰노龍野 고녀	군립 →현립	1921.6. 1924.9. 1928	양복 착용 허가 점퍼 스커트 세일러복	깃에 푸른 선 두 줄
이즈시出石 고녀	현립	1933	세일러복	깃과 소매에 군청색 선 두 줄. 겨울은 군청색 펠트 모자. 여름은 밀짚모자
이쿠노生野 고녀	현립	~1928 1930	세일러복 세일러복	깃과 소매, 가슴 덮개에 흰 선 두 줄
이타미伊丹 고녀	군립 →현립	1921 ~1927	스퀘어 칼라 상의 세일러복	벨트. 다이코쿠보시 깃과 소매, 가슴 덮개에 흰 선 두 줄
제3 고베 고녀	현립	(1941.4.)	문부성 표준복	
제4 고베 고녀	현립	(1942.4.)	문부성 표준복	
호조北条 고녀	현립	~1930 ~1935	세일러복 세일러복	깃에 흰 선 한 줄. 다이코쿠보시 깃과 소매에 흰 선 두 줄
후쿠사키福崎 고녀	현립	~1926	세일러복	
히노모토日の本 여학교	사립	1924 1926	양복 착용 임의 세일러복	(동복) 군청색 (하복) 흰색

학교명	구분	제정 연월	교복 구분	내용
히메지姬路 고녀	현립	1920	스탠드 칼라 상의	(하복) 벤케이 무늬 무명 천. 벨트
		1921	스탠드 칼라 상의	
		1923	숄 칼라 상의	(동복) 오구라小倉 천 곡선 깃. 벨트
		1928	세일러복	(하복) 흑백 벤케이 무늬 (동복) 군청색 서지로 하복과 동일한 형태. 벨트
		1934	세일러복	(동복) 선 없음 (하복) 흰색 선 두 줄
				깃과 소매에 흰 선 세 줄. 검은색 넥타이. 흉장
히메지姬路 고녀	시립	사료를 확인할 수 없음		
나라현				
가쓰라기葛城 고녀	불명	사료를 확인할 수 없음		
고세御所 고녀	현립	~1924	세일러복	깃과 소매, 가슴 덮개에 선 두 줄. 가는 넥타이
		~1937	세일러복	넥타이
고오리야마郡山 고녀	공립	1921	스탠드 칼라 상의	모자. 벨트
		~1930	세일러복	넥타이
고조五条 고녀	군립	1920.12.	투피스	(동복) 흰색 곡선 깃의 군청색 투피스 (하복) 흑백 체크무늬 투피스 (동복) 모자
		~1939	세일러복	깃과 소매, 가슴에 흰 선 두 줄
나라 고녀	시립	~1941	문부성 표준복	
나라 여자 사범 학교 부속 고녀	관립	~1936	세일러복	깃과 소매, 가슴에 흰 선 세 줄
나라 이쿠에이育英 고녀	사립	~1927	세일러복	깃과 소매, 가슴 덮개, 가슴 주머니에 흰 선 세 줄. 넥타이
다카다高田 고녀	현립	1923	테일러 칼라 상의	벨트. 다이코쿠보시 흰 깃
		1926	세일러복	
덴리天理 고녀	사립	1925.11.	세일러복	깃과 소매에 흰 선 두 줄. 넥타이. 모자

학교명	구분	제정 연월	교복 구분	내용
사쿠라이桜井 고녀	현립	1926 1928.4.	서양식 교복 세일러복	(동복) 군청색 천 (하복) 흰 천 (동복) 군청색 넥타이. 깃과 소매, 가슴 덮개, 주머니에 흰 선 세 줄 (하복) 흰색 면. 넥타이는 남색. 스커트 주름은 16~24개
요시노吉野 고녀	현립	~1930	세일러복	깃과 소매, 가슴에 흰 선 두 줄. 흰색 깃 커버. 모자. 스커트 주름은 24개
우다宇陀 고녀	현립	1923 ~1930	점퍼 스커트 세일러복	깃과 소매에 흰 선 두 줄. 흰색 깃 커버. 스커트 주름은 22개
와카야마현				
가세다笠田 고등 가정 여학교 →가세다 고녀	정립 →현립	1927	세일러복	군청색 깃과 소매에 흰 선 두 줄
고자古座 고녀	현립	1931	세일러복	(동복) 군청색 깃과 가슴 덮개에 흰 선 두 줄. 넥타이 (하복) 흰색
고카와粉河 고녀	현립	1928	세일러복	(동복) 군청색 깃과 소매, 가슴 덮개, 스커트 자락에 흰 선 두 줄
기난紀南 고녀	정립	1929.9.	세일러복	군청색 깃과 소매에 흰 선 두 줄
노카미野上 실천 여학교 →노카미 고녀	현립	~1932	세일러복	군청색 깃과 소매에 흰 선 두 줄. 모자
다나베田辺 고녀	현립	쇼와 불명	세일러복	
미노시마箕島 고등 가정 여학교 →미노시마 고녀	정립 →현립	~1932	세일러복	군청색 깃과 소매에 흰 선 두 줄. 검은 넥타이(행사 시에는 흰색)
분쿄文教 고녀	현립	사료를 확인할 수 없음		
슈토쿠修徳 고녀	사립	사료를 확인할 수 없음		

학교명	구분	제정 연월	교복 구분	내용
신구新宮 고녀	현립	1925.10.~1933	숄 칼라 상의 세일러복	(동복) 군청색 (하복) 흰색 깃과 가슴 덮개에 선 세 줄. 넥타이는 나비 매듭
아리타有田 고녀	현립	1927	세일러복	(동복) 군청색 깃과 소매에 흰 선 세 줄 (하복) 흰색 긴소매. 군청색 깃과 소매에 흰 선 세 줄
와카야마 고녀	현립	~1936	세일러복	소매와 깃, 스커트 자락에 흰 선 두 줄
와카야마 고녀	시립	~1930	세일러복	깃과 소매, 스커트 자락에 흰 선 세 줄. 가는 넥타이
하시모토橋本 고녀	현립	1926.6.	세일러복	깃과 소매에 흰 선 두 줄
히다카日高 고녀	현립	1925.4.	세일러복	(동복) 군청색 서지. 깃과 소매, 가슴에 흰 선 두 줄. 스커트 자락에 흰 선 한 줄 (하복) 흰 천에 청색 선
히카타日方 고녀	현립	~1932	스탠드 칼라 상의	
돗토리현				
구라요시倉吉 고녀	현립	1925~1938~1941	곡선 깃 상의 세일러복 세일러복	앞트임 스리 버튼. 벨트 가는 리본. 스커트에 흰색 파도선 깃과 소매에 흰 선 두 줄
네우根雨 고녀	현립	1929	세일러복	군청색 깃과 가슴 덮개에 회색 선 두 줄. 넥타이

학교명	구분	제정 연월	교복 구분	내용
돗토리 고녀	현립	1922 1923 1925 1931 1937	흰색 깃 벤케이 무늬 블레이저 세일러복 블레이저 세일러복	(동복) 스커트에 흰 선 한 줄 (하복) 검은 깃과 소매. 스커트에 흰 선 한 줄 (동복) 군청색 서지. 스커트에 흰 선 한 줄. 군청색 인견 넥타이 (하복) 군청색 무명 포플린. 스커트에 흰 선 한 줄. 나비넥타이
야즈八頭 고녀	현립	~1929	세일러복	(동복) 군청색. 깃과 소매에 선 두 줄. 넥타이 (하복) 흰색. 넥타이
요나고米子 고녀	현립	1922 1927 1933 1934 1939	숄 칼라 상의 스퀘어 칼라 상의 세일러복 블레이저 세일러복	벤케이 무늬. 깃과 소매가 흰색. 스리버튼. 벨트. 검은 스커트 앞트임. 벨트 (하복) 군청색 깃에 흰 선 두 줄. 넥타이. 스커트에 흰 선 한 줄 (동복) 벨트. 스커트에 흰 선 한 줄 (동복) 군청색 깃과 소매, 가슴 덮개에 흰 선 두 줄. 넥타이. 스커트에 흰 선 한 줄
시마네현				
가와모토川本 고녀	현립	~1942	세일러복	군청색 깃과 소매, 가슴 덮개에 흰 선 세 줄
다이샤大社 고등 실업 여학교 →다이샤 고등 가정 여학교 →다이샤 고녀	현립	~1930 ~1938	세일러복 세일러복	
다이토大東 고등 실천 여학교 →다이토 고녀	현립	1929	세일러복	깃과 소매가 연남색. 검은 넥타이
마스다益田 고녀	정립 →현립	1930 1939	곡선 깃 상의 세일러복	군청색 서지. 갈색 선 두 줄 자주색 넥타이

학교명	구분	제정 연월	교복 구분	내용
마쓰에松江 고녀	현립	1924 1932	블레이저 세일러복	보랏빛 군청색 비로드 깃 (동복) 군청색 서지. 흰 선 두 줄 (하복) 무명. 흰 선두 줄. 군청색 후지견의 가는 넥타이 (행사 시에는 흰색)
마쓰에 여자 기예 학교 →마츠에 시립 고녀	시립	1924	세일러복	(희망자)
쇼소松操 고녀	사립	1924	블레이저	비로드 깃 (동복) 깃이 갈색 (하복) 장식 단추가 갈색
야스기安来 실과 고녀 →야스기 고녀	정립 →현립	1927 1930 1928.6.	양복 세일러복 세일러복	
여자 기예 학교 →오타大田 실과 고녀 →오타 가정 여학교 →오타 고녀	정립 →현립	1929 ~1937	세일러복 세일러복	깃과 소매, 가슴 덮개에 흰 선 두 줄 흰색 깃 커버
오키隱岐 고녀	현립	1924 1928	테일러 칼라 상의 세일러복	벨트 (동복) 군청색 깃과 가슴 덮개에 선 두 줄. 흑색 넥타이 (하복) 흰색, 검은색 넥타이
이마이치今市 고녀	현립	1924 ~1939	원피스 세일러복	(동복) 군청색 서지 (하복) 마 깃과 소매에 흰 선 두 줄. 흰색 넥타이
쓰와노津和野 고녀	현립	1924 1927 1937	곡선 깃 상의 곡선 깃 상의 세일러복	스리 버튼 앞트임. 옅은 청색 깃 커버. 흰색 깃 커버 깃과 소매에 흰 선 두 줄. 넥타이 깃과 소매에 흰 선 세 줄. 흰색 넥타이
하마다浜田 고녀	현립	1924	세일러복	(동복) 군청색 서지. 깃에 갈색 선 두 줄 (하복) 흰색 마. 다이코 쿠보시
하마다浜田 고녀	시립	1943	문부성 표준복	

학교명	구분	제정 연월	교복 구분	내용
히라타平田 고등 실천 여학교 →히라타 고녀	현립	~1933	세일러복	(동복) 군청색 (하복) 흰색
오카야마현				
가사오카笠岡 고녀	현립	1922 1933	숄 칼라 상의 스탠드 칼라 상의	점퍼 스커트. 벨트 (동복) 흰색 접이식 깃. 올리브색 새틴 리본 (하복) 흰색 블라우스. 올리브색 새틴 리본
가쓰마다勝間田 고녀 (하야시노 고녀와 병합)	정립	1924.6.	스탠드 칼라 상의	벨트. 흰 깃
가쓰야마勝山 고녀	정립	1928 1933~1935	세일러복 세일러복	오사카형 소매와 가슴에 흰 선 두 줄. 흰색 깃
간세이觀生 고녀	정립	~1929 ~1934 ~1938	블레이저 스탠드 칼라 상의 세일러복	스리 버튼. 벨트. 점퍼 스커트 넥타이 나비매듭
구라시키倉敷 고녀	조합립 →현립	1923.4. 1928.4.	스탠드 칼라 상의 세일러복	(동복) 군청색 서지. 벨트. 다이코쿠보시. (하복) 옅은 황색 깅엄 투피스 깃과 가슴 덮개에 흰 선 두 줄. 흰색 깃 커버
나리와成羽 고녀	현립	1927 1938.6. 1939.4.	숄 칼라 상의 세일러복 세일러복	흰 깃. 스리 버튼 앞트임. 벨트 (하복) 흰색 긴팔 (동복) 넥타이 (행사) 흰색 넥타이. 오사카형
니미新見 고녀	조합립	~1937	세일러복	흰 깃 커버. 오사카형
다마시마玉島 고녀	현립	1925.6. ~1937	스퀘어 칼라 점퍼 스커트 세일러복	(하복) 군청색 깃과 소매에 흰 선 두 줄
류오龍王 고녀 →아지노味野 고녀	조합립	~1925 1936	숄 칼라 상의 세일러복	(동복) 군청색 서지. 깃과 소매, 가슴에 흰 선 두 줄. 회색 넥타이. 펠트 모자 (하복) 흰색. 갈색 후지견 넥타이. 밀짚모자

학교명	구분	제정 연월	교복 구분	내용
마비眞備 고녀	사립	~1927 ~1937	세일러복 세일러복	흰색 깃. 앞트임 파이브 버튼. 벨트 깃과 소매에 흰 선 두 줄
사이다이지西大寺 고녀	현립	1927 1929~ 1930	세일러복 세일러복	(동복) 군청색 서지 깃과 소매, 가슴에 검은 선 두 줄. 스커트에 검은 선 한 줄 (하복) 스모크 그린에 흰 선 (하복) 흰색 포플린
산요山陽 고녀	사립	1922 1924.4. 1934.6.	양복 착용 허가 스탠드 칼라 상의 원피스 세일러 깃 원피스	(동복) 흰 깃. 군청색 서지 (하복) 원피스 (동복) 깃과 소매에 흰 선 한 줄. 올리브 그린 넥타이. 벨트
세이신淸心 고녀	사립	~1925 1931 1940	세일러복 숄 칼라 상의 오픈 칼라 상의	(동복) 깃과 소매에 흰 선 두 줄 곡선 깃 블라우스. 흰 넥타이
세토瀨戶 고녀	조합립	~1926 ~1932	스퀘어 칼라 상의 세일러복	벨트. 흰 깃 흰 깃. 군청색 서지. 검은 넥타이. 오사카형
소자總社 고녀	현립	1929	스퀘어 칼라 점퍼 스커트	
쇼세키生石 고녀	사립	불명 ~1936	테일러 칼라 상의 세일러복	깃과 소매, 가슴에 흰 선 세 줄. 리본 타이. 가슴 덮개 없음
슈지쓰就實 고녀	사립	1925 1928	숄 칼라 원피스 세일러복	갈색 넥타이. 흰 깃
야카게矢掛 고녀	조합립	1924 ~1931 ~1938 1938.6.	테일러 칼라 상의 오픈 칼라 상의 세일러복 세일러복	벨트. 다이코쿠보시 (동복) 군청색 (하복) 흰색. 모자. 넥타이 (하복) 흰색 앞트임 투 버튼에 군청색 깃, 소매, 가슴 주머니에 흰 선 세 줄
오치아이落合 고녀	현립	1928	세일러복	깃과 가슴 덮개에 흰색 선 두 줄

학교명	구분	제정 연월	교복 구분	내용
오카야마 고녀 →제1 오카야마 고녀	현립	1921 1922.4. 1927.6.	양복(하복) 스퀘어 칼라 점퍼 스커트 오픈 칼라 상의	(하복) 넥타이
오쿠邑久 고녀	현립	~1927 ~1929 ~1940	스퀘어 칼라 점퍼 스커트 세일러복 세일러복	다이코쿠보시 (동복) 군청색 깃, 가슴 덮개, 가슴 주머니에 선 두 줄 (하복) 흰색. 모자. 넥타이. 오사카형 깃에 흰 선 두 줄
와케和気 고녀	조합립 →현립	~1924 ~1926	테일러 칼라 상의 세일러복	(동복) 군청색 깃과 가슴 덮개, 가슴 주머니에 선 두 줄 (하복) 흰 깃과 가슴 덮개, 가슴 주머니에 선 두 줄. 흰색 모자
우시마도牛窓 고녀	정촌립	~1940	세일러복	
이바라井原 고녀	정립 →현립	1922.6. 1923.4. 1929 ~1934	원피스 숄 칼라 상의 세일러복 스탠드 칼라 상의	(하복) 격자무늬 투 버튼. 벨트. 다이코쿠보시. 점퍼 스커트에 선 한 줄. 가슴 덮개 있음 깃과 가슴 덮개에 흰 선 한 줄 넥타이 (하복) 상의가 흰색
제2 오카야마 고녀	현립	~1936	세일러복	깃과 소매에 흰 선 두 줄
준세이順正 고녀	현립	1925.3. 1928.3.	숄 칼라 상의 숄 칼라 상의	흰색 깃. 스리 버튼 앞 트임. 벨트 넥타이. 리본
쓰야마津山 고녀	현립	1925.2.	세일러복	깃과 소매에 검은 선 두 줄. 스커트에 검은 선 한 줄. 갈색 나비넥타이
쓰야마 실과 고녀 →미마사카美作 고녀	사립	1928 1933	세일러복 세일러복	깃에 갈색 선 두 줄. 갈색 넥타이. 스커트 주름 열여섯 개에 흰 선 깃과 소매, 가슴에 선 두 줄. 검은 넥타이

학교명	구분	제정 연월	교복 구분	내용
하야시노林野 고녀	정립→현립	1924.6.	세일러복	흰색 넥타이. 오사카형
후쿠와타리福渡 고녀	현립	1930	세일러복	(동복) 흰 깃. 군청색 서지. 군청색 새틴 넥타이 (하복) 옅은 청회색 깅엄. 가는 리본. 오사카형
히비日比 고녀→다마노玉野 고녀	정립	(1939.4.)	세일러복	깃에 흰 선 두 줄
히로시마현				
가모賀茂 고녀	현립	1923 1927 1933~1934	서양식 교복 서양식 교복 세일러복	군청색 서지. 벨트 최초의 교복에 벨트로 원형. 깃에 흰 선. 하트 모양 벨트. 넥타이 흰색 선
가베可部 고녀	현립	1927.2.	세일러복	
가이타海田 고녀	현립	1942	세일러복 문부성 표준복	깃과 소매, 가슴 덮개에 흰 선 두 줄. 흰 넥타이
고잔甲山 고녀	현립	1923.5. 1927.4. 1929.4. 1930.4.	블레이저 블레이저 블레이저 세일러복	벨트. 다이코쿠보시 벨트 다이쇼 12년의 디자인으로 회귀 (동복) 군청색. 깃과 소매, 가슴 덮개에 흰 선 두 줄. 흰 넥타이
고치河内 고녀	사립	1925.5. 1929.10.	오버 세일러복	(하복) 깅엄 천. 벨트 (동복)
구레 세이카吳精華 고녀	사립	사료를 확인할 수 없음		
구레吳 고녀	현립	1922.6. 1922.12. 1926.3.	점퍼 스커트 동복 제정 세일러복	
구레吳 고녀	시립	사료를 확인할 수 없음		
기온祇園 고녀	사립	사료를 확인할 수 없음		
닛쇼칸日彰館 고녀	사립	1933	세일러복	깃과 소매, 가슴 덮개에 흰 선 두 줄. 흰색 넥타이. 흰색 깃
다다노우미忠海 고녀	현립	1924	세일러복	깃에 흰 선 두 줄. 흰색 넥타이

학교명	구분	제정 연월	교복 구분	내용
다케하라竹原 고녀	현립	1924 1933	스퀘어 칼라 점퍼 스커트 세일러복	흰색 깃. 연갈색 현 통일
도이土肥 고녀	사립	사료를 확인할 수 없음		
도조東城 고녀	정립 →현립	1924.9. 1925.4.	블레이저 세일러복	벨트. 다이코쿠보시 깃과 소매, 가슴 덮개 에 흰 선 두 줄. 넥타 이. 오사카형
마쓰나가松永 고녀	현립	1926 1933	블레이저 점퍼 스커트 세일러복	벨트. 다이코쿠보시 깃과 소매, 가슴 덮개 에 흰 선 두 줄
마쓰카와增川 고녀	사립	1933	세일러복	현 통일
모리모토森本 고녀	사립	사료를 확인할 수 없음		
몬덴門田 고녀	사립	~1927 1933 ~1940	테일러 칼라 상의 세일러복 세일러복	흰색 넥타이 흰색 깃. 흰색 넥타이
무카이시마向島 고녀	정립	사료를 확인할 수 없음		
무카이하라向原 고녀	조합립 →촌립	1927	세일러복	
미요시三次 고녀	현립	1924 1931	블레이저 세일러복	벨트. 다이코쿠보시 소매에 흰 선 두 줄. 흰 깃. 흰 넥타이 나비매 듭
미하라三原 고녀	현립	1933	세일러복	
미하라 고녀	시립	사료를 확인할 수 없음		
사이조西城 실과 고녀 →사이조 고녀	정립	1930.7.	세일러복	
산요山陽 고녀	사립	~1930 1932	곡선형 깃 세일러복	깃과 소매, 가슴 덮개 에 흰 선 두 줄. 흰색 넥타이
세토다瀨戸田 실과 고녀 →세토다 고녀	정립	~1929 1933 1938	세일러복 세일러복 세일러복	오사카형 깃과 소매, 가슴 덮개 에 흰 선 두 줄. 흰색 넥타이 나비매듭 깃과 소매, 가슴 덮개 에 흰 선 세 줄. 흰색 넥타이

전국 고등 여학교 서양식 교복 일람

학교명	구분	제정 연월	교복 구분	내용
신조新庄 고녀	사립	1924	일본-서양식 절충형	(동복) 자주빛 군청색 서지 절충형. 벨트 (하복) 마로 된 양복에 올리브색 모자
신토쿠進德 고녀	사립	1922 1927 1932	테일러 칼라 상의 세일러복 세일러복	벨트. 다이코쿠보시 선이 없는 곡선형 깃. 넥타이
아키安芸 고녀	사립	사료를 확인할 수 없음		
야마나카山中 고녀	사립	1927 ~1929 ~1930	세일러복 세일러복 세일러복	깃과 가슴 덮개에 각각 선 한 줄과 두 줄 깃과 가슴 덮개에 흰 선 세 줄
야스다安田 고녀	사립	1924 1926 1927 1933	숄 칼라 상의 스퀘어 칼라 상의 세일러복 세일러복	흰 깃. 벨트 흰 깃. 벨트 흰 선 세 줄
오노미치尾道 고녀	현립	1925 1933	라운드넥 양복 모자 세일러복	깃과 소매에 흰 선 두 줄
요시다吉田 고녀	현립	1928	세일러복	깃과 소매, 가슴 덮개에 흰 선 두 줄. 흰색 넥타이. 흰 깃
조게上下 고녀	현립	~1928 ~1931 1933	숄 칼라 상의 점퍼 스커트 세일러복	벨트
하부土生 실과 고녀 →하부 고녀	정립 →현립	1925 1928 1930	스퀘어 칼라 점퍼 스커트 세일러복 세일러복	깃과 소매, 가슴 덮개에 흰 선 두 줄. 흰 넥타이
후추府中 고녀	현립	1922 1928	양복(세일러복) 세일러복	

학교명	구분	제정 연월	교복 구분	내용
후쿠야마福山 고녀	현립	1924 1927	블레이저 세일러복	벨트 (동복) 군청색 서지. 깃과 소매에 녹색 선 두 줄. 녹색 넥타이 (하복) 흰색 포플린. 깃에 청색 선.
		1933	세일러복	깅엄 청색 체크무늬 플리츠스커트 (동복) 군청색 서지. 깃과 소매에 흰 선 두 줄. 흰색 넥타이. 플리츠스커트 (하복) 흰색 포플린. 군청색 깃과 소매에 흰 선
후토쿠婦德 고녀	사립	사료를 확인할 수 없음		
히로시마 고녀	현립	1920 1925년경 1927 1933	세일러 깃 양복 스퀘어 칼라 상의 세일러복 세일러복	벨트. 다이코쿠보시 모자 (동복) 군청색 깃과 소매, 가슴 덮개에 은회색 선 두 줄 (동복) 군청색 깃과 가슴 덮개에 흰 선 두 줄 (하복) 스커트
히로시마 고녀	시립	(1921) 7월 (1921) 1927~ 1931	흰색 블라우스 블레이저 세일러복	(동복) 다이코쿠보시 깃과 소매, 가슴 덮개에 흰 선 두 줄
히로시마 쇼와昭和 고녀	사립	~1939	세일러복	(동복) 군청색 (하복) 흰색. 깃과 소매에 흰 선
히로시마 여학원 고등 여학부	사립	1924	세일러복, 점퍼 스커트	(동복) 깃과 소매, 가슴 덮개에 흰 선 두 줄. 흰 넥타이 (하복) 점퍼 스커트
히로시마 제2 고녀	현립	사료를 확인할 수 없음		
히로시마 제2 고녀	시립	사료를 확인할 수 없음		

학교명	구분	제정 연월	교복 구분	내용
야마구치현				
가가와香川 실과 고녀 →가가와 고녀	사립	~1927 ~1929 ~1939	테일러 칼라 상의 세일러복 세일러복	벨트 (동복) 군청색 (하복) 흰색. 리본 깃에 선 세 줄
구다마쓰下松 고녀	사립	사료를 확인할 수 없음		
구카久賀 고녀	현립	1923 1928 1939	스퀘어 칼라 상의 세일러복 세일러복	벨트. 다이코쿠보시 모자 깃과 소매, 가슴 덮개에 선 세 줄. 모자
나카무라中村 고녀	사립	1923	테일러 칼라 상의	다이코쿠보시. 벨트. 앞트임 스리 버튼
노다野田 여학교 →노다 고녀	사립	1926 1942년경	세일러복 블레이저	
다베田部 실과 고녀 →다베 고녀	촌립 →현립	~1929	세일러복	(동복) 군청색 깃과 소매에 흰 선 두 줄. 넥타이 (하복) 흰색. 넥타이는 나비매듭. 모자
도쿠기德基 고녀 →아사厚狭 고녀	공립 →현립	1922 1925	양복, 구두 세일러복	(하복) 흰색 포플린, 군청색 비단 넥타이
도쿠야마德山 고녀	현립	1924 1924.10. 1925.4.	체크무늬 양복 세일러복 세일러복	
무로즈미室積 고녀	현립	~1936	세일러복	(동복) 군청색 깃에 흰 선 세 줄 (하복) 흰색 깃에 흰 선 세 줄
미타지리三田尻 고녀	사립	1927 1933	세일러복 세일러복	(동복) 군청색 (하복) 흰색. 모자. 소매에 'M' 마크 (동복) 군청색 깃에 흰 선 세 줄. 소매에 흰 선으로 된 'M'. 빨간 넥타이
사쿠라가오카桜ヶ丘 고녀	사립	~1940	세일러복	
세이비済美 실과 고녀 →우베宇部 실과 고녀 →우베 고녀	촌립 →시립 →현립	1920 1921 1923	숄 칼라 상의 투피스 세일러복	군청색 서지. 비로드 깃. 다이코쿠보시 (하복) 검은색 서지. 깃과 소매에 연지색 선. 다이코쿠보시

학교명	구분	제정 연월	교복 구분	내용
슈젠修善 여학교	사립	사료를 확인할 수 없음		
시모노세키 바이코 下関梅光 여학원	사립	~1927	세일러복	(동복) 군청색 서지 깃과 소매에 흰 선 두 줄. 가슴 덮개에 자수 (하복) 흰색 깃에 검은 선 두 줄. 검은 넥타이
시모노세키下関 고녀	시립 →현립	1923.4.	세일러복	
야나이柳井 고녀	군립 →현립	1921 1930.5 ~1934 1932.6.	숄 칼라 상의 스탠드 칼라 상의 세일러복	벨트. 다이코쿠보시 (동복) 군청색 (하복) 격자무늬 넥타이 (동복) 군청색 서지. 깃과 소매, 가슴 덮개, 가슴 주머니에 흰 선 두 줄. 가지색 넥타이 (하복) 가지색 선 두 줄. 흰색 넥타이
야마구치 고녀	현립	1922 1926 1933	블레이저 세일러복 세일러복	(표준복) 벨트. 다이코쿠보시 (표준복) (동복) 군청색 서지. 깃과 소매에 흰 선 두 줄 (하복) 흰색 포플린. 청색 깃과 소매에 흰 선 두 줄. (공통) 연지색 넥타이
오고리小郡 고녀	조합립	1925 1927	양복 세일러복	
우베宇部 고녀	시립	사료를 확인할 수 없음		
이와쿠니岩国 고녀	현립	1923	세일러복	
조후長府 고녀	현립	1923.4. 1927 1935	테일러 칼라 상의 세일러복 세일러복	버클 깃에 진홍색 선 세 줄 깃에 흰 선 세 줄
하기萩 고녀	현립	1922 1927	블레이저 세일러복	벨트 (동복) 군청색 서지 (하복) 흰색 포플린. 깃과 소매, 넥타이에 빨간 선 두 줄

전국 고등 여학교 서양식 교복 일람

학교명	구분	제정 연월	교복 구분	내용
호후防府 고녀	현립	1925 1926.4. 1931	세일러복 벨트가 붙은 드레스 세일러복	(하복) 모자 (동복) 군청색 서지. 깃과 소매, 가슴 덮개에 흰 선 두 줄. (하복) 종래대로 하늘색 무명
후카와深川 고녀	현립	1923.4. ~1928	블레이저 세일러복	벨트. 다이코쿠보시 (동복) 군청색 (하복) 흰색 (동복) 군청색 (하복) 흰색. 연지색 넥타이
히라오 세이카 平生精華 고녀 →히라오 고녀 →구마게熊毛 고녀	사립 →정립 →현립	1922 1925 1938	스퀘어 칼라 상의 세일러복 세일러복	흰 깃 (동복) 군청색 깃과 소매에 흰 선 세 줄. 검은 넥타이 (하복) 흰색
도쿠시마현				
가이후海部 고녀	현립	~1928 ~1932	블레이저 세일러복	깃과 소매에 선 두 줄. 리본 타이
고마쓰시마小松島 고녀	현립	(1931) 6월	세일러복	(동복) 군청색. 깃과 소매에 흰 선 두 줄 (하복) 흰색. 넥타이는 군청색 나비매듭 (행사) 흰색 넥타이
도미오카富岡 고녀	현립	1921	스탠드 칼라 상의	
도쿠시마 고녀	현립	1922 1930	블레이저 블레이저	넥타이. 여름 모자
도쿠시마 고녀	시립	사료를 확인할 수 없음		
도쿠시마 고란 德島香蘭 고녀	사립	사료를 확인할 수 없음		
묘자이名西 고녀	현립	1923 1924 1933.6. 1936.4.	서양식 교복 서양식 교복 점퍼 스커트(하복) 세일러복(동복)	(하복) 흰색 깃. 핑크 천 (동복) 흰색 깃. 군청색 서지 (하복) 연남색 (동복) 흰색 깃
무야撫養 고녀	현립	사료를 확인할 수 없음		
미마美馬 고녀	현립	1924.6.	세일러복	(동복) 군청색 깃에 흰 선 두 줄 (하복) 흰색 깃에 선 두 줄. 리본 타이

학교명	구분	제정 연월	교복 구분	내용
미요시三好 고녀	현립	1924 ~1933	세일러복 세일러복	(동복) 군청색 면 서지 (하복) 회색 마 (동복) 군청색 깃에 흰 선 세 줄 (하복) 군청색 깃과 소매에 흰 선 세 줄
세이토쿠成德 여학교	사립	사료를 확인할 수 없음		
가가와현				
가가와 농업 학교 →가가와 고녀	조합립 →현립	1934	세일러복	깃과 소매에 흰 선 두 줄. 스커트에 흰 선. 흰 깃
고토히라琴平 실과 고녀 →고토히라 고녀	정립	1937.4.	세일러복	(동복) 군청색 (하복) 흰색. 녹색 선 세 줄. 녹색 삼각 넥타이. 스커트 주름 스물여덟 개
기타木田 고녀	현립	1922.11. 1927	세일러복 세일러복	흰 깃. 벨트. 앞트임 쓰리 버튼 깃과 소매에 흰 선 두 줄. 흰색 넥타이
다카마츠高松 고녀	현립	1921 ~1930	숄 칼라 상의 세일러복	흰색 깃. 벨트. 앞트임 쓰리 버튼 깃과 소매, 스커트에 흰 선 한 줄. 흰색 넥타이
다카마쓰高松 실과 고녀 →다카마쓰 시립 고녀	시립	1930 1938 1940	세일러복 세일러복 하프코트	깃, 소매에 갈색 선 두 줄. 스커트에 갈색 선 한 줄. 갈색 넥타이 깃과 소매에 흰 선 두 줄. 흰색 깃. 나비넥타이
마루가메丸亀 고녀	현립	1924.4. 1933	스퀘어 칼라 상의 세일러복	벨트
메이젠明善 고녀	사립	불명	세일러복	(동복) 군청색 (하복) 흰색. 깃과 소매에 흰 선 세 줄
미토요三豊 고녀	현립	1927 1933	세일러복 세일러복	깃에 갈색 선 세 줄 깃에 흰 선 세 줄
사카이데坂出 고녀	현립	1923 1931	세일러복 세일러복	벨트. 앞트임 단추 깃에 선 한 줄. 흰색 깃 커버. 넥타이

학교명	구분	제정 연월	교복 구분	내용
쇼도시마小豆島 고녀	현립	1925	원피스	(하복)
젠쓰지善通寺 고녀	사립	1925 1925 1929 1931	스퀘어 칼라 상의 세일러복 세일러복 세일러복	벨트. 스커트에 선 한 줄 깃에 흰 선 두 줄. 앞임 스리 버튼. 스커트에 흰 선 한 줄 깃과 가슴 덮개에 흰 선 두 줄. 스커트에 흰 선 한 줄 (행사) 흰 넥타이
쓰다津田 고녀 →오가와大川 고녀	현립	~1932 ~1937	세일러복 세일러복	깃과 소매에 흰 선 두 줄 깃과 소매에 흰 선 두 줄. 스커트에 흰 선 한 줄
에히메현				
마쓰야마松山 고녀	현립	1925	세일러복	깃과 소매에 흰 선 두 줄. 벨트
이마바리今治 고녀	현립	1926 1930	세일러복 세일러복	(동복) 군청색 서지. 깃에 흰 선 두 줄 (하복) 흰색 천. 연남색 깃에 흰 선 두 줄 (동복) 군청색 서지. 깃과 가슴 덮개에 흰 선 두 줄. 펠트 모자 (하복) 흰색. 플리츠스커트
우와지마宇和島 고녀	현립	1925 1929 ~1933	스탠드 칼라 상의 세일러복 세일러복	다이코쿠보시. 벨트 깃과 가슴 덮개에 흰 선 두 줄 깃과 가슴 덮개에 흰 선 두 줄 (행사) 흰색 넥타이
오즈大洲 고녀	현립	1926	세일러복	
사이조西条 고녀	현립	1924 1935년경 1935년경	세일러복 세일러복 점퍼 스커트	흰 깃, 벨트 (동복) 흰색 깃 커버, 깃에 검은 선, 검은 넥타이 (하복)

학교명	구분	제정 연월	교복 구분	내용
야와타하마八幡浜 고녀	현립	1923.10. 1930	블레이저 세일러복	벨트, 흰 곡선 깃, 다이코쿠보시 깃에 흰 선 두 줄, 앞트임 스리 버튼
우마宇摩 고녀 →가와노에川之江 고녀	현립	1929.4. 1933년경	세일러복 세일러복	깃에 흰 선 두 줄, 벨트 스커트에 흰 선 두 줄
슈소周桑 고녀	현립	1925	세일러복 점퍼 스커트	흰색 깃
히가시우와東宇和 고녀	현립	~1940	세일러복	(하복) 흰색
마쓰야마 조호쿠 松山城北 고녀	현립	1923 1927.6. 1936	세일러복 세일러복 세일러복	흰 깃. 벨트. 나비넥타이. 다이코쿠보시 (동복) 가는 갈색 넥타이. 모자 (하복) 흰색 포플린. 모자 (동복) 군청색 나비넥타이 (하복) 깃에 흰 선 세 줄
니하마新居浜 고녀	정립	~1927	세일러복	흰색 넥타이
사이비濟美 고녀	사립	1924 1938	세일러복 점퍼 스커트	깃에 선 한 줄. 넥타이. 다이코쿠보시
야마시타山下 고녀	사립	~1934	세일러복	흰 깃
제2 야마시타 고녀	사립	1926.11.	세일러복	깃과 소매에 흰 선 두 줄
이마바리 세이카 今治精華 고녀	사립	사료를 확인할 수 없음		
마쓰야마松山 여학교 →마쓰야마 시노노메 松山東雲 고녀	사립	1923.7.	세일러복	
우와지마宇和島 실과 고녀 →우와지마 고등 가정 여학교 →즈루시마 고녀	현립	사료를 확인할 수 없음		
이마바리 메이토쿠 今治明德 고녀	사립	사료를 확인할 수 없음		
미시마三島 실과 고녀 →미시마 고녀	현립	~1940	세일러복	
가와노이시川之石 고녀	정립	~1931	세일러복	앞트임 스리 버튼

전국 고등 여학교 서양식 교복 일람

학교명	구분	제정 연월	교복 구분	내용
고치현				
고치 고녀 →고치 제1 고녀	현립	1924 1926.4.	세일러복 세일러복	깃과 소매, 가슴 덮개에 흰 선 세 줄. 스커트에 흰 선 한 줄 다이코쿠보시(제복)
고치 제2 고녀	현립	~1938	세일러복	깃과 소매에 흰 선 두 줄. 넥타이
나카무라中村 고녀	현립	1928 1929.4.	세일러복 세일러복	깃과 소매, 가슴 덮개, 가슴 주머니에 선 두 줄, 넥타이 깃과 소매, 가슴 덮개, 가슴에 흰 선 두 줄, 학교 휘장
사가와佐川 고녀	현립	~1929	세일러복	깃과 소매, 가슴 덮개에 흰 선 세 줄. 스커트에 흰 선 한 줄. 넥타이
아키安芸 고녀	현립	~1928 ~1938	세일러복 세일러복	(동복) 군청색 깃에 흰 선 두 줄 (하복) 흰 천. 군청색 깃에 흰 선 세 줄
다카사카高坂 고녀	사립	~1937	세일러복	(동복) 군청색 깃에 선 두 줄 (하복) 흰색. 넥타이
도사土佐 고녀	사립	1923.6. 1926~ 1927 1935	양복 착용 허가 세일러복 세일러복	(동복) 군청색 서지 (하복) 회색 포플린. 벨트 깃과 소매에 검은 선 두 줄. 스커트에 흰 선 두 줄 흰 오야코親子선
야마다山田 고녀	현립	불명	세일러복	깃에 흰 선 두 줄
후쿠오카현				
가시香椎 고녀	현립	1922	세일러복	깃과 소매에 검은 선 세 줄. 가슴 덮개에 검은 선 두 줄
가쓰야마勝山 여학관 →가츠야마 고녀	사립	1924 1931	세일러복 세일러복	군청색 깃과 소매, 가슴 덮개에 흰 선 세 줄
가호嘉穂 고녀	현립	1922 1927	스퀘어 칼라 상의 세일러복	앞트임 스리 버튼 깃과 소매, 가슴 덮개에 흰 선 두 줄. 넥타이
고쿠라小倉 고녀	현립	~1929	세일러복	

학교명	구분	제정 연월	교복 구분	내용
구로기黒木 고등 실업 학교 →구로기 고녀	촌립	1935	세일러복	
구루메 쇼와昭和 고녀	사립	~1929	세일러복	깃에 흰 선 세 줄
구루메久留米 고녀	현립	1922.6. 불명 1936	투피스 세일러복 세일러복	(동복) 군청색 천 (하복) 담녹색과 담회색을 엮은 상의. 군청색 스커트 스커트에 흰 선 한 줄
규슈九州 고녀	사립	1922	스퀘어 칼라 상의	다이코쿠보시
노가타直方 고녀	현립	1925 ~1933	스퀘어 칼라 상의 세일러복	깃과 소매, 가슴 덮개에 흰 선 두 줄. 넥타이
다가와田川 고녀	현립	1923 1928 1931	스탠드 칼라 상의 스탠드 칼라 세일러깃 세일러복	벨트 깃과 가슴 덮개에 흰 선 두 줄
다가와田川 고등 실업 학교 →다가와 히가시 田川東 고녀	공립	불명	세일러복	
도바타戸畑 고등 실업 학교 →도바타 고녀	시립	사료를 확인할 수 없음		
도바타戸畑 실과 고녀 →도바타 고녀	현립	1929 1930 1931 1936	블레이저 세일러복 세일러복 세일러복	오사카형 깃과 가슴 덮개에 선 두 줄 군청색 깃과 가슴 덮개에 흰 선 두 줄
모지門司 고녀	현립	1922 ~1928	더블 박스형 세일러복	깃과 소매, 가슴 덮개에 흰 선 두 줄. 넥타이
모지門司 고녀	시립	사료를 확인할 수 없음		
무나카타宗像 고등 실업 여학교 →무나카타 고녀	현립	1927 ~1940	스퀘어 칼라 점퍼 스커트 세일러복	
미야코京都 고녀	현립	1927.4.	세일러복	깃과 가슴 덮개에 흰 선 두 줄

학교명	구분	제정 연월	교복 구분	내용
미야코京都 실업 여학교 →도요쓰豊津 고녀	공립 →현립	1930.4.	세일러복	흰 깃. 리본은 나비매듭
미이三井 고등 실업 여학교 →미이 고녀	현립	~1937	세일러복	
미즈마三潴 고녀	현립	1923 ~1930 1934~1940	스퀘어 칼라 상의 세일러복 세일러복	앞트임 포 버튼 넥타이. 오사카형 깃과 가슴 덮개에 흰 선 두 줄. 넥타이
사와라早良 고녀 →니시후쿠오카 西福岡 고녀 (1938년에 개칭)	조합립	1925.6.	세일러복	(동복) 군청색 서지. 다이코쿠보시 (하복) 깅엄. 깃과 가슴 덮개에 흰 선 두 줄. 흑색과 군청색 울. 비단 넥타이
세이난西南 여학원	사립	1922.4.	세일러복	
시다椎田 고등 실업 여학교 →시이다 고녀	현립	1926 ~1932	양복 세일러복	겨울은 군청색. 여름은 흰색. 넥타이
아사쿠라朝倉 고녀	현립	1921 1924	스퀘어 칼라 상의 세일러복	벨트
아사쿠라朝倉 실과 고녀 →아마기甘木 고녀	현립	사료를 확인할 수 없음		
야나고柳河 고녀	현립	1926 ~1937	세일러복 세일러복	깃과 가슴 덮개에 흰 선 두 줄
야마토山門 고등 실업 학교 →야마토 고녀	현립	~1930 ~1936	세일러복 세일러복	깃과 소매, 가슴 덮개에 흰 선 두 줄. 넥타이 깃과 소매에 선 두 줄
야메八女 고녀	현립	~1936	세일러복	
야하타八幡 고녀	현립	~1928 ~1936	세일러복 세일러복	깃과 소매, 가슴 덮개에 흰 선 두 줄. 넥타이
오리오折尾 고녀	사립 →현립	1925	세일러복 회색 원피스	(동복) 군청색 깃에 연지색 선 세 줄. 연지색 넥타이 (하복)
오무타大牟田 고녀	현립	1922.4. 1926	스퀘어 칼라 상의 세일러복	벨트 오사카형
오무타 고녀	시립	1939	세일러복	

학교명	구분	제정 연월	교복 구분	내용
오무타 고등 가정 여학교, 시라누히不知火 고녀	사립	~1925 1926 1936 1937	스탠드 칼라 상의 세일러복 세일러복 세일러복	다이코쿠보시 흰색 넥타이 깃과 가슴 덮개에 흰 선 세 줄. 흰색 넥타이
와카마쓰若松 고녀	시립	1923.4.	세일러복	흰 깃. 넥타이
요시토미南吉富 고등 실업 여학교 →요시토미 고녀	현립	1927	세일러복	(동복) 군청색 깃에 선 두 줄. 검은색 새틴 넥타이 (하복) 흰색
우키하浮羽 고녀	군립	~1933 ~1939	세일러복 세일러복	 깃과 소매, 가슴 덮개에 선 두 줄
이나쓰키稲築 고녀	정립	~1943	문부성 표준복	
이즈카飯塚 고녀	사립	사료를 확인할 수 없음		
이토시마糸島 실과 고녀 →이토시마 고녀	현립	1923 1924	세일러복 세일러복	(하복) 체크무늬. 짙은 갈색 모자 (동복) 짙은 군청색 서지
지쿠시 고녀	현립	1929.4. 1934 ~1936	세일러복 세일러복 세일러복	깃에 크고 작은 흰색 선 두 줄 깃에 크고 작은 흑색 선 두 줄 깃과 가슴 덮개에 흰 선 두 줄. 넥타이
지쿠시築紫 고녀	사립	1927	세일러복	(동복) 군청색 깃과 소매, 가슴 덮개에 흰 선 세 줄. 군청색 가는 넥타이 (하복) 흰색 깃과 가슴 덮개에 흰 선 세 줄. 흰색 가는 넥타이
지쿠조築上 고녀	현립	1921 1922 1926 1929 1933	숄 칼라 상의 숄 칼라 상의 세일러복 세일러복 세일러복	체크 넥타이 깃이 비로드 흰 선 두 줄 검은 선 두 줄. 넥타이 검은 선 두 줄. 군청색 넥타이
진제이鎮西 고녀	사립	사료를 확인할 수 없음		
쓰루기鶴城 고녀	사립	~1927	세일러복	
하치만八幡 고녀	시립	사료를 확인할 수 없음		

학교명	구분	제정 연월	교복 구분	내용
후쿠마루福丸 고등 실업 여학교 →후쿠마루 고녀	현립	사료를 확인할 수 없음		
후쿠오카 고녀	현립	1921.4. 1927 1934	스퀘어 칼라 상의 세일러복 세일러복	벨트 깃과 가슴 덮개에 흰 선 두 줄. 가는 넥타이 깃과 가슴 덮개에 흰 선 두 줄. 넥타이
후쿠오카 여학교	사립	1921.12.	세일러복	(동복) 깃과 소매에 연지색 선 세 줄. 연지색 넥타이. 가슴 덮개에 흰 닻 (하복) 하늘색 깅엄 반소매에 검은색 넥타이
후쿠오카 제1 여학교 →후쿠오카 제1 고녀	시립	1934	세일러복	군청색 깃에 흰 선 두 줄. 가슴 덮개에 학교 휘장 자수
후타세二瀬 고녀	정립	~1943	문부성 표준복	
사가현				
가라쓰唐津 고녀	현립	1923.7. ~1928 ~1933	서양식 교복 세일러복 세일러복	깃에 선 세 줄. 넥타이 깃과 소매, 가슴 덮개에 흰 선 세 줄. 넥타이
가시마鹿島 고녀	현립	1924	세일러복	
간자키神埼 고녀	현립	(1929.4.)	세일러복	(동복) 군청색 깃과 소매, 가슴 덮개에 흰 선 세 줄 (하복) 흰 천. 군청색 깃과 소매에 흰 선 세 줄
고난鳥栖 고녀	조합립 →현립	(1927.4.)	세일러복	짙은 갈색 넥타이, 군청색 모자
다케오武雄 고녀	현립	1923 1927 1935 1940	세일러복 세일러복 세일러복 세일러복	깃과 가슴 덮개에 흰 선 두 줄. 가슴 덮개에 미후네三船 표식 깃에 흰 선 세 줄. 나비 리본
사가 고녀	현립	1923.1. 쇼와 불명	서양식 교복 세일러복	흰색 깃

학교명	구분	제정 연월	교복 구분	내용
세이비成美 고녀	시립	1926 ~1936	세일러복 세일러복	깃에 선 세 줄. 넥타이. 다이코쿠보시 (동복) 군청색 천 (하복) 흰색 천. 군청색 깃과 소매, 가슴 덮개에 흰 선 두 줄
세이카清和 고녀	사립	1931 1934 1935년대	세일러복 세일러복 세일러복	깃에 선 세 줄. 가슴 덮개에 자수. 넥타이 깃과 가슴 덮개에 선 세 줄. 넥타이 (동복) 군청색 깃과 소매, 가슴 덮개에 흰 선 두 줄 (하복) 흰색 천. 군청색 깃과 소매에 흰 선 두 줄. 넥타이는 나비매듭
오기小城 고녀	현립	~1929	세일러복	깃과 소매, 가슴 덮개에 흰 선
이마리伊万里 고녀	정립 →현립	1928.4. ~1932 1937.10.	세일러복 세일러복 세일러복	(동복) 군청색 서지. 깃과 소매에 검은 선 세 줄 (하복) 옅은 회색 천. 군청색 스커트. 갈색 파나마 모자 깃과 소매, 가슴 덮개에 흰 선 두 줄. 흰 넥타이 (동복) 군청색 서지의 깃과 소매, 가슴 덮개에 흰 선 세 줄 (하복) 흰색 포플린. 군청색 깃과 소매에 흰 선 세 줄
나가사키현				
가쿠메이鶴鳴 고녀	사립	1924	세일러복	(동복) 군청색 천. 흰 깃. 스커트에 흰 선 (하복) 흰색 상의에 회색 깃, 회색 스커트. 삼각 타이 묶음

학교명	구분	제정 연월	교복 구분	내용
갓스이活水 여학교 고등 여학부	사립	1935.5.	세일러복	(동복) 깃과 소매에 흰 선 세 줄. 깃 뒤 좌우로 별 모양 자수 (하복) 흰 천에 하늘색 깃. 넥타이는 1학년이 붉은색, 2학년이 연지, 3학년이 하늘색, 4학년이 군청색, 5학년이 검은색. 행사용은 흰색
게이호瓊浦 고녀	사립	1925	점퍼 스커트	
고카口加 고녀	현립	1927	세일러복	(동복) 군청색 천. 흰 깃 (하복) 갈색이 들어간 회색
고토五島 고녀	현립	1929	곡선 세일러깃	검은 새틴 넥타이
나가사키 고녀	현립	1922	원피스	(동복) 군청색 서지. 벨트 (하복) 흰색 포플린. 흑색 바둑판 무늬 원피스 (하복) 흰색 7부소매. 회색 소매에 검은 리본
		1936	블라우스	
나가사키 고녀	시립	사료를 확인할 수 없음		
사세보 세이비済美 고녀	사립	사료를 확인할 수 없음		
사세보佐世保 고녀	현립	~1934	세일러복	흰 깃. 깃과 가슴 덮개에 선 두 줄
세이토쿠成徳 고녀	시립	1924	스퀘어 칼라 상의	모자
		1932	스탠드 칼라 상의	흰 깃
		1934	세일러복	(동복) 군청색 서지. 군청색 깃 커버와 가슴에 흰 선 두 줄 (하복) 흰색. 흑색 알파카 삼각 타이
시마바라島原 고녀	현립	1922	세일러복	
오무라大村 고녀	현립	1927	세일러복	흰 깃. 군청색 넥타이
이사하야諫早 고녀	현립	1921	오픈 칼라 상의	모자
이키壱岐 고녀	현립	1930	세일러복	(동복) 군청색 깃에 흰 선 세 줄 (1945년 사진에서는 흰 깃) (하복) 흰색. 군청색 깃에 흰 선 세 줄. 가는 넥타이

학교명	구분	제정 연월	교복 구분	내용
준신純心 여학원 →나가사키 준신 고녀	사립	(1935.4.)	점퍼 스커트, 하프 코트	
쓰시마対馬 고녀	현립	1926	세일러복	(동복) 군청색 서지. 깃에 적색 선 세 줄. 검은색 넥타이. 라사 모자 (하복) 흰색 천에 하늘색 깅엄 깃. 검은 넥타이. 무명 모자
히라도平戸 고녀	현립	1928	세일러복	
구마모토현				
가미바야시上林 고녀	사립	1929 11	세일러복	깃과 소매에 크고 작은 흰 선 두 줄
고사甲佐 고녀	현립	~1930	세일러복	깃과 소매에 흰 선 두 줄
구마모토 고녀	시립	1922.6. 1927 1931 1933	세일러복 세일러복 세일러복 세일러복	(동복) 깃과 소매, 가슴 주머니에 흰 선 세 줄. 하늘색 넥타이 (하복) 나비넥타이. 스커트 주름 열여섯 개 깃에 은행잎과 은행 자수. 넥타이 묶음 부위에 학년장
구마모토 제1 고녀	현립	1932.4.	세일러복	하얀 선 한 줄(제정 이전에는 자유, 접이식 깃와 세일러가 있었는데 세일러가 많았다)
구마모토 제2 고녀	현립	1929.4.	세일러복	군청색 서지. 흰색 포플린. 깃과 가슴 덮개에 흰 선 두 줄. 흉장
규슈 릿쇼立正 고녀	사립	사료를 확인할 수 없음		
규슈 실과 고녀 →구마모토현 주오中央 고녀	사립	1929~ 1932 1933	세일러복 세일러복	(포준복) 하늘색 넥타이. 검은 스타킹 깃과 소매에 흰 선 세 줄. 검은 넥타이

학교명	구분	제정 연월	교복 구분	내용
규슈 여학원	사립	(1926.4.) 1929	세일러복 세일러복	(동복) 군청색 천. 가는 넥타이 (하복) 흰 원피스. 벨트 (하복) 흰 천 삼각 타이. 겨울은 다이코쿠보시. 여름은 밀짚모자
다마나 슈쿠토쿠 玉名淑徳 고녀 →난칸南関 여학교 →난칸 실과 고녀	조합립 →공립 실과	1926.7. 1931~ 1934	점퍼 스커트 블레이저 세일러복	깃과 소매, 가슴 덮개에 흰 선 세 줄. 흉장
다카세高瀬 고녀	현립	1925 1929 1932	스탠드 칼라 상의 세일러복 세일러복	흰 깃. 스리 버튼. 다이코쿠보시. 벨트 (동복) 군청색 천. 깃에 선 세 줄 (하복) 흰색 천. 깃에 선 두 줄. 나비넥타이 (동복) 군청색 천. 깃과 소매, 가슴에 흰 선 세 줄 (하복) 흰색 천. 군청색 깃에 흰 선 세 줄. 나비 매듭
마쓰바세松橋 고녀	현립	1923 1924 1931	세일러복 숄 칼라 상의 세일러복	(하복) 흑백 격자무늬 벨트 (동복) 군청색 깃과 소매, 가슴 주머니에 흰 선 세 줄 (하복) 흰색 천. 군청색 깃과 소매에 흰 선 세 줄. 넥타이
미나마타水俣 실과 고녀 →미나마타 고녀	현립	1923 ~1940	블레이저 세일러복	군청색 천 깃에 선 세 줄
쇼케이尚絅 고녀	사립	1928	점퍼 스커트	박스 코트
아소阿蘇 고녀	현립	~1932	세일러복	(하복) 흰 천
야마가山鹿 고녀	현립	~1925	숄 칼라 상의	
야쓰시로 세이비 八代成美 고녀 →야쓰시로 고녀	사립	1927 1931 1938	블레이저 세일러복 세일러복	군청색 천 깃과 소매, 가슴 덮개에 흰 선 세 줄. 왼팔에 백합 와펜. 흰색 넥타이
야쓰시로八代 고녀	현립	1922 1930	서양식 교복 세일러복	깃에 검은 선 세 줄

학교명	구분	제정 연월	교복 구분	내용
오에大江 고녀	사립	1921 ~1924	양복 장려 양복 교복 (세일러복)	
와이후隈府 고녀 →기쿠치菊池 고녀	현립	1924.4. 1926 1933	서양식 교복 세일러복 세일러복	깃과 소매, 가슴, 가슴 덮개에 흰 선 세 줄
혼도本渡 고녀	현립	~1928 ~1935	세일러복 세일러복	(동복) 넥타이. 오사카형 (동복) 깃과 소매, 가슴 덮개에 흰 선 두 줄. 넥타이
히토요시人吉 고녀	현립	~1931	세일러복	
오이타현				
구니사키国東 고녀	군립 현립	1922 ~1933	스퀘어 칼라 상의 세일러복	벨트. 앞트임 스리 버튼 깃과 소매, 가슴 덮개, 가슴 주머니에 흰 선 세 줄
기쓰키杵築 고녀	현립	1927	스퀘어 칼라 상의 세일러복	(동복) 깃에 선 두 줄 (하복) 벨트 깃과 가슴 덮개, 가슴 주머니에 흰 선 두 줄. 넥타이
나카쓰中津 고녀	현립	~1929	세일러복	넥타이
다카다高田 고녀	현립	~1927 1936~ 1938	세일러복 세일러복	깃에 검은 선 두 줄. 검은 넥타이 깃에 흰 선 두 줄. 흰 넥타이
다케타竹田 고녀	현립	~1929	세일러복	
모리森 고녀	현립	사료를 확인할 수 없음		
미에三重 고녀	현립	1929	세일러복	(동복) 검은 천. 깃과 가슴 덮개에 흰 선 세 줄. 검은 넥타이 (하복) 흰색 긴팔. 검은색 넥타이
벳푸別府 고녀	현립	1930	세일러복	
사이키佐伯 고녀	현립	1928	세일러복	모자
센조扇城 고녀	사립	~1929	세일러복	
야나기우라柳浦 고녀	사립	사료를 확인할 수 없음		

학교명	구분	제정 연월	교복 구분	내용
오이타 제1 고녀	현립	1927.5.	세일러복	(동복) 군청색 서지. 깃과 가슴 덮개에 흰 선 두 줄. 스커트에 검은 선 한 줄 (하복) 파나마 모자 흰 깃 커버
		1938	세일러복	
오이타 제2 고녀	현립	1931~1933	블레이저	넥타이
욧카이치四日市 고녀	현립	1927.4.	세일러복	깃과 소매, 가슴 덮개에 흰 선 두 줄
우스키臼杵 고녀	현립	1928	세일러복	(동복) 군청색 서지. 깃에 검은 선 두 줄. 새틴 넥타이. 벨트
		1935	세일러복	(하복) 흰 천의 칠부 소매. 하늘색 깃에 흰 선 두 줄. 스커트 주름 열두 개 깃에 갈색 선 두 줄. 스커트 주름 열여섯 개
이와타岩田 실과 고녀 →이와타 고녀	사립	~1931	세일러복	넥타이. 스커트에 흰 선 한 줄
히지日出 고녀	현립	1924	양복	
히타日田 고녀	현립	1925.4.	곡선 깃 상의	군청색. 다이코쿠보시 깃에 검은 선
		1927	세일러복	
미야자키현				
고바야시小林 고녀	현립	1929	세일러복	
노베오카延岡 고녀	사립	1924	스퀘어 칼라 상의	벨트
		1926	스탠드 칼라 상의	벨트. 모자
		1929	세일러복	깃과 가슴 덮개에 검은 선 두 줄. 후지견 넥타이. 스커트 주름 열여섯 개
다카나베高鍋 고녀	현립	불명	세일러복	깃에 흰 선 한 줄
미야자키 고녀 →미야자키 제1 고녀	현립	1922	목여밈	(하복) 격자무늬. 벨트
		1924	세일러복	
		1927	세일러복	흰 깃. 회색 모자
		1932	세일러복	군청색 깃과 소매, 가슴 덮개, 가슴 주머니에 흰 선 한 줄. 넥타이 묶음에 'M' 글자

학교명	구분	제정 연월	교복 구분	내용
미야자키 여자 고등 기예 학교 →미야자키 제2 고녀	현립	사료를 확인할 수 없음		
미야코노조都城 고녀	현립	1925 ~1931	세일러복 세일러복	넥타이 (동복) 군청색 깃과 소매에 흰 선 두 줄. 뒷깃 좌우로 벚꽃 자수 (하복) 흰 천. 군청색 깃과 소매, 가슴 주머니에 흰 선 두 줄
오비飫肥 고녀	현립	~1926 ~1930 ~1936	세일러복 세일러복 세일러복	앞트임 스리 버튼. 벨트. 흰 깃 깃과 가슴 주머니에 선 두 줄 군청색 깃과 소매, 가슴 덮개, 가슴 주머니에 흰 선 두 줄. 뒷깃 좌우로 별 문양
쓰마쯔妻 고녀	현립	~1937	세일러복	군청색 깃과 소매, 가슴 주머니에 흰 선 두 줄
후쿠시마福島 고녀	조합립 →현립	사료를 확인할 수 없음		
가고시마현				
가고시마 고녀	시립	사료를 확인할 수 없음		
가고시마 제1 고녀	현립	1922 1927 ~1929	테일러 칼라 상의 블레이저 세일러복	흰 깃 (하복) 바둑판 무늬. 앞트임 스리 버튼 흰 깃 흰 깃 커버. 넥타이
가고시마 제2 고녀	현립	1922 ~1930	테일러 칼라 상의 세일러복	흰 깃 (하복) 바둑판 무늬. 앞트임 포 버튼 흰 깃
가노야鹿屋 고녀	정립 →현립	사료를 확인할 수 없음		
가세다加世田 고녀	현립	~1931	세일러복	흰 깃 (하복) 청회색의 가는 격자
가지키加治木 고녀	정립	1923 쇼와 불명	블레이저 세일러복	
고쿠부国分 고녀	현립	1924 1928	블레이저 세일러복	(하복) 면 격자모양 흰 깃

학교명	구분	제정 연월	교복 구분	내용
니시노오모테 西之表 고녀 →가고시마 다네가시마 鹿児島種ケ島 고녀	정립 →현립	사료를 확인할 수 없음		
다카야마高山 고녀	현립	1923 1926	테일러 칼라 상의 세일러복	(하복) 바둑판 무늬
마쿠라자키枕崎 실과 고녀 →마쿠라자키 고녀	정립 →현립	~1929 ~1941	스탠드 칼라 상의 세일러복	흰 깃 깃에 흰 선. 삼각 리본
세이메이聖名 고녀	사립	(1933.4.)	투피스	황색 깃에 검은 천
센다이川內 고녀	현립	~1936 ~1939 ~1943	세일러복 세일러복 세일러복	깃에 가는 선 두 줄. 흰 깃. 넥타이. '오사카형' 깃에 흰 선 두 줄 깃과 가슴 덮개, 가슴 주머니에 흰 선 세 줄. 흰 넥타이
스에요시末吉 고녀	현립	1926	블레이저	스리 버튼
시부시志布志 고녀	정립	사료를 확인할 수 없음		
아마미奄美 고녀	촌립 →현립	1930	세일러복	(동복) 군청색 깃과 소 매, 가슴 덮개, 가슴 주 머니에 흰 선 두 줄. 넥 타이. 흰 천 (하복) 흰 천. 군청색 깃에 흰 선 두 줄
아쿠네阿久根 고녀	촌립	~1926 ~1928 ~1941	스탠드 칼라 상의 세일러복 세일러복	흰 깃. 벨트 흰 깃 (동복) 군청색 깃과 소 매, 가슴 덮개, 넥타이 에 흰 선 두 줄 (하복) 흰 천. 군청색 깃에 흰 선 두 줄
오구치大口 고녀	현립	~1933	세일러복	흰 깃
이부스키指宿 고녀	현립	(1926) ~1930	테일러 칼라 상의 세일러복	(하복) 바둑판 무늬
이사쿠伊作 고녀	현립	(1925) 쇼와 불명	테일러 칼라 상의 세일러복	바둑판 무늬 무명. 검 은 모자
이즈미出水 고녀	현립	불명	세일러복	흰 깃
지나知名 고녀	공립	~1943	문부성 표준복	

학교명	구분	제정 연월	교복 구분	내용
쓰루가네鶴嶺 고녀	사립	1922 ~1937	테일러 칼라 상의 세일러복	흰 깃 (하복) 바둑판 무늬. 앞트임 포 버튼 (동복) 깃과 소매, 가슴 덮개에 흰 선 한 줄. 넥타이
오키나와현				
구니가미国頭 고녀 →오키나와 제3 고녀	군립 →현립	1924 1930	푸른 천에 흰색 곡선 깃 상의 세일러복	흰 선 세 줄
미야코宮古 고녀	조합립 →현립	~1936	세일러복	(동복) 군청색 깃과 소매, 가슴 주머니에 흰 선 한 줄 (하복) 흰색. 군청색 깃과 소매에 흰 선 한 줄. 넥타이
세키토쿠積徳 고녀	사립	1927	세일러복	(동복) 군청색 천 (하복) 흰 천. 군청색 깃과 소매, 가슴 주머니에 흰 선 세 줄
쇼와 여학교 →쇼와 고녀	사립	~1932	세일러복	깃과 소매에 흰 선 두 줄
슈리首里 고녀	현립	1922	스탠드 칼라 상의	(동복) 군청색 (하복) 흰색
야에야마八重山 고녀	현립	~1942	문부성 표준복	
오키나와 고녀 →오키나와 제1 고녀	현립	1926	세일러복	
오키나와 제2 고녀	현립	1925	세일러복	(동복) 군청색 깃과 소매에 흰 선 두 줄

옮긴이의 말

　본서가 고찰의 대상으로 삼는 세일러복은 여학생 교복의 대명사이나 묘한 상징성과 판타지를 안겨 주는 특이한 복식이다. 이는 대표적인 교복 스타일 중의 하나인 블레이저와 비교하면 확연해진다. 블레이저에 대해 교복, 정장 이외에는 딱히 머릿속에 떠오르는 이미지는 없을 것이다. 그러나 세일러복에 대해서는 〈미소녀 전사 세일러문〉, 〈이누야샤〉의 카고메(한국명: 유가영)의 여주인공들이 입고 있는 복장을 쉽게 떠올릴 수 있을 것이다. 1980년대의 일본 문화에 조예가 있는 이라면 야쿠시마루 히로코薬師丸ひろ子 주연의 〈세일러복과 기관총〉이나 오냥코 클럽おニャン子クラブ의 세일러복 노래 등이 떠오를지도 모른다.
　한편 세일러복은 그 귀여운 스타일과는 어울리지 않는 어두운 군국주의의 그림자와도 결부되어 있다. 아동복, 유치원생의 옷으로도 인기가 있을 정도로 귀여운 복식이지만 세일러복의 다른 이름인 수병복에서 유추할 수 있듯이 해군 승조원의 복장에서 출발했다는 점이 바로 그런 추리를 가능하게 한다. 즉, 군국주의의 고쳐나 군대 문화를 친숙하게 받아들이기 위해 일본 군부가 여학생들에게 세일러복을 보급시킨 것이 아니었냐는 것이다. 이러한 담론은 전후에 세일러복에서 블레이저로 교복을 바꾸어 가는 움직임에 영향을 주었다고 한다. 이처럼 세일러복은 귀엽고 발랄한 미소녀 여학생을 떠올리게 하면서도 학원의 군사화를 위한 음모의 일익을 담당했던 것이 아닌가 하는 혐의가 주어져 매력적이면서도 위험한 이미지를 동시에 가지게 되었다고 생각한다.

   서브컬처에 자주 등장하는 세일러복이지만 일상에서 그렇게 쉽게 마주치는 복장은 아니다. 식민지 교육의 세례를 받은 한국이지만 교복 자율화 이전인 1970년대 교복을 살펴보아도 세일러복은 결코 주류가 아니었던 것 같다. 교복으로서 비주류인 점은 지금도 마찬가지여서 세일러복을 채용한 학교는 인터넷에서 유명세를 타고 있다. 일본 출신인 미우라 씨를 제외하고, 역자들의 경험 속에서도 세일러복을 직접 보았던 기억은 그다지 많지 않다. 지역에 따라서는 세일러복 교복이 전무한 곳도 있고 역자 본인의 고등학교 시절을 돌이켜 보아도 세일러복을 교복으로 채용한 학교는 두 학교 정도로 소수에 속했고 그나마 하복만 세일러복이었던 걸로 기억한다. 일본 생활을 돌이켜 보아도 거리에서 마주쳤던 교복은 블레이저가 대세였다고 생각된다.

   세일러복에 대한 이미지는 강렬하지만 접할 기회는 그다지 없는 관계로 세일러복을 만나게 되면 놀라움과 반가움이 교차하기도 한다. 이정민 교수의 이야기에 의하면 타이완 전도의 학교 교복을 일러스트로 소개한 것으로 유명한 츠유蛍尤의 『제복지상制服至上』을 일본인 친구와 같이 보았을 때, 타이완에도 세일러복을 입는 학교가 있다는 것을 발견하고 일본인 친구가 매우 놀라워했다고 한다.

옮긴이의 말

이와 같이 세일러복은 여러 복잡함을 내포하고 있는 복식으로 이미지는 비대해진 반면 실용적인 교복으로서의 인기는 줄어들어 있는 상태라고 할 수 있다.

따라서 이정민 교수로부터 본서를 같이 번역하지 않겠느냐는 제안을 받았을 때 라이트 노벨 같은 표지와 수많은 자료 사진을 보며 재미있겠다고 생각하면서도 어떠한 내용일지 걱정이 앞서는 부분이 있었다. 그러나 번역을 진행하면서 저자의 방대한 조사에 한 번 놀라고 실증을 통해서 주장되는 메시지에 다시금 놀라지 않을 수 없었다.

본서의 저자인 오사카베는 위에서 언급하고 있는 세일러복에 부수된 표상 이미지에 대해서는 일체 다루지 않는다. 대신 저자는 세일러복 탄생의 시점으로 돌아가 그것이 어떤 경위로 일본 전국의 여학교에 보급되었는가 하는 점을 집요하게 추구한다.

본서는 광범위한 자료 조사를 통한 실증적인 연구로서 한 사람의 힘으로 이뤄 냈다는 것이 믿기지 않는 역작이다. 저자도 후기에서 고충을 토로하고 있는 것처럼 일본 전국의 학교를 탐방하여 자료 수집을 했다. 역자도 어느 일본인 연구자의 식민지 시기 여학교 조사에 수행해 본 적이 있지만 일본 전국을 누비는 조사가 얼마나 지난한 작업일지 상상도 되지 않는다. 실지 조사를 위해 발을 옮기는 것은 그 다음 문제이며 조사가 가능하도록 수많은 사람들에게 연락을 취하고 허가를 받는다는 것은 웬만한 정열이 아니고서는 지속하기 어려운 일이었을 것이다. 그러한 노력의 축적 위에 전개되는 본서의 주장이 설득력 있게 다가오는 것은 당연할 것이다.

저자의 주장 가운데 백미로 생각되는 것은 위에서도 언급한 군국주의에 관련된 세간의 담론이다. 본서를 일독하면 그러한 주장에 자료적인 증거나 뒷받침이 전혀 없다는 것을 잘 이해하게 될 것이다. 세일러복이 널리 보급된 것은 버스 안내양을 연상시키지 않는 여학생다운 복장이었고 기존의 교복이던 하카마를 대체해도 아까울 것이 없을 만큼 매력적인 복장이었기 때문이었다. 본서에 잘 드러난 대로 군국주의나 문부성 표준복 등은 세일러복을 보급하기는커녕 오히려 탄압하는 쪽에 서 있던 것이다.

세일러복의 다양한 발전 양상을 볼 수 있다는 점도 이 책의 즐거움 중 하나이다. 간단히 세일러복이라고 칭하지만 각 지역마다 개성적인 스타일과 특색이 있어 이를 보는 것만으로도 어째서 이렇게 다양한 스타일이 생겨났을까 하는 궁금증이 생긴다. 물론 저자가 지적하는 것과 같이 비슷해 보이는 스타일 속에서 개성과 멋을 추구하기 위한 결과이기는 하지만 당시 학생들의 세일러복에 대한 열정은 놀라운 점이 있다. 어쩌면 재봉 교육에 특화되어 있던 고등 여학교 학생들이었기에 여러가지 개량과 연구가 가능하지 않았을까 하는 생각이 든다.

본서는 세일러복을 주된 연구 대상으로 삼고 있지만 세일러복에 선행하여 여학교 교복으로 사용되던 하카마에 대해서도 다루고 있어 서양식 제복 도입 이전의 교복에 대한 이해도 깊게 해 준다. 최근 일본 대학 졸업식에서는 양복 대신 하카마 차림으로 참석하는 졸업생이 종종 눈에 띄어 이채로운 모습을 보여준다. 이러한 풍경에 대해서는 여자 주인공이 하카마를 입고 등장하는 〈하이칼라 씨가 간다〉나 〈사쿠라 대전〉, 〈바람의 검심〉 같은 서브컬처의 영향일 것이라고 막연히 생각해 왔지만 본서를 번역하면서 하카마 교복의 시대라는 것이 실체로서 존재했다는 것을 잘 알게 되었다.

이와 같이 본서는 실증적인 연구를 통해 세일러복에 대한 통속적인 이미지를 뒤집고 새로운 역사상을 제시한다.

도쿄나 오사카, 나고야 같은 대도시권 이외의 지역도 모조리 조사함으로써 쇼와 초기의 일본 여학생 사회의 근대적 지향을 잘 이해할 수 있게 해 준다. 이는 복식사를 넘어서 사회사적으로도 매우 가치가 있는 업적으로 저자의 노력에 경의를 표한다.

  마지막으로 번역에 대해서 언급해 두고자 한다. 본서에는 복식에 관한 많은 용어가 등장하는 관계로 한국어로 어떻게 번역할지 난감한 부분이 적지 않았다. 의류 관계에 문외한인 역자로서는 번역을 하기에 앞서 색과 옷감의 종류를 공부할 필요가 있어 애를 먹었다. 또한 서양인 학교 관계자의 이름의 경우 가급적 원문을 찾아 표기하려 했는데 생각보다 많은 시간이 걸렸다. 특히 가타가나로만 표기가 되어 있는 사람은 이정민 교수의 노력 덕분에 빠짐없이 정리할 수 있었다. 착수한 이후 생각 이상으로 많은 시간을 들여 겨우 작업이 끝나게 되어 관계자들에게 송구할 따름이나 본서가 일본의 이해 및 한국의 교복 복식 연구에도 도움이 되었으면 하는 바람이다. 번역에 미흡한 부분이 있을 것으로 생각되나 강호 제현의 질정을 바란다.

옮긴이들을 대표하여
김동건